세계의 식생활과 문화

보문각

❖ 공저자

장정옥

- 한양대학교 식품영양학과 박사
- 가천대학교 식품영양학과 교수

신미경

- 한양대학교 식품영양학과 박사
- 원광대학교 식품영양학과 교수

윤계순

- 연세대학교 대학원 식품영양학과 박사
- 우석대학교 식품영양학과 교수

정재홍

- 영남대학교 식품영양학과 박사
- 신안산대학교 호텔조리과 교수

세계의

식생활과 문화

초판2쇄발행 2015년 3월 5일
초판발행 2012년 8월 30일

지은이 장정옥 · 신미경 · 윤계순 · 정재홍
펴낸이 이호동
발행처 보문각
블로그 http://blog.naver.com/bomungak
e-mail bomungak@naver.com
주소 서울시 서초구 바우뫼로7길 8 세신상가 707호
등록번호 302-2003-00085
전화 02) 468-0457
팩스 02) 468-0458
ISBN 978-89-6220-149-9 93380

값 18,000원

머리말

인류의 역사는 식생활의 전개과정이다. 인류는 그들이 처한 환경에 적응하며 다양한 식생활 형태를 만들어 왔다. 모든 민족은 그들만의 고유한 전통음식과 식습관을 바탕으로 독특한 음식 문화를 형성해 왔으며, 이는 곧 인류의 행동 양식을 구분하는 문화 인류학적 지표가 되기도 했다.

오늘날 고도로 진척된 산업화의 여파와 급속히 진전된 세계화의 추세로 인하여 가공식품의 수요는 갈수록 증가하고 음식문화 또한 많은 외래 문화적 요소들이 혼재하고 있는 실정이다. 식생화의 변화에 있어서도 집단급식과 외식의 일상화에 따라 여러 민족과 국가간의 전통적 요소들이 뒤섞여 문화적 변용의 모습을 보여주고 있다.

시대적 변천에 의해 나타나는 음식문화의 변용과정을 이해하기 위해서는 각 민족과 국가가 처한 자연환경과 사회 경제적 상호관계를 밝혀내는 비교 인류학적인 접근방법이 절실히 요구된다. 이러한 작업을 통해 음식문화의 실체를 파악하는 궁극적 목적은 올바른 식품의 선택과 음식 문화의 정립을 이끌어 내고자 함에 있다.

저자는 대학에서 식품관련과목을 20여 년간 강의 하면서 "식생활과 문화"라는 학과목에 특별히 많은 관심을 가지고 있었다. 식품이 인체의 건강에 미치는 영향에 대해서는 영양. 조리. 식품 등에 대한 과학적인 연구가 필수적인 것이지만 이들 만으로서는 해결되지 않는 식생활의 문화 인류학적인 접근의 필요성을 절실히 느꼈기 때문이다.

이 책은 식생활 문화의 개념과 형성요인 및 발전단계를 다루기 위해 1장은 식생활 문화의 의의와 형성과정을, 2장은 한국의 음식문화의 전반에 관해, 3장은 문명의 발달단계에 따른 세계의 식문화의 변천을, 4장은 세계 각국의 식문화의 특징과 각 나라의 대표 음식을 다루었다.

원고를 쓰다 보니 아직 미흡한 점이 많으나 앞으로 계속 수정, 보완할 것을 다짐한다.

끝으로 이 책이 나오기 까지 깊은 관심과 격려를 아끼지 않은 보문각 이호동 사장님께 깊은 감사를 드린다.

저자 대표 **장 정 옥**

차 례

제 1 장 식생활과 문화

제 2 장 문명의 발달단계에 따른 식생활문화의 변천

제 3 장 한국의 식생활문화

Contents

제4장 각 국의 식생활문화

제 1 장

식생활과 문화

1. 식생활의 문화적 이해

우리 인간은 생물학적 존재로서 생명을 유지하고 발전시키기 위해 식품을 섭취해야 한다. 섭취된 음식은 에너지를 공급하여 살아갈 수 있는 원동력을 제공하고 신체에 필요한 영양소를 공급하게 한다. 이를 위하여 인간은 지구상에 처음 출현하면서부터 수렵이나 채집을 통해 자연으로부터 식품을 구하였다. 좀 더 나아가 주변동물을 길들여 키우는 목축이 이루어지고, 또한 농작물을 재배하여 식품을 생산하는 등 적극적인 방법으로 인간을 둘러싸고 있는 환경에 적응, 도전하면서 식품을 획득하기 위한 노력을 끊임없이 행해왔다.

오랜 경험을 통하여 인간은 자기가 속한 환경 속에서 식물이 될 수 있는지의 여부를 감별하는 기술을 발견하고 이것을 먹기 좋게 분쇄, 절단하는 방법에서 나아가 가열, 발효, 조미료의 개발과 이용 등 조리기술을 발전시켜 음식의 맛을 다양하게 추구해 왔으며 이들 기술에 예술성을 부여하여 왔다. 또한 여러 가지 조리, 식사도구를 개발하여 좀 더 편리하고 안전하며 품위 있게 음식물을 조리, 섭취하는 환경을 만들고 가족 및 여러 사람들과 더불어 음식을 먹음으로써 식사에 관한 기본예절을 형성시켜 오늘날의 풍요로운 식생활로 발전시켜

왔다. 즉, 인간에게 있어서 음식을 먹는다는 것은 단순히 배고픔이라는 생리적인 욕구를 충족하는 행위에서 더 나아가 사회·문화적인 생활양식으로 발전하게 된 것이다.

이와 같이 인간의 식생활은 그 주위의 생태학적 환경을 반영하고 영향을 받으면서 형성되고 발전되어 간다. 그러므로 기후와 풍습, 천연자원 등이 다른 각 지역, 각 나라마다 식생활은 특색 있게 발전하여 제 민족성을 뚜렷하게 드러내게 된다. 예를 들어 지리적으로 가까이 위치해 서로 영향을 주고받은 한국과 일본, 중국도 각기 고유한 식생활 특성을 지니고 있음을 알 수 있다. 즉, 기름지고 푸짐한 음식이 대부분인 중국식과 담백하고 계절성을 중시하고 화려한 색감을 표현하는 일본식 등은 우리와는 또 다른 식생활 특성을 보여준다. 따라서 자연, 사회문화적, 경제적 측면 등이 반영된 식생활을 통해 어느 집단 혹은 어느 가정의 문화, 경제상태, 사회계층, 관습, 성격 등을 파악할 수 있게 된다.

우리는 일상적으로나 전문용어로서 '문화'라는 말을 자주 사용하는데 일반적으로 한 사회의 구성원들 간에 찾아볼 수 있는 관습적인 행위나 그런 행위의 산물을 문화라고 부른다. 이러한 행위나 산물들 모두 각기 그 사회에서 태어나 성장하는 과정 중에 후천적으로 익힌 것들이다. 즉 문화는 접한 환경에 따라서 습득되어 서로 공유되고 전달되는 생활양식의 총체를 가리키는 말로 사용된다.

이 같은 맥락에서 한 집단의 구성원에 의해 행해지는 식생활도 후천적으로 습득되어서 공유되고 전달되어온 특성을 지니고 우리들 생활을 지배하는 중요한 요소가 되므로 문화의 한 틀 속에서 이해되어야 할 것이다.

인간의 식생활은 세계 각 지역의 문화의 다양성을 보여주는 아주 좋은 예이다. 따라서 식생활을 위한 식품의 생산과 소비행위에 관련된 사회·문화적인 의미를 알게 됨으로서 세계화되어 가는 지구촌의 교류에서 이웃민족과 타집단의 다양한 사고와 행동방식을 더 깊이 있게 이해 할 수가 있을 것이다.

2. 식생활의 의의

인간의 여러 생활 중 식생활은 식품의 생산, 조리, 가공, 식사용구, 상차림, 음식을 먹는 습관, 식사예절 등 음식물의 섭취행위와 관련된 수많은 유·무형의 활동이 포함되어 있다.

기본적으로 식생활을 통해 공복감을 충족시키고 생명과 건강을 유지하지만 이외에 다양한 동기를 가지고 음식을 접하게 되는 경우가 많이 있다. 때로는 식생활을 통해 기쁨과 슬픔을 나타내고 마음에 안정을 얻기도 한다. 우리가 날마다 음식을 먹는 행위와 섭취하고 있는 음식은 단순히 신체에 필요한 영양소를 공급하는 것 이외의 더 큰 의미를 포함하고 있는 것이다.

1) 생리적 의의

인간은 생물학적 존재로 식생활을 통해 배고픔을 해결하고 생명의 원동력인 에너지를 얻는다. 즉, 섭취된 식품에 함유된 영양소를 취함으로서 생명을 유지하고 성장하며 활동을 계속 할 수 있는 것이다. 과거 인류의 역사는 음식물을 안정적으로 확보하기 위해 자연을 정복하면서 다른 사람들과 전쟁을 하였고 험난한 탐험의 길을 나서기도 하였다. 이와 같이 식량을 충분히 확보함으로써 인간의 생리적 본능을 충족시키고 인간으로서 살아갈 수 있는 기본을 제공받는 것이다. 지구상에서 인간에 의해 식용으로 된 식품의 종류는 수없이 많으며 자연조건이 허용하는 범위 내에서 먹을 수 있는 모든 것이 식재료가 된다. 식물의 뿌리, 줄기, 잎, 열매, 즙 등을 모두 먹는다. 물 속의 각종 어류와 조개류는 물론 작은 생물로부터 거대동물은 물론 심지어는 구데기, 번데기까지 먹는다. 그 밖의 무기물까지 웬만한 것은 다 먹는다. 이러한 식품들은 종류에 따라 성분 즉, 영양소의 함량과 종류가 다양하므로 식품을 제대로 선택하여 공복감을 충족하고 생명과 건강을 유지하는 것은 식생활의 가장 기본적인 의의라 할 수 있다.

2) 심리적 의의

일상생활에서 식량을 충분히 확보하였을 때 심리적으로 안정감을 갖고 다른 일을 제대로 수행할 수 있게 된다. 굶주림 상태에 처해 있을 때에는 긴급한 기아 상태에서 벗어나기 위한 해결책만이 강구된다. 그러나 일단 그 상태가 해결되면 비로소 마음의 여유가 생겨 다음의 식사에 대해 생각할 수 있는 여유를 갖게 되고 음식의 종류도 기호에 따라 다양하게 선택 할 수 있게 된다. 주부가 가족의 식생활을 관리할 때에도 식량수급에 대한 걱정이 없어야만 평안한 마음으로 가정의 일반관리를 영위할 수 있게 되는 것이다. 그러므로 충족된 식생활은 안정감을 주는 위력을 갖는다. 한편, 음식의 역할이 긴장을 완화시키는 하나의 수단이라는 점은 이미 널리 알려져 있다. 먹고 마시면 혈당량이 증가하고 행복감과 포만감을 증진시키므로 마음이 불안할 때 긴장에서 헤어나 안정감을 얻기 위해 필요이상으로 음식을 먹기도 한다. 쓸쓸하고 공허한 감정을 위로 받기 위해 음식을 먹는 경우도 흔하다. 화가 났을 때 화풀이의 방법으로 음식을 거부하는 경우도 있다. 또한 음식은 평안한 감정과 사랑의 대체물로 이용되기도 한다. 어렸을 때부터 쌀을 주식으로 이용한 문화권에서는 쌀이 마음의 안정감을 주는 식품으로 알려져 있으며 우유의 경우에도 여러 가지 이유로 깊은 사랑과 안정의 감정으로 연결되어 있다. 예를 들어 미국인 여행자들과 해외파견 군인들이 미국을 떠나서 나가게 되면 다 같이 그리워하는 음식은 바로 우유라는 것이다. 이와 같은 예들은 식품이 단순히 생리적 욕구를 충족시키는 것 이외에 심리상태와 깊은 상호관계가 있음을 알 수 있다.

3) 사회문화적 의의

인간들은 혼자 외롭게 살기를 원치 않는다. 태어나서 살아가는 중에 부모, 친구, 동료 등과 어울려 살면서 친교, 사교의 즐거움을 누리며 다른 사람들과 상호 의존하면서 살아가는 가운데 혼자서는 살 수 없는 사회적 동물이 된다. 남들과 어울려서 사는 가운데 즐거움과 심리적 평안을 얻는다. 먹는 행위는 사회적인 활동이며 함께 먹는 행위는 그 집단의 동질성을 형성시키고 구성원들 사이의 단결력을 강화하는 계기가 된다. 그러므로 사람들은 사회생활을 하면서 자주 회식을 하게 되며 음식은 대화의 매개체가 되기도 한다. 또한 어느 민족, 어느 사회에서든지 식습관의 차이는 있으나 기쁨을 나누고 축하할 일이 있으면 꼭 음식을 장만하여 함께 먹으면서 시간을 보낸다. 한 잔의 차와 커피를 함께 나누는 것은 사회생활의 기본이다. 이와 같이 음식은 사회생활의 중요한 부분을 차지하고 있음을 알 수 있다.

한편, 각 지역 및 각 민족마다 주로 이용하는 음식은 아주 다양하다. 이러한 음식들은 그것들이 위치한 지역의 환경적, 역사적 특성을 반영하면서 고유한 문화를 형성시켜왔다. 그러므로 먹거리가 사회의 정체성을 나타내는 요인이 될 수가 있다. "당신이 무엇을 먹는가를 알려주면 당신이 누구인지 알아맞히겠다."는 말처럼 사람들이 어떤 식품을 어떻게 요리해서 먹는가가 그 집단의 특성을 나타내는 것이다. 특히 전통음식은 한 집단의 정체성을 형성하고 강화하는데 중요한 역할을 담당한다. 우리는 일상생활에서나 명절 때 고유의 음식을 장만하여 가족과 함께 즐기며 유대를 강화한다. 고국을 떠나 사는 사람들조차도 이국에서 자기고유의 명절을 찾아 지키고 고향의 음식문화를 그대로 유지하는 경우가 많은 것을 볼 때 음식이 한 집단사회의 정체성을 대변함을 알 수 있다. 어느 민족, 어느 사회에서나 입맛이 지속적인 생명력을 발휘하고 있는 것도 이 같은 이유 때문이라 할 수 있겠다.

3. 식생활 유형의 변천

인간의 식생활 역사는 바로 인류의 역사이기도 하다. 먹는다는 것은 생존과 직결되기 때문이다. 지구상에 인류의 계보로 가장 오래된 조상은 약 300만 년 전의 오스트랄로피테쿠스(Australopithecus)로 알려져 있지만 현대인과 가장 유사한 특징을 지닌 인류는 3-4만 년 전으로 추정하며 이들은 지능지수의 발달을 보여주는 생활도구를 발명하여 식품의 확보에 사용한 것으로 추정한다. 생활의 대부분을 먹을거리를 구하는데 소비했던 원시시대로부터 현재까지의 변천과정에서 인간이 다른 동물과 다른 특징이 있다면 자연환경에 대한 탁월한 적응력과 지능의 발달을 들 수 있다. 인간은 모든 생물 중에서 환경에 대한 적응을 가장 잘 해온 동물이다. 식생활측면에서 살펴보면 인간은 각종식물과 동물을 먹는다. 예컨대 유독 식물까지도 독을 제거하여 먹기도 하고 뿌리, 줄기, 잎, 열매, 즙 등을 모두 먹는다. 인간의 소화기관의 구조와 기능은 정교하게 발달하여 그러한 잡식물을 먹고 잘 소화해 낼 수 있도록 진화된 것이다. 뿐만 아니라 온도와 습도에도 잘 견디고, 직립보행을 함으로서 양손의 이용이 자유로워 도구를 제작하여 이용할 수 있게 되었다. 이에 따라 생활의 편이성을 구축하고 음식물 획득에 사용하는 도구를 다양화하여 농경과 목축을 발달시켜 먹을 수 있는 음식물을 증가시켜 왔다.

1) 수렵과 채집형 식생활

원시시대의 인간은 약육강식의 법칙에 따라 사는 동물과 같은 존재로 전적으로 자연에 의존하여 동물을 사냥하거나 채집하여 식량을 구하는 생활이 전부였다. 즉, 당시의 사람들은 산과 들에서 야생동물을 사냥하거나 강과 바닷가에서 조개 또는 물고기를 잡아먹고 살았으며 야생식물이나 그 열매를 채집하여 먹었다. 이와 같은 경로를 통해 먹을거리를 얻고 이를 손질하기 위한 돌칼, 끌, 정과 같은 여러 가지 도구들도 만들었다. 이러한 증거를 구석기시대의 유물, 유적, 패총에서 볼 수 있으며 오늘날까지도 수렵과 어로, 채집생활을 계속하고 있는 미개인들의 생활을 통해서도 간접적으로 볼 수 있다.

이들 중의 일부는 동굴 등지에서 살다가 먹이를 따라 이동하는 무리도 있었고 또 일부는 자연환경이 좋고 먹이가 풍부한 곳에서는 정착하여 집단을 이루고 살던 흔적도 볼 수 있으며 수렵, 어로, 채집생활을 그림이나 조각으로 나타내기도 하였다.

2) 농경형·목축형 식생활

인류의 역사상 수렵, 채취의 시기는 꽤 오랫동안 지속되어 200만 년 이상으로 보이는데 기후가 온화하고 물이 풍부하여 인간생활에 유리한 몇몇 지역에서는 약 1만 년 전부터 야생식물을 재배하고 야생동물을 길들여 사육을 시도한 것으로 보인다. 즉, 수렵, 채취사회에 농경이 조금씩 부분적으로 도입되고 농경의 비중이 점차 커지면서 정착생활도 늘어나게 되었다. 농경생활이 시작된 초기에는 보리가 주요작물이었던 것으로 추정되며 최초의 농경은 현재와 같이 씨를 뿌려서 재배하는 방식이 아니라 삽목이나 뿌리의 일부를 흙에 묻는 방법을 이용하였다. 그러므로 서류나 바나나, 사탕수수 등이 최초의 재배작물로 보이고 그 후에 야생 밀 등의 종자에 의한 재배가 이루어진 것으로 보인다.

인류생활에서 농경과 목축의 시작은 지금까지의 소극적인 먹을거리 확보에서 적극적인 식량의 생산체제로의 획기적인 전환점이었다. 그러나 초기의 원시농경에서는 동물의 힘을 빌리지 않고 따비나 괭이 등의 도구를 사용하였기 때문에 생산력이 높지 않았다. 동물의 힘을 이용하여 쟁기를 사용하는 집약농경시대에 이르러 비로소 농업생산능력이 높아져 식량의 잉여생산이 가능하게 되었다. 이 시기 이후부터 인간은 한 지역에 정착하여 농업촌락을 이루게 되었고 사회의 규모도 커졌으며 토기와 같은 도구를 사용하게 되었다.

목축은 주로 농사를 짓기 어려운 건조지대나 반 건조지대에서 이루어졌다. 그러한 곳에서는 사육동물이 한번 목초를 뜯어먹으면 다시 자라는데 오랜 시간이 걸리고 사람과 동물이 마실 수 있는 물도 흔하지 않기 때문에 목초와 물을 찾아 이동하는 것이 특징이었다. 목축사회는 농경사회에 비해 생산력이 낮아 자급자족을 할 수 없기 때문에 농경민에 의지하면서 교역관계를 맺고 있었다.

최초의 목축은 약 11,000년 전쯤 카스피해 동쪽연안의 한냉 지역의 수렵민에 의해 시작되었고 목축화된 최초의 동물은 비교적 온순하며 무리를 지어 다니는 양이나 산양으로 추정하고 있다.

표 1-1 주요작물과 동물의 재배 · 사육시작 연대 및 지역

작물 및 동물	재배 및 사육시작연대	재배 및 사육 시작지역
보리	9,000년 전	카스피해 연안, 양자강유역
밀	8,000년 전	서남아시아, 카스피해 연안
쌀	6,000년 전	인도갠지스강 유역
옥수수	6,800년 전	멕시코
고구마	4,000년 전	멕시코 고원지대
감자	1,500년 전	안데스산맥의 고산지대, 남미
양, 산양	11,000년 전	카스피해 연안
멧돼지	10,000년 전	동남아시아지역
야생들소	8,000년 전	서유럽

때로는 목축과 농경이 혼합된 형태로도 나타나 서아시아에서는 양이나 염소와 밀, 중국의 북쪽에서는 돼지 및 개와 조, 남쪽에서는 돼지, 개와 벼를 재배하였다. 목축을 생업으로 하는 지역에서는 동물의 근육을 육류로서 식용으로 하고 유즙은 짜서 음료로 가공하여 이용할 뿐만 아니라 털과 가죽, 뼈, 기름으로 집과 옷, 갖가지 도구, 등불 등 생활전반에 요긴하게 사용하기도 하였다. 더 나아가 사육동물의 용도도 식용뿐만 아니라 농경이나 운송 등을 목적으로 구별하였으며 닭과 같은 조류는 가금화하여 육과 알을 모두 식용으로 사용하였다. 이처럼 야생동물을 목축하여 육류뿐만이 아니라 유즙, 알 등 영양가가 우수한 단백질을 확보하여 곡류나 채소. 과일이 질적으로 낮은 단백질원을 보충함으로써 식생활의 질적 향상을 가져오게 되었다.

야생의 동물을 사육하고 농사를 지음으로써 안정적인 식량 확보가 이루어지고 인구증가와 함께 자급자족의 식생활을 하게 되었다. 더 나아가서 농경 및 목축 기술을 발전시켜 생산성이 크게 향상되면서 잉여생산이 이루어져 부의 축적이 가능하게 되었다. 이에 따라 계층이 분화되고 분업화, 전문화되는 등 사회체제에 큰 변화가 오게 되었다.

이후부터 농업이 아닌 분야의 전문직에 종사하는 사람들은 농업에 의존하지 않고도 생활할 수 있게 되어 교역이 편리한 곳으로 모여 살게 되었다. 새롭고 편리한 도구와 용기의 발달이 이루어짐에 따라 교통과 운수의 발달도 촉진되

어 교역이 확대되고 지역 간에 접촉과 문화교류가 많아져 식생활에서도 타지역 식품 의존율이 높아지고 새로운 식품의 소비와 식사양식들이 확립되었다.

3) 근대형의 식생활

수렵과 채집형의 식생활 이후 오랜 기간 동안 농경과 목축을 통해 안정된 식생활을 이뤄왔으나 때로는 지역에 따라 자연환경에 의한 기근을 겪기도 하였다. 한편으로 타지역과의 교류를 통한 무역, 혹은 전쟁과 이로 인한 정치적 지배권의 확대, 종교의 전파, 항해술의 발달로 지리상의 새로운 지역 발견 등의 자연적·사회적 변화를 받으면서 지역 간 및 계급간의 차이가 큰 다양한 식생활을 하여 왔다.

이와 같은 농경형의 식생활은 산업혁명시대를 맞아 커다란 변화를 이루게 되었다. 18세기 후반부터 영국에서 시작된 산업혁명은 주변국에도 영향을 끼쳐 다른 나라들도 경쟁적으로 산업화를 추진하여 19세기 중엽 이후에는 유럽의 주요 국가와 미국 등 모두 산업혁명의 길로 들어섰다. 농업중심 사회에서 모든 생산이 수공업에 의존하던 것이 산업혁명으로 공장제 기계공업이 발달하여 대량생산이 이루어지게 되었다. 이에 따라 자본주의 산업사회로 발전하게 되었고 사회, 경제, 문화 등 인간생활의 모든 면에서 놀라운 변화를 가져오게 되었다. 새로운 공업도시로 대량의 인구가 이동하여 농업인구가 감소되는 반면 도시로 인구가 집중되기 시작하였다. 이에 따라 식량을 생산하지 않으면서 소비만을 하는 인구가 늘어나게 되었고 이들을 연결해 주는 각종 식품유통업이 빠르게 번성하였다. 산업혁명 이후에 과학의 발전은 다른 여러 분야의 폭발적인 진보를 가져왔고 이러한 영향은 식생활부분에도 크게 변화를 주었다. 농업인구는 감소했지만 농업기술의 발전이 시작되었고 냉장법과 캔닝기술 등의 식품의 저장 가공 기술이 발달되어 식품의 보존이 용이해졌다.

4) 현대형의 식생활

현대는 세계화, 정보화 사회로 생활의 모든 영역이 복잡하고 다양함을 그 특성으로 하며 이는 식생활에도 직접 혹은 간접적으로 많은 영향을 미치게 되었다. 과학이 발달하여 식량의 생산 기술이 발전되면서 식량생산에 영향을 주는 자연적인 제약조건을 극복하고 더 나아가 농산물·축산물의 생육조건에 맞춰 환경을 인위적으로 조절할 수 있게 되었다. 그 뿐만이 아니라 주요 식량의 종자를 개량하면서 세계적으로 식량이 확대 증산되어 자연조건의 한계 속에서 형성되었던 이전의 식생활 내용이 현대적인 생산기술진보의 영향을 받아 많은 부분이 변화하고 있다. 한편, 식품산업의 눈부신 발달로 다양한 가공식품이 공급되어 조리의 간편성을 가져와 식생활을 위한 노동을 감소시켜 주었고 식품 유통시장은 크게 확대되어 대도시는 물론 소도시에도 대규모의 유통점이 속속 들어섬으로서 식품의 지역 차가 사라져 어느 곳에서나 같은 식품을 구할 수 있게 되었다.

특히 산업과 경제성장으로 생활수준이 향상됨에 따라 먹는 사람의 기호와 취향에 따라 음식의 종류와 질을 선택하는 것으로 양보다는 질의 시대로 전환되고 있으며, 교통 통신의 발달로 세계가 지구촌화함으로써 사람과 물건, 정보, 문화 등의 국경을 넘는 교류가 이루어져 세계각지의 식품과 음식을 어느 곳에서나 쉽게 접할 수 있게 되었다. 여성의 사회 참여가 증가하고 대가족제도에서 핵가족으로 변화하는 등 가정과 사회생활환경의 급변속에서 가정 밖에서 보내는 시간이 많아 외식산업이 발달하게 되었다. 한편, 생활환경의 변화와 풍요한 식생활로 인한 과잉영양으로 비만이 늘어나고 성인병이 급증하여 건강관련정보와 식품들에 대한 관심이 높아지고 있다.

4. 식생활 문화의 형성요인

인간은 다양한 풍토와 지리적·기후적 환경에 맞춰 식량을 재배 생산하는 등 여러 식생활 양식을 개발, 발전시켜 왔다. 그러므로 자연환경은 각 지역의 식생활문화 형성에 가장 기본적인 요인이라 할 수 있으며 또한 사회 문화적 환경과 산업기술 및 경제상태 등에 의해 조절되어 시대에 따라 변천을 거듭하면서 오늘날과 같은 식생활문화가 형성되었다.

표 1-2 식생활문화 형성에 영향 주는 요인

영향요인	구체적 예
자연환경적 요인	기후 및 토양 지형 및 수질
사회문화적 요인	생활의 규범 및 가치관(의례, 풍속 등) 종교 및 사상, 사회계급, 신분
기술적 요인	식품의 획득, 조리가공기술 저장 및 유통기술, 경제적 조건

1) 자연환경적 요인

한 나라의 식생활문화는 오랜 역사 속에서 그 지역의 자연환경의 제약을 받으면서 형성된다. 즉, 토양, 기후, 지형, 수질과 같은 지리적 조건에 의해 식품의 생산이 좌우된다. 수많은 식품 가운데 어느 것을 주요 식품으로 이용하는가 하는 것은 선택의 문제나 기호의 문제가 아니라 바로 자연조건이다. 자연조건이 허용하는 범위 내에서 먹을 수 있는 모든 것이 식품이 되는 것이다.

인간은 육지, 섬, 강가, 숲, 초원, 해변, 사막 등 다양한 풍토와 지리적 환경뿐만 아니라 온대, 한대, 열대지방 등과 같이 다양한 기후적 환경에서 살고 있다. 인간은 이들 지역에서 잘 생육될 수 있는 종류의 농산물을 재배하였고 축산물도 그 지역에서 잘 자라고 번식할 수 있는 종류를 사육하였다. 그러므로 각 지역의 주요식량은 그 지역의 자연 조건에 맞추어서 결정이 된다. 예를 들어 벼농사는 생육기간에 강우량과 열적산량이 많아야 하므로 열대・아열대지역의 저습지대가 일찍부터 주요 벼농사권을 형성하여 태국, 베트남 등의 동남아시아를 비롯하여 우리나라, 일본, 중국남부 등이 특히 주요한 미곡문화권을 형성하고 있다. 또한 밀은 쌀과 함께 세계 주요 식량의 하나로 서늘하고 건조한 기후에서 자라므로 서유럽, 아프리카 북부, 중국북부 등지의 상용음식이다. 특히 서유럽의 밀농사에서는 삼포식 농업이 적용되어 곡물을 같은 밭에 2년 경작하면 다음해는 휴경을 하고 이 기간에 지력을 회복시키며, 이 휴경지에 목초를 재배하여 가축의 사료로 이용하였다. 그러므로 이 같은 지역에서는 밀농사와 함께 소, 양 등의 목축이 겸해져서 유즙류와 그 가공품 및 고기, 밀가루로 가공한 빵, 마카로니 등을 주요음식으로 하여 상용 식사의 내용을 구성하게 된 것이다. 또한 해변이나 섬에서는 해산물의 이용이 많으며 페루와 같은 고산지역에서는 서류가 주식이 되는 등 거주지역의 지리적, 지형적 조건이 전형적인 식생활 패턴을 구축하는데 중요한 요인이 되고 있다.

이와 같이 각 지역의 가장 보편적인 상용음식은 그 지역에서 생산되고 있는 식품을 주재료로 이용하며 조리・가공법 등도 그 식품의 특성과 그 지역의 기온, 습도 등에 맞추어 형성되고 전승되어진다. 그리하여 지역마다 고유한 향토음식이 발달될 수 있고 식생활의 다양성이 생기게 된 것이며 이는 인간이 자연환경에 적응하면서 지혜롭게 식생활을 영위하는 문화적인 소산임을 알 수 있다.

세계의 기후와 식생활

□ 열대 몬순지역

열대지방에서의 인간의 신체는 온대지방보다 많은 에너지를 필요로 한다. 따라서 소화가 잘 되면서 열량이 높은 음식이 필요하므로 이 지역 사람들은 기름에 볶거나 튀겨내는 음식을 많이 이용한다. 또한 이러한 기후에 향신료가 많이 생산되고 이를 식품조리에 풍부하게 사용한다. 더운 날씨에 식욕이 없어지기 쉽기 때문에 자극적인 향신료를 많이 사용함으로서 식욕을 증진시킨다. 뿐만 아니라 향신료는 미생물의 번식을 억제하여 식품의 보존, 소독, 방부효과를 높일 수 있다. 또한 고온 다습한 기후에서는 음식을 가능한 요리하는 즉시 먹어야 하므로 발효식품이 발달하지 못한다. 발효가 되기 전에 음식이 부패하기 때문이다. 이 지역에서 차를 즐겨 마시는 것 또한 기후영향이라고 할 수 있다.

□ 온대지역

온대기후지역 가운데 여름철에 건조하고 겨울에 습윤한 지중해성 기후지역에서는 올리브, 포도, 레몬, 무화과 등 건조에 잘 견디는 수목을 재배하는 과수농업이 발달하였다. 이에 따라 올리브와 올리브기름을 사용하는 음식이 많다. 연중 온화한 서안 해양성 기후가 나타나는 영국과 같은 지역에서는 일조량이 적어서 채소나 과일 등의 식품이 다양하지 못하다. 온대몬순지역은 사계절이 뚜렷하므로 다양한 식품이 생산되어 음식의 종류가 다양하다. 기온이 낮은 겨울에는 신선한 채소를 이용할 수가 없기 때문에 김치와 같은 저장발효식품이 발달하였다.

□ 건조기후지역

몽고와 같은 지역에서는 주로 주민들이 목축업에 종사하며 풀이 풍부하게 자라는 여름과 가을에 주로 가축의 젖과 그것을 가공한 유제품을 주로 먹고 젖의 생산량이 적거나 거의 없는 겨울과 봄에 가축의 고기를 먹는다. 겨울에는 매우 춥기 때문에 도축한 가축의 고기를 저장하기도 쉽다.

□ 한대기후지역

한대기후지역에서는 주로 날고기나 날생선을 먹고, 봄과 여름에는 산딸기와 같은 야생식물을 섭취한다. 냉동, 훈제, 염장, 건조 등의 저장방법을 이용하여 음식을 비축하고 식량이 부족한 때에 대비한다. 러시아 사람들이 보드카나 럼주를 즐겨 마시는 이유도 추위를 이겨내기 위한 방법으로 여겨진다.

그러나 오늘날 과학의 눈부신 발달로 식량의 생산 기술이 발전되면서 식량생산에 영향을 주는 자연적인 제약 조건이 차츰 극복되어지고 농산물이나 축산물의 생육조건을 인위적으로 조절하게 되고 나아가 주요 식량의 종자 개량이 이루어지면서 세계적으로 식량이 증산되었다. 따라서 각 지역에서 자연조건의 제약 아래서 형성되었던 식생활내용이 크게 변화되고 다양한 발전을 이루게 되었다.

2) 사회문화적 요인

(1) 사회의 규범, 신분 및 사회구조와 가치관과 식생활

인간사회의 규범은 그 사회가 주어진 환경에 적절하게 적응하여 지속적인 생존과 발전을 시키기 위해 필요한 어떤 규칙을 정하여 지키도록 하는 것이다. 세계의 여러 지역에서 각 민족이 갖고 있는 전통과 규범은 그들의 식생활에 큰 영향을 주고 있다. 예를 들어 우리나라 같은 전통적인 유교사회에서는 의례를 중히 여겨 의례음식이 발달했고, 남성존중의 규범으로 남성의 식생활은 그 질이나 순위에 있어서 부녀자보다 우위에 있었음을 볼 수 있다.

사회계층과 신분 역시 음식의 선택이나 습관을 구성하는데 영향을 준다. 음식에 따라 특정계층에 적절하거나 그렇지 못한 것으로 규정되기 때문이다. 인도의 카스트 계급에서는 신분이 높을수록 고기를 먹는 것에 대한 편견이 크다. 이들의 육식 습관 속에서 카스트의 최하단의 불가촉민은 쇠고기를 포함한 모든 고기를 먹고, 중간에 위치한 카스트들은 육식을 할 경우 대부분 닭고기와 염소 또는 양고기를 먹되 돼지고기와 소고기는 피하며 브라만은 보통 채식을 한다.

또한 오늘날 사회의 변화가 가속화되고 세대 간의 가치관 차이가 커져감에 따라 식생활에 대한 가치관도 커다란 차이를 보인다. 식량이 부족했던 시절을 보낸 세대와는 달리 요즘의 세대들은 영양을 위해 먹기보다도 맛있는 것을 골라 즐기면서 먹는 것에 더 중점을 두는 식생활태도를 갖는 것으로 나타나고 있으며 새로운 음식에 대한 적응력도 더 빠른 것으로 나타났다.

근래 들어 사회의 구조는 가족의 형태에도 영향을 미쳐 확대가족보다는 핵가족세대가 압도적으로 증가하게 되었다. 이에 따라 할머니와 어머니 사이에서 계승되는 가정의 전통적인 식생활문화와 관습이 사라지고 새로운 식품과 식생활방식이 쉽게 도입되어 식생활의 간편화, 외부화, 서양화를 빠르게 확산시키는 계기가 되었다.

(2) 종교와 식생활

종교는 초자연적인 또는 초월적인 힘이나 존재를 믿고 신앙하며 이에 의존하여 행동하는 것을 말한다. 이러한 종교는 자연환경에 대한 인간생활의 적응과정에서 발달하여 개인적 또는 사회적 목적에 따라 변형되면서 문화를 형성하는데 주요한 영향을 미쳐왔다. 즉, 종교는 대체로 지구상에 인류가 출현한 이후 이것이 발생한 지역의 자연환경, 문화, 역사 등과 깊이 관련되어 세월이 지나면서 정돈되어 오늘날의 형식화, 체계화된 예배나 그와 관련된 행동으로까지 발전되어온 것이다. 종교는 그 종교를 믿는 사람들에게 중요한 관습을 형성하고 어떤 의식을 행하는데 이 관습과 의식의 준수는 종교의 믿음을 표현하고 재확인시키기 때문에 강제적으로 엄격히 지키도록 요구받는다. 이러한 여러 규범 중 우리의 생활에 가장 밀접하게 영양을 끼친 것 중의 하나가 식생활에 관한 것이다.

원시시대의 주된 종교 활동은 종족의 번성과 생존을 위한, 식량확보를 위한 것으로 볼 수 있다. 식량이 이들에게 있어 가장 중요한 것이었기 때문에 종교의식에서 강력한 존재에게 음식을 바치거나 단식과 같은 음식의 절제 행위를 통해 신으로부터 보호받고 인정받고자 했을 것이다. 세계의 다양한 종교는 인간의 식생활에 많은 영향을 미치고 있다. 어떤 음식은 먹을 수 있고 없는가, 언제 어떤 음식을 먹어야 하나, 나아가 어떤 음식을 자주 이용해야 하며, 어떻게 준비해야 하는가 등과 같은 것을 규정하기도 한다. 먹고 마시는 것에 대한 규제는 그 종교 구성원들의 결속력을 다지는 중요역할을 하기도 한다. 종교적 의식과 이와 관련된 음식습관은 한 종교집단과 다른 종교집단을 구분하는 근거가 되기도 한다. 그러므로 어떤 특정 집단의 식생활문화를 이해하기 위해서는 그 집단의 신앙과 음식과의 관계를 파악할 필요가 있다.

오늘날 세계의 보편적인 종교는 불교, 기독교, 이슬람교, 힌두교 등을 들 수 있는데 이들 종교는 식품섭취에 대한 나름대로의 계율을 가지고 있다.

세계의 종교와 식생활

□ 힌두교

음식의 규제나 음식에 대한 태도는 신분에 따라 다양하며 음식은 신분을 구분하는 수단으로 이용된다. 브라만계급에 속하는 사람들은 엄격한 규칙을 따르며 채식주의자들로 신분이 높을수록 고기를 먹는 것에 대한 편견이 크다. 소는 신성한 것으로 특히 금기시 된다. 힌두의 성서 중에 마누장정은 고기, 특히 쇠고기는 물론이고 집에서 기른 가금류, 양파, 마늘, 순무, 버섯 그리고 소금에 절인 돼지고기 등을 금지한다.

□ 불교

불교의 신앙에서 핵심은 생로병사의 4가지 진리와 8가지 바른길(정견, 정사, 정어, 정업, 정명, 정정진, 정념, 정정)을 신조로 하고 오욕(재물욕, 이성욕, 음식욕, 명예욕, 수면욕)을 금함으로서 궁극적으로는 열반의 경지에 도달한다고 가르치고 권장한다. 이와 같은 교리의 일부가 식생활과 연관되어 있는데 살아 있는 생명체를 죽이거나 또 이를 먹는 것을 금하는 것이다. 그러므로 불교에서의 식생활은 식물성중심의 식생활이 된다. 음식을 먹는 목적은 마음을 밝히는 것이며 근검절약, 소식, 감사하는 마음을 가지고 식사하도록 하며 식사예절을 엄격히 지키도록 한다. 오늘날 불교신도들의 음식문화는 종파나 지역에 따라 다양한데 대부분이 육식을 하지만 승려나 심신이 깊은 경우에는 육식을 하지 않는다. 동남아시아지역에서는 승려들이 탁발을 하여 음식을 조달하므로 사찰에서 음식을 준비하지 않는다. 승려에게 보시하는 행위는 석가에 귀의함을 의미하고 열반을 향해 나아갈 수 있기 때문에 공덕을 쌓을 수 있는 기회인 것이다. 우리나라와 같은 지역에서는 사찰에서 음식을 만든다. 사찰음식은 우유를 제외한 모든 동물성식품과 마늘, 파, 달래, 부추, 흥거 등의 오신채를 사용하지 않는다.

□ 이슬람교

이슬람교의 5대 신앙의 중심은 믿음, 기도, 자선, 금식, 일생 중 한 번의 성지순례의 준수이다. 이외에도 신자들에게 다른 영역 즉, 음주, 담배, 도박, 돼지고기 먹기, 간음 등을 금지하는 등의 생활을 미리 규정하고 있다.

유일신을 위하여 라마단 단식이 강조되고 있다. 해가 떠서 하얀 실과 검은 실의 구분이 가능해지면 음식에 손을 대서는 안 된다. 해가 지면 가벼운 식사를 하고 한 달간 계속된다. 이러한 단식의 관습은 사막에서 먹을 것이 없어 고생하면서 선교를 했던 기억을 상기하기 위한 것으로 추측된다. 또한 질병으로 혹은 교살로 죽은 동물은 죽은 고기로 여겨 금지한다. 도살할 때 축복을 받지 않은 것, 이교도신의 이름으로 기원한 고기, 특히 돼지고기는 어떠한 것이든 금지되고 동물의 피 역시 금한다. 식사는 반드시 오른손으로 하며 왼손은 부정한 것으로 사용하지 않는다.

□ 기독교

유대교를 모체로 하여 발전된 기독교는 역사적으로 변천하는 과정에서 로마가톨릭과 프로테스탄트, 동방정교회 등으로 나뉘어졌으며 이들은 서구문명에 커다란 영향을 미치고 있다.

로마가톨릭교회에서는 전통적으로 일정한 금식일을 지킬 것과 예수그리스도의 희생을 기리는 뜻에서 금요일에 고기 먹는 것을 금했으나 현대의 가톨릭은 사순절기간의 금요일에만 고기 먹는 것을 삼가도록 하고 있다.

프로테스탄트의 수많은 종파 중 제 7일 안식교회는 가장 엄격하게 식사나 음식에 대해 규제를 하고 있다. 이 교회의 중요한 믿음 중의 하나는 건강에 관한 생활인데 올바른 음식을 적당량 먹고 동시에 충분한 운동과 휴식을 취하도록 한다. 신이 정하신 채식이 건강에 제일 좋다고 믿으며 고기를 먹는 것을 기피한다. 간결하게 먹을수록 몸의 기능을 좋게 한다고 믿으며 다양한 콩류와 견과류, 전곡류, 치즈, 난류 및 우유를 먹음으로써 충분한 양질의 단백질을 취한다.

차, 커피 및 술 종류는 금하고 겨자, 마늘, 고추, 후추 등 자극적인 향신료도 피하고 있어 음식에 양념을 최소화한다.

3) 기술적 요인

(1) 산업기술의 발달과 식생활

인간은 식품의 생산과 유용성을 증가시키기 위해 주위환경을 개량하고 지배하여 왔다. 원시시대 때부터 도구를 사용하여 식량을 구하는 기술을 발전시켰고 수백만, 수 십 만년 동안 이어져 온 수렵과 채집을 통해 식량을 획득하는 방법에서 야생동물을 길들여 가축화하고 야생식물을 재배함으로써 농업기술을 비약적으로 발전시켰다.

오늘날 고도로 발달되고 기업화된 농업기술은 단위 면 적당 식품의 수확량을 크게 증산시켰고, 시설원예나 속성재배 기술로 신선한 사계절 식품을 어느 때나 이용할 수 있게 되었다. 이와 같은 농업기술과 냉장, 냉동저장기술, 식품제조업, 가공업, 유통업, 포장산업 등 식생활과 관련된 기술의 발달은 우리에게 식품의 선택범위를 점점 더 넓혀 새로운 형태의 식생활문화 형성에 혁신적인 영향을 미치고 있다.

(2) 경제적 환경

오늘날 우리가 과거에 비해 질적으로나 양적으로 풍요한 식생활을 하고 있는 것은 주지의 사실이다. 각종시장, 대형할인점, 슈퍼마켓, 심지어는 동네의 구멍가게에 이르기까지 수많은 종류의 식품들이 판매되고 있다. 그러나 이들 식품을 이용할 수 있으려면 경제적인 뒷받침이 필요하다. 식품소비통계 조사에 의하면 수입의 증가함에 따라 육류와 생선류, 가금류, 과일과 야채류, 편이식품 등의 사용이 많아지고 밀가루와 곡류의 소비는 줄어드는 것으로 나타났다.

대체적으로 소득수준이 상승하고 생활수준이 올라감에 따라 질과 맛이 좋은 식품, 새롭고 귀한 식품을 이용하려는 욕구를 충족시킬 수 있고 보다 나은 식생활 환경을 갖출 수 있는 능력이 생기기 때문에 좀더 고급스러운 식문화를 추구할 수 있게 된다.

일반적으로 수입의 정도가 낮으면 낮을수록 그 가정은 소비지출비 중에서 식품비에 쓰는 비율이 커진다. 독일의 경제학자 엥겔(1821-1896)은 이러한 현상을 통계적 법칙에 적용하여 엥겔지수를 만들었다. 엥겔지수는 식품구입에 사용되는 지출비를 수입의 총액 중에서 차지하는 비율로 표시한 것이며, 이것은 때로 생활수준의 지표로 이용되기도 한다.

우리나라의 엥겔계수는 1962년 이래 계속 감소하여 1970년에는 46.6%, 1980년에는 43.2%였으나 1990년도에는 급격히 감소하여 32.5%를 나타냈고 1995

년에는 28.8%를 보여주고 있다. 그러나 최근에는 이러한 경향도 달라져 수입이 낮은 계층에서도 엥겔지수가 낮은 현상을 보여주고 있다. 이는 사람들의 생활 가치관이 변하여 절대 필요열량이 충당만 되면 식생활을 긴축하고 기타 자녀들의 교육, 내 집 장만 등에 더 신경을 쓰기 때문으로 보인다. 그러므로 이제는 엥겔지수를 가구에 대한 경제지표로 삼기에 적절치 못하게 되었다.

〈식생활의 발전단계〉

Abraham Maslow는 인간의 욕구를 5단계(Hierarchy of Needs)로 나누어 설명하고 있는데 이것을 경제수준과 관련하여 식생활에 적용시켜 보면 그림 1-1과 같다.

□ 1단계 : 지속적으로 허기를 면하지 못하고 생존을 위해 열악한 식생활을 하는 단계. 1인당 국민소득이 150-250불 내외가 되기까지의 시기로 아직도 경제수준이 낮은 세계 여러 지역에서의 식생활 모습이다.

□ 2단계 : 굶주림의 절박감에서 벗어나 식량이 어느 정도 해결되어 안정감을 느끼는 단계. 고구마, 보리, 잡곡 등의 소비가 줄어들고 쌀의 소비가 증가한다. 식생활에 대한 가치관을 인식하게 되어 음식의 양은 물론 질적인 측면도 고려하는 자급자족의 자가 조리제품을 주로 소비한다.

□ 3단계 : 식생활의 인식단계에서 벗어나 보다 간편하고 질 좋으며 다양한 식품을 골고루 선택할 수 있는 단계. 소득수준이 더 높아지고 사회구조의 변화에 따라 편의식품이나 가공식품의 소비가 증가한다.

□ 4단계 : 생활의 여유와 즐거움을 식생활을 통해 성취하는 식도락의 단계. 사회 모든 분야의 질적 향상으로 사람들의 삶의 질도 올라감에 따라 가족과 함께 외식 및 고급레스토랑을 찾아 즐기며 주식인 곡류(쌀)의 소비량이 줄어든다. 비만과 성인병 등이 문제가 된다.

□ 5단계 : 식생활을 통해 정신적 성취감을 느낄 수 있는 단계. 각종 향신료와 기호식품 등을 이용하여 조리와 완성된 음식을 통해 자아실현욕구까지 맛볼 수 있는 최고 수준의 식생활이 이루어진다. 비만과 성인병 등으로 다이어트에 관심을 가지고 스포츠가 일상화된다. 웰빙을 추구하는 생활로 천연식품이나 유기농 식품을 찾게 된다.

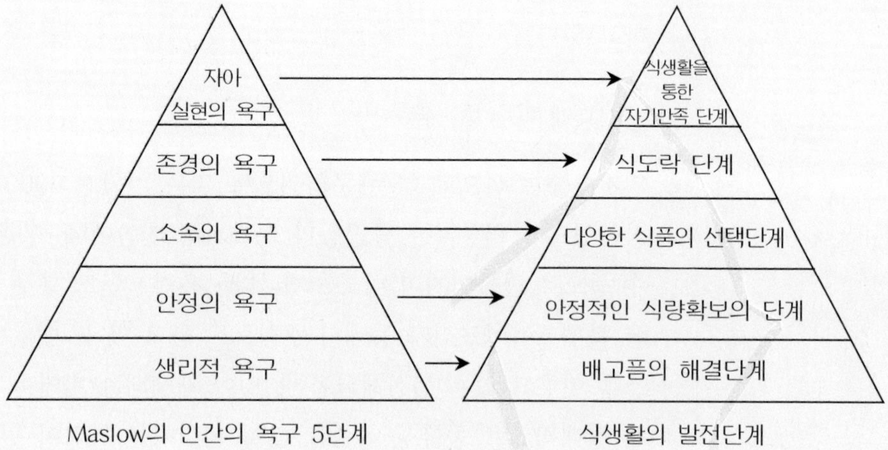

그림 1-1 Maslow의 인간의 욕구단계와 관련한 식생활의 발전단계

5. 세계의 주요 식생활 문화권

지구상의 여러 민족은 각기 다른 지형 · 기후 등의 자연환경과 정치 · 경제 · 종교 등의 인문사회적 여건에 따라 삶의 과정에서 고유한 식생활 문화를 형성하면서, 공통적인 특징을 지니면서도 독특하게 발달시켜온 음식과 식사 방법으로 영위하고 있다.

식생활은 식품을 생산 · 조리 · 가공하는 체계와 상차림 · 식사예절 등 식사행동의 체계가 통합된 문화이다. 음식의 재료가 되는 식품의 획득방법과 종류, 식품의 조리 · 가공법, 도구 · 그릇 등의 식기류, 상차림과 식사방법 등에 대한 정보를 갖고 있기 때문에 음식문화를 통해 한 나라 · 한 지역의 역사, 관습, 전통 등을 쉽게 이해할 수 있다.

1) 주식에 따른 분류

당질 식품은 인간의 식생활에서 가장 중요한 에너지원으로 주식이 되고 있다. 주식으로 이용하고 있는 쌀 · 밀 · 옥수수 등의 곡류, 감자 · 고구마 · 토란 등의 서류 그리고 바나나 등의 열대과일은 각 나라가 처한 자연환경에 따라 각각 다르게 생산된다. 따라서 주식을 기준으로 식생활 문화권을 나누어 볼 수 있다.

주식의 위치를 차지하는 당질식품은 사회구조의 형태를 반영하며, 개인의 소득과 더 나아가서는 국민의 소득수준과 관련이 있기 때문에 소득계층을 상징하고 있다.

(1) 맥류(麥類) 문화권

밀가루를 주식으로 하는 문화권으로 밀은 기원전 6000년경부터 재배되기 시작하였으며 원산지는 중근동과 카스피해 연안이다. 밀은 제분하여 빵이나 국수 등으로 만들어지며 미국・캐나다・유럽・인도 북부・파키스탄・중동・중국 북부・북아프리카 등에서 주식으로 하고 있다. 대부분의 국가가 산업화 구조를 이루고 있는 선진제국이며, 밀이 재배되는 지역은 목축이 많이 이루어져서 상대적으로 동물성 식품을 많이 섭취하는 특징이 있다.

(2) 미곡(米穀) 문화권

쌀을 주식으로 하는 문화권으로 벼는 기원전 5000년경 재배되기 시작하였으며, 원산지는 중국 운남성 고원지대와 인도 아삼지방이다. 우리나라를 비롯하여 중국・일본・인도 동부와 방글라데시・미얀마・태국・라오스・캄보디아・베트남・말레이시아・인도네시아・필리핀 등에서 주식으로 하고 있다. 쌀로 지은 밥이 식사 전체를 나타내는 바와 같이 쌀은 기본 식량원으로 원기를 북돋우고 생활의 안정감에 대한 상징이기도 하다.

(3) 잡곡(옥수수) 문화권

옥수수를 주식으로 하는 문화권으로 옥수수는 기원전 4800년경부터 재배되기 시작하였으며 원산지는 멕시코이다. 미국의 남부・멕시코・페루・칠레 및 아프리카 지역 등에서 주식으로 하고 있다. 페루나 칠레에서는 낟알 그대로 또는 거칠게 갈아서 스프나 죽을 쑤어 먹고, 멕시코에서는 옥수수가루를 반죽하여 둥글납작하게 펴서 구워 먹는다. 옥수수만으로 주 식사를 하는 지역의 사람들은 생활이 궁핍하고 후진성을 띠는 사회가 많으며, 펠라그라(pellagra)라는 영양결핍증이 생기기 쉽다.

(4) 서류(薯類) 문화권

감자・고구마・토란・마 등을 주식으로 하는 문화권으로 감자는 기원전 500

년경, 고구마는 기원전 2000년경에 재배되기 시작하였으며 감자는 남미 고지 안데스 산맥, 고구마는 멕시코가 원산지이다. 특히 마 · 토란 · 감자 · 고구마 등은 메마르고 일조시간이 짧은 건조한 대기의 고지에서도 농기구 없이 손으로 다량 재배가 가능하기 때문에 동남아시아와 태평양 남부의 여러 섬에서 주식으로 하고 있다. 현재는 독일이 18세기 중엽 대기근의 극복을 계기로 감자의 나라가 되었으며, 유럽의 여러 국가가 밀과 함께 감자를 주식으로 하고 있다.

이외에 바나나 · 카사바 · 얌 등을 주식으로 하고 있는 열대지역의 주민, 생선과 육류를 먹고 사는 Inuit(에스키모족)족, 종실류와 견과류 등을 먹고 사는 미국북부의 원주민인 아메리칸 Indian족, 뱀 · 원숭이 · 생쥐 등을 먹고 사는 북 보르네오 섬의 두웃산(Dusan)족 등은 극히 원시적인 사회로 식량을 얻는 수단도 자연적이고 아주 단순한 수단에 의존하고 있다.

2) 식사 방법에 따른 분류

국가나 민족은 음식의 특성과 문화 · 종교 · 가치관에 따라 음식을 먹는 방법이 각각 다르다. 식사를 할 때 식사용구의 사용 여부와 종류를 기준으로 하여 식생활 문화권을 나누어 볼 수 있다.

(1) 수식문화권(手食文化圈)

음식을 먹을 때 손으로 먹는 문화권으로 세계 인구의 40%(24억)를 차지하며, 인도 · 동남아시아 · 서아시아 · 아프리카 및 오세아니아 지역 등이다. 이슬람교 또는 힌두교의 종교를 가진 지역에서는 반드시 오른손으로 먹는 것을 원칙으로 하며 엄격한 수식매너가 있다. 오른손은 신성시 하여, 화장실에서 용변 후에는 왼손을 사용한다. 중세 유럽의 상류층에서도 큰 그릇에 담긴 음식물을 손으로 마구 먹거나, 가장이나 어른이 음식을 개인에게 나누어 주면 손으로 먹는 것이 일반적이었다. 손으로 음식을 먹으면 음식을 입에 넣기 전에 일차적으로 찬 음식인지, 따뜻한 음식인지, 딱딱한 음식인지, 부드러운 음식인지 그 음식의 촉감을 미리 감지할 수 있다.

다른 문화권에서 손으로 음식을 먹는 것에 대하여 국제간 식문화 비교는 할 수 있으나 비위생적이고 원시적 · 비문명적이라고 우열을 나타내는 것은 부적절한 것이다. 식문화는 각 나라 · 각 지역의 환경이 다르고 또 그 문화는 환경

속에서 형성되면서 계속 유지되므로 그 나름대로 가치체계가 존재하고 있는 것이다.

(2) 젓가락 식문화권(箸食文化圈)

음식을 먹을 때 젓가락을 사용하는 문화권으로 세계인구의 30%(18억)를 차지하며, 우리나라를 비롯하여 중국·대만·일본·베트남 등 유교 문화권에 속하는 나라들이다. 인류가 불을 사용하기 시작하면서부터 사용하였다고 추론된다. 특히 우리나라는 국물 음식이 발달하여 숟가락이 젓가락과 한 세트가 되어 사용하기 때문에 수저문화권이라고 할 수 있다. 따라서 우리나라는 수저를 동시에 상에 놓고 국물이 있는 음식과 밥은 숟가락으로 먹는다. 중국은 원대(元代)까지 숟가락을 사용했으나 그 이후에 젓가락만 사용하게 되었다. 일본은 젓가락만으로 음식을 먹는 전통을 형성하여 국물 음식은 그릇 채 직접 마신다. 젓가락은 각 나라의 음식에 따라 편리하게 기능을 발휘할 수 있도록 형태가 다르게 발달되어 있다.

우리나라 젓가락은 주로 동·은·스테인리스 스틸과 같은 금속의 재질이며, 형태는 여러 가지 음식을 집기에 편리하게 납작하고, 위·아래의 굵기에 차이가 적다. 그러나 중국의 젓가락은 주로 대나무로 만들어지며, 형태는 기름진 뜨거운 음식을 집기에 편리하게 끝이 뭉뚝하면서 길이가 길고, 위·아래의 굵기에 차이가 없으며, 일본의 젓가락은 주로 나무로 만들어 지며, 형태는 생선을 발라먹기에 편리하게 끝이 뾰족하고 길이가 짧으며 위·아래의 굵기에 차이가 크다.

(3) 나이프·포크·스푼 식문화권

음식을 먹을 때 개인용 나이프·포크·스푼을 사용하는 문화권으로 세계 인구의 30%(18억)를 차지하며 16세기경 이탈리아와 스페인의 상류사회에서 사용하기 시작하였다. 그러나 빵은 나이프를 쓰지 않고 손으로 먹는다. 17세기 프랑스 궁중요리에서 확립되었으며, 독일·영국·유럽에서는 17세기 이후 대중적인 도구가 되었다. 유럽에서 비롯된 나이프·포크·스푼의 사용은 백인들이 북·남아메리카, 호주 등으로 이민하면서 급속히 확산되었다.

인간은 동물과 달리 개식(個食)을 하지 않고 가족이나 친지 등 누군가하고 함께 음식 먹기를 원하고, 또 누군가하고 함께 나누어 먹음으로써 먹는 즐거움을 누리는 사회적 동물이다. 따라서 음식의 상차림과 먹는 방법, 손님 접대 방법 그리고 식사예절 등은 일정한 여건 하에서 생활하고 있는 사람들과의 관계를 통해 이루어진 규범으로 각 국가마다 음식문화는 다르게 형성되는 것이다.

또한 각 나라마다 일상생활 속에서 섭취하는 전통음식은 1세기 이상의 오랜 역사 속에서 각 민족의 풍토와 체질에 맞게 다듬어진 산물로 그 나라가 아니면 이룩할 수 없는 개별 문화적인 색채를 지니고 있고, 또 그 나라 그 민족 나름대로 모두가 긍정할 수 있는 타당성과 합리성을 내포하고 있다. 따라서 한 나라의 대표적 음식은 그 나라를 상징하며 문화를 가늠할 수 있게 한다.

표 1-3 세계 각 나라의 대표적인 음식

국 가	대표적인 음식
한 국	김치, 떡, 불고기
일 본	스시, 우메보시, 소바, 사시미
중 국	교자, 마파두부, 북경통오리구이
태 국	톰얌쿵(tom yum kung), 쏨탐(som tam), 패드타이(pad-thai)
베트남	퍼(pho), 짜조(cha gio)
인 도	커리(curry), 난(nan), 차파티(chapati), 달(dhal)
터 키	케밥(kebab), 아이란(ayran)
미 국	핫도그(hot dog), 햄버거
멕시코	타코(taco), 토르티야(tortilla), 테킬라(tequila)
아르헨티나	아사도(asado), 마테차
브라질	페이조아다(feijoada), 추라스코(churasco)
프랑스	에스카르고(escargo), 프와그라(foie gras), 바게트, 포도주
이탈리아	리조또(risotto), 스파게티, 피자(pizza)
스페인	파에야(paella)
영 국	피시 앤 칩스(fish & chips), 로스트 비프(roast beef)
독 일	맥주, 소시지
스위스	퐁듀(fondue)

(구난숙 · 권순자 · 이경애 · 이선영, 세계속의 음식문화 교문사, 2003)

한 국가를 상징하는 음식문화도 각 국가의 모든 문화와 마찬가지로 국가 간의 활발한 문화 교류 등 국제화로 다국적, 다인종적 문화 현상인 퓨전(fusion)화 되고 있다.

따라서 우리음식 문화에도 소득수준 향상, 해외여행 증가, 외식산업 발달, 농산물 수입 개방과 압력, 외국 음식점의 진출 등 사회적 여건의 변동에 따라 부대찌개를 비롯하여, 프랜차이즈 패밀리레스토랑에서 해물 버터 볶은 밥, 김치버거, 치즈 비빔밥, 불고기 피자 등 퓨전음식이 나타나고 있다.

제 2 장

문명의 발달단계에 따른 식생활문화의 변천

1. 선사시대

1) 인류초기의 식문화

(1) 기원전 4백만 년까지의 시대

인간 진화과정의 초기에 음식은 인간 형성과정에 도움을 주었다. 유인원이 인간으로 변이를 시작하는 시기에 대해 몇몇 권위자들은 3,000만 년 전이라고 주장하기도 하지만 대체로 400만 년 전이라고 말할 수 있다. 그 변화는 알, 새끼, 열매의 부족에 의해 야기된 것으로 간주되며, 이러한 현상은 유인원이 음식물을 찾아다니게 하였다. 그는 도마뱀, 포큐파인(porcupine), 거북이, 다람쥐, 두더지, 살찐 곤충, 굼벵이 등을 닥치는 대로 잡아먹었는데, 그 결과 이러한 작은 종족들은 멸절되었다.

그 다음 300만년 동안의 발전과정에 인간은 돌을 던져 큰 동물을 잡는 방법을 배웠다. 인간의 지혜는 사냥터에서 사자, 하이에나(hyena) 등과의 경쟁을 통하여 더 발달하게 되었다. 인간의 앞발은 손의 역할을 하게 되었고 그 손으로 도구를 만들 수 있게 되었다.

(2) 기원전 50만 년까지의 시대

아우스트랄로피테쿠스(australopithecus)는 직립원인(homo erectus)이 되었다. 그리고 역사상 최초의 실제 인간이라고 할 수 있는 베이징원인(Peking man)은 이 시기의 인간이라고 할 수 있는데, 그는 비록 몽고족과 북중국족속의 특징인 넓은 뼈와 높은 광대뼈를 가졌지만 여전히 유인원과 비슷한 모습이었다. 그의 키는 5피트 정도밖에 안되지만 호랑이, 물소, 코뿔소와 같은 적수들에 대항할 능력은 갖추고 있었다. 이 동물들의 뼈와 수달, 야생양, 수퇘지의 뼈들이 그의 동굴에서 발견되었다. 그러나 그의 식사의 70%를 차지한 것은 사슴고기였다. 베이징원인의 불후의 명성은 그가 불을 최초로 사용했을 것이라는 사실에 있으며, 동물뼈가 연료로 사용될 수 있다는 것을 발명했다는 것은 확실하지만 음식을 익혀 먹는 것은 몰랐던 것 같다. 그의 선조들처럼 그는 골수를 얻기 위해 특히 즙이 많은 뼈를 쪼개는 힘든 작업을 하였는데, 이는 조리법을 알았더라면 하지 않아도 될 일이었다. 즉 골수는 불로 따뜻하게 데운 뼈로부터 추출될 수 있다.

(3) 기원전 7만 5천 년

기원전 75,000년경의 빙하기 초반에 예지인(叡智人, homo sapiens)이 등장하였는데, 그들은 직립원인의 후손인으로서 네안데르탈인(Neanderthals)으로 알려져 있다. 오늘날 그들은 인류학적인 관심으로서보다는 그들이 20세기에 상투적인 풍자화에 인용되어서 유명해졌다. 이 네안데르탈인의 꼴사나운 모습이 기후에 대한 생리적 적응현상에 기인한 것인지 혹은 비타민 D 결핍으로 인한 구루병 때문인지 아니면 선천적인 매독 때문인지는 알 수 없으나, 그들은 훌륭한 사냥기술을 지니고 있었으며 자신들의 제사의식을 발전시켰고 원시적인 외과수술과 병약자와 노인들에 대한 간호도 시작하였다. 그리고 그들은 선조인 베이징원인처럼 다른 고기가 없을 때에는 자신들의 동료를 먹기도 하였다.

(4) 기원전 3만 년

기원전 30,000년경에 역사무대에서 네안데르탈인들이 사라지게 되었는데, 그 이후의 식습관에 대해서는 우리는 비로소 좀 더 자세히 다룰 수 있다. 네안데르탈인 이후에 등장한, 보다 더 발달된 인종들은 일시적인 온화한 기후조건 속에서 세련된 도구들을 개발할 수 있었는데, 그 도구들은 후기 구석기인들에게 그 이전보다 더 넓은 영역을 제공하였다. 그들은 뼈와 뿔로써 가벼운 사냥무기들과 가시로 만든 것보다 더 나은 낚시 바늘과 빙하기에 대비한 의복들을 꿰매는데 사용할 수 있는 바늘들을 만들었다.

(5) 기원전 1만 년

기원전 11,000년경에 빙하는 마지막으로 물러나기 시작하였고, 기후는 온화해졌다. 그리고 인간, 동물, 식물들은 다시 한 번 환경에 적응하기 시작하였는데, 이때에 인간의 기술은 그가 환경에 적응하기에 충분할 정도로 발전하였다. 이때에는 이미 음식은 인간형성에 중요한 역할을 하였다. 현대문명의 태동기인 기원전 10,000년과 3,000년 사이의 기간 동안에는 역사의 형성에 음식은 그 어느 때보다 더 결정적인 역할을 하였다.

(6) 기원전 5천 년

빙하가 북쪽으로 물러나자 초목지대의 양상이 변화되었다. 순록과 그에 의존한 인간들은 얼음 주변에서 자라나는 이끼와 양치류를 따라 이동하였다. 다른 동물들은 그 뒤에 남았는데 작은 동물들은 이제 자라나기 시작하는 숲의 주변부에서 번식하기 시작하였다. 그리고 따뜻한 바람의 영향으로 야생곡물들이 자라나는 대초원이 여러 근동지역에서 생겨났다. 빙하가 물러나고 2,000년이 지나서야 식물경작과 가축의 사육이 시작되었고 촌락이 세워지기 시작하였다. 그리고 경작지식이 서서히 유럽, 아프리카, 서아시아의 여러 지역에 알려지게 되었다.

이윽고 근동지역의 농부들은 그들이 행하는 경작방식이 옥토를 사막으로 변화시키는 것을 알게 되었고 관개시설이 발견되어 사용되어 졌다. 그리고 기원전 5,000년경 이후에 촌락들이 무리지어 생겨나기 시작하였는데, 이들은 강 주변에 생겨났고 시간이 지남에 따라 세계의 다른 지역에 거주하는 다른 인간들도 또한 불의 사용법을 알게 되었다. 특히 오늘날의 뉴욕, 런던, 키에브(Kiev, 우크라이나 공화국의 수도)에 해당하는 남쪽까지도 빙하기가 도래하였던 그 시기에 동굴 내부의 빛과 온기는 인간화의 과정에 강한 영향을 주었음이 분명하다. 인간은 불의 사용으로 빙하기로부터 후퇴할 필요 없이 그 주변에 머물면서 털이 많은 맘모스 같은 거대한 내한성 동물의 고기를 먹을 수 있도록 자신의 사냥기술과 식성을 조정하였다.

2) 인류초기의 식품과 조리

(1) 사냥으로 획득한 동물성 식품

비록 나이가 아주 어리거나 반대로 연로하여도 어획이나 식물채취에는 장애가 되지 않았으나, 사냥을 성공적으로 하는 데는 공동체 내에서 가장 활동적인 구성원들이 적합했다. 6가구 정도로 구성된 약 40명 정도의 씨족공동체 내에서 사냥을 할 수 있는 남성은 10명도 되지 않았다. 그러나 젊은 여성들이 공동체의 사냥에 참여해선 안 될 이유는 없었던 것 같다.

선사시대의 사냥꾼은 그 사냥솜씨가 매우 능숙했다. 나무나 돌촉을 끼운 창을 똑바로 던져 사냥감의 눈으로부터 뇌를 관통시키고, 그 두개골의 급소에 정확히 화살을 맞히며 돌칼로 발뒤꿈치 힘줄을 베어서 절름발이로 만들어 놓는 일들은 신속한 동작과 손과 눈의 절대적인 조화를 요구하는 기술적인 일이었다. 일반적으로 사냥꾼들은 경계가 느슨한 상태에 있는 동물을 사냥하길 더 좋아했을 것이다. 차분한 상태에서 도살된 동물의 고기가 겁을 먹거나 지친 동물의 고기보다 훨씬 더 맛이 좋다는 사실은 경험적으로 알 수 있었기 때문인데, 이는 현재 과학적으로 증명된 사실이다.

이란의 자그로스(Zagros)산의 기원전 50,000년으로부터 그 후 3만 년 이상의 기간에 걸친 17군데 유적지에 대한 최근의 연구에서 6,000개 정도의 동물의 뼈를 찾아내었는데, 주로 산양과 붉은 사슴의 것이었으나 산토끼, 여우, 표범, 들소들의 뼈도 발견되었다. 비록 뼈의 숫자가 처음에는 그러한 장구한 기간에 비해 빈약한 것 같이 보일지 모르나, 지속적으로 성공적인 사냥을 했으리라고 볼 수 있는 것은 기원전 40,000년경의 이란의 인구가 평균 31평방 마일 당 1사람 정도로 추정되기 때문이다.

(2) 어업으로 획득한 물고기

기원전 25,000년경에 Dordogne 지역의 프랑스인들은'물고기 목구멍 빗장치기(fish gorge)'를 개발하였다. 이 장치는 짧으며 미끼를 다른 빗장(toggle)으로 고정시켰으며, 거기에 줄이 달려있는 것이었다. 따라서 물고기가 미끼를 물면 낚시꾼은 줄을 팽팽하게 잡아당겨 빗장(gorge)이 물고기의 턱 쪽에 쐐기를 박게 되는 것이었다. 이때에 때로는 가시를 갈고리로 사용하기도 했으나, 얼마 안 가서 뼈와 뿔을 사용한 발전된 기술을 가지고 그 공동체의 장인들이 단단하면서도 유연성이 있는 생선갈고리를 개발하게 되었다.

기원전 12,000년경의 프랑스와 스페인에서는 낚시꾼의 무기에 작살을 추가하게 되었다. 그리고 그 직후에 활과 화살(아마도 기원전 13,000년경에 중앙아시아에서 발명되었거나 기원전 46,000년경에 아프리카에서 발명된 것으로 추정됨)이 유럽에 소개되어 사냥꾼에게는 물론이고 낚시꾼에게도 귀중한 새로운 무기가 되었다. 그리고 이 활의 위력과 사정거리는 물론이고 휴대 가능한 화살의 숫자는 가히 혁명적이라 할 수 있었다. 이는 고대의 사냥꾼으로 하여금 과거의 작살이나 창을 잃을까봐서 감히 시도할 수 없었던 어려운 목표물을 쏠 수 있게 만들어 주었던 것이다.

(3) 채집으로 획득한 다양한 식품

남자들과 소년들이 사냥과 낚시하러 나가고, 그 부족의 연장자들이 도구를 만들고 약품을 조제하고 또 어린이들을 가르치는 동안에 여자들과 소녀들은 그들이 맡은 식품을 채집하는 일을 하러 나섰으며, 먹을 수 있는 뿌리들과 녹색 채소들, 견과류와 딸기류 그리고 작은 동물들을 찾아다녔다.

근채류들(root vegetables)은 언제나 중요한 위치를 차지해왔다. 순무(turnip), 양파, 큰 무 등은 유럽에서 선사시대부터 있었던 것으로 추정된다. 유사 이래 망우수, 아스포델, Solomon's-seal의 뿌리들, 칸나나리의 뿌리줄기 등은 모두 맛이 좋아 식용되었으며, 이러한 꽃들의 구근들이 선사시대 인간의 식사에서도 일부분을 이루었을 것으로 추정된다.

아메리카에서는 근채류들이 다수의 고대 원주민들을 기아로부터 구제해 주었을지도 모른다. 기원전 20,000년경까지는 사람이 아메리카 전 지역에서 살지는 않았으며(일부 학자들은 기원전 10,000년경으로 보고 있음), 그 무렵의 무기들은 상당히 진보된 것이었다. 그들의 활발한 사냥은 곧 상당수의 토착종들의 멸절을 가져왔으며, 기후의 변화는 다른 동물들도 멸종시켰다. 기원전 7,000년경에 빙하의 후퇴로 아메리카 전역에 걸쳐 북에서 남으로 회랑지대가 형성되었는데, 이것은 예전에 빙산들에 의해 보호받던 대지를 북극에서 직접 불어오는 찬바람에 노출시켰다. 대초원지역에서는 말, 낙타, 거대한 들소, 마스토돈(제 3기의 거대한 코끼리)등이 기온의 급강하로 희생되었다. 인간과 자연에 의한 파괴는 아메리카에 단지 소수의 식용동물만을 남겼다. 따라서 다른 지역과는 달리 인간의 식사에서 기본적이었던 육류의 공급이 제한되었기에 고대 아메리카 원주민들의 상당수가 얌(고구마의 일종), 감자, 감미가 있는 마니옥 변종(타피오카)등과 같은 대용작물에 의존해야만 했다.

유럽과 아시아에서 그 역사가 가장 오래된 지상식물들에는 양배추과에 속하는 여러 종의 채소들이 포함되어 있다. 선사시대의 가정주부들은 버드나무와 자작나무의 새순, 여린 쐐기풀, 양치류, 수초들도 채집했을 것이며, 습하고 그늘진 환경에서는 송이버섯과 다른 버섯류를 얻을 수 있었을 것이다. 일부 지역에서는 이런 것들이 나중에 러시아에서나 19세기의 티에라 델 푸에고(Tierra del Fuego, 남아메리카 남단의 군도)에서처럼 대단히 중요한 식품이 되었을 수도 있다. 박물학자인 찰스 다윈(Charles Darwin)이 보고한 바에 따르면, 이 지역 주민들은 특별한 형태의 버섯에 주로 의존하였으며 그것을 날것으로 다량 섭취했다고 한다.

비록 많은 채소들은 고고학적 흔적을 남기지 않았으나, 콩(bean), 렌즈콩(len-til), 이집트콩(chick pea)등이 여러 가지 야생 형태로 근동, 중앙아메리카, 유럽의 일부 지역에서 즐겨 이용되었고, 상당수의 풀 같은 식물들의 종자들이 채집되어 조미료로써 사용되었다는 증거가 있다. 예를 들어 겨자씨는 유사 이래 초기 단계부터 고기와 함께 씹어 먹었으며, 원시형태의 밀과 보리풀의 씨를 구워서 다른 음식 위에 뿌려서 견과 같은 맛을 즐기기도 했다.

여성들이 맡은 두 번째의 일은 작은 동물들을 발견하는 대로 채집하는 것이었다. 남자들의 사냥이 잘될 때에는 달팽이같이 맛있는 것을 보고도 그냥 지나쳤는데, 기원전 20,000년경 근동에서는 인구의 증가에 따라 식량자원 사정이 압박을 받기 시작했다. 발굴된 유적에서 그 부족들이 전보다 더 다양한 식품을 찾아 채집에 나서지 않을 수 없었다는 것이 드러난다. 달팽이뿐만 아니라 민물게, 민물홍합, 작은 바다거북이도 채집하였으며, 이외에도 도토리, 피스타치오(Pistachio)열매, 다른 식물들도 주워 모았는데, 이들은 전에는 대개 긴급시에만 사용되던 식품이었다. 이들은 또한 반시-자고류(Partridge, 유럽산 메추라기의 일종)와 이주 중인 물새들을 덫을 놓아 잡기도 했다.

(4) 불의 사용과 조리

수십만 년 동안 인간은 식품을 날것으로 먹었다. 그러나 처음으로 불을 사용하게 되는 기원전 500,000년경과 네안데르탈인이 선사시대의 무대에 모습을 나타낸 사이의 어느 시기에 요리법이 개발되었다. 요리에 의해 전에는 소화시킬 수 없었던 여러 가지 식품을 먹을 수 있게 되었다. 그것은 또한 다른 식품들의 영양가를 높여 주었는데, 이는 가열로 인해 섬유소가 분해되고 단백질과 당질이 용해되어 나왔기 때문이다. 그 결과 진화해가는 인간의 건강을 증진시키고 수명을 연장시켰을 것이다. 미국의 저명한 인류학자인 칼레튼 쿤(Carleton Coon)은 요리법은 원초의 동물상태의 사람을 보다 안전한 인간으로 만드는데 결정적인 요인이 되었다고 시사한 바 있다.

고대인의 발전상에 대한 흥미로운 사실은 수년전에 모라비아(Moravia, 체코슬로바키아의 한 지방)의 돌니 베스토니스(Dolni Vestonice)에서 발굴작업 중에 알려지게 되었다. 여기에서 기원전 25,000년경의 것으로 추정되는 한 화덕이 발견되었는데, 그 안에 2,000개가 넘는 불에 굽힌 점토 덩어리들이 그대로 들어있었으며, 이 점토들은 동물의 머리, 몸통, 발 등의 형상을 한 작은 모형들이었다. 그렇지만 이 화덕이 음식을 굽는데도 사용되었다는 증거는 없다. 그러나 프랑스의 선사시대 연구가인 앙드레 로르 구랑(André Leroi-Gourhan)은 특별한 형태의 요리용 화덕이 이 시기를 전후하여 우크라이나에서 주거지의 난로들 주변에서 발견된 작은 구덩이 같은 형태로 존재했을 것으로 보고 있다.

세계의 여러 지역에서는 아마존에서 19세기에도 여전히 사용된 것처럼 큰 연체동물이나 파충류의 껍질이 사용되었다. 그 당시에 박물학자인 바츠(H. W Bates)는 거북의 창자로 만들어진 요리를 시식하였다. 이 요리로 말하자면 "거북의 창자를 잘게 다져서 Sarapatel이라는 맛있는 스프를 만드는데, 이것은 일반적으로 그 동물의 오목한 등껍질 속에서 끓인다."

아시아에서는 성장이 빠른 대나무가 사용되었던 것 같다. 대나무의 마디 사이의 속이 빈 부분에 점토로 한쪽 끝을 막고, 고기조각들과 약간의 액체로 패운 다음 다시 다른 한쪽 끝은 막고. 고기조각들과 약간의 액체로 채운 다음 다시 다른 한쪽 끝을 막아서 사용하였다. 이 방법은 인도네시아에서 오늘날에도 사용되고 있다.

중앙아메리카에서는 멕시코만의 남서부쪽 모퉁이에 위치한 테후아칸(TeHuacan) 계곡에서 기원전 7,000년경에 바위집에 살며 야생 옥수수를 채집하여 먹던 사람들이 조리용기로써 돌그릇을 사용하기 시작하였다. 돌 냄비가 일단 만들어지면 난로의 중앙에 놓아두고 영구적으로 그 자리에 두었던 것 같다.

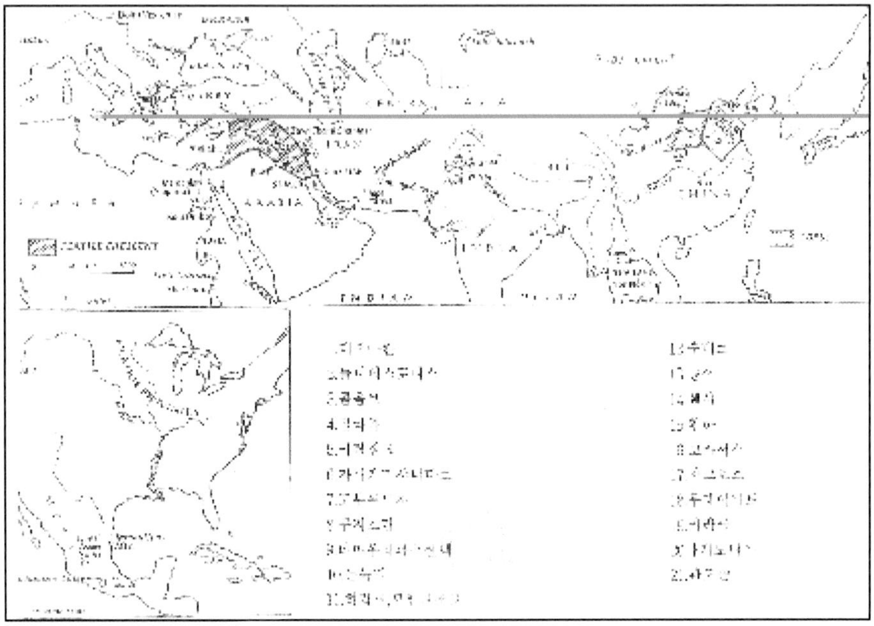

그림 2-1 고대 식생활 문화의 유적지

2. 기원전 3,000년부터 서기 1,000년까지의 문명세계와 식생활

(1) 농업기술과 농업기구의 발달

기본적인 도구들을 발전시켰는데, 그것들은 그로 하여금 근동의 무른 땅을 경작할 수 있게 해주었다. 이 농기구들에는 호미, 써레, 갈퀴, 나무메 등이 있었다. 기원전 3,000년기(third millenium B.C.)에는 수소에다 마구를 채워 쟁기에 매달았으며 이로써 쟁기의 끝으로 땅을 더 깊이 파서 땅을 고를 수 있게 되었다. 이렇게 땅을 더 깊이 일구게 되어 토양의 소모되는 과정을 경감시키는데 기여하였다.

톱니모양의 돌날이 달린 낫은 단련한 금속으로 만든 날을 활용할 수 있게 되기까지 바뀌지 않고 계속 사용되었다.

농업기술은 도구의 고안에만 머무르지 않았다. 기원전 2,500년경에는 수세기

동안 누적된 전문지식이 수메르의 '농부연감(Farmer's Almanac)'에 수록되었는데, 예를 들어 보리농사 할 때 씨를 뿌리는 정도와 농사기구의 효용성을 설명하고 있다.

1) 수메르의 문명과 식생활

(2) 수메르 문명의 식품

• 곡류와 채소

문명화 된 인간에게 곡식이 육류를 대신하여 식사의 주된 요소가 되었다.

수메르인의 주된 식사재료는 보리, 밀, 기장, 이집트콩, 렌즈콩과 콩류, 순무, 양파, 마늘, 부추, 오이, 신선한 녹색상치, 양갓냉이와 겨자 등이었다. 고대 바빌로니아시대에는 송로과(松露科)의 버섯이 발견되어 대단히 맛있는 식품으로 간주되었으며, 바구니에 가득 담겨져 왕에게 신속히 보내지곤 하였다.

일사의 식사는 아마도 보리죽이나 보리빵에다가 양파나 한 줌의 콩을 곁들인 것이었으며 맥주를 함께 마신 것 같다.

그림 2-2 수메르 문명

• 육류의 급원

메소포타미아의 강에서, 50가지가 넘는 물고기 종류가 기원전 2,300년 이전의 것으로 추정되는 문헌에 언급되어 있다. 도시의 노점들 가운데서 행인들에게 양파, 오이, 구운 고기, 즉석 생선튀김 등의 조리된 음식을 파는 노점상인들을 볼 수 있었다. 더운 기후에서는 도살된 동물이 부패되기 전에 즉시 소비되어야 했으며, 아마 이러한 이유로 잠재적인 소비자의 수가 시골에 비해 많았던 도시들에서 육류가 더 빈번하게 섭취되었던 것 같다.

쇠고기나 송아지고기는 그것들을 살 여유가 있는 사람에게는 보편화되어 있었으나 대부분의 소들은 그 노동가치가 다 없어졌을 때에만 도살되었기 때문에 그때쯤 되면 그 고기들이 매우 질기고 힘줄이 많았을 것이다. 사실상'늙은 수소들'은 기원전 2,400년경의 궁중 물품명세서에 따르면'개의 사료'로 자주 사용되곤 하였다.

양고기는 보다 더 보편화되었으며 이는 아마도 수메르의 이주민들이 원래 양치는 목자였기 때문인 것 같다. 수메르에서 아직도 남아있는 어휘들 중에 양의 유형이나 종류를 표현하는 단어가 200가지나 되는데, 그 중에는 특히 통통한 양, 산양, 꼬리가 통통한 양 등의 어휘를 들 수 있다. 꼬리가 통통한 양의 품종이 실제로 존재했었다는 것이 밝혀졌으며, 그 꼬리는 대단히 맛이 있었고 양질의 지방이 풍부한 것이었으며 도살된 양의 전체 중량이 60파운드인 경우에 그 중 10파운드나 차지하였다.

염소고기도 식용으로 이용되었으며 근동의 사람들은 아직은 돼지고기를 식용으로 하는데 거부감을 갖고 있지 않았다. 그러나 예를 들어 유대교와 회교에서 돼지고기가 금기 식품이 된 것은 의학적인 교리에 그 기원을 두고 있었다고들 한다. 더운 기후에서 돼지고기는 위험한 식품이었으므로 식사규정이 만들어졌을 당시에 이 점이 고려되었을 것이다. 그럼에도 불구하고 비록 근동의 사람들이 돼지고기와 그 위험에 관한 모든 것을 알고 있었다고 해도 기원전 1,800년경이 되기까지 그것을 엄격히 금기시한 것은 아니었다.

● 맥주

수메르의 맥주는 에일(ale: 쓴맛이 강한 맥주)이었는데, 진짜 맥주에 사용되는 호프(hop)열매 같은 쓴맛을 내는 보존력이 있는 풀이 중세 말기에 이르도록 소개되지 않았기 때문이다. 확실히 수메르의 곡식 수확량의 40%정도가 맥주 제조에 사용되었던 것 같다. 사원의 일반 근로자들이 하루에 1.75영국 파인트(pint), 즉 2.2미국 파인트 정도의 배급량을 받았으며, 고위 성직자들의 경우에는 그 5배 정도를 배급받았고 그 맥주의 일부는 통화로서 사용했던 것 같다.

수메르에서는 8가지 종류의 보리 맥주가 제조되었던 것으로 짐작되며, 또 다른 8가지는 조생종 밀로부터, 그리고 3가지는 혼합곡식으로부터 제조되었던 것 같다. 발아된 뒤 말린 곡식으로 특별한 반죽을 만든 다음에 부분적으로 굽고 그'덩어리'를 부순 다음 물에 담가두었다. 그 혼합물을 하루정도 방치하여 발효시켰다. 그 후에 그 술을 걸러내어 맥주를 마실 수 있게 되었다. 기원전 3,000년기의 말기에 이집트의 양조업자들은 양념과 향미를 달리한'맥주빵(beer bread)'을 만들었다.

고대의 양조업자들은 대개는 여성이었으며 집에서 맥주를 만들어 팔았다. 기원전 1,750년경의 함무라비법전(Codex of Hammurabi)에는 맥주(ale)집들과 그들의 농도이하의 맥주와 바가지를 씌우는 행위에 대해 유죄를 선고하는 대목이 있다.

그림 2-3 대추야자

• 대추야자와 무화과

-대추야자

남부 메소포타미아의 관개 수로망은 야자수 재배에 이상적인 조건을 갖추고 있었다. 야자수를 수로의 둑에 심으면 그 나머지의 넓은 땅에 다른 작물을 재배할 수 있었다.

이 과실은 신선한 상태로 전체를 다 먹을 수 있었으며 그 즙은 압착, 농축하여 걸쭉한 시럽으로 만들어서 푸딩이나 사탕을 만드는데 사용하였다. 이 농축시럽은 일반적으로 감미료로서 꿀의 대용으로 이용되었으며(근동에서는 아직 설탕이 알려지지 않았음), 발효음료와 청량음료의 성분으로도 이용되었다. 겨울에는 대추야자를 건조시켜 압착한 것이 주로 이용되었으며 때때로 잘게 다져서 보리 반죽에 섞어서 먹기도 했다.

그림 2-4 무화과

-무화과

당의 함량이 높은 또 다른 과실로서 무화과 역시 근동과 지중해 연안의 대부분의 더운 지역에서는 매우 보편화되어 있었다. 그러나 무화과나무는 대추야자처럼 여러 가지의 장점들을 갖춘 것은 아니었으며, 야자수가 재배될 수 있는 땅에서는 무화과나무도 항상 선호되었던 것으로 짐작된다.

2) 이집트 문명의 식품

(1) 발효된 빵

발효된 빵을 만드는 첫 번째 요건은 밀이었으며 그것도 특별한 종류의 밀이었다. 보리와 수수는 그 화학적 조성 때문에 발효에 적합지 않았다. 귀리도 또한 그러했으며 더구나 근동지역에 아직 알려지지 않은 것이었다. 밀의 가장 적절한 대용품인 호밀 역시 기원전 1,000년기(first millennium B. C.)전까지는 문명화된 세계에는 아직 알려지지 않았다.

빵을 만드는 기술이 최초로 발견된 것은 이집트에서였다.

고대의 인간이 먹었던 대부분의 곡식들은 탈곡을 잘 하기 위해서 미리 예비적인 가열처리를 해야 했기 때문에 새로운 형태의 곡식이 개발되기 전에는 부풀린 빵을 만든다는 것은 불가능하였다. 그러나 이집트에서는 왕조시대의 초기에 쉽게 왕겨가 분리되는 밀이 생산되었으므로 열처리 없이도 타작이 가능하였다. 매우 오랜 기간 동안 이 밀은 희귀하였던 것으로 짐작되며 부유층을 위한 빵을 공급하기 위해 제한된 규모로만 재배되었을 것이며, 반면에 대부분의 밭에는 재래식의 밀을 계속 재배하여 재래식 방법으로 이용했던 것 같다. 그러나 그리스인들이 기원전 7세기 이래로 이집트와 정기적인 무역을 하였고 또 그와 마찬가지로 수입곡식에 대해 정기적으로 필요로 하였음에도 불구하고 빵을 만들 수 있는 새로운 품종의 밀로 만들어진 제품이 그리스에서 기원전 4세기에 이르기까지 아직 일반화되지 않았다는 사실을 다른 방법으로는 설명하기가 곤란하다.

–곡류와 채소

빵, 맥주, 양파가 아마 이집트의 왕조시대에 농부의 기본적인 식사의 내용이었던 것 같다. 기원전 12세기경의 마을거리에는 빵 가게들이 있어 여기에서 타(ta)라고 하는 가장 평범한 종류의 납작한 빵을 살 수 있었다. 그러나 성직자들과 신분이 높은 사람들은 40종류나 되는 여러 가지 빵과 과자들 중에서 고를 수 있었다. 사실상 이집트의 부유층은 아주 잘 먹었던 것 같다. 기원전 3,000기 초기의 것으로 추정되는 무덤에서 발굴된 유물 가운데는 보리죽, 메추라기요리, 콩팥, 비둘기찜, 생선, 소갈비, 밀로 만든 빵, 케이크, 삶은 무화과, 신선한 딸기, 치즈, 맥주, 포도주 등을 담은 그릇들이 들어 있었으며, 이런 음식들은 고인이 저승에 도달할 때까지 충분히 먹을 수 있도록 마련된 것이었다.

그림 2-5 나일강에서 고기 잡는 어부들

–육류식품

다양한 야생동물을 길들이려고 노력하였고 그 중에서도 야생염소와 여러 종류의 영양들(oryx, antelope, gazelle)을 길들이려고 했던 것 같다. 나일 강의 습지와 운하에는 뱀장어, 숭어, 농어, 잉어, 타이거피쉬(tigerfish)와 같은 어류들이 존재했으며, 그 외에도 아직 밝혀지지 않은 여러 종류의 다른 수생동물들이 서식하고 있었다. 그러므로 이집트에서의 가축화는 이루어지지 않았다. 이집트에서는 곧 건어물과 염장한 생선들이 시리아와 팔레스타인 등지에 수출하는 무역이 성행하게 되었다.

3) 그리스 문명과 식품

기원전 3,000년경까지 티그리스–유프라테스 강 유역과 나일 강 유역의 사람들의 식생활은 그들의 농업양식에 맞게 조정되었다.

초기에는 멧돼지들은 여전히 사냥할 수 있을 만큼 있었으며, 몇몇 정착한 공동체들은 산맥의 낮은 기슭에 무성하게 번식했던 나무들로부터 채취한 도토리와 너도밤나무 열매로 돼지를 사육할 수 있다. 그러나 내륙의 긴 협곡들과 해안을 따라 펼쳐지는 가늘고 긴 형태의 비옥한 평야는 목축에 대한 피할 수 없는 제한요소가 되었다. 단지'암소의 땅'을 의미하는 뵈오티아(Boeotia)같은 일부 지역에서만 소를 방목할만한 넓은 초원들이 있었다.

그림 2–6 그리스: 델로스 섬의 물탱크

인구수는 적었던 반면 농부와 그의 가족들은 살기 좋은 땅에 의존하여 생활하였다. 그들은 밀이나 보리를 약간 재배하였고 올리브와 무화과나무들 및 포도나무들을 돌보고 손질하였으며, 우유와 치즈를 얻기 위해 염소를 길렀다. 그들 중 부자들은 소규모의 양떼나 수소 두어 마리 또는 노새들을 소유하고 있었을 것이다.

그러나 기원전 650년경에 아티카(Attica)같은 지역의 대다수의 농부들은 메마른 토지에서 최저생활을 영위해갔다. 인구수가 증가함에 따라 좋은 토지는 줄어들었고, 산중턱의 대부분의 나무들은 베어져서 주택의 건축, 그리스의 무역과 수송을 위해 필요한 선박의 건조, 그리고 금속세공에 계속 증가추세로 소모되는 숯 등을 만드는데 요구되는 목재들을 공급하느라 산이 헐벗어지게 되었다.

(1) 올리브

기원전 6세기 초에 솔론(Solon)은 올리브유 이외의 다른 농산물의 수출을 금지시켰다. 그것은 선의에서 나온 조치였으나, 그리스의 자연에는 치명적인 타격을 주었다.

남아있던 수목들이 올리브경작을 위해 벌채되었으며, 이 올리브나무의 깊이 뿌리내리는 주근(主根)은 석회석의 내부까지 파고 들어가 수분을 빨아올렸으며, 표토(表土)를 밀착시키거나 보존하거나 또는 영양을 공급하는 데는 전혀 도움이 되지 않았다. 오늘날 그리스의 특징이 된 깜짝 놀랄 정도의 순수하고 찬란하게 빛나는 모습은 한때 그 땅을 비옥하게 유지시켜 주었던 수목들을 벌채한 대가로 만들어졌던 것이다. 신석기혁명이 메소포타미아의 편평한 시골지방을 황폐화시키는데 수천 년의 기간이 소요되었지만, 그리스의 지형적인상황을 변화시키는 데는 단지 몇 백 년밖에 걸리지 않았다.

(2) 포도주

올리브는 그리스의 첫째가는 수출작물이었으며 그 바로 다음가는 작물은 포도였다. 기원전 5세기경부터 기원전 1세기 후반까지 그리스와 그 주변 섬들은 지중해 세계에 있어서 좋은 포도주의 공급원이었다.

그리스의 황금기 동안 지중해에서는 많은 나라들이 그들 고유의 보통 술들을 만들어내었는데 부자들은 레스보스(Lesbos)와 치오스(Chios)에서 만들어진 희귀하고 값비싼 수입 포도주들을 마셨다. 알이 매우 굵은 포도는 달콤하였던 것 같으며, 고대의 가장 유명한 포도주로서 호머에 의해 자주 언급된 바 있는 프람니안(Pramnian)은 토카이(Tokay: 헝가리 토카이 지방산의 포도주)만큼이나 진하게 만들어졌던 것 같다. 그리스와 로마인들은 모두 이집트의 음주습관을 따라 포도주를 물로 희석해서 마셨으므로 고급 포도주들은 종종 꿀처럼 농도가 진하고 끈끈해질 때까지 보관되기도 하였다.

그 포도주는 수지(樹脂)를 안팎으로 바른 큰 통 속에서 발효되었는데 그것은 특유의 톡 쏘는 맛이 나게 하였으며, 그 다음엔 여과하여 그 지방에서 소비할 용도인 경우에는 염소가죽이나 돼지가죽에 담았고, 수출용인 경우에는 점토로 빚은 양쪽에 손잡이가 달린 항아리(Amphorae)에 담았다. 이 발효과정은 과학적으로 조절된 공정이 아니었으므로 고대 세계의 포도주들은 특별한 혼합물이 첨가되지 않는 한 잘 보존될 수 없었다. 그래서 각 지역마다 그 고유의 방법이 있었다. 그중 한 가지는 향료식물과 양념류를 농축한 바닷물과 혼합하여 수년간 숙성시켜 만든 양조액을 첨가하는 것이었으며, 한편 그 뒤의 로마의 비법은 포도즙을 발효시키기 전에 액상수지와 포도나무 재를 혼합한 것을 첨가하는 것이었다. 꽉 채운 포도주 항아리들을 종종 목재로 건조시키거나 고기를 훈제하는 장소에 있는 다락에 보관하면서 숙성시켰다.

(3) 곡류식품

그리스어의 단어 마자(maza)는 라틴어의 풀스(puls)와 마찬가지로 보통 무분별하게 '케이크'나 '죽'으로 변역되는데, 사실은 마자와 풀스는 둘 다 거의 틀림없이 신석기적인 전통에서 굽지 않은 곡식 반죽들을 포함하는 용어 들이었다. 예를 들어 마자라는 단어는 빵과는 다른 반죽된 것을 의미하는 반면, 풀스는 곡식으로 만든 것은 물론이고 렌즈콩이나 콩으로 만든 반죽을 포함하는 보다 더 일반적인 용어였던 것 같다. 플리니(Pliny)의 그리스와 이태리의 보리 풀스의 요리법에 따르면 그 음식은 죽이라기보다는 기름기가 많고 양념이 많이 가미된 반죽에 가까웠을 것으로 추정된다.

고대 그리스 시대에 농부들은 보리반죽 외에도 보리죽과 보리빵을 먹었다. 이 기본적인 음식과 함께 한 줌의 올리브, 몇 개의 무화과 또는 염소젖으로 만든 치즈를 조금 먹기도 하였다. 가끔 맛으로 소금에 절인 생선을 먹기도 하였다.

식사와 함께 보통 물이나 염소젖, 때로는 포도주를 마셨다.

그림 2-7 그리스: 곡식저장용기

(4) 육류식품

고기는 종교적인 희생제사와 잔치 때 이외에는 구경하기 어려웠고 그러한 경우에도 제사를 인도하는 사제가 희생동물의 간의 모양과 상태에 의해 암시된 징조에 대해 합당한 주의를 환기시킨 후에 그 몸을 세 부분으로 나누었는데, 하나는(보통 최상의 것은 아니었음) 신을 위하여, 또 하나는 사제들을 위하여, 그리고 나머지는 제물을 바친 사람들을 위한 것이었다.

그림 2-8 그리스: 크노스 궁전의 곡물창고

** 약 150개의 저장 항아리가 발견된 곳으로 항아리에는 올리브기름, 포도주, 곡식 등을 담아 저장하였다고 추측한다.

(5) 일상의 식사

기원전 5세기 중엽까지 그리스의 부자와 가난한 자의 식사는 근본적으로 크게 차이가 나지 않았다. 부자들은 물을 덜 마시고 포도주를 좀 더 마셨으며 염소, 양고기 또는 돼지고기를 더 자주 먹었으며 사슴, 토끼, 반시-자고류, 개똥지빠귀들 같은 사냥감들로 메뉴가 다양했을 따름이다. 그러나 시골에서나 도시에서나 다 같이 고대의 그리스 사회는 옥외생활 위주였으므로 그 주방은 간소하였다. 아침과 저녁의 가벼운 식사는 옥외에서 또는 식탁의 모퉁이에서 했으며 보다 실질적인 저녁식사도 그와 마찬가지로 격식을 차리지 않는 것이었다.

부자와 가난한 사람의 음식의 대조는 전성기의 아테네에서 더욱 두드러지게 나타났다. 요리책들은 남아있지 않으나 그 제목과 요지는 다른 저서에서 찾아볼 수 있다. 「요리기술(The Art of Cooking)」이라는 제목으로 요리에 관한 작은 안내서들이 적어도 12권 정도 있었던 것으로 보인다.

과식으로 죽은 돼지는 진미로 간주되었고 젖은 곡식을 먹여서 고생하며 살찌운 거위를 즐겼다. 진기하고도 감탄의 대상이 되었던 새로서 부잣집의 정원에서 사육되었던 공작의 알은 최고급으로 간주되었고 '여우거위(fox-goose)'의 알은 그 다음이었고 달걀은 멀리 떨어져서 3위 정도였다. 집닭은 기원전 5세기경에는 지중해 연안에서 흔히 있는 것이었으며, 대부분의 아테네인들은 이를 집에서 길렀으므로 이로 인해 달걀이 미식법의 순위에서 다소 낮은 평가를 받은 것 같다.

4) 로마제국과 식품

(1) 안노나 제도

안노나는 정부에 의한 곡식의 무상배급인데 빈곤을 구제하기 위한 시도에서 비롯되었으나, 대량의 일반적인 보조금으로 발전하여 로마의 경제 및 사회적인 구조를 모두 심각하게 왜곡시켜 놓았다. 기원전 71년경에 가서는 무상으로 배급되는 곡식은 로마의 4만 명의 성인 남자시민들에게 분배되었다.

그로부터 수십 년이 지난 뒤 무상곡식을 받는 사람들의 수는 엄청나게 크게 증가하여 줄리어스 케사르(Julius Caesar)는 그 수를 다시 150,000명 수준으로 제한한 것이 잘한 일이라고 생각했을 정도였다. 그리고 아우구스투스(Augustus)대에는 그 수가 320,000명에 다다랐는데, 그것은 집계된 로마 전체인구의 ⅓에 약간 못 미치는 수였다.

(2) 곡류와 제분

① 곡류: 밀

로마의 시민들에게 식량을 공급하기위해 요구되는 밀의 양은 상당하였다.

이 가운데 ⅓은 이집트에서 왔으며, 그 나머지의 대부분은 북아프리카로부터 수입되었다. 기원전 2세기경에 로마가 카르타고(Carthage)를 패배시켰을 때, 로마는 그 도시를 부수고 그 문명의 기반을 완전히 초토화시켰다. 그러나 도시의 가치 있는 밀밭들을 파괴할 이유는 없었다. 그들에 대한 자신들의 소유권을 보호하기 위해 로마는 우선 누미디아(Numidia)왕국을 지배하였으며, 그 다음엔 후배지(後背地)의 반 유목민족들을 정복하였다. 기원전 1세기에 키레나이카(Cyrenaica)와 이집트도 항복하였고 로마는 사하라사막 북부의 경작가능한 모든 토지를 장악하였다.

그래서 로마는 우선 이집트, 북아프리카, 시칠리아 섬에 대해 밀을 요구하였고, 공식적인 배급을 위한 곡물수송은 가장 철저한 안전대책이 요청되었다. 밀은 생산국으로부터 선적인들에게 넘겨졌고, 이들은 그것을 싣고 가능한 한 최단의 수송경로를 거쳐서 오스티아(Ostia)로 운송하도록 되어있었는데 그곳이 사토의 퇴적으로 항구로 사용이 불가능하게 되자 그 부근의 인공항인 포르투스(Portus)로 운송하였다.

배가 항구에 도착하면 곡물을 내려놓고 그 분량뿐만 아니라 품질에 대해서도 점검하였다. 선적된 화물의 표본을 취해서 밀봉한 봉투에 넣어서 대개 따로 보내었는데, 이는 섞는 행위나 사기에 대비하기 위한 안전점검이었다. 그 후에 100척에 가까운 거룻배들이 곡물을 강의 상류로 운송하였는데, 3일째 되는 날에 로마에 도착하여 거기에서 그것은 제분업자들에게 분배되었다.

② 제분

신석기 초반에 사람들은 열매와 염료를 빻기 위해 만들어진 도구를 사용하였었는데, 여기에는 큰 접시모양의 돌과 조그마한 롤빵모양의 연마석(rubbing-stone)이 있었다. 후에 이 도구는'안장형 맷돌'로 대치되었고, 제분하는 사람은 비스듬한 직사각형 모양의 기초석의 한쪽 끝에 무릎을 꿇고 그 각이 진 기초석 위에서 연마석(현재는 밀방망이[rolling pin]와 같은 모양임)을 앞뒤로 밀었다. 그 다음 도구의 발달은 단지 연마석에 영향을 주게 되어, 그것은 중앙의 갈라진 틈을 조절하기위해 정사각형 모양이 되었으며 이 구멍을 통하여 전곡(whole grain)의 표면이 조금씩 떨어져 나와 갈아지게 되었다. 이것은 한줌의 곡식이 첨가될 때마다 매번 연마석을 들어 올리는 수고를 덜어주었다.

수천 년 동안 가는 작업(grinding motion)은 전후운동으로 행해졌으나, 기원전 5세기경에 이 작업을 손쉽게 해주는 측면운동법이 나타나게 되었다. 이후에 이는 완전한 회전방식으로 바뀌고 그것은 대규모의 반(半)기계적인 가는 작업을 가능하게 하였다. 대형의 회전식 맷돌과 한 쌍의 당나귀를 이용해서 전문적인 제분업자들은 효율성 있게 작업을 수행할 수 있었다. 기원전 2세기에 와서 제분업자들은 또한 제빵업자로 전환하였다.

(3) 로마의 빵과 식품

현대적인 의미의 빵은 개발되었으나 빵과 버터의 개념은 여전히 확립되지 않고 있었다. 그리스와 로마는 올리브에 의존하였으며, 그들에게 있어서 버터는 주로 야만적인 목자들의 식품으로 인식되었다. 빵들은 고기와 함께 그냥 먹거나 간단한 식사를 위해 포도주나 염소젖에 적셔서 먹었다. 맛을 낸 빵들은 그 자체가 식사로서 간주되어 정찬이나 정오의 간단한 식사로서 물, 우유, 포도주와 함께 먹었다.

로마의 가난한 사람들의 기본적인 식사는 곡식반죽이나 왕겨가 많이 섞인 거친 빵(빵의 품질이 개선된 것은 안노나[Annona]가 곡식대신에 전문적으로 제조된 빵을 배급하기 시작했던 서기 3세기경으로 추측된다), 그리고 조로 만든 포렌타(polenta: 옥수수, 보리, 밤가루 따위의 죽)같은 죽으로 이루어졌다. 때때로 구운 돼지고기 조각이나 소금에 절인 생선을 길거리에 펼쳐놓고 파는 노점상들로부터 구입하였다. 대개 이들은 올리브, 날콩, 무화과 혹은 치즈를 빵이나 곡식반죽과 함께 먹었다.

이에 반해서 부자들의 음식은 매우 다양했고 고도로 세련되었을 것으로 여겨진다.

로마의 창 꼬치는 티베르섬과 크로아카 막시마로부터 구하였고, 절인야채는 스페인으로부터 수입되었고 햄은 갈리아(Gaul)로부터, 포도주는 주라(Jura)로부터, 석류는 리비아로부터, 굴은 영국으로부터 그리고 양념류는 인도네시아로부터 수입하였다.

(4) 로마의 정찬

9명의 손님들은 보통 식탁의 둘레에 "U"자 모형으로 배열된 세 개의 침상에서 대접을 받았다. 식사하는 사람들은 몸의 3/4정도를 눕히고는 왼쪽 팔뚝에 몸을 의지하고, 오른손을 내밀어 음식과 음료를 집었다. 이때만 해도 포크는 아직 사용하지 않았고, 식탁용 나이프와 스푼만이 가끔 사용되었다. 묽은 소스들은 아마 따로 빵 조각으로 닦아 먹었을 것이며, 한편 과자(pastry)의 겉껍질들은 접시도 되고 음식도 되는 두 가지의 기능이 있었다. 그것들은 또한 훌륭한 소스를 최대한 활용하는데 이용될 수 있었다.

그림 2-9 로마의 트리클리니움: 파티용식사실에서의 파티

(5) 리쿠아멘과 실피움

로마인은 습관적으로 고기, 야채, 생선들을 적어도 12가지 정도의 강한 향신료들로 이루어진 소스와 함께 새로운 형태로 만들어 먹었다.

일반적으로 사용된 조미료는 리쿠아멘(liquaman, 즉 garum: 물고기 소스)이었던 것 같다.

리쿠아멘을 만드는 요리법에는 여러 가지가 있었으나, 흑해 연안의 비티니아(Bithynia)에서 사용된 요리법이 표준적인 방법이었던 것 같다. 크든 작든 청어를 택하는 것이 가장 좋으나 그것들이 없을 때는 멸치류 혹은 다랑어나 고등어를 택하여 그것들을 전부 섞어서 빵을 굽는 구유모양의 그릇에 넣는다. 생선 한 팩(peck: 영국에서는 9.092리터)에 대하여 2파인트의 소금을 취하여 잘 섞어서 생선에 소금간이 배어들도록 한다. 그것을 하룻밤동안 방치하였다가 오지그릇에 담고 그것을 뚜껑을 열어 둔 채로 햇볕에 2,3개월 정도 내놓는다(만약 소스가 큰 생선으로 만들어지는 경우에는 햇볕에 노출시키는 기간이 2,3개월에서 많게는 18개월 정도까지도 연장될 수 있다). 그동안 막대기로 간혹 저어주고 그 다음 그것을 가져다가 뚜껑을 덮고 저장한다. 리쿠아멘은 보통 맑은 황금빛의 액체로서 병이나 항아리에 잘 보존되었으며 어떤 음식에다 넣어도 독특하게 짭짤할 맛과 약간의 비린내와 약간 치즈 같은 풍미를 더해 주었다.

그림 2-10 향료식품 실괴움

현대에 리쿠아멘에 가장 가까운 것은 아마도 동남아시아에 널리 보급되어 있는 발효된 생선소스라 할 것이다. 태국에서는 남 플라(nam pla)라고 부르며, 베트남에서는 누옥 맘(nuoc mam), 그리고 캄보디아에서는 툭 트레이(tuk tre-y)라 부른다.

리쿠아멘처럼 보편적인 것은 아니나 로마의 주방에서 꼭 필요한 식물은 실피움이 있었다.

살피움과 아위는 비싼 식물이었다. 아피키우스의 요리책에서는 실피움 1온스를 오래 보존하는 방법까지 소개하고 있는데, 그것은 실피움을 잣이 들어있는 항아리 안에 담아두어 잣에 그 향기가 배어들도록 하는 것이다. 인도인들도 빙[bing]이라는 이름으로 항상 그것을 이용하였는데, 이따금 상당한 양이 소요되었기에 그 공급을 위하여 아프가니스탄으로부터 수입되어야만 했을 정도였다.

(6) 로마의 양념

리쿠아멘과 실피움 외에도 로마의 요리사들은 많은 양의 양념류를 이용하였다. 양념무역은 상당히 오래전부터 이루어져왔다. 수입된 육계(cinnamon)는 이집트에서 일찍이 기원전 1,450년부터 알려져 왔으나 양념무역의 전성기는 서기 1세기에 가서야 비로소 도래하였다.

또는 말레이반도와 인도네시아로부터 왔다.

계수나무 잎은 마라바트룸(malabathrum)이라 하는데, 이것도 또한 로마제국에서 이용되었다.

후추는 현대와 마찬가지로 고대세계에서도 빼어난 양념이었다. 비록 요리보다는 의약용으로 쓰이기는 했으나, 이미 기원전 5세기경에 그리스에서는 상당히 널리 보급되었다.

양념류에 대한 로마인들의 수요가 어떠했으리라는 것은 서기 1세기경 양념류가 아시아와 아프리카 동부 연안으로부터 지중해로 수입된 86품목의 상품들 중 44가지를 점유했다는 데서 어느 정도 짐작할 수 있다.

5) 암흑시기의 식생활

(1) 농업으로의 복귀

수세기동안 로마제국의 변방을 빙빙 돌며 떼 지어 살던 고트족, 반달족, 게피드족, 아레만니족, 프랑크족들은 그들이 지중해에 도달하기까지 검소한 생활을 하였고, 우유, 치즈 및 고기를 주로 먹고 살았는데, 주민들의 압력과 동방으로부터의 유목민의 침입, 그리고 가축을 위한 연중 계속되는 목초지를 찾는 일에 의해 팽창을 시도하지 않을 수 없었다.

야만인들의 침입으로 인한 보다 직접적인 영향의 하나는 그 이전 세기부터 시작되었던 토지로 돌아가는 추세를 가속화시킨 것이었다. 도시인들은 물론 소수에 불과했지만 '문명'의 핵심인 독특한 도시의 생활방식을 형성했다.

(2) 보편적인 요리

완전히 로마의 영향력 하에 놓여 있었던 나라들(특히 지중해연안의 나라들)에서는 비록 무역이 활기를 잃어가고, 이로 인해 리쿠아멘, 아위 및 양념류로 요리하기 어렵게 됨에 따라 상당히 곤란을 겪게 되었으나, 여전히 로마식 요리가 계속 이어졌다.

지중해 주변의 지역에서는 모닥불은 바람직하지 않았을 뿐만 아니라 점점 더 유지하기가 어려워졌다. 금속세공술은 숯을 필요로 하였고 숯은 재목으로부터 만들어졌다. 그리스와 로마의 철기시대 중에는 남부 유럽의 산림이 위태로울 정도의 빠른 속도로 다 소비되었다. 그러나 연료의 부족은 간편하면서도 밀폐된 형태의 숯풍로(charcoal stove)를 개발하도록 촉진시켰고, 이 숯풍로의 사용으로 남부의 요리사들은 프라이팬(frypan)을 널리 활용할 수 있게 되었다.

북쪽에서는 목재가 넉넉하여 귀족의 저택들은 11세기까지만 해도 석재보다는 통나무 쪼갠 것을 사용하여 더 빈번히 건축되곤 하였는데, 이들 저택은 넓은 홀의 중앙에 불을 피워서 난방을 하였고 거기에서는 큰 냄비(cauldron)가 끓고 있었으며, 쇠꼬챙이가 돌아가는 한편에서 요리용 철판이 지글지글 끓고 있었다. 홀에 불이 없을 때에는 옥외나 별도의 취사장에서 요리를 했다.

남은 고기를 잘게 썰어서 콩, 빵가루와 함께 섞은 다음 프라이팬에서 튀겨낸 크로켓(pan-fried croquettes)은 둥글게 빚어 삶아낸 것과는 다른 맛을 내곤 했다.

프루멘티(frumrnty: 밀에 우유와 설탕, 향료를 넣어 쑨 죽)는 우유가 든 젤리(milky jelly)로 껍질을 벗긴 밀을 뜨거운 물에 담가 24시간 동안 불려서 만드는데, 가정주부가 이것을 만들기 위해서는 다만 난로의 한쪽 구석에 열에 강한 질그릇접시를 갖다 놓기만 하면 되었다. 프루멘티는 우유, 꿀과 함께 주요리용으로 만들고자 할 때는 재가열하면서 여기에다 스프냄비에서 건져낸 고기나 야채조각을 섞어주면 되었다.

중세기간 중에 북유럽에서 재배된 밀은 빵으로 만들어지기보다는 프루멘티로 더 많이 이용된 듯하다. 호밀(rye)은 본래 밀밭의 잡초였는데, 그 당시에 이미 유럽대륙의 전반에 걸쳐서 주요작물이 되어 있었다. 밀과 호밀이 섞여 있는 가루는 마스린이라고 불리어졌고 파스트리를 만드는데 사용되었다.

중세초기에 북유럽의 평범한 가정에 있는 요리기구는 칼 한두 자루, 국자 하나, 큰 냄비 하나, 프라이팬 하나, 간혹 삼발이하나, 그리고 쇠꼬챙이 하나가 전부였다. 얼마 지나지 않아서 라친크로케('냄비에 거는 갈고리가 개발되었는데, 이는 냄비의 양쪽에 걸 수 있는 갈고리로서 여기에다 깔쭉톱니바퀴장치를 사용하여 요리사가 큰 냄비를 불 위에서 들어올리거나 내려놓기가 용이해졌다. 또한 곧이어 쇠꼬챙이도 개서뇌어 반기계적인 회전이 가능한 잭이 장치되었다. 그러나 큰 냄비가 18세기까지도 여전히 북유럽의 주방의 주역으로 남아 있었고, 대부분의 음식이 조리된 것도 그 큰 냄비에서였다.

(3) 수도원과 왕실계급의 식생활

수세기가 경과하자 주교들도 왕들과 마찬가지로 포도원들이나 수확이 많이 나는 올리브나무숲을 증여 받아서 생활하였고 수도원이나 왕실로 포도주나 기름을 운반하는 일이 전적으로 행정적인 문제였다.

채소들과 향료식물들은 대개는 수도원 자체의 담장 안에서 재배되었다. 수사들은 연중 얼마 안 되는 제한된 날에 한해서만 고기를 먹는 것이 허용되었으며, 비록 스타펠세(Staffelsee)의 바바리아(Bavaria)대수도원에 속해있는 재산목록에는 9세기 초의 그 저장품 중에 "소시지와 함께 20마리의 훈제한 돼지"가 포함되어 있기도 했지만, 생선이 보다 일상적으로 먹을 수 있는 식품이었다. 이의 정기적인 공급을 보장하기 위해 대부분의 수도원에서는 그들 자체 내의 물고기양어장(vivaria)을 가지고 있었는데, 이것은 필요할 때 이용할 수 있도록 살아있는 물고기를 넣어둔 연못이었다. 태내에 있거나 갓 태어난 토끼들은 일찍이 로마인들에게 진미로 여겨져 애호되었던 것인데, 계란처럼 '비육류'로 분류되었다.

(4) 암흑기 말기의 기근의 시기의 식생활

유럽 북부와 서부지역의 주민들에게 9,10세기에는 여러 차례의 암흑기가 있었다. 스칸디나비아인들은 돌연히 역사에 등장하여 파괴를 일삼았는데, 교회와 수도원들은 폐허로 만들고 농작물을 파괴하고 가축을 약탈해갔다. 라인 강 유역에서도 서기 857년에 최초로 맥각중독이 심각한 정도로 발발하였다는 기록이 있는데, 이때 수천 명의 주민들은 그들이 매일 먹는 빵에 중독되어 사망하였다. 서기 857년 이후의 100년 동안에 유럽은 20번의 가혹한 기근을 겪었는데, 그 중 몇 차례는 3,4년씩 계속된 것이었다.

남부유럽도 북부에 비해 피해가 적었던 것은 아니었다. 중세 초까지도 수확물 전체를 버리게 만드는 치명적인 검은 녹병균(綠病菌)에 관하여 서구에서는 거의 알지 못하였다. 그러나 매자나무속 관목의 출현으로 이 관목이 녹병균의 일정한 성장기 동안에 이 균의 숙주로 작용하여 그 병이 밀밭을 황폐하게 만들기 시작했다. 스페인에서는 10세기의 초반에 밀 수확의 심한 흉작으로 곤란을 겪었는데, 그것은 물론 녹병에 기인한 결과였으며, 그중에서도 특히 서기 915년과 929년에는 그 병이 지나간 지역에 기근을 초래하였다.

기근이 있는 곳에는 또한 식인풍습도 있었다. 몇 세기 후에 인도에서 있었다고 하는 일도 아마 10세기의 유럽에서 실제로 일어났던 일과 거의 똑같았을 것이다. 식인풍습은 중세말기까지 보헤미아(Bohemia), 실레지아(Silesia) 및 폴란드에서 계속되게 되었다.

그럼에도 불구하고 이 암울하고 때로는 절망적인 시기 중에 농업에 있어서 새로운 발전이 이루어져 곧 서유럽의 식품뿐만 아니라 사회전반에 걸쳐서 혁명적인 결과를 가져오게 되었다.

3. 중세시대까지의 아시아와 아랍세계

1) 유목민의 영향을 받은 아시아와 아랍

로마제국의 영향은 영국으로부터 근동에 이르는 넓은 궁형지역에 미치고 있었다. 유라시아 스텝지역의 유목민들은 스텝지대의 서쪽 끝을 향하여 그 이전의 수렵생활 양식에서 가축사육 경제로 합리적으로 발전하였는데, 이것은 정착농업보다는 그 지역에 더 적합한 형태라고 할 수 있었다.

중국은 때때로 중앙아시아의 유목민들을 다룰 수 있었으나 유목민은 동물성단백질이 풍부한 음식에 의해 영양이 좋아서 그들에 비해 둔감하고 탄수화물을 주로 섭취하는 이웃나라 주민들을 압도해왔던 것이 사실이다. 한(202 B.C.~A.D. 220)이나 당(A. D. 619~907)같은 중국의 강력한 왕조가 건재했을 당시에는 유목민들이 대개 바짝 궁지에 몰려 통제되었으나 그 사이에 드는 시기들 중에는 이들이 빈번히 습격해 들어와서 때로는 북부지방들을 점령하기도 하였다.

한나라 이전의 천삼백 년간의 문서기록의 역사기간 중에는 물론이고, 한나라의 개국이래로 거의 천오백 년 동안 중국은 좀처럼 하나의 통일된 국가로 존재해 본 적이 별로 없었다. 여러 가지 점에서 즉 사회적, 정치적, 지형학적 및 인종적인 면에서 중국은 거의 셋으로 나뉘었으며, 요리법에 있어서도 그와 마찬가지였다.

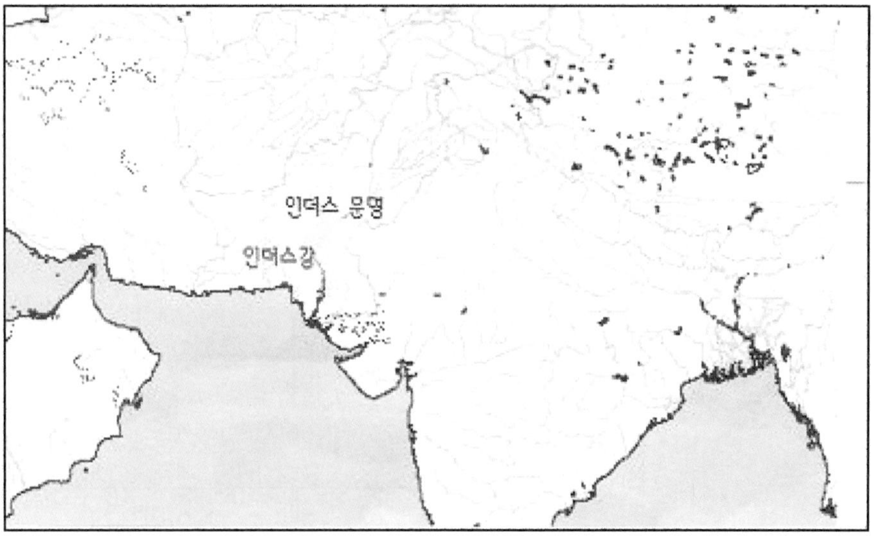

그림 2-11 인더스 문명

인도에서는 또 다른 문제가 있었다. 인더스 강 유역 문명의 절정기에 그곳에서는 이미 길들인 동물들이 보편화되어 있었으나 육류가 식사의 주된 부분을 차지하지는 않았다. 기원전 1,750년경에 하라파(Harappa)와 모헨조다로(Mohen jodaro)의 붕괴와 유라시아 스탭지대로부터 아리안족 유목민들의 출현으로, 가축 특히 소가 대단히 중요하게 여겨지게 되었다. 아리안족의 음식은 양고기와 쇠고기, 우유와 응유(curds)였으며, 조리 매체로는 기(ghi)가 있었는데 이것은 정제한 버터로서 신선한 버터와는 달리 더운 기후에서도 수개월간 보존이 가능하였다. 아리안족이 인도에 도입한 것으로 볼 수 있는 것은 육류 섭취의 증거가 아니라 유제품에 대한 의존도가 높인 것이었다.

유라시아 스텝지대의 유목민들과 아주 달랐던 아랍인들은 서기 7세기 이후로 유럽문명에 광범위한 영향을 미치게 되었다. 기원전 1천 년 동안에 홍해와 페르시아만 사이의 건조한 불모의 반도에 살던 주민들은 무역의 이득을 발견하였으며, 동서간의 양념 무역에 있어서 중개인의 역할에서 뿐만 아니라 그들만이 생산할 수 있었던 향으로부터도 큰 이익을 얻었다.

이슬람교의 기치하에서 아랍민족들은 지중해연안을 따라 휩쓸었을 뿐만 아니라 페르시아제국을 휩쓸고 지나갔다.

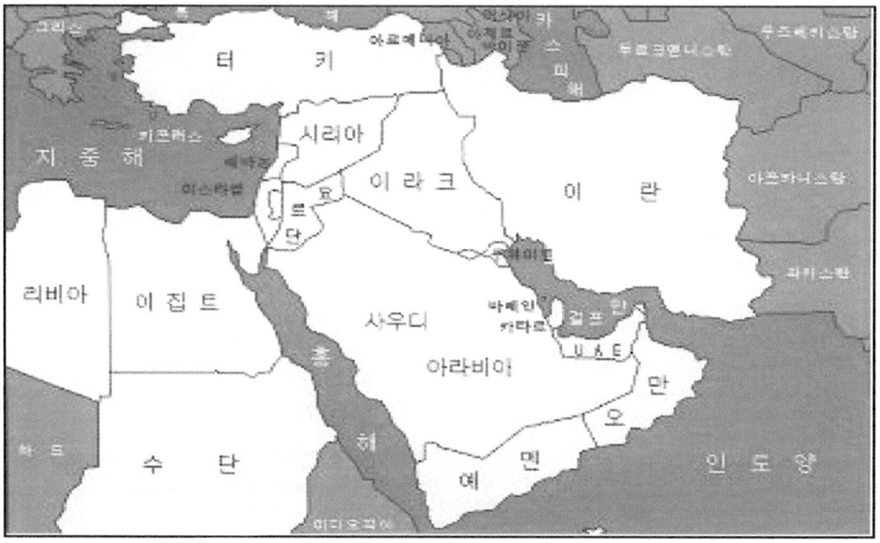

그림 2-12 아랍세계

아주 오랜 세기에 걸쳐 사막에서 내핍생활을 해왔던 아랍인들은 바그다드의 문명화된 세계주의적인 사치생활을 받아들였다. 아랍식민지의 관리자들은 관개시설이 되어있는 티그리스 강 유역의 풍부한 물과 푸른 초원에 오아시스를 만들고, 크게 개선된 운하체계의 도움으로 그곳에 물을 대고 감귤류와 아몬드를 재배하였다. 망명 갔던 사람들이 돌아오면서 쌀 낟알과 사탕수수 잘라낸 것들을 가지고 왔는데, 재배하는 것이 더 실질적인 식품들이었다. 그들은 또한 사프론(saffron)을 갖고 왔는데, 그 황금빛은 곧 서구의 음식을 뒤덮게 되었다. 수세기가 지나자 이슬람전사들의 기호에 맞추기 위해 그들에 의해 서구로 운송되었던 식품들의 대부분이 상업작물이 되어 그 후의 후손들에게 재정적인 도움을 주었다.

바그다드 자체로부터 무수히 많은 대상들이 출발하여 멀리서 식품을 가지고 돌아왔다. 아랍인들과 유태인들은 모험을 무릅쓰고 멀리 중국까지 가서 육계(cinnamon)와 대황(rhubarb)을 구해왔으며 또는 인도까지 가서 코코넛을 가져오기도 했다. 다른 사람들은 박트리아(Bactria: 힌두쿠시산맥과 아무다르야 강 상류사이의 고대도시, 현재 아프가니스탄북동쪽 위치)까지 가서 포도, 이스파한(Isfahan: 17세기 페르시아의 도시, 현재 이란 서부중앙의 도시)에 가서는 꿀과 마르멜로(quinces), 사과, 사프론, 소금을 모술(Mosul: 티그리스 강 유역의 이라크 북부도시)에 가서는 메추라기, 훌완(Hulwan)에서는 석류, 무화과 또는 식초소스를 가져왔다.

2) 중앙아시아

(1) 유목민의 식생활

유목민의 양떼와 소 떼들은 그들의 텐트용 펠트나 그들의 갑옷을 위한 가죽이 되든지 아니면 그들의 스튜냄비를 위한 고기로 되든지 그들의 대부분의 필요를 충족시켜 주었다. 육류의 대부분은 아마도 양고기였을 테지만, 몸집이 더 큰 가축이 번식이 잘되는 경우나 말이 너무 늙어서 격렬한 생활을 계속할 수 없을 때는 유목민들은 소의 허리고기나 낙타의 혹 구운 것 또는 진한 말고기 국물을 먹었다.

서구의 일부지역에서는 비록 19세기에 프랑스에서 빈민들의 부적절한 식사를 개선하기 위한 일환으로 말고기를 일반화하려는 시도가 성공을 거둔 것으로 평가되긴 했으나, 여전히 말을 먹는 것이 거의 식인풍습 만큼이나 대단히 혐오감을 주는 것으로 간주되고 있다.

중앙아시아의 유목민들은 쇠고기, 낙타, 또는 야크(yak)보다는 말고기를 더 자주 먹을 수 있었을 것이다. 스텝지대에서 떼 지어 서식하던 가축의 종류에 대해서는 거의 알려져 있지 않으나, 보다 황량한 지역에서는 소 떼가 아마 별로 없었을 것이며 암소는 사실상 혹독한 기후에는 전혀 적응하지 못한다. 낙타는 3년 간격으로 단 한 마리의 새끼를 낳으므로 음식을 위해 희생하는 것은 비경제적이었을 것이며, 한편 야크도 또한 그것의 진하고 풍부한 유즙으로 인해 희생하는 것보다는 살려두는 것이 보다 유익했다.

(2) 혈액의 섭취

유목민의 가장 특징적인 식품의 하나는 살아있는 동물의 혈액이었다. 마르코 폴로는 13세기의 몽고군대가 먼 지역으로 신속히 이동해야 했을 때 그들이 어떻게 식량을 조달했는지에 대하여 상세한 기록을 남기고 있다. 10일 정도의 여정에서 자주 바꿔 탈 수 있도록 각 사람마다 18마리 정도의 수말들과 암말들을 끈으로 꿰어서 데리고 다녔다. 기수들마다 각자 자신의 말의 정맥에 구멍을 내어 그 혈액을 마셨다." 매 10일 간격으로 말 한 마리당 1/2 영국 파인트, 즉 5/8 미국 파인트를 얻을 수 있었는데, 이 정도면 그의 탈것들의 효율을 손상시키지 않으면서 기수의 체력을 유지하기에도 충분하였다.

(3) 동물의 유제품(Animal Milk Products)의 섭취

서기 1천년기의 유목민 목자들은 보다 더 재래적인 유제품들을 이용하였다.

식사에서 고기가 차지하는 비율이 높았기 때문에 유목민들은 단백질, 지방 및 비타민 A와 비타민 C를 얻는 방법이 제한되어 있었을 것으로 생각된다. 암말의 유즙에는 비타민 C가 모유의 2배, 그리고 우유의 4배나 들어있기 때문이다. 만약 그들이 암말의 유즙을 매일 다량으로 마시는 습관을 들였다면, 그들은 이 급원만으로도 비타민 C를 적절히 공급받을 수 있었을 것이다.

다른 동물들의 유즙으로부터도 유목민들은 아마 응유(curd)나 요구르트형태의 많은 식품들을 만들어냈을 것이다. 유즙을 넣어둔 용기는 몇 시간만 방치해 두었어도 근동의 기후에서는 곧 응결되었을 것이다. 다른 요인들, 거친 응유는 걸러내면 맨 처음에 부드럽고 신선한 치즈를 만들게 되었으며, 그 다음엔 인간이 응유를 침전시키는 방법을 발견함에 따라, 즉 채소즙의 형태로 된 것을 첨가하든지 또는 어린 암소의 위로 만든 가죽용기 속에 유즙을 넣든지 하여 각각의 특성을 지닌 여러 가지 치즈들이 출현하게 되었다.

응유(curd), 치즈, 요구르트 및 버터는 모두 인간이 당면한 요구에 대해 잉여분이었던 유즙을 보존하는 유용한 방법들이었다. 분유도 그와 마찬가지였다. 유즙을 가열하면 크림이 표면에 떠오르고 비등점보다 몇도 아래의 온도에서 천천히 가열되었을 것이다. 크림은 그때쯤엔 걸쭉하고 쭈글쭈글하게 되어 그것을 냉각시킨 다음에는 걷어내기 쉬워졌을 것이다. 이것은 실제로 오늘날에

'고형크림'이나 '데본쉬르크림'으로 알려져 있는데, 그것은 교유조차 하지 않는다고 해서 버터와 다른 것은 아니다. 만약 몽고인들이 그 유즙을 말리기 전에 크림을 걷어내지 못했다면, 그 분말이 매우 빠른 속도로 산패되어 버렸을 것이다. 그 다음 그들은 그 유즙을 햇볕에 내다놓아 수분이 증발하도록 방치한다. 그들이 원정에 오를 때는 이 건조된 유즙을 10파운드쯤 가지고 가서, 매일 아침 그 중 반 파운드 정도를 취하여 호리병박처럼 생긴 작은 가죽용기에 넣고 물을 그들이 원하는 만큼 넣는다. 그 다음 그들이 말을 타고 있는 동안에 그 용기에 들어있는 유즙분말이 용해되어 용액상태가 되는데, 이것을 그들이 마신다. 이것이 그들의 아침식사이다."

(4) 유주(kumiss)

암말의 유즙을 신선한 상태나 분말상태로 이용한 것 외에도 유목민들은 그것을 영양가도 많고 기분을 돋우는 또 다른 음료로 전환시켜 이용하였다. 그것은 발효주로서 일반적으로는 몽고식 명칭인 쿠미스(kumiss)로 더 잘 알려져 있다. 낙타유를 변형시킨 것은 케피르(kephir), 야크유를 변형시킨 것은 아이란(airan)이라 한다.

(5) 세계에서 이용되는 유즙 대용품(Substitute Milks)

유목민들은 결코 동물의 유즙이 모자란 적이 없었으나, 다른 사회에서는 그 대용품이 광범위하게 이용되었다.

견과류는 '유즙'을 대신하는 주된 급원이었으며, 비록 일반적으로는 이들은 여전히 유용한 용도를 충족시켜 주었다. 인도와 동남아시아에서는 코코야자열매(coconut)를 대단히 많이 이용하였는데, 미숙한 견과에서는 맑은 천연과즙을 추출하고, 성숙한 견과는 과육을 갈아서 물에 넣어 우려냈다. 히코리 넛(hickory nut)과 피칸(pecan)으로부터 북아메리카 인디언들은 유즙같은 과즙을 추출하여 죽이나 옥수수 케이크를 만드는데 이용하였다.

유럽에서는 호두(walnut)와 아몬드(almond)를 살짝 데쳐서 가루로 만든 다음 물에 불린 것을 적어도 18세기의 말기까지 대부분의 가정에서 주된 유즙으로 제공하였다.

유즙 같은 액체는 또한 강낭콩이나 다른 콩류로부터도 추출될 수 있었는데, 이것들을 약한 불로 푹 삶은 다음 약간의 조리용매로 퓨레(puree)같이 걸쭉하게 만들어 걸러내면 되었다. 두유(bean milk)는 세계의 여러 지역에서 이용되었는데, 특히 중국에서는 중국인들의 경우 중앙아시아의 유목민들과는 달리 방목하는 가축이나 그것들이 제공하는 유제품에 대해 거의 의존할 수 없었기 때문에 이용하였다.

3) 중국

(1) 유당불내증

현대의 영양문제에 관한 연구에 관계하고 있는 과학자들은 때때로 역사와 밀접한 연관이 있는 제안을 하였다.

모든 신생아들은 국적에 관계없이 그들의 모유(또는 다른 유즙)에 들어있는 유당(lactose)을 소화시킬 수 있는 효소(lactase)를 생산하는 것 같다. 그러나 그들이 젖을 뗀 후에 생우유를 더 이상 마시지 않게 되면, 즉 기후가 덥거나 우유를 제공해줄 동물이 거의 없는 나라들에서는 그들도 또한 소화에 필요한 효소생산을 멈추게 되는데 이는 그것이 더 이상 쓸모가 없게 되기 때문이다.

중국과 같은 나라들에서 유즙을 생산하는 동물들이 항상 극히 드물었으므로 유제품이 식사에서 결코 어떤 위치를 차지하지 못했으나, 유즙이 전혀 알려지지 않았거나 전적으로 거부되지는 않았다는 점을 중시해야 한다.

중국에서는 종교적으로 금기시하는 것도 없었던 것 같으나, 황하유역의 중핵지대에서는 집약적인 농업으로 인하여 방목하는 가축도 드물었고 따라서 유제품도 희귀했다. 그 결과 악순환이 계속되었는데, 즉 그들이 일상적으로 생우유를 마시지 않음으로써 중국인들이 그것을 소화시킬 수 없는 것으로 생각하게 되었다. 그래서 이것이 목축업을 확대시킬 수 없게 하고 결국 그 알레르기를 극복하지 못하게 된 것 같다.

(2) 고대 중국의 식품(Early Chinese Food)

중국과 동부아시아의 독특한 요리법의 기원은 결코 분명하게 규명되어있지는 않다. 금세기를 통하여 중국의 정치적인 대변동은 최근까지도 과학적인 고고학을 심히 저해하여 왔다.

현존하는 최고(最古)의 중국의 문헌은 시경(詩經: Shih Ching), 즉 《시가집

(Book of Songs)〉〉으로 기원전 600년 이후의 어느 시기에 전통민요를 중심으로 수집된 것이다. 시경에서는 연회와 농업의 두 가지가 한 부분을 차지하고 있는데, 북서쪽의 고지인 싼시(Shensi)지방의 용맹스러운 농부들의 생활과 이따금 그들의 음식에 대해 묘사하고 있다.

전통적으로 시경은 공자(Confucius: 552-479 B. C.)자신에 의해 편집된 것으로 전해지고 있으며, 논어(Lun Yu 또는 "Analects")에는 고대 중국인의 음식에 대해 더 상세히 기술되어 있는데, 논어는 그의 말씀을 수집한 어록으로 제자들의 회상과 전래의 공자 이외의 학자들의 문헌들로부터 발췌한 내용들이 추가되어 있다. 이 논어 가운데는 사람이 신들에게 제물을 바치기 전에 어떻게 준비해야 하는지를 묘사한 부분이 있다. 그의 행실, 의복 음식에 이르기까지 모두 의식에 '맞아야'만 한다.

한나라 시대(202 B. C.~A. D.220)때 편찬된 제의에 관한 지침서로서 고대의 자료들이 수록되어 있는 예기에는 의례적인 행사 때 노인들을 위해 준비되었던 8가지 진미들을 만드는 요리법이 들어있었다. 수소, 양, 큰사슴 및 두 종류의 사슴고기가 모두 두드리기, 마리네이드에 절이기(marinating)또는 다지기에 의해 부드럽게 된다면 이러한 요리를 위해 적합한 것들로 간주되었다. 그러나 그 요리법들 중 세 가지는 전적으로 인용될만하다.

그중 하나는 미리 불려놓은 쌀과 이리의 가슴에서 나온 지방조각들로 만든 맛있는 볶음요리였다. 또 다른 것은 개(중국에서는 흔한 식용동물)의 간을 그 자체의 얇은 지방피막에 싸서 축축하게 한 다음 구워낸 것에 바삭바삭한 질감을 주기위해 마지막에 가서 불에서 직접 그을려 낸 것이었다. 그러나 8가지 진미 가운데 가장 주된 요리는 대추로 속을 채운 새끼돼지 요리였을 것이다(대추, Zizypbus jujuba는 아마도 '중국산 대추야자'라고 더 많이 알려져 있으나 시리아 원산인 듯하다). 속을 채운 다음에는 돼지에 축축한 점토를 입혀서 굽는데 육즙이 그 안에 밀폐된 채로 가죽이 부드러워지고 그 점토가 완전히 말라붙을 때까지 구웠다. 그 다음엔 겉껍질을 떼어내고 가죽을 벗겨낸 다음 쌀가루와 약간의 액체를 가하여 으깨었다. 그렇게 만든 반죽을 채워 넣는 속에 첨가하든지 그보다는 돼지새끼를 다시 입히는데 이용하였다(잔존하는 본문에는 이점에 대해 분명치 않다). 그 다음에 그 짐승을 통째로 바삭바삭 노릇노릇하게 튀겨냈다. 마침내 그 고기를 얇게 저민 다음 이중냄비의 상단에 향료식물들을 깔고 그 위에 올려놓았다. 오묘한 향기가 나는 증기 속에서 사흘 동안 중탕을 한 뒤에는 새끼돼지를 먹을 수 있게 되었는데, 의심할 바 없이 버터같이 부드럽고 절묘한 향기가 났다.

중국의 부유층은 매우 다양한 음식을 먹었는데, 그들이 대단한 부자인 경우에는 심지어 쇠고기도 먹을 수 있었다.

오미 즉 쓴맛, 짠맛, 신맛, 매운맛 및 단맛의 개념은 중국의 고급요리에 있어서 비교적 일찍부터 확립되어 온 듯하며 다른 나라들의 요리법도 만약 그들이 대비가 훌륭한 메뉴 작성의 본질이라는 것을 깨닫는 기지가 있었다면 틀림없이 많은 발전을 했으리라고 생각된다.

진기한 음식들과 맛의 조화가 훌륭한 음식들은 부유층을 위한 것이었으며, 서구에서 요즘은 '전통 중국식'으로 간주하고 있는 요리법은 아마도 농가의 주방에서 개발되었을 것이다.

중국사회가 발전함에 따라 토지를 경작하며 살던 사람들이 전부 이른 봄에 마을을 떠나 9월이나 10월경의 추수 때까지 들판의 임시적인 오두막에서 사는 것이 관습이 되었다. 비교적 고립된 이 시기 동안에 비록 필수품들을 공급해주는 몇몇 공동조직이 있긴 했어도 농부들은 제한된 물자에 의존해야 했다. 연료는 명백한 문젯거리였다. 완전한 농업경제가 황하유역의 평원에서 발전하였을 때 단지 제방에 의해 나누인 논밭들의 시야에 멀리 들어올 정도로 쭉 펼쳐져 있었을 것이다. 여름에는 둑 위에 난 덤불과 관목들이 너무 푸르고 물기가 많아서 이용하기 적합지 않았을 것이며 벌판의 일꾼들은 먼 곳에서 가져온 나무나 숯, 또는 몇 마리 안 되는 견인용 동물들의 마른 똥에 의존해야 했을 것이다. 그러한 상황에서 준비시간을 최대로 요하면서도 조리시간은 최소로 소요되는 요리법, 즉 프라이팬을 흔들면서 센 불로 재빨리 볶는 방법(stir-fry me- thod)이 개발되었을 것으로 짐작되는데, 이 요리법에 의해 채소나 고기의 얇은 조각들, 거칠게 간 기장가루나 밀가루의 부서지기 쉬운 부침개 같은 것들이 순식간에 재빨리 요리되어졌을 것이다. 쌀을 익힌 밥은 다시 데워 먹을 수도 있고 식어도 먹을 수 있었는데, 밥 공급은 아마도 이틀이나 사흘마다 마을에서 보내주었을 것이다.

비록 그 어느 쪽이든 증거는 없으나 국수도 또한 농가의 주방에서 개발되었을 가능성이 있다. 그러나 적어도 16세기까지는 국수가 세련된 기호에는 맞지 않는 조악하고 서민적인 식품으로 간주되었다.

(3) 콩(Soybean)제품

프라이팬을 흔들면서 센 불로 재빨리 볶는 요리법(stir-fry cooking)이 오늘날 서구에서'중국식'으로 통하듯이 간장(soy sauce)도 또한 그러한데, 비록 중국 북부에서는 메주콩(Glycine max 품종)이 기원전 2세기 중에 남부로부터 전래되기 오래전에 이미 아마도 다른 종류의 콩으로부터 유사한 소스들이 만들어졌겠지만 간장은 현재 메주콩으로부터 만들어지고 있다.

간장을 만들기 위하여 콩을 약한 불에 푹 삶아 걸쭉한 상태로 만든 다음'두유'를 걸러내었다. 이것을 끓이면 침전물이 가라앉는데 이 침전물의 물기를 빼서 맛이 순하고 소화가 잘되며 영양가가 좋은 두부(bean curd)를 만들 수 있게 되며, 이 두부를 양배추와 함께 먹게 되는데 이러한 배합은 영국에서 소시지와 으깬 감자를 함께 먹는 것과 같이 중국의 가정요리에 있어서 기본적인 것이다. 걸쭉한 상태로 삶아진 콩의 물기를 빼고 그것을 덩어리로 만들어 겨울 동안에 서늘하고 어두운 장소에서 발효하도록 주의하여 비축해 둔다. 그 후에 표면에 잘 번식한 균상종(菌狀腫)을 긁어내고 그 메주 덩어리들을 몇 주일간 소금물에 침지시킨다. 그 소금기 있는 짭짤한 액체를 걸러낸 것이 간장(soy sauce)이고, 메주 덩어리의 남은 부스러기를 가지고 만든 것이 걸쭉하고 풍미가 있는 '된장'이다(이 된장은 현재 아시아에서 위암의 높은 발병률에 대해 부분적인 원인이 되고 있다).

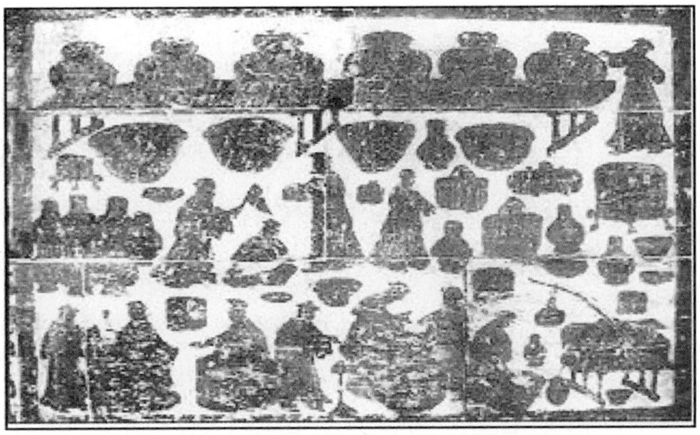

그림 2-13 중국의 두부 만드는 공정

(4) 수입식품(Imported Delicacies)

한왕조의 멸망 후 이어진 수세기 동안의 분열에도 불구하고 페르시아와의 교역과 굽타(Gupta)왕조 시대동안 인도의 해외로 향한 진취적인 태도가 결부되어 중국에 있어서 국경 너머의 세상에 대하여 계속 자각할 수 있게 해 주었다. 당(唐: 618-906)왕조가 서기 7세기 초엽에 정권을 장악하게 되자 당나라는 주변 세계와의 교역에 있어서 보다 적극적으로 관여하기 시작했다.

스텝지대의 호전적인 터키 유목민들이 잠시 동안 이 새로운 제국의 동맹자였을 당시에 중국의 두 중심지인 장안과 뤄양은 터키풍의 유행을 받아 들였다. 그들은 터키-중국어 사전을 만들고자 노력하였고, 터키의 의상을 입었으며, 도시의 중심부에 우아한 하늘색 텐트를 쳤다.

기름에 튀긴 작은 케이크 같은 것들은 특히 인기가 있었다. 이런 것들을 만드는 요리법은 인도에서 도입된 듯하며 바구니에 넣어 증기로 쪄내는 '잘 부푸는' 밀반죽도 그랬다. 이 중국인들이 오늘날에도 여전히 빵을 증기로 쪄낸다는 것은 흥미롭다. 포도주는 타림분지로부터 수입되었는데 그 곳엔 실크로드의 서쪽 끝을 향해있는 비옥한 오아시스가 있었고, 그와 때를 같이하여 포도나무에서 잘라낸 가지들이 당제국의 평야에 심어지게 되었다. 네팔왕은'향기로운 잎채소(vinegar leaf vegetable)'인 시금치 종류의 식물들과 재배된 샐러리로 여겨지는 식물을 보내왔다. 또한 실크로드를 경유하여 유럽에서 건너온 구경 양배추와 페르시아에서 온 피스타치오(pistachio nuts)도 있었다. 인도의 후추가 당나라에선 로마제국에서처럼 필수적인 것은 아니었는데-이는 중국인들에게 그들 고유의 보다 자극성이 덜한 화가라(fagara)라고 하는 품종이 본래 있었기 때문이며-그렇지만 그 가격은 거의 그만큼 비쌌으리라고 짐작된다. '설탕 덩어리(stone honey)'는 또 다른 수입 사치품이었는데 이것은 사탕수수의 즙을 끓인 다음 햇볕에서 말린 것이었다. 백색의 설탕 덩어리들은 부하라(Bokhara)로부터 들어왔는데, 그곳에선 그 즙액의 위에 뜬 찌끼를 조심스럽게 걷어내고 우유를 첨가하여 유백색의 완성품으로 만들어냈다.

(5) 서민의 식생활

다른 모든 사회에서와 마찬가지로 부유층과 빈민층의 음식 간에는 엄청난 차이가 있었다.

중국 전체를 통하여 그들은 아마도 이용 가능한 식물성 재료들 특히 양파나 죽순, 콩 등을 이용할 수 있었을 것이며 아마도 이런 재료들을 간장으로 조리하였을 것이다. 생선은 가장 중요한 식품으로서 철갑상어, 도미, 또는 잉어 같은 것들을 이용하였는데, 크고 기름진 잉어는 흙탕물에서 잘 번식하고 음식 찌꺼기로 기를 수 있어서 일찍부터 사육되어 온 것 같다.

채소와 생선은 보통 살짝 익히거나 때로는 전혀 익히지 않았다.

그 나라의 다른 지역에서는 지방 특산품들이 생산되었는데 이것들은 때때로 공물의 형식으로 황제의 주방에까지 도달되었다.

중국음식의 역사는'중국'이 본래 적어도 세 부류의 독립된 문화를 갖고 있었고, 지금도 어느 정도는 그렇다고 하는 사실에서 알 수 있듯이 대단히 복잡하다. 이 중 하나는 인구가 밀집된 부부지역의 것으로, 서기 754년의 당나라의 인구조사에 따르면 중국의 전체인구의 약 75퍼센트가 양쯔 강 이북에 살고 있었다고 한다. 장안에는 200만의 인구가 살았으며 25개가 넘는 다른 도시들에도 50만이상의 인구가 살고 있었다. 북부의 농부들은 베네리다에속 대합조개(venus clams), 양쯔 강의 '당게', '흰 꽃뱀', 그리고 싼시지방의 버찌와 소금에 절인 멜론 등을 즐겨 먹을 수 있었다.

남쪽으로 가면 그곳 주민들은 중국의 중핵지대보다는 동남아시아와 더 가까웠다. 그곳에는 쌀이 풍부했고 개구리와 말린 굴 등이 있어서 그것에 풍미를 더해 주었다.

서쪽으로 가면 쓰촨 분지와 윈난의 산악지방에서는 그 주민들의 생활양식이 또 달랐는데, 그들은 독립적이고 자급자족하였으며 다른 지역과는 종종 단절된 채 살았다. 그들의 음식에 있어서도 그렇고 그들의 선조 가운데도 유목민의 영향이 조금 남아있었다.

현대의 타타르식 스테이크가 윈난지방에서 유래되었을 수도 있다는 추측이 가능하다.

4) 인도

(1) 채식주의의 계승

아리안(Aryan)족이 기원전 2천 년에 인도에 들어올 당시에 그들은 자신들의 소를 몰고 왔는데, 이 소들은 점차로 그 기후에 더 적합한 인도 본토의 품종으로 대치되었다.

아리안족이 그 땅에 퍼져 살 때 그들은 종교적 율법의 완전한 보호아래 소를 지켜나가는 것이 좋으리라는 생각을 한 것 같으며, 심지어 인도의 아리안족의 처음시기와 관련이 있는 문헌인 아주 초기의 리그베다에서도 염소, 말, 양, 물소 등이 음식물로 언급되고 있다. 기원전 1,000년경의 아타르바 베다(Atharva−veda)에 의하면 고기를 먹는 것은 그 조상에 대한 공격으로 말하고 있고, 더욱이 마른 소들을 먹는 것을 금지되었다. 이것들은 아리안 성직제도의 사제들인 탁발 브라만들에게 넘겨졌다.

흔히 다른 법과 마찬가지로 세월이 지남에 따라 가축도살 금지법은 완화되기 시작하여 기원전 700년경에는 환대법과 신들의 제사에 있어 가축의 도살도 일반적으로 허용되었다. 그리고 곧 이어 브라만 사제들은 제의적인 희생 제사를 위해 그들 지역사회로부터 점점 더 가축을 요구하게 되었다. 이리하여 농부의 동물들의 고갈도 극심하여 이러한 요구에 대한 반란까지 일어나게 되고, 두 새로운 종교지도자인 불타(Buddha)와 마하비라(Mahavira)가 등장하였다.

불타와 마하비라는 아리안의 카스트제도, 폭력, 짐승도살에 반대하는 종파를 창설하였는데, 불타는 그 제자들에게 자신들을 위해 동물들을 죽이는 것을 허용하지 않았고 마하비라는 그 제자들이 야채, 과일에 곤충이 들어있지 않다는 확신 없이 그것을 먹는 것을 금지하였다. 이는 바로 까다로운 식성과 동물 애호의 정감적인 믿음의 결과가 아니라 제의적 희생과 영혼의 이주교리에 있어 숙명적인 배타적 계급제도인 카스트(Caste)에 구성적 형태를 부여해 주는 것에 대한 반대의 산물이었다.

이리하여 불교와 자이나교(Jainism)는 채식에 종교적 신성을 부여해 주었고 동시에 소 도살에 대한 이전의 금지를 다시 말하고 있다. 그들의 이 도살 반대 캠페인은 아주 영향력이 있었고, 기원전 1세기까지도 정통 베다신앙의 브라만 사제들은 동물 희생을 포함하고 있지 않은 제의들을 규정하기에 이르렀다. 이리하여 인도의 주요 세 종교인 베다(Vedas), 불교(Buddhism), 자이나교(Jain

-ism) 모두 다 직·간접으로 소를 신성시하게 되었다.

(2) 신성한 소(The Sacred Cow)

소의 신성함은 주기적으로 순환하였다. 원래 기본적으로 실제적인 아리안의 계명은 불교도와 자이나교도들에 의해 다시 언급되었다.

영토 확장을 하면서 개척자 그룹들은 생필품과 소수의 가축, 달력, 수목, 파종 기술, 목축 등에 관한 모든 것을 알고 있는 브라만 지도자를 동반하고 새 영토에 정착하였다. 이때 가축은 그 땅의 넓이에 비해 너무 적었고, 환경적 조건이 너무 어려워 소 도살에 관한 엄격한 금지령이 다시 요구되었다. 그리고 브라만이 가는 곳마다 소의 신성함은 강조되었고, 실제로 그들은 넓은 지역을 두루 다녔다.

중세의 이슬람교도(Muslim)의 인도 침범은 소에 대한 힌두교도들의 태도를 구체화하고 확정짓는데 많은 도움을 주었고, 뒤이어 또 다른 쇠고기를 먹는 민족인 영국인의 침략이 뒤따랐다. 1857년에 영국은 소에 대한 힌두교의 강한 감정을 무시함으로써 북인도에서 폭발을 촉진하였고, 그들은 그 지방의 회교 거주민들을 소외시키는데 성공하였다.

(3) 유제품(Dairy Products)

가난한 사람들은 참깨나 겨자씨로 만든 기름으로 요리를 하였고, 아주 가난한 사람들은 잇꽃(Safflower) 기름을 사용하였으나, 기(ghi)는 필수적인 요리로 사용되었다. 때로는 우유는 생우유로 사용되었지만, 통밀이나 구운 보릿가루로 만든 죽을 만들 때에는 그것을 자주 농축될 때까지 끓였다.

소가 점차적으로 더욱 신성시되자 그 부산물은 그 액면가보다 더 귀중한 것으로 생각되기 시작하였다. 인도 사회의 고위 카스트들은 항상 존재하는 제의적인 타락의 위험한 양상으로 치닫게 되고, 여기에서 기가 구조 역할을 하였다. 그래서 그 속에서 요리된 것은 무엇이나 자동적으로 정화되었다.

(4) 위생(Hygiene)에 대한 개념

기원전 1천 년 중엽에 종교적 율법은 식사에 있어 불순한 품목들의 목록들을 규정하기 시작하였다. 그러나 가난한 소작농들은 이 율법을 엄격하게 준수하는 것이 거의 불가능하였다.

그러므로 요리접시에서 불결한 부분들을 제거하고 나머지 부분은 물이나 응고된 우유, 기(ghi) 등을 뿌려 정화한 것을 먹었다.

기원전 마지막 세기에는 시장의 제 규정들을 특히 자연적 원인으로 죽은 동물의 고기를 상인들이 판매하는 것을 금지하였고, 신선하게 죽인 도살된 고기만이 육류 상인들에게 공급되도록 하였다.

비록 이러한 규정들 대부분은 종교적으로 신성시되어 준수되었지만, 기본적으로 이들은 단순한 위생법에 지나지 않았고 다른 나라들에서 발견해 낸 결론들을 반영하고 있다.

인도에서 위생에 대한 관심은 음식물뿐만 아니라, 그 그릇에까지 확대되었다. 만약 어떤 사람이 질그릇에 담긴 음식을 먹었다면, 그 용기는 다시 사용되지 못하게 깨뜨려야 한다고 율법을 규정하고 있다. 대부분의 인도사람들은 접시에 두껍고 비 흡수성을 띤 나뭇잎들을 사용함으로써 야기되는 문제들을 피하였다.

(5) 식품과 요리(Food & Cooking)

서기 1천년기의 1세기에 인도인들은 하루에 두 끼의 식사를 하였는데, 그들은 한 끼 식사로 32일의 분량을 먹을 것을 충고하였고 그들 위(stomach)를 4부위로 나누어 명시화 할 것을 권고하였다. 그 목적은 그 중 두 부분은 식품으로, 한 부분은 액체로, 나머지 한 부분은 비워두는 것을 가시적으로 설명하기 위해서이다.

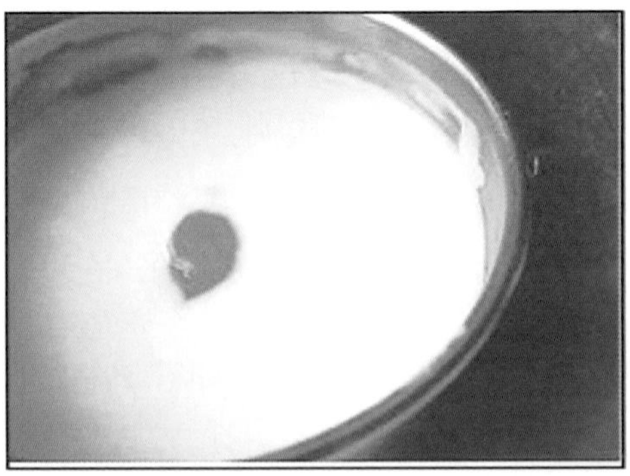

그림 2-14 인도의 다히(요구르트와 비슷하다)

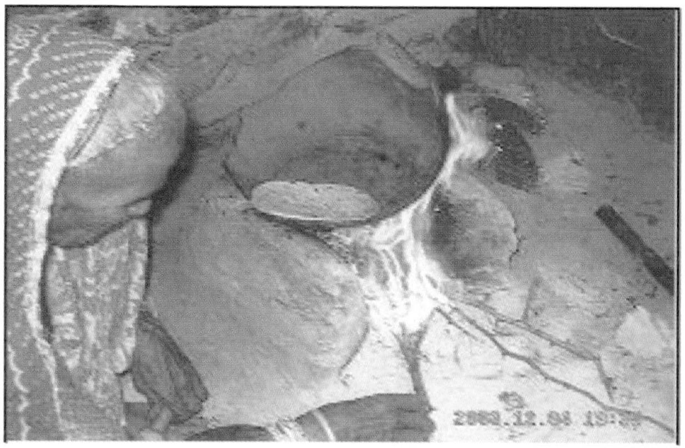

그림 2-15 인도의 발효되지 않은 빵 짜과티를 굽는 모습

그림 2-16 모헨조다로 문명시대의 하수도

한두 조각의 생강과 미량의 소금이 식욕촉진제로 제공되었고, 이후에 밥과 콩스프, 더운 버터소스 등이 나왔고, 이어서 기(ghi)를 바른 과자와 과일이 나오고 마지막에는 씹어 먹는 사탕수수 조각이 나온다. 그러나 가난한 집의 경우에는 말라붙은 밥을 반 정도 요리한 박과 다른 야채를 반찬으로 하여 먹거나 겨자줄기로 섞어 만든 포리지(Porridge)를 먹었다. 반면에 부유한 경우에는 황금빛의 고기스프와 반짝이는 흰쌀밥, 카레, 향기로운 고기음식, 응유, 우유밥(Milk Rice), 사탕, 보르네오(Borneo)로부터 수입한 장뇌(Camphor)로 향을 낸 물 등을 먹었을 것이다.

밀과 보리는 남부지방에서 겨울에 성장 할 수 있고 북쪽의 서늘한 지방에서는 거의 일 년 내내 성장한다. 그리고 자연적, 인공적인 관계시설을 갖춘 평야에는 쌀이 표준작물이었고, 건조한 지역에는 기장(Millet)이 그 표준작물이 된다. 참깨와 사탕수수처럼 박, 완두, 콩, 렌즈콩(Lentil)등은 인도의 모든 지역에서 수확되는 것이다. 반면에 후추, 카더멈(Cardamom), 생강 등은 남부 농장과 무역항으로부터 인도 전역으로 전해졌으며, 망고(Mango)같은 과일과 바나나 종류의 플랜틴(Plantain), 꼬투리를 가진 타마린드(Tamarind)는 널리 재배되었다.

서기 1천 년 동안 마라바르(Malabar)와 코로만델(Coromandel) 해안지역에서 인도음식은 다른 나라의 영향을 많이 받게 되었다. 즉 마라바르는 아랍과 로마세계와 교역하는 양념국가였고, 아시아의 섬들과 동쪽으로 마주 보고 있는 코로만델은 중국과 접촉을 가졌다. 이미 남부의 인도요리에 사용된 양념목록을 증강하기 위해 육두구(Nutmeg), 메이스(Mace: 육두구 껍질을 말려 만든 향료)와 정향(丁香, Clove)은 이 시기의 초기에 인도네시아의 군도로부터 수입되었다. 반면에 고수풀(Coriander)과 커민(Cumin)은 아랍의 중개를 통하여 동부 지중해지역으로부터 도입되었다. 그리고 쌀, 양념, 야채, 생선 등은 남부 인도요리의 기본이 되는 것이었다.

(6) 카레(Curry)

인도인들에게 있어서 카레는 밥이나 카라파스라는 밀로 만든 부드러운 팬케이크에 풍미를 더하기 위해 고안된 소스이다. 가지 한 개를 양파 두개 또는 한 줌의 렌즈 콩과 함께 소량의 기나 식물성 기름으로 조리한 다음 양념들로 풍미를 내고, 코코야자유와 신우유(soured-milk)제품인 dahi로 희석하여 전통적인 카레를 만들었는데, 그것은 밥, 카파티스와 함께 여러 명의 사람들을 위한 식사를 마련해 주었다.

밥과 함께 평범한 농부들은 한 가지의 카레를 먹었을 것이다. 반면에 부자들은 여러 가지를 먹었는데 처음에는 묽은 것을 먹고 마지막엔 물기가 없는 것을 먹었다. 방금 갈아서 하나하나 섞은 양념들과 함께 그것들의 향미가 혼합되고 코코야자유나 dahi의 첨가로 완화되어 매우 다양한 서로 다른 소스들을 만들게 되며, 이것이 인도의 기본적인 곡류 음식에 변화를 줄 수 있었던 것이다.

(7) 음료(Drinks)

서기 1천 년 동안에 인도의 가장 흔한 음료는 물, 우유, 유장이었으나, 망고 시럽과 라임즙도 그 나라의 여러 지역에서 즉시 이용 가능하였고 여러 가지 다양한 발효 술들도 있었다. 포도주는 처음엔 로마에서 나중엔 카불북쪽의 카피시(Kapisi)로부터 수입된 것으로 국왕만이 살 수 있을 정도의 사치품이었다. 그러나 그보다 못한 사람들은 사탕수수즙, 정제하지 않은 설탕, 꿀, 당밀, 로즈사과(Rose-apple)의 과즙, 빵나무 열매(Breadfruit)의 즙에 Mesasringi 와 긴 고추를 달인 즙을 붓고 한 달, 6개월 또는 1년 정도 두었다가 두 가지 종류의 오이, 사탕수수 줄기, 망고, 미로발란을 섞어서 독자적인 음료를 만들었다.

쌀술도 또한 제조되었고, 야자술과 아라크술은 팔미라 야자와 타리포트 야자의 수액으로부터 발효된 것이었다. 그리고 설탕, 기(ghi), 응유, 향료식물(Herbs), 꿀로 만들어진 특별한 의식용 양조주가 있는데 음료의 이름은 마드후바커(Madhuparka)였다.

(8) 꿀과 설탕(Honey and Sugar)

마드후바커(Madhuparka)의 첫 음절은 '꿀'을 의미하는데, 이 꿀에 대해 처음 알려진 것이 아리안족의 인도 침입에 의해서 인 것 같다.

인도에서는 꿀이 그 감미 특성보다는 오히려 그 맛 때문에 중요하게 여겨졌다. 사탕수수가 그 아대륙에 일찍부터 들어와 있었으며, 기원전 5세기경이나 그 이전부터 대단히 중요하게 이용되었다. 그것은 매우 천천히 서부로 전파되었다. 그리스의 지리학자 스트라보(Strabo)가 보고한 바에 의하면, 기원전 325년에 알렉산더 대왕의 참모진의 한 해군장성이 인도의 갈대를 가리켜 "꿀벌이 없어도 꿀을 생산하는 것"이라고 표현했다고는 하나, 설탕은 유럽에서는 희귀하였고 오직 의약품에 쓰이기 위해 가공된 형태로만 수입되었다. 서기 8세기에 이르러서 즉 회교 율법이 지중해 연안지역에 파급되자 비로소 사탕수수 재배가 북아프리카의 해안지역, 시칠리아 섬과 스페인에서 시작되었고, 그 뒤 8세기가 더 경과한 뒤에야 설탕이 유럽에서 조금 흔해지게 되었다.

5) 아랍세계(The Arab World)

(1) 비잔틴 음식(Byzantine Food)의 영향

비잔티움의 황제들과 바그다드의 칼리프들은 그들 간의 계속된 적대관계에도 불구하고 적어도 하나의 공통된 문제가 있었는데, 그것은 그들이 다스리는 민족들이 다양한 특성을 갖고 있다는 것이었다. 서기 395년에 로마제국이 마침내 서부와 동부로 반으로 나뉘게 되자, 콘스탄티노플(후의 비잔티움)에 근거를 두고 있던 동로마의 황제는 서쪽에 있는 그의 동지에게 로마의 평민들을 남겼는데, 이들은 탐욕스러운 부유층보다 그 경제를 더욱 심하게 고갈시켜 왔었다.

비잔티움에서는 그 대신에 훨씬 더 자활능력이 있는 서민들을 사회적 미식학적으로 다스렸다. 그리스인들과 유태인들, 아르메니아인들, 시리아인들, 마케도니아인들 및 이탈리아인들은 서쪽의 통치자들에 의해 수입된 로마의 요리법에 아랑곳하지 않고 그들 고유의 전통적인 요리법은 물론이고 그들 고유의 생활 방식을 고수하기에 급급했다. 사실상 수 세기가 경과하자 비잔틴의 상류사회에 의해 선호되었던 로마의 복잡한 요리들의 대다수가 사회 분위기가 그렇게 되었듯이 점차로 동양적 색조를 띠게 되었다. 햄, 사냥한 조류 및 과거의 다양한 육류와 마찬가지로 고대의 발효된 생선 소스들은 여전히 애호되었으나, 기름을 넉넉하게 쓰길 좋아하는 근동과 그리스에서는 곧 요리법이 변형되기 시작했다.

그림 2-17 12세기의 비잔티움

(2) 아랍요리(Arab Cooking)

마호메트(Muhammad)의 말을 편집한 코란에 따르면, 돼지고기는 불결하고, 동물의 피는 오염된 것이며, 포도주는 혐오스러운 것이었는데, 그러나 이러한 것들은 선택의 폭이 대단히 넓었던 아랍인들에게는 경미한 금지사항들이었다.

그곳에는 예루살렘산 건포도, 팔미라(Palmyra)산 올리브, 시리아산 사과들이 있었고, 이집트산 밀, 남부 아라비아산 기장, 요르단 계곡에서 생산된 쌀이 있었다. 팔레스타인의 양과 염소, 아든(Aden)근처인 시어(Shihr)의 생선, 그리고 도처의 특히 비옥한 요새로부터 나는 비둘기들도 있었다. 그곳에는 또한 그 대부분이 아시아에서 생산된 양념류가 다량으로 있었고, 여러 지역에 장미 화원이 있어서 아랍인들이 요리에 즐겨 이용했던 장미 수액을 제공해 주었다.

주방에서는 아랍인들이 유목생활식으로 고기를 아낌없이 마구 소비했다. 연한 부위는 얇은 조각이나 큰 덩어리로 요리했으며, 질긴 부위는 잘게 다져서 고기 완자를 만들었다. 아무리 복잡한 음식이라 할지라도 단 하나의 냄비에서 요리되었다.

(3) 페르시아 요리법의 기원(Persian Origins of the Cuisine)

13세기 초반의 것으로 현재 잔존하고 있는 요리법들은(몽고족의 출현으로 새로운 요리방식이 소대되기 전)그보다 2,3세기전의 호화로운 요리법과 어느 정도 유사점이 있는 것으로 추정된다. 인도와 중국에서 건너온 양념이 듬뿍 들어가고, 요리하는 방법이 대단히 복잡하여 준비시간이 오래 걸리는 것으로 그 요리법의 대부분은 칼리프의 페르시아 선조들의 궁중요리에서 유래되었다.

사서니드 페르시아인들은 특히 좋아했는데, 이것은 전분질의 젤리처럼 말랑말랑한 요리를 의미하였다. 그들은 또한 새콤달콤한 소스들을 좋아하였다. 근동에서는'고기'라고하면 질기고 지방이 많은 양고기를 의미했는데, 그것에 중앙아시아의 오아시스에서 생산된 색다른 과일 즉 석류, 살구, 레몬의 과즙이 첨가되어 톡 쏘는 맛이 나게 함으로써 그 풍미가 크게 향상되었다.

아랍인들은 또한 페르시아인들로부터 다량의 아몬드, 호두, 피스타치오넛 가루를 이용하여 맛좋은 달콤한 음식을 걸쭉하게 만드는 방법을 전수받았다.

(4) 다른 영향 요인들(Other Influences)

호화로운 페르시아의 전통에도 불구하고, 바그다드의 식사는 또한 다른 전래의 유산들을 반영하였다. 그것에는 북쪽의 코카서스 지방으로부터 전래된 요리법에 따라 조리된 얇게 썬 고기요리들이 있었고, 이집트에서 전래된 케이크류, 남부 아라비아 사막에서 전래된 검은 송로가 있었다. 또 마그레브에서 전래된 증기로 찐 곡식인, 서부에서 온 '프랑스식' 구운 양고기 및 동부에서 온 마그무마가 있었다. 그 외에도 인도에서 유래된 것으로 강하게 추측되는 쌀을 우유에 넣어 익히는 요리법들도 있었다.

또한 오랜 사막의 아랍전통은 비록 훌륭한 상차림에는 오르지 못했으나 대중에게 계속 인기가 있었던 몇몇 요리는 물론이고 신선한, 또는 말린 대추야자를 계속해서 이용하였다. 말린 빵가루 1파운드에 씨를 뺀 대추야자 파운드, 아몬드와 피스타치오넛을 각각 그와 동량으로, 그리고 참기름을 몇 숟갈 넣어 반죽한 혼합물을 경단 모양으로 빚어서 설탕가루를 뿌렸다.

농부나 유목민의 요리법으로부터 유래된 한두 가지의 다른 음식들은 라반(laban)을 특징으로 하였는데, 그것은 아마도 요쿠르트(yogurt)와 유사한 음식이었던 것 같으며, '페르시아 우유'는 또 다른 시큼한 유제품이었다.

(5) 아랍인과 식이요법(The Arabs and Dietetic Medicine)

그리스로부터 받아들인 식이요법을 광범위하게 연구한 다음, 다시 어느 정도 수정된 형태로 이미 그것을 잊어버리고 있었던 서구 세계로 전파하였다.

고대 그리스의 의학이 중세의 서구로 다시 전파된 경로는 우회한 것이었다.

고대 그리스 지식의 계승자인 비잔티움은 기독교 교리에 대한 논쟁에 힘입은 바 있으며, 그 뒤의 박해기간 동안에 다수의 학식 있는 이교도들은 관대한 페르시아로 도망쳐야 했다. 그곳 쥰디샤퍼에서 그들은 시리아, 페르시아 및 힌두 학자들과 접촉하였으며, 과학과 의학에 흥미를 갖고 많은 주요 저서들을 그 당시 근동에서 새로운 학술 언어였던 시리아어로 번역하였다. 페르시아가 아랍에 함락됨에 따라 바그다드의 칼리프들은 지적인 호기심에 대해 출판허가를 하게 되었는데, 이때에 많은 의학 서적들이 시리아어로부터 아랍어로 번역되었으며, 그중에서도 의사 갈레노스(Galen)에 의해 광대한 지식의 집성이 이루어졌다.

그리스의 의학은 현재 서구세계에 다시 복원되어 있는데, 그 과정에서 수많은 페르시아 및 아랍어의 주석이 붙게 되었으며, 그것들 중의 일부는 알려진 세계의 팽창에 의해서 빛을 보게 된 새로운 질병과 의약품들에 관계된 것이었다. 그러나 회교의 영향은 그 속에 위생과 식사에 대해 지나친 강조를 하였다. 이것은 적어도 부분적으로는 회교 교리의 산물이었으며 그것은 신도들에게 해부실험을 금지하였고 따라서 아랍의 연구를 해부학으로부터 경험적 의학으로 편향되게 하였다.

(6) 살레르노 식이요법(The Salerno Regimen)

살레르노에서는 그리스-아랍-이탈리아의 '건강을 위한 식이요법'이 발달했는데, 그것들은 돌아온 십자군 전사들에 의해 유럽의 전역에 널리 퍼지게 되었으며, 거의 16세기의 말기까지 대부분의 유럽 의학의 기초를 이루게 되었다.

살레르노의 건강섭생법은 균형 잡힌 식사에 의하여 더 젊게 보이고, 더 오래 살 수 있다고 하는 간단한 제안에 근거하고 있었으며, 그 당시에도 지금 만큼이나 흥미를 끌었다.

살레르노에서 주장된 균형식은 현대 영양의 당질, 무기질, 단백질, 지질 및 비타민류와는 전혀 관계가 없었다. 그 대신에 그것은 인간과 음식은 그 자체 내부의 우주를 이루는 것과 똑같은 네 가지 요소들을 포함하고 있다는 이론에 근거하고 있었다. 이것들은 공기, 불, 물 및 흙이었는데, 그 자체가 인체 내에서 4가지의 그에 상응하는 '기질'-즉 다혈질(blood), 담즙질(bile), 점액질 및 우울질- 의 형태로 나타난다는 것이었다. 어떤 사람, 어떤 식품들은 이들 요소들 가운데 이런 저런 요소가 과도하게 들어있게 마련이었다. 그러므로 담즙질(즉 불/담즙)의 사람이 '더운' 식품들을 먹는 것은 물/점액질의 과잉으로 고통을 당하리라고 추측되는 연장자들이 차갑고 수분이 많은 음식을 먹는 것만큼이나 바람직하지 않은 것이었다. 담즙질의 사람은 찬 음식만 들고, 80대의 노인은 따뜻한 음식만 들도록 권장되었다.

연장자들이 항상 물/점액질의 과다로 인해 고통을 당한다고 추측된 것과 마찬가지로 어린이들의 경우 또한 그러했다. 차고 수분이 많은 과일은 심지어 그들의 유모들에게도 금지되었다. 신화와 의약이 기묘한 합성을 이루어 19세기까지도 아기에게 무엇을 먹일 것인지가 정해져 있었는데, 그 중에서도 갈레노스와 살레르노의 이론들은 심지어 더 고대의 신념들과 병합되었다. 아이들은 모유로 인해 힘을 얻을 뿐만 아니라 기질과 도덕성도 받아들인다는 것이 일반적으로 인정되었다.

살레르노의 '4체액'은 11세기에는 완전히 합리적인 용어였으며 오랜 전통에 의해 뒷받침 되었다. 중국에서는 기원전 6세기경에, 의사인 호가 질병을 6가지 부류로 나누었는데, 이는 질병이 기의 여섯 가지 양상 중 어느 하나가 지나친데서 온다고 하는 것이었다. 기는 '생기' 또는 '불가사의한 사람'을 지칭하는 것으로, 그리스의 영과 유사한 개념이었으며, 속인의 관점에서는 심오한 뜻을 담고 있었다.

인도에서는 서기 1세기경에 카라카(Caraka)같은 의학 저술가들은 또한 기본적인 원소들의 수를 5가지로 정했으나, 살레르노 의학 학교의 기초를 형성한 것은 기원전 5세기경에 그리스의 엠페도클레스(Empedoles)에 의해 처음 제안된 '4체액'이었으며, 그 후에 이것은 갈레노스에 의해 윤색되었다.

수세기에 걸쳐서 체액성 학설이 어디에서 주장되었는지 어떤 음식들이 '더운' 것이고 어떤 음식들이 '찬' 것인지에 관해서는 불확실한 상태였다. 그 구별은 현대의 영양학자들에 의해서-열량을 내는 식품은 '더운' 것이고, 수렴성이거나 비실질적인 것은 '찬' 것이라는 식으로-결론을 내릴 수 있는 간단한 것이 결코 아니다. 현대의 인도에서는 고기와 강한 양념들은 단정적으로 더운 것으로 간주되지만, 버터와 꿀, 밀가루, 쌀과 설탕은 모두 찬 것으로 분류된다.

비록 유럽의 의사들은 수백 년간 살레르노의 법칙들을 따르려고 노력했으나 대다수의 사람들이 그렇게 할 수가 없게 되었던 것 같고 많은 환자들이 손해를 입으면서 확검되지 못하였다.

4. 중세유럽
(A. D. 1000~1500)

알프스산맥 북쪽의 농업발전은 식량 공급에 큰 증가를 가져왔고, 그 결과 인구의 폭발적 증가를 가져왔다. 식량의 증가는 인구의 증가를 의미했으나, 농업의 혁명으로 또한 더 균형이 잡히고 더 건강에 좋은 식사를 제공해주는 식품이 생산되었다.

1) 유럽대륙의 확장

귀리가 새로운 윤작 시스템에 있어서 중요한 작물이 되었고 이것이 말을 더 많이 이용하게 된 부분적인 이유였다. 말은 또한 농부에게 자유로운 운송수단이 되었다. 비록 도시들과 그 주변의 마을들의 위치가 시장에 하루 만에 걸어서 갔다 오는 옛 양식을 그대로 따를 수 있게 하였지만, 이제는 말을 이용하여 언제든지 더 빨리, 그리고 더 자주 여행할 수도 있었다.

시장에 대한 애호가 늘어남에 따라 시장이 확대되었으며, 시장이 커짐에 따라 도시도 더 규모가 커지게 되었다. 규모가 더 큰 도시들은 교역하는 기업체에 자극을 주었다.

서구세계의 무역로는 비잔티움과 아랍간의 전쟁으로 인해 근본적으로 변화되었는데, 그것은 그 전쟁이 싸움에만 그친 것이 아니라 경제적인 책략으로도 나타났기 때문이다. 스페인과 이집트는 싸움에서 심하게 고통을 겪었다. 프랑스 남부, 이탈리아 북서부, 키프로스(Cyprus) 및 북부아프리카의 도시들은 사실상 얼마동안은 전쟁에 내맡겨진 상태였다. 프랑스를 경유하는 예전의 론(Rhone)계곡 무역로는 다마스커스와 홍해를 경유하는 양념 무역로와 마찬가지로 점차 무의미하게 되어갔다. 지중해 연안의 대부분이 침체 지역이 되었다. 단지 그의 동북부 지역만 중요한 바다 연결 지점으로 남았고, 그 지역을 장악할 수 있는 상인들에게는 훨씬 더 많은 이익을 가져다주었다.

유럽의 동양과의 거래는 대부분 이제 바그다드와 콘스탄티노플을 통해 길이 열리게 되었다. 서구세계의 궁전에서 여전히 수요가 높았던 양념류와 다른 사치품들은 보통 바그다드에 도착해서 거기서부터 흑해의 남부연안에 있는 트라브존(Trabzon)으로 운반된 다음 콘스탄티노플로 운송되었는데, 이 멀고도 번거로운 경로는 공식적인 아랍-비잔틴 간의 반목을 용인한 것이었다.

그것들은 그 다음에 콘스탄티노플에서 베니스까지 운반되었으며-후추와 육계, 사프란과 정향, 생강, 카다멈, 값비싼 의약품들과 정교한 비단-그 다음엔 파비아(pavia)로 운반되었는데, 이 지점은 포강의 번화한 도로가 알프스 산맥의 고갯길인 셉티머, 몽쎄네 고개, 성 버나드를 거쳐 멀리 떨어진 지역인 독일과 북부프랑스까지 연결되는 십자로에 있었다.

알프스산맥을 넘고 스위스를 건너온 동양의 상품들은 라인강으로 운반되었는데, 이 통로는 프리즈란드 사람들에 의해 처음 열렸고, 후에는 바이킹들이 사용하였다. 이 라인강은 바이킹들과 바랑고이족들이 발트해를 따라 동쪽으로 유럽대륙과 영국의 북해 해안을 따라 서쪽으로 뻗어나간 긴 상업로와 연결되었다. 호박(amber), 모피, 물고기, 쇠기름(tallow), 꿀, 양털, 포도주 등은 동양의 이국적인 상품에 대한 대가로 지불된 북쪽 바다의 주요 교역상품들이었다. 시간이 지남에 따라 스칸디나비아인은 독일기업과 후에 그들 스스로 한자동맹(Hanseatie League)을 형성한 도시들에 양보하였다. 12세기경에 많은 양의 목재와 곡식은 발전하는 경제적 요구를 충족시키기 위해 북유럽대륙으로부터 강을 통하여 수송되었다.

그러나 중세시대의 마지막 4세기동안 유럽의 교역은 동서 무역에 있어서 모래시계의 중추부라 할 수 있는 베니스항에 의해서 지배되었다. 베니스는 서기 6세기에 석호의 소금을 기반으로 번영을 시작하였고 지중해에서 수세기 동안에 불화를 거치면서 비잔틴과 독자적이고 정중한 관계를 유지하려고 노력함으로써 그 교역의 자리를 증진시켰다. 십자군 전쟁이 시작되었을 때 처음에는 제노바, 그 다음에는 피사, 마지막으로는 베니스가 운송, 군함, 무기, 공격용 차량, 군비자금조달에 관여하였다. 그런데 이에 대해 십자군들이 근동의 값진 조차지로 되갚았기 때문에 이는 유익한 투자였다.

지중해의 동쪽 끝의 항구인 이탈리아 사업도시들에 의해 세워진 영구적인 무역소들은 특히 베니스인들에게 계속해서 유익한 역할을 하였다. 15세기경에 그들이 장악한 양념교역은 너무 독점적이어서 다른 나라들은 마침내 이를 분쇄하려는 시도를 하게 되었다. 이 과정 중에 포르투갈은 인도로 가는 해도를 개척하였고, 스페인은 아메리카를 발견하였다.

그들 자신이 정복한 지역의 화려함과 따뜻함에 압도된 많은 수의 십자군들은 다수의 사치품과 새 음식의 맛을 그들의 북쪽요새로 가지고 돌아왔다. 그들은 빵, 콩, 소금에 절인고기, 건어물과 같은 기본적 식품에 대해서 수입한 요리법을 사용하였다. 즉, 그것은 아몬드 가루의 이용과 무엇보다도 양념의 사용법이었는데, 이는 신선한 식품의 산패취를 숨겨주고 절인 음식의 염도를 낮추고 무미건조한 마른 음식에 맛을 가미해 주었다.

처음에 십자군들은 현대의 여행자가 외국에서 가져온 그의 기념품을 보이듯이 그들은 이국적인 요리를 소개하였을 것이다. 그러나 서양의 발전하는 읍과 도시들에서는 더욱더 많은 사람들에게 겨울철의 식사로 소금에 절이고 말린 음식물은 배척되었고 양념은 아주 실제적인 기능을 수행하게 되었다. 마침내 유럽은 양념에 크게 의존하여, 예를 들면 후추는 은처럼 양도 가능한 것으로 보편적으로 통용되었다. 후추 1파운드는 농부의 2,3주의 임금에 해당하는 가치가 있었다.

2) 도시의 형성과 식생활

(1) 농업기구의 발달

중세의 농업혁명을 구체화한 도구는 평범하게도 새로운 형태의 쟁기였다. 수메르 시대 이래로 흙을 뒤집어엎는데 사용된 쟁기-'긁는 쟁기'는 특히 끝부분을 금속으로 씌우는 등 수세기에 걸쳐 개선되어왔다.

그러나 그것은 실질적으로는 단지 무거운 막대기에 지나지 않아 땅 위에 질질 끌리며 얕은 고랑을 파내고 그 양 옆에는 흐슬부슬한 흙이 쌓이게 되는 것이었다. 흙이 흐슬부슬한 지역에서는 그 긁는 쟁기가 무리 없이 잘 움직였으나 북부의 다루기 힘든 축축한 토양에서는 그것은 거의 흔적도 남기지 않았다.

그러나 16세기경에 북동부지역의 슬라브족은 유럽에 새로운 형태의 무거운 쟁기를 도입하였는데, 그것은 단지 지표면을 긁는 대신에 흙을 깊이 파내는 도구였다. 그것은 세부분의 작용부위로 이루어져 있었는데, 한 부분은 칼날로서 이것은 땅에 수직으로 박히는 부분이었고, 또 다른 부분은 수평으로 풀뿌리 정도의 깊이로 쭉 계속해서 파내는 부분이었으며, 마지막 부분은 이 두 칼날의 뒤에 연결되어 있는 구체적인 형태의 널판으로 이것은 파낸 뗏장이나 표토 부스러기들을 한쪽으로 말끔하게 뒤집어엎었다. 강력한 도구가 된 널이 달린 쟁기는 북부의 다루기 힘든 점토를 쉽사리 헤어나게 했으며, 전에는 처녀지였던 광대한 지역을 경작하고, 삼림을 제거하고, 황무지를 개간하는 일을 가능케 했다.

식량 생산이 증가하였고 그에 따라 인구도 늘어났다. 독일의 한 지역에서는 17세기의 말엽에 인구가 로마시대에 비해서 4배나 증가하였던 것으로 추정된다. 수세기가 경과하자 그 신형쟁기가 점점 북유럽과 서유럽으로 전파되었다. 그러나 그것은 그 사용자들에게 새로운 훈련을 요하는 부담을 주었다. 그것을 제작하고 유지하는 데는 많은 비용이 들었고 그것을 끄는 데는 8마리의 많은 수소가 필요했다. 그것은 넓고 광활한 장소에서는 멋지게 기능을 발휘했으나 협소하고 개별적인 토지에 대해서는 너무나 부피가 커서 다루기 힘들었다. 부유층은 자신들의 쟁기를 가질 수 있었으나, 그 밖의 사람들은 근본적인 사회적 조정이 이루어져야만 했다. 그들은 한데 모여 하나의 쟁기와 한데 맨 동아리 짐승을 공동 소유로 하고, 그들 각자의 작은 토지를 합병하여 넓고 광활하며 공동으로 일하는 넓은 들판으로 만들기 시작하였다. 이제부터는 그 토지로부터 수확한 것이 그전처럼 어느 한 사람의 필요에 대해서가 아니라 그가 어떤 공동 기업에 대해서 기부한 것의 상대적 가치와 관련되었다.

(2) 윤작(Crop Rotation)

그리스인들과 로마인들은 같은 작물을 매년 재배하는 경우에 토양이 곧 메마르게 된다는 것을 알고 있었다.

그러나 북부지역에 널달린 쟁기가 출현하자마자 2부 돌려짓기(two-field system of rotation)가 그보다 훨씬 더 생산성이 높은 3부 돌려짓기 시스템으로 개선될 수 있게 되었다.

3부 윤작을 통해서, 첫 번째는 밀이나 호밀을 연말경에 심고, 두 번째는 봄철에 완두, 이집트콩, 렌즈콩, 잠두, 귀리나 보리를 재배하고, 세 번째는 그냥 놀려두다 주어진 면적의 토지에서 2년 중에서 단지 1년 만 생산하는 대신에 3년 중에 2년간이나 수확을 올릴 수 있게 되었다.

그와 동시에 운이 좋게도, 이 시스템을 채택한 농부들은 더 많은 양을 거두어 들였을 뿐만 아니라 더 우수한 품질의 농작물을 생산하였다. 완두와 콩은 아미노산들을 함유하고 있었는데, 양질의 실질적이고 영양가 있는 단백질을 생성하였다. 단백질 섭취의 증가는 건강증진, 열량증가, 정력강화를 의미하였다. 삼부 윤작을 하는 토지에서는 사회 그 자체도 더 부강해졌다. 새로운 경작 방식은 또한 말의 사용을 증가시켰는데, 말은 처음에 기원전 2,000년경에 유라시아의 스텝지역의 어딘가에서 길들여져서 중세 초기의 유럽에서는 농부를 위한 견인용 동물로 보다는, 기사를 위한 전시의 탈 것으로서 더 많이 사용되었다. 그 발굽은 축축한 땅에서는 잘 서지 못했으며, 그 힘은 수소보다 훨씬 못한 거 같았다. 말은 건초와 풀로 된 먹이를 잘 자라지도 않았다.

첫 번째 문제는 못을 박아서 고정시킨 무거운 편자가 북유럽에 소개됨으로써 해결되었고, 두 번째 문제는 농부들이 새로운 형태의 목에 대는 마구가 말의 견인 효율을 거의 4배로 높여 준다는 것을 알게 됨으로써 해결되었다. 전에는 짐을 싣기 위해 그 동물의 목에 매어진 마구의 가죽끈이 앞으로 잡아 당겨질 때마다 그 끈에 의해 그 동물이 거의 숨이 막힐 정도였다. 이제는 말이 수소만큼이나 아주 힘이 세고, 그보다 더 지구력이 있으며 물론 훨씬 더 빠르다는 것이 증명되었다. 말의 식량 문제는 삼부 윤작 시스템에 의해 해결되었는데, 그 농경 방식으로 인해 말에게 가장 좋은 먹이가 된 귀리를 정기적으로 수확하게 되었다.

점차로 여러 지역에서 말이 수소로부터 밭을 가는 일을 떠맡게 되었다. 또한 점점 말은 운송과 탈 짐승으로서 그 가치가 인정되었다.

(3) 중세의 도시(Towns of the Middle Ages)의 형태

팽창을 계속하던 초기의 수십 년 동안에 생긴 도시들에 거주하던 주민들의 대부분은 땅을 경작하는데 익숙한 농부들이었기 때문에 도시는 시골에 끼어 있었을 뿐만 아니라 자체 식량의 대부분을 생산하였다.

점점 더 많은 인구가 불어남에 따라 도시들은 몹시 비좁아지게 되었으며 새로 이주해온 사람들은 성벽밖에 집을 지어야 했다. 그들의 거주지는 전에 주민들을 위한 식량을 생산하던 토지에까지 확대되기 시작했다.

그러나 적어도 16세기 까지는 도시 거주자들은 여전히 자신들의 암소, 돼지 및 닭들을 길러나갔다. 암소들은 종종 쇠고랑이 채워졌고, 닭들은 멀리 돌아다니지 않았으나, 돼지들은 보행자들의 다리를 걸어서 넘어지게 하고, 교통을 혼란시키는 경향이 있었다. 프랑시스 1세(Francis Ⅰ)시대에는 공공집행자에게 길 잃은 돼지들을 닥치는 대로 모두 잡아들여 그것들을 디우 호텔로 데려다가 도살 시킬 수 있는 권한을 주었다. 프랑크훌트와 뉴렘버그 같은 도시들에서는 공공도로에 면해 있는 주택의 정면에 돼지우리를 더 이상 두어서는 안 된다는 법령이 공포되었다.

(4) 시장의 발달(Growth of Markets)

도시가 커짐에 따라 농산물의 우호적인 물물교환을 위해 시작되었던 소규모의 시장들이 중요한 교역장소로 발전하였고, 그곳에서 주조화폐, 양념류, 포도주 및 비단 등이 통용가치가 있는 사과 바구니들이나 하루 지난 병아리들과 교환되었다. 도시의 번영은 대부분 시장을 중심으로 형성되었기 때문에, 강도 폭력 및 폭력단의 협박에 대항하여 노점상들을 보호하기 위해서 엄중한 경계를 취해야 했다.

왕족과 귀족들의 사무원들의 조직과 기록 보관소들은 별도의 장소에 유지되어야만 했으며, 기록이 보관되어 있는 곳에 왕들과 왕자들은 그들의 궁전을 지었다. 궁전이 있는 곳에 상인들과 무역중개인들은 그들의 물품들을 팔기 위해 모여들었다.

모든 대도시마다 자체의 큰 시장을 가졌고, 이들에 대한 통제는 곧 모든 면에서 왕실의 골칫거리가 되었다. 상인들을 복종시키고 '시장평화'를 보장하는 일은 판매 장소가 규제를 받을 때에만 가능하였다. 다른 유형의 상인들이 도시 내에 그들의 상품을 공급할 수 있는 다른 장소들을 설정하는 일은 습관적인 것이었다.

그러나 우선 행정적인 이유로 어느 정도의 규정이 마련되긴 했어도, 다른 사항들은 점점 강력해진 상인 조합이나 길드(guild)에 의해 생겨났다.

상인들은 자신들에게 적합한 칙령을 강제로 통과시키는 방법을 터득하고 있었던 것과 마찬가지로, 그들은 자신들의 마음에 들지 않는 칙령에 대해서는 무난히 무시해 버리는 방법을 알고 있었다.

성 니콜라스의 도살장들은"부패와 심한 악취와 혐오스러운 광경"을 유발하고 있었고, 에드워드 3세는 무서운 처벌을 하였다. 그러나 이 칙령은 무시되었다.

(5) 식품의 품질 관리(Quality Control)

건강과 위생에 거슬리는 위법행위를 중지시키는 일은 상업정치의 재개로 인해 거의 불가능 하였을 테지만, 행정당국에서는 품질 관리를 위해 많은 노력을 기울였고 상당수의 길드에서도 회원들에게 그들 자체의 기준을 지키도록 하였다.

프랑스에서는 관리사회에서 시판되는 돼지고기의 품질에 대해 깊은 관심을 나타내었다. 돼지의 혀를 조사하여 소비자들에게 나병을 일으키는 것으로 간주되었던 괴양이 있는지를 알아내는 혀조사자(langueyeurs)라는 검사관들이 있었다.

베니스에서는 길드에서 모든 생선을 산 마르코(San Marco)와 리알토(Rialto)의 생선 시장들에 있는 '큰 기둥'으로 가져오게 하여 사태를 감정 받고, 판매에 앞서 조세를 내도록 강조하였고, 생선장수들의 가게는 매일 검사를 받아 상한 생선을 폐기처분하도록 되어 있었다.

대부분의 도시들의 기록 보관소에는 위반하는 식품판매업자들에 대항하여 생긴 사례들이 기록되어 있다.

어떤 특별한 속임수를 썼다가 그것이 발각되면 그 뒤 수년간 영업이 금지되었다. 나무로 된 육두구(nutmeg)와 노간주나무열매(juniper berries)가 후추열매(peppercorn)로 둔갑하는 일은 시골을 순회하는 행상인들에 의해서만 조작될 수 있는 사기행위였다. 검사관들은 포도주, 맥주(ale), 밀가루 및 기름과 같은 물품들의 품질을 평가하고, 소시지와 혈액 푸딩에 무엇이 들어갔는지를 조사하는데 상당한 시간을 소비했다.

중세의 가장 흔한 식품 범죄의 하나는 중량미달의 빵을 파는 행위였다. 보통 빵 덩어리의 무게에 따라 가격이 정해지게 마련이었다. 런던에서는 14세기 초반에 반 페니어치의 마스린 덩어리는 28실링의 무게로 정해져 있었다. 그것을 지키지 않는 제빵업자의 경우에는 그의 목에 규정을 위반한 빵 덩어리를 매단 채로 썰매모양의 운반구에 묶여서 마을에서도 가장 지저분한 거리로 질질 끌려 다녔다.

그림 2-18 후추의 모조품으로 이용되던 육두구

(6) 대중 음식점(Public Cookshops)

성장하는 도시들에서는 보통 시민들을 위한 주방 편의시설이 로마시대에 있어서와 마찬가지로 거의 한정되어 있었으므로 '구운 고기 판매업자들'의 증식을 조장하였다.

물론 전문적으로 요리된 음식이 새로운 개념은 아니었다. 그것은 이미 네브카드네자르 왕의 시대에 메소포타미아에서 알려져 있었고, 근동의 주민들은 중세에 있어서도 여전히 집에서 요리하기보다는 시장에서 다진고기 경단, 구운 양고기, 생선, 튀김, 팬케이크 및 아몬드 가루로 만든 단 것 등을 사다먹기를 더 좋아하였다. 사실상 미리 요리된 음식을 사다먹는 풍습이 유럽에 다시 소개된 것은 아랍세계로부터 스페인을 경유하여 들어온 것으로, 서구에 화폐 경제의 부활이 없었다면 그 개념은 별로 진척되지 않았을 것이다.

런던에서는 1183년경 대중음식점이 하나 있었는데, 그곳에서는 계절에 따라 굽거나 튀기거나 삶은 요리, 크고 작은 조류 등의 음식을 구입할 수 있었다.

(7) 위생(Hygiene)상태

중세에는 질병이 접촉전염과 공기감염(그들은 나쁜 냄새로 구분했음)에 의해 옮겨지는 것으로 알고 있었으나, 음식점과 시장의 위생 기준은 가정집에서와 마찬가지로 무의식적이었던 것 같다.

시장의 존재 자체가 도시 자체를 위태롭게 했다. 큰 무역상인들의 식품 창고들, 도살장들의 폐기물들, 노점상들과 가정집들이 마구 버린 쓰레기들 이 모든 것들이 페스트의 번식지였고, 잡식성의 검은 쥐의 서식처였는데, 이 쥐는 13세기경에 유럽의 대부분의 신도시들에 떼지어 몰려들었다.

또한 큰 강의 기슭에 사는 사람들은 그 강물로 인하여 이질이나 파라티푸스에 걸릴 위험이 있었다. 동부 독일의 괴팅겐 같은 몇몇 도시들에서는 일찍이 1330년부터 거리를 청소하는 법규를 시행하고 있었으나, 대부분의 지역에서는 거리의 먼지와 쓰레기들이 폭풍우에 의해 씻겨나갈 때까지 거기에 그대로 있었다. 그 빗물의 일부는 식수를 퍼 올리는 우물에 들어갔고 또 일부는 강물에 흘러들어갔다.

시장에서 쥐를 매개로 하여 퍼진 흑사병과 발진티푸스, 강물의 물고기를 매개로 한 이질과 파라티스프, 요리한 고기 행상인들의 손에 의한 식중독과 페스트, 즉 흑사병이 주요 질병이었다.

(8) 곡물 공급(Grain Supplies)

처음에 도시의 발달은 점점 소비의 중심지로부터 거리가 멀어진 토지에서 수확되는 곡물생산의 증가와 나란히 평행을 이루고 있었다. 그러나 흉작인 경우에는 거대한 토지를 소유한 영주들과 경작하는 농부들이 그들 자신을 위해 수확물을 보유하게 되었고, 도시 사람들은-소유한 토지도 없고, 경작할 땅도 없으며, 땅에 가까이할 기회가 없는 새로운 계급-물자 부족과 물가상승으로 곤란을 겪게 되었다. 그러나 기근이 닥치는 경우에는 토지소유자와 농부들은 그들 자신의 힘으로 꾸려나가는 한편 당국에서는 관청의 현관 계단에서 소란을 피우는 도시 사람들에게 곡물을 나누어 주었다.

세계의 통치자들에게는 국민들이 굶어죽게 내버려 두어서는 안 된다는 것이 오랫동안 명백한 통치 이념이었는데-물론 국민들을 계속 살려두는 비용이 불균형하게 많이 들지 않을 경우였다. 로마의 곡물무상배급(annona)제도는 기근을 구제한다기 보다는 오히려 실업수당의 전조가 되었다. 8세기 말에 샤를마뉴는 그의 영토로부터 곡물을 수출하는 것을 금지함으로써 식량난을 막아보려고 최선을 다했다.

여러 도시의 단체들은 그들의 도시에 대한 곡물 공급을 보장하고, 물가가 적정수준까지 낮추어진 상태로 유지되도록 하기 위해 노력하였다. 때때로 큰 규모의 비축은 시당국과 상인 길드에 의해 특별히 세워진 곡물창고 내에서 보관되었다.

그리고 부유한 가정의 주요 식사로 빵이 등장한 시기에는 여기에 드는 곡물의 양도 상당하였으며, 13세기 영국에서 레스터(Leicester)의 백작의 가정에서는 주인과 그의 많은 수행원들이 출타중인 기간에도 하루에 300파운드의 곡식을 필요로 하였다. 그리고 더 소규모의 가정에서도 이와 같은 비율의 곡물을 소비하였다. 가족과 종이 10명인 제노바(Genoa)의 한 시민은 연간 식량으로 약 5.5톤의 곡식을 샀고, 이런 수준으로 곡물이 소비됨으로써 인구 3,000명의 소도시는 매년 1,000~15,00톤의 곡물을 필요로 하였다. 그런데 이것은 약 10,000에이커의 땅에서 생산되는 양인 것이다.

게르만들이 12세기에 슬라브 국가들로 들어갈 때에 새로운 곡식 창고들이 문을 열었다. 이는 서구의 성장하는 소도시들에게는 다행이었다. 동부유럽의 평원들은 정착지의 부족현상을 보충해 주었다. 그리고 이곳은 물의 공급이 쉬웠기 때문에 많은 수확을 가져다주었고, 곡물이 풍부하게 남아도는 발트해의 주변 영토로부터의 공급으로 해서 값싸게 공급 될 수 있었다. 함부르크와 네덜란드도 양조 이익을 늘리기 위해 이 곡식의 일부를 사용하였다.

이러한 영향은 빨리 파급되었다. 그래서 13세기 초에 많은 양의 곡물들은 발트해로를 통해 수출되었고, 13세기 말에는 이러한 경쟁으로 인해 서부 유럽의 많은 지역에서 곡물재배를 포기하였다. 그 결과 가스코냐(Gascony)와 프와투(Poitou)에서는 포도가 재배되었고, 다른 곳에서는 목축업이 크게 성행하였다.

(9) 목양(Sheep Farming)

중세 후기에 유럽은 가축 중에 양이 가장 경제성이 있는 동물임을 알아내었다. 양은 우유, 고기, 북쪽지방의 사람들의 옷이 되는 양털, 사본의 재료로 폭발적 교역물이 된 양피지의 원료가 되는 양피 등을 제공해주었다.

그리고 양은 소보다 양순하고 거친 초원에서 잘 지내며, 또한 풀을 더 알뜰히 뜯어 먹으며 새끼를 많이 낳았다. 소규모의 자본 투자가는 목양의 가능성을 조사하고 타산이 좋은 것을 발견했다. 도살업자와 시민들도 진취적인 농부에게 자금을 대주어 목양을 하도록 하였다. 때때로 이익을 분배하는 데에만 한정하여 합의가 이루어지기도 했고, 때때로 목양부가 2,3년이 지난 후에 그 후원자에게 양떼를 돌려주는 대신, 그 기간 중에 새로 태어난 양들의 절반을 그의 몫으로 정하기도 했다.

서고트족들(Visigoths)은 스페인에게서 이러한 관습을 배웠을 것인데, 스페인에서 이러한 가축의 이동은 7세기에 정착되어 10세기에는 경제의 주요 요인이 되었다. 사실 오늘날의 역사가들은 북쪽 스페인 사람들이 그들 동족을 아랍침입자들로부터 구하기 위해 싸우도록 한 큰 요인이 남쪽의 양들을 겨울 목초지로 이동시키는 것과 관련되어 있었다고 믿고 있다.

카스틸랴(Castile)에만 1,300년에 약 1,500,000마리의 양, 1467년에는 2,700,000마리의 양이 있었다. 이 수백만의 양떼를 남쪽 혹은 북쪽으로 이주시키는 것은 수백마일의 국경을 넘나드는 일이며, 이는 연간 두 차례에 걸쳐 행해졌다. 여기에는 상당한 조직력이 요구되어 이를 주관하는 조직인 메스타(Mesta)는 국내 정치뿐만 아니라 국제 정치에도 관여하는 세력으로 발전하기도 하였다.

스페인에서처럼 프랑스에서도 수만 마리의 양떼들이 매년 프로방스(Provence) 산록에서 아를르(Arles)겨울초원으로 이동하였고, 이태리에서는 아브류지(Abruzzi)평원에서 아푸리아(Apulian)평원으로 이동하였다.

교역의 입장에서 보면 양모는 가장 값진 물건이었고, 이러한 규모의 목양은 많은 지역의 가난한 사람들의 영양의 수준을 높여 주었다. 그 이유는 양은 양고기와 우유, 치즈를 손쉽게 그들에게 제공하였기 때문이다. 그런데 그 고기는 결코 부드럽지는 않았는데, 특히 이동방목이 행해지는 나라에서 양들은 연간 두 차례의 장거리 이동을 해서 말랐고 근육질이었다. 이 양고기는 맛있는 것이라 할 수는 없으나, 다량으로 소비되었다. 예를 들면 14세기의 샤를르 6세(Charles Ⅵ)왕실에서는 매주 200마리의 양을 필요로 하였다.

그리고 이 양의 식사에 있어서 두 번째의 주요 공헌은 치즈였다. 13세기 영국의 농학자 발터(Walter of Henley)의 시대 직후에는 영국에 8백만 마리의 양이 있었는데, 이는 그 당시 인구의 몇 배나 되는 많은 수였으며, 그 결과 식탁에 치즈가 풍부하게 공급될 수 있었다.

목양의 상당한 증가추세에도 불구하고 300년 이내에 영국 농부들은 양의 낙농제품을 이용하지 않게 되었다. 그 이유는 사람들이 소고기를 주로 먹었기 때문이다. 소만이 그들의 식사에서 주요한 '버터, 치즈, 유장, 응유, 크림, 끓인 우유, 생우유, 신 우유, 단 우유, 버터밀크' 등을 공급해 주었기 때문에 그들은 이런 소들에게 목초를 제공하기 위해서는 충분한 목초지가 필요하다고 주장하였다. 이는 당시 영국인들이 소 우유 제품을 더 즐겨 먹었다는 것을 의미하며, 그 당시 농부들까지도 충분한 음식을 요구할 권리가 있었을 뿐만 아니라, 보다 친숙하고 바람직한 종류의 충분한 음식을 요구하게 되었다는 것을 변화하는 사회의 지표였다.

3) 중세의 식탁 (The Medieval Table)

(1) 저장식품의 사용

로마의 요리법과 외견상으로는 유사하여 사실이 잘 두러나지는 않았으나, 사실상 중세에 있어서 북유럽의 요리는 과거의 것과 유사했다기보다는 오히려 그 당시의 요구를 수용한 것이었다. 특히 소도시에서는 연중 상당한 기간 동안 실제로 신선한 고기나 생선을 전혀 먹을 수 없었고, 그런 기간 중에는 대부분의 사람들이 염장이나 건조에 의해 저장되었던 식품에 의존하여 생활했다.

저장식품에 의존하게 된 이유 가운데 하나는 북부의 겨울기간 중 동물을 산 채로 건강하게 유지하기가 곤란했기 때문이다. 콩류, 식물의 마른 줄기, 왕겨와 밀짚 등이 일반적인 사료였으며, 이러한 형편없고 때로는 불충분한 식사로는 단지 젊고 강인한 동물만이 살아남을 수 있었을 것이다. 10월과 11월이 되면, 농부들은 초여름에 샀던 견인용 동물들을 다시 투기업자들에게 서둘러 팔았는데, 그 투기업자들은 겨우내 그것들을 먹여 살릴 능력이 있었던 사람들로 봄이 되면 다시 팔아서 상당한 이익을 보았다. 농부 자신이 비축한 사료로는 단지 암소 한 마리와 암퇘지 한 마리 정도를 살려두는 데 사용할 수 있었을 것이다. 장원의 영주는 그보다는 다소 형편이 좋았을 것이다. 그러나 어떤 동물이건 활력이 떨어지게 되면 도살되어야만 했다. 연말이면 다가올 어두운 시기에 대비하여 쇠고기, 돼지고기, 사냥감, 민물고기 등을 소금에 절여두고, 수개월간 먹지 못할 신선한 고기를 마지막으로 즐기기 위해 축연을 베풀었다.

(2) 염장법(Preservation by Salting)

식품을 소금에 절이는 데는 전통적으로 두 가지 방법이 있었다. 첫째는 건염법으로, 이 방법은 고기나 생선에 굵은 소금을 뿌려 재워두는 것이었다. 그 결과는 바람직했으나, 중세의 덩어리로 된 소금을 다량으로 적당히 고운 상태로 부수는 데는 많은 노동력이 요구되었으므로 평범한 가정에서는 그렇게 하기가 불가능했을 것이다. 두 번째 저장방법은 소금물에 절이는 방법(brine curing)으로, 이것은 고기를 진한 농도의 소금물에 담구는 방법이었다.

소금에 절일 고기나 생선의 품질은 상당히 중요했다. 털을 얻기 위한 양의 고기는 질기고 섬유질이 많아 절이는데 드는 소금만큼의 가치도 없는 것이었다.

청어는 절인 생선 무역에 있어서 가장 중요한 품목이었다. 14,15세기에 발트해와 북해는 그 생선으로 가득 차 있었다. 한자동맹(Hanseatic League)의 상업도시들은 거의 2백년간이나 발트해의 절인 생선 거래의 대부분을 장악한 반면, 북해 연안에서 가장 번화한 개개의 중심지들은 잉글랜드의 동쪽해안에 위치한 야아머드와 스카보로우, 그리고 네덜란드의 브릴이었다.

청어는 풍부하긴 하지만 그 기름 성분이 매우 빠른 속도로 산패되는 지방질이 많은 생선이다. 그것을 소금에 절여 두고자 할 때는 그 처리를 잡은 뒤 24시간 이내에 시작해야 한다. 이것을 판매하는 시기에는 고도의 조직력이 요구되었으며, 심지어 발트해 연안에서는 수산회사들이 매일 들여오는 어획량을 인수하기 위해 늘 가까이에 대기하고 있었다. 북해에서는 15세기경에 전문적인 어부들이 항구에서 멀리 떨어진 곳에서 어획물을 처리해야만 했다. 노퍽(Nerfo-lk)의 네덜란드 어선들은 1톤이 넘는 소금 및 아주 많은 수의 통이나 그것들을 만들 수 있는 재료들뿐만 아니라, 몇 달 동안 다섯 내지 열 명의 선원들에게 양식으로 공급될 곡물과 맥주(ale), 베이컨, 소금에 절인 생선, 소고기와 버터를 싣고 초여름에 아이슬란드 근해를 향해 출항하였다.

바다에서 소금에 절여진 청어를 담은 통들은 통의 윗부분에는 가장 보기 좋은 큰 생선을 보이게 해 놓는 반면, 중앙에는 작고 조악한 것들을 숨겨놓는 것으로 악명이 높았다. 한자동맹 상인들의 고객들은 비록 돈을 더 지불하였지만, 적어도 발트해 청어의 등급과 포장을 주의 깊게 관리하여 준다는 보장을 받았다.

(3) 소금의 유형(Types of Salt)

소금을 제조하는 3가지의 주된 방법은 오늘날과 마찬가지로 중세에 있어서도, 고대 바다의 암염 잔여물을 채굴하는 것, 염천으로부터 퍼 올린 소금물을 끓이는 것, 그리고 얕은 인공호수 즉 '염전'에서 바닷물을 증발시키는 것이었다. 이 중에서 둘째와 셋째의 방법이 가장 흔히 사용되었다.

염천에서 얻어진 소금은 바다소금보다 훨씬 우수하였다. 그 소금 농도가 훨씬 높았다. 염천에서 얻어진 소금 -'염수소금'- 은 값이 비쌌으며, 그 공급이 한정되었다.

중세에 광상시로 그려진 가늘고 하얀 분말을 생산하는 일은 거의 염수소금 만큼이나 비용이 많이 들었는데, 그것은 '토탄소금'이라는 것이었다. 이것은 보통 저지대 국가들 즉 베네룩스에서 만들어졌다. 바닷물이 스며든 토탄을 재가 되도록 태운 다음 이것들을—대부분의 소금이 그 안에 침전되어 있었음—토탄 불 위에서 소금물과 함께 증발시켰다. 그 결과는 우수했으나, 토탄 공급이 제한되어 있었다. 그것은 연중 특정한 시기에만 채굴될 수 있었다. 그리고 그것을 태우기 전에 완전히 말리는 데는 어느 정도의 햇빛이 필요했다. 그러므로 염수소금과 마찬가지로 토탄소금도 한계가 있었다.

14세기 중반에 북유럽의 소금 생산에 위기가 있었는데, 이는 부분적으로는 경제 사정 때문이고, 부분적으로는 백년전쟁 때문이었다. 결국 그 거래의 대부분은 브레타뉴의 남부 경제지역에 있는 브르그뇌프만의 염전으로 몰리게 되었다. 여기에서는 모래, 잡티, 해초가 많이 섞여있는, 여과 되지 않은 바닷물을 이용하여 조잡하고 심하게 오염된 소금을 만들었는데, 이것은 때때로 검은색을 띠기도 하고, 때로는 회색, 때로는 심지어 녹색을 띠기도 했다. 그러나 그것은 값이 저렴하였고, 거의 한 세기 동안이나 커다란 호송선들이 북쪽의 여름철 청어 계절에 대비하여 소금을 수집하기 위해 겨울철의 마지막 몇 달 동안에 그 만으로 왔다 갔다 하였다.

시일이 경과함에 따라 '천일염'은 단지 브르그뇌프만에서 나는 소금만이 아니라, 거의 아무 해안에서나 천연증발에 의해 만들어진 조악한 소금을 의미하게 되었다. 그것은 덩어리지고 불순한 곳 이상의 아무것도 아니었으나 그 비용은 흰 소금의 절반 정도 밖에 안 들었다.

(4) 건조 저장(Preservation by Drying)

중세기에 있어 두 번째 주요한 저장방법은 건조법이었는데, 비록 세계의 다른 지역에서는 염장법이 더 선호되었으나 유럽에서는 고기보다는 물고기에 대해 이 방법이 더 많이 사용되었다. 청어는 충분히 건조시킬 수 없었으나, 이 방법은 캇, 해덕, 폴락, 링과 같은 대구종류의 기름기 적은 물고기에 대해 매우 적합하였다.

여기서 기후 조건은 대단히 중요하였다. 따스하고 습기 찬 나라에서는 이 방법은 기후로부터의 보호와 무한정의 연료 공급을 필요로 하였다. 그러나 날씨가 덥거나, 건조하고 바람 부는 기후가 계속되는 지역에서는 이 방법은 만족스럽고 비용이 적게 드는 방법이었다. 아주 초기부터 근동에서는 대추야자, 무화과, 포도는 뜨거운 모래사막에 파묻는 간단한 방법으로 건조되어 왔고, 고기는 육즙을 제거하기 위해 돌로 두들긴 다음 햇볕에 쏘였다. 스칸디나비아인들은 후자의 방법을 북쪽기후에 적용하여 깨끗하고 상쾌한 공기와 서늘한 바람이 그 일의 효과를 높여준다는 것을 알았다. 노르웨이의 스토크피스크는 내장이 제거되고, 건조시키기 위해 사람들에게 값싸고 거의 변질되지 않는 저장식품을 제공하였다.

(5) 요리 기술(Cooking Techniques)

중세의 음식에 관해 알려진 사실의 대부분은 수도원이나 귀족 집안의 주방회계장부와 궁정의 음식 조달 문서 등에 근거하고 있다. 이러한 서류들은 원재료들, 가격 및 수량에 대한 정보를 제공해준다. 한편 조리법과 요리에 관한 지식도 현존하는 몇몇 요리책들과 예절책들에서 찾아볼 수 있다.

가장 단순하고 가장 보편적인 방법은 고기를 요리하거나 차려낼 때 그 자체는 짜지 않으면서 염분을 흡수할 수 있는 부재료를 이용하는 것이었다. 오늘날에는 감자가 이런 용도에 이용되고 있지만 중세의 요리사는 마른 완두, 마른 콩, 빵가루, 또는 전곡을 이용 하였다. 베이컨에 곁들인 삶은 콩은 가난한 가정에서는 기본적인 요리였으나, 부자들은 보다 더 기발한 것을 요구했다. 그들의 주방 요리사들은 빵가루와 곡식을 경시하지는 않았으나(이것들은 또한 혼합물을 걸쭉하게 만드는 특성이 있었음)그 외에도 양념류나 과일을 이용하여 아직 남아있는 소금기를 상쇄시키거나, 크림소스를 이용하여 그 맛을 완화시켰다.

중세의 여러 가지 요리법들은 한 가지 요리법에 후추, 생강, 육계, 사프란, 정향 및 육두구향 등이 모두 들어가는 특징이 있다. 그러나 짠맛을 경감시켜 주었던 전분질 재료들과 크림소스들은 또한 양념류 자체의 강도를 완화시켜 주었다는 이유만으로도, 아마도 중세의 요리사들은 소량보다는 상당히 많은 양의 양념을 이용했을 것이다.

소금에 절인 고기를 간단하게 삶는 경우에는 다른 기술을 필요로 하였는데, 종종 후루먼티, 모트류스, 또는 블라망거 같은 맛이 순하고 걸쭉한 혼합물을 별도의 접시에 담아서 함께 차려내곤 하였다. 이것들은 곡식, 빵가루 또는 아몬드밀크와 쌀을 기본으로 하는데, 사실상 위에서 묘사된 소금이 들어가지 않는 소스들은 더 진한 농도로 변형한 것이었다.

후루먼티는 중세기 동안에 통밀과 아몬드 밀크로 만든 걸쭉한 푸딩으로 발전하였는데, 이따금 계란 노른자로 보강하거나 사프란으로 색깔을 내기도 하였다. 그것은 사슴고기에서는 기본적으로 곁들여지는 음식이었다.

모트류스는 그 명칭과 특징이 주재료들이 막자사발네에서 빻아진다는 사실에서 연유되었는데, 흰고기나 생선을 삶아 가루반죽 상태가 되게 한 다음 여기에다 빵가루, 삶아낸 국물, 계란을 넣고 잘 섞은 다음 그것을 다시 끓여서 빽빽한 상태가 되도록 함으로써 아주 간단히 만들어졌다. 차려내기 전에 후추와 생강을 그 위에 뿌린다.

블랭크 망, 즉 블라망거를 위해서는 찢은 닭고기를 미리 아몬드 밀크에서 푹 삶아진 쌀과 잘 섞었다. 이 혼합물을 설탕으로 맛을 내는데 이따금 소금으로 간을 맞추었으며, 아주 걸쭉해질 때까지 계속 끓인다. 여기에 튀긴 아몬드와 절인 아니스 열매(anise seeds)를 고명으로 곁들였다.

신선한 고기나 사냥물을 구운 것은 그러한 특별한 용도의 부수적인 요리를 필요로 하지는 않았다. 그 대신에 식탁 위에는 강한 풍미를 지닌 고기만두, 파이, 튀김 그리고 한입 크기의 구운 고기를 적셔서 먹을 수 있는 향료를 넣은 소스들이 등장했을 것이다. 전문적인 소스 제조업자는 14세기경의 파리에서 대중적이었다. 가정주부들은 기성품의 소스들을 살 수 있었는데, "노란소스"에는 생강과 사프란이 주성분이었고, "녹색소스"에는 생강, 정향, 카디멈 및 녹색 향료식물들이 주성분이었으며, 그리고 14세기에 대단한 인기가 있었던 "카멜린소스"에는 육계가 가장 중요한 성분이었고 다른 것들은 조정이 가능하였다.

그림 2-19 여러 가지 소스에 사용되어진 정향

건어물은 중세의 메뉴에 있어서 또 다른 근간을 이루는 것으로, 평범한 가정에서는 이 윤기가 없는 식품에 겨자나 식초의 첨가로 풍미를 더해 주었다.

중세의 세계는 고대 로마와 마찬가지로 육류, 양념, 과일, 곡류를 많이 이용하였다는 점에서 그와 동일한 요리상의 문제점들을 지니고 있었다. 로마식 요리법에 대한 기억은 수세기의 경과, 양념류의 오랜 부족 및 생선소스와 실피움이 사라졌음에도 불구하고 계속 남아 있었을 것이며, 한편 계속 유통되고 있었던 아피시우스의 필사본들은 현재보다는 14세기 당에는 보다 많은 정보를 제공해 주었을 것이다. 그러나 만약 중세 후기의 요리법이 어느 한 가지 출처에 대해 직접적인 영향을 받았다면, 그것은 후기의 고대세계에서 문화적 중개인이었던 아랍인들의 영향이었을 것이다. 그것은 로마, 페르시아 및 유목민 음식들을 종합하였고, 이로부터 중세의 서구는 그 자체의 당대의 문제점들을 해결하는데 필요한 많은 기술과 재료들을 모방하였다.

(6) 중세의 식단(Medieval Menus)

14세기에는 대부분의 다른 시대에서와 마찬가지로 서민 사람의 식사는 부유층의 식사와 구별 되었다. 그것은 여전히 호밀, 보리 또는 잡곡으로 만들어진 검은빵과 스프냄비에서 떠낸 건더기, 치즈를 약간 곁들이거나 또는 식사를 부드럽게 마무리할 응고된 우유 한사발로 이루어졌다. 시골에 있는 대지주에 속한 노비들이 자신의 오두막에 사는 농부보다 훨씬 더 잘 먹었다. 이따금 그들은 잡곡빵, 완두콩 푸딩, 소금에 절인 청어, 말린 대구, 치즈, 재배지에서 양조된 맥주뿐만 아니라 쇠고기나 거위고기도 먹었을 것이다.

중세의 메뉴는 현대의 것과 거의 관련이 없었다. 각 코스는 모든 것이 식탁위에 동시에 차려지는 여러 가지의 다른 요리들로 이루어져 있었으며, 식사하는 사람들은 제공된 것들 가운데서 골라 먹었다. 그 코스들은 오늘날과 같이 스프, 생선, 고기 그리고 단음식의 순서에 따라 나뉘어져 있지 않았으나, 우연히 어느 정도 분류가 되기도 했다. 실제로 16세기에 이르러서야 비로소 한 '코스'가 어느 정도의 단일성을 의미하기 시작했다.

사실상 14세기가 20세기와 결정적으로 분별되는 점은 개개의 요리보다는 오히려 메뉴이다. 예를 들어 '고기 타일'은 만약 그에 앞서 맑은 스프가 먼저 나오고, 녹색의 샐러드가 같이 나오며, 그 뒤에 과일로 이어진다면 현대의 식탁에서도 손색이 없을 것이다.

귀족의 식탁은 중류사회의 것과 비교할 때 본질적인 면에서 보다는 오히려 양적인 면에서 차이가 있었다. 비록 주방의 요리부원들이 많은 경우에 보다 야심적인 요리들이 만들어질 수도 있었겠지만, 사용된 요리 기법은 대체로 동일하였다. 거기에는 코스가 더 많았고, 각 코스에는 요리의 종류가 더 많았으며, 각 코스마다 다양한 요리를 포함했다. 달콤한 음식, 젤리 또는 가루반죽과자(pastry)가 제공되었는데, 몇몇 예술가에 의해서 주방에서 조각되거나 성형되어서 사자, 독수리, 왕관 또는 방패꼴의 문장 등의 근사하고 기발한 조상으로 만들어졌다. 16세기에 설탕이 흔하게 되었을 때, 이탈리아의 과자 제조인들은 그들의 귀족의 식탁을 화려하게 장식했던 복잡하고 장엄한 솜사탕 조각 작품들로 인하여 명성을 얻었다.

(7) 나이프와 포크(Knives and Forks)의 사용

중세동안에 차려진 음식들은 질감에 있어서 다음의 4가지의 주된 유형의 하나에 속했다. 간단하게 조리한 마른 불고기가 있었는데, 거기에는 걸쭉한 소스가 들어간 혼합물들이 있었다. 또한 브루윗이 포함되어 있었고, 간단한 스프가 포함 되었으며, 스프에는 몇 가지 건더기가 곁들여졌다.

파이, 고기만두(pasties), 튀김은 고기, 소스 및 접시가 모두 그 자체의 독립적인 포장 용기에 들어 있었다.

중세의 식사에 있어서는 질감이 중요했는데 이는 식사 때 사용된 도구의 수가 제한되어 있었기 때문이다. 대부분의 사람들은 구식의 다용도 단도 모양의 칼을 휴대하고 다녔으며, 숟가락은 아주 보기 드문 것은 아니었다. 그러나 식사용 포크는 18세기 까지만 해도 대부분의 유럽에서 기묘한 물건에 속했다.

포크는 수백 년간 주방 기구로 사용되어 왔으며, 비잔티움에서는 작은 포크를 일찍이 10세기경부터 식탁에서 사용해 왔다. 그것은 비잔티움에서 그리스로, 그리고 그리스로부터 이탈리아로 전파되었는데, 이탈리아의 세련된 식탁 예절은 다시 한 번 전 유럽의 선망의 대상이 되었다. 70년 후에 여행가인 탐 코리앗(Tom Coryat)은 자신이 잉글랜드의 귀족에게 포크를 쓰는 양식을 소개하였다고 우쭐해 하였다. 그러나 그것은 오래가지 않았다. 그 후의 백 년 동안 비

록 극소수의 괴짜들이 식사하는 동안 포크를 사용하긴 했지만, 대부분의 유럽인들은 손으로 식사를 계속했다. 그 뒤 1897년에 가서도 영국해군의 선원들은 나이프와 포크의 사용이 금지되어 있었다. 왜냐하면 그것들은 규율과 남성다움을 침해하는 것으로 간주되었기 때문이다.

(8) 식탁 예절(Table Manners)

식탁용 포크의 부재가 형식과 예절에 대해 거의 영향을 미치지 못했다고 한다면, 그것이 음식의 제공이 체계화되는 방식에도 영향을 주지 못했을 것이다. 보통 아주 고위층의 사람만이 그들 자신의 요리들, 접시들 및 음료수 잔들을 갖고 있었다. 다른 사람들은 둘이 한 조가 되어 먹었으며, '1인분의 식기'는 두 사람을 위한 음식 차림을 의미했다. 그러나 식사하는 사람들마다 자기 자신의 나무접시(trencher)를 갖고 있었는데, 그것은 본래는 오래된 무교병을 6×4인치 정도의 크기로 두껍게 썬 조각이었다. 이것은 일종의 흡수성이 있는 접시로서 작용하였고, 이따금 식사하는 사람이 식사의 말미에 자신의 무교병 접시를 먹기도 했다. 때로는 그것을 가난한 사람에게 주기도 했으며, 때로는 개들에게 주었을 것이다. 15세기경에 그 무교병 접시는 가운데가 원형으로 움푹 들어간 사각의 나무 접시로 바뀌기 시작했다.

구운 고기나 사냥물이 제공되는 경우에, 고기를 써는 사람은 가장 맛있는 부위를 중요한 손님들의 나무접시위에 올려놓았으며, 그 나머지는 식탁위에 있는 타원형의 큰 접시에 놓았다. 대부분의 다른 형태의 음식들은 식탁위의 접시에 2인분의 몫이 담겨지거나, 때로는 식탁의 모양과 손님들의 근접한 정도에 따라서 4인분의 몫이 담겨지기도 했다. 식사하는 사람들의 일부는 식사하는 동안 자신들의 나이프를 사용하기도 했겠지만, 손이야말로 습관적으로 사용된 도구였으며 가장 효율적인 것이기도 했다. 나이프와 스푼은 브루윗과 후루먼티에서 종종 발견되는 뼈를 발라내지 않은 고기와 가금류의 큰 덩어리를 들고 먹는 데는 별로 도움이 되지 않았다. 식사하는 사람들은 보통 옆자리에 앉은 사람들과 함께 나누어 먹게 되어있는 큰 접시들을 손으로 뒤져서 각자의 무교병 접시에다 1인분의 음식을 날라놓고는 입으로 가져다 먹었다. 이러한 이유로 옆자리에 앉은 사람들의 손의 청결도가 관심의 대상이 되었다.

식사하기 전에는 손을 씻는 것이 한 가지 일이었으며, 식사 중에도 그것을 깨끗이 유지하는 것이 또 다른 일이었다. 중세와 르네상스 시대에는 많은 '예절서'들이 귀족의 자손들에게 예법을 가르치려는 의도에서 쓰여 졌으며, 여기에는 그 시대의 식탁예절에 관한 소름이 끼치는 그림이 들어있다. 저자들이 바람직하지 못한 어떤 습관들을 비난할 필요를 느꼈다는 사실은 그러한 습관들이 반드시 보편화되어 있지는 않았다 해도, 어느 정도 통용되고 있었다는 것을 암시한다.

포크와 마찬가지로 냅킨은 탄호이저의 시대에는 사용되지 않았는데, 델라 카사가 어떤 길잡이 역할을 했다고 해도, 16세기경에도 청결에 대하여 그다지 신경을 쓰지 않았던 것 같다.

에티켓에 대한 저자들이 독자들에게 경고한 다른 버릇들도 있었다. 예를 들면, "접시에 고기나 계란 또는 그 밖의 것이 들어있는 상태에서 아무데나 뒤지는 것은 무례한 행위에 속했다. 큰 접시의 음식을 쑤시거나 뒤적거리는 사람은 정찬을 들고 있는 옆 사람을 불쾌하고 기분 나쁘게 만든다." 또한 어떤 사람들은 '뼈다귀를 물어뜯고 있다가, 그것을 도로 접시에다 놓는' 경향이 있었다. 그러한 잔유물을 버리는 올바른 장소는 마룻바닥이었는데, 바닥은 세심하게 골풀로 온통 덮여 있었으며, 향기로운 바질(basil)과 쑥(southernwood)으로 뒤덮여 있었다. 이것은 심지어 귀족의 가정에서도 하나의 관행이었다. 벤베누토 셀리니(Behvenuto Cellini)가 청년시절에, 그의 고용주는 "클레멘트(Clement)교황"의 식탁을 위해 고안된 매우 큰 항아리를 제작하였는데, 그것은 저녁식사 때 그 속에 뼈와 과일 껍질을 던져 넣기 위한 것이었다.

중세를 통하여 식탁 예절에 관련된 모든 규정들 가운데서도, 방귀를 뀌는 것을 금하는 내용이 가장 오랫동안 고수되어 왔다. 현존하는 책들에는 다루고 있는 주제의 양상에 대해 항상 구체적으로 기술하고 있는 것은 아니지만 가벼운 트림 정도는 일반적으로 대부분의 사회 계층에서 허용되어 왔던 반면에 아래쪽 부위로부터 소화성 가스가 소리가 들릴 정도로 방출되는 것은 대부분 용인되지 않았음이 분명하다.

5. 세계의 확장기 (A. D. 1500~1800)

1) 신세계의 출현

15세기 중에 양념무역은 다소 무질서하게 되었다. 동방으로부터 육로의 대부분을 지배하였던 몽고족은 완강한 오토만 터키족(Ottoman Turks)에 의해 중요한 지점들을 점령당했다. 그러나 얼마 동안은 베니스와 플로렌스는 알렉산드리아와 다마스커스에서 무역으로 계속 이익을 보았다. 베니스에서만도 연간 2,500톤 정도의 후추와 생강, 그리고 다른 양념들도 거의 그만한 양을 유럽으로 들여왔다.

15세기경에 그 이익이 어느 정도에 이르렀는지 분명치 않으나, 1621년에 한 영국인이 추정한 바로는 3,000톤 정도의 양념류가 인도로부터 91,041파운드 227, 603달러의 가격에 들여올 수 있었던 반면, 그것들이 알레포 1,972,920달러로 폭등했다.

향료무역과 신의 영광 등을 위해서 항해를 시작한 콜럼버스가'인도제국'에 도달했을 때, 그곳에는 '온화하고 평화스러우며 매우 단순한 사람들'이 있었을 뿐인데, 그는 그들에게 '작고 빨간 모자들과 그들이 목에 걸고 다닌 유리구슬들, 그 밖에 그들이 매우 소중하게 여긴 다른 하찮은 물건들'을 주었다. 두 번째 항해에서 콜럼버스는 자신이 아이티(Haiti)에서 '재배에 의해 완전한 상태가 될 수 있을 것 같은 여러 가지 야생 양념류, 즉 색깔이 선명한 육계(비록 맛은 쓰지만), 생강 및 후추 같은 것들과 비단을 생산하는데 필요한 다른 종류의 뽕나무들'을 발견했다고 생각했다. '육계'와 '생강'이 어떤 상태였는지는 모르지만, 후추만큼은 구세계(Old World)의 양념에 보탬이 되었다.

바스코 다 가마(Vasco da gama)는 더 큰 성공을 거두었다. 1498년에 인도의 남서해안에 있는 캘리컷(Calicut)에 도착하자, 그는 사람을 보내어 해안을 조사하도록 했다.

25년이 채 지나지 않아 유럽의 국가들은 그들이 예전에 베니스인들에 대해 불평했던 것과 마찬가지로 포르투갈인들의 양념 독점에 대해서도 불만을 토로하게 되었다. 1523년에 뉘른베르크(Nuremberg)에서 발표된 법령은 100톤 이상의 생강과 200톤 가량의 후추가 오직 리스본으로부터 독일로 들어온다는 사실에 대해 신랄하게 비평한 것이었다.

그 세기의 말기에는 네덜란드가 포르투갈의 독점사업을 조금씩 파고들기 시작했고, 1599년에는 영국인들이 후추가 한 파운드당 15페니, 즉 37센트에서 40

페니, 즉 1달러로 값이 오른 사실에 몹시 격양하여 80명의 런던 무역상인들이 회합하여 동인도 회사–그리고 부지중에 영국령 인도제국–를 설립하게 되었다. 곧 프랑스, 덴마크 및 오스트리아도 또한 아시아에서 발판을 찾고자 계획하였으며, 스페인은 태평양 노선을 경유하여 동인도에 도달하였다.

지도에 그려져 있지 않은 영토들에 대한 제국의 권리에 관한 문제는 교황 알렉산더 6세 보르기아(Alexander Ⅵ Borgia)에 의해 1494년에 정리되었는데, 그 당시 교황은 대서양의 북쪽으로부터 남으로 선을 그어서 스페인에게는 그 선의 서쪽 지역의 모든 새로운 영토를, 그리고 포르투갈에게는 동쪽지역의 모든 영토를 할당하였다. 이것은 공교롭게도 브라질을 포르투갈에게 주는 결과가 되었는데, 설탕과 노예 매매의 확대와 많은 관련이 있었던 동쪽의 아프리카와 서쪽의 브라질은 포르투갈의 소유가 되었다.

신세계에서는 모험적인 항해를 유발하였던 전형적인 양념류가 전혀 생산되지 않았다. 그러나 그곳은 구세계의 식사에 그 후에 수세기 동안에 가장 중요한 위치를 차지하게 된 여러 가지의 새로운 식품들을 제공해 주었다.

유럽 지역에 있어서 옥수수, 즉 Indian corn은 스페인 북부지역, 포르투갈 및 이탈리아 그리고 후에는 발칸제국들에 있어서도 주식이 되었다. 감자는 비록 아일랜드에서는 재난의 원인이 되기도 했지만, 여러 다른 나라들에서는 비타민 C의 유용한 공급원이 되었다. 초콜릿, 땅콩, 바닐라, 토마토, 파인애플, '강낭콩'(French beans), 리마콩, 붉은꽃 강낭콩, 고추, 피망, 타피오카 및 칠면조, 이 모든 것들이 유럽인의 요리법의 범위를 넓혀 주었다.

아시아는 파인애플, 파파야 및 고구마의 전래에 의해 도움을 받았는데, 이는 콜럼버스의 아메리카 발견 이후 1세기가 조금 더 경과한 후의 일이었다. 칠레 고추는 곧이어 인도 카레에 새롭고 통렬한 맛을 주었다. 19세기 초엽에 감자는 네팔에서 재배되었는데, 그것은 후에 셰파르 사람의 주식이 되었다.

아메리카로부터 아프리카로 옥수수, 마니악, 고구마, 땅콩 및 강낭콩이 전래되었는데, 이것들은 암흑대륙의 얼마 안 되는 자급용 작물들을 보충하는데 막대한 가치가 있었다. 또한 식민지시대의 행정가들은 남부 아프리카에 파인애플과 다른 외래의 과일들을 도입하였다.

오스트레일리아가 정착, 세계의 궤도에 들어 올 무렵에 다른 영토에서는 이미 오랜 실험 기간이 있었으며, 대부분의 지역에서는 단지 개, 박쥐, 쥐들만이 서식하였던 그 새로운 영토에 소, 양, 돼지는 물론이고 이미 알려진 모든 적합한 식물들을 재배하여 그 고장 고유의 가축들의 서식범위를 확대할 수 있게 되었다.

구세계와 신세계간에 식료품들의 교역은 결코 일방적인 것이 아니었다. 콜럼버스 스스로도 나중에 카리브해로 다시 항해해 올 때 야채종자, 밀, 이집트콩, 사탕수수 등을 전해주었다. 영국의 이주민들은 수십 년 후에 북아프리카에 그와 똑같은 식품들을 전래하였다. 바나나, 쌀, 감귤류는 모두 신세계에 전파되었다. 얌과 광저기는 노예들과 함께 대서양을 건너왔는데, 이것들은 아프리카에서 그들의 주식이었던 것들이다. 코코넛은 바하마제도로, 커피는 브라질로 그리고 빵나무는 카리브해로 전래되었다.

2) 아메리카 대륙 (The Americas)

콜럼버스가 아메리카에 도착했을 때 그를 반겨준 사람들은 바하마제도의 주민들이었다. 스페인 선박들은 남쪽으로 순항하면서 카리브해의 여러 섬들을 방문하였다. 여전히 양념류와 금을 찾으면서 그들은 가는 곳마다 그 영토를 조사하였고 그 주민들에 관해서도 조금 이해하게 되었다.

그들이 알게 된 한 가지 사항은 그 주민들이 유럽인들의 비위에 거슬리는 여러 가지 식품을 먹는다는 것이었는데, 그것들 가운데는 '크고 통통한 거미, 썩은 나무에서 번식하는 흰 벌레 그리고 다른 부패한 물질들'도 들어 있었다. 사실상 열대 아메리카의 주민들은 그 위도에서 풍부하게 번식하는 살찐 곤충들을 먹는 것이 오랜 전통이 되어 왔으며, 용설란 벌레(meocuilin)는 아즈텍 궁전에서도 대단히 즐기던 진미였고 20세기의 멕시코에서도 여전히 맛있게 먹고 있다. 콜럼버스가 그 제도의 테이노부족을 우연히 친밀하게 알게 된 이래로, 그 '다른 부패한 물질들'에는 테이노의 명물-자미아(Zamia)빵-도 포함되었을 것이다. 이것을 만드는 방법은 자미아 식물의 줄기를 갈은 다음 그 펄프를 경단 모양으로 빚어서 햇볕에 2,3일 정도 말려서 그것들이 썩기 시작하여, 색깔이 검게 변하고, 벌레가 많이 달라붙게 될 때까지 방치하는 것이었다. 적절히 숙성되었을 때, 그 작은 경단들을 케이크 모양으로 평평하게 만든 다음 불 위의 번철에서 구웠다. "만약 그것이 검게 되어 벌레가…많이 달라붙기도 전에 그것을 먹는다면, 그것을 먹은 사람은 죽게 된다."고 테이노부족은 말하였다.

그들이 전적으로 옳았다. 자미아 펄프가 발효되거나 아주 철저히 씻기지 않게 되면, 그것은 매우 유독하다.

그림 2-20 아즈텍 문명

스페인 사람들에게 훨씬 더 호감을 주었던 것은 그와 똑같이 독이 있는 식물인 쓴 품종의 마니악으로부터 쿠바에서 만들어진 빵이었다. 이 식물의 뿌리는 껍질이 벗겨지고 갈아져서 몸에 해로운 즙은 무거운 압력에 의해 완전히 짜내졌다. 이것을 끓이게 되면 무해한 카사리프스소스를 만드는데 이용될 수 있게 되며, 또한 이것의 침전물은 독 없는 음식으로 변형될 수 있는데 이것은 서구에서는 타피오카라고 알려져 있다. 그 펄프 자체는 체에 걸러진 다음 납작한 케이크로 빚어져서 번철에서 서서히 구워졌다. 금방 구워낸 것은 부드럽고 말랑말랑하며, 이 빵-카사바(Cassava)-은 건조된 후에 2,3년 동안이나 저장될 수 있었다. 스페인 사람들과 후에 프랑스인들은 카사바를 대단히 열광적으로 받아들였다. 심지어 그것이 밀로 만든 빵보다 우수하다고 주장하는 미식가들도 있었다.

마니악은 포르투갈인들에 의해 16세기 중에 아프리카로 전래되었는데, 그곳에서 그것은 토착적인 식량작물들에 추가되어 유용한 작물이 되었다. 비록 단백질 함량은 부족했으나, 그것은 암흑대륙의 기근을 초래하는 메뚜기들의 공격에 대단히 저항력이 강했으며, 성숙한 후에도 흙 속에서 2년 동안이나 품질이 저하됨이 없이 그대로 방치될 수 있어서 기근에 대비하는 유용한 저장식물이 되었다.

카리브해의 주민들은 혐오스러운 곤충들과 이상한 빵들 외에도 유럽인 항해자들이 전에 본적이 없는 여러 가지 다른 식물들을 먹었다. 거기에는 '밤 같은 맛이 나는 익힌 뿌리 음식'이 있었는데 아마도 고구마였을 것이다. 다양한 콩들도 있었다. 식용으로 사육되는 유일한 동물은 개였던 것 같으나, 야생조류, 생선 및 게 등도 풍부했다. 파나마의 주민들은 특별한 종류의 작은 생선을 저장하는데 능통하였다. 그들은 그것들을 "잎사귀에 감쌌는데, 마치 약제사가 종이에 연약(약분말)을 말듯이 했으며, 그 다음에 오븐에서 말린 후에는 그 생선은 장기간 보존되었다." 고 표현하였다. 거기에는 또한 많은 과일들이 있었는데, 이것들로부터 발효음료가 만들어졌다.

이 모든 생소한 식료품들 가운데서도 옥수수(maize)는 그 후의 역사에 있어서 가장 중요한 식품이 되었다. 유럽은 이 곡식을 쿠바의 명칭에서 알게 되었고, 북아메리카에서는 17세기의 이주민들이 그것을 'Indian corn'이라고 불렀다.

(1) 옥수수(Maize)

콜럼버스가 스페인으로 돌아왔을 때 신세계로부터 가져온 것들 중 가장 인기있는 전시품은 몇몇 '인디언'견본들과 몇 줌의 사금이었으나, 그는 또한 옥수수 종자도 함께 가져왔던 것 같다.

그것을 근동으로 전해준 베니스인들의 도움으로 스페인 사람들은 지중해 연안에 옥수수의 보급을 도왔다.

아프리카에 옥수수를 전래한 것은 확실치는 않으나 포르투갈일 것으로 생각된다.

옥수수는 아프리카에서 기꺼이 받아들여졌는데, 이는 그것이 다른 곡식보다 훨씬 빨리 자랐고, 그 재배가 훨씬 용이했기 때문이었다.

(2) 멕시코 음식(Food in Mexico)

만약 1519년에 멕시코를 발견한 코르테즈(Cortes)와 400명의 스페인 사람들이 요리에 좀 더 관심을 두고 정복에는 관심을 덜 두었더라면, 그들은 아마도 구세계의 주민들에게 옥수수를 좀 더 영양적으로 이용할 방법을 가르쳐 줄 수 있었을 것이다.

그 후에도 아즈텍에 살던 멕시코인들은 옥수수, 콩, 토마토 및 고추를 주식으로 하였다. 대부분의 주민들은 아침식사를 하기 몇 시간 전에 하루의 일과를 시작하였고, 오전 10시경에 잠시 쉬면서 꿀을 넣어 달콤하게 하거나 고추로 양념을 한 옥수수죽을 한 그릇 먹었다. 그날의 주된 식사는 가장 더운 때인 이른 오후에 있었다. 그때는 토틸라, 콩 한 접시-이것은 멕시코에서 매우 다양하게 재배되었음-그리고 토마토나 고추로 만든 소스를 먹게 되어 있었다.

콩은 식사에 단백질을 공급해 주었는데, 대개는 익혀 먹었으나 어리거나 작은 경우에는 날것으로 먹기도 했다. 아즈텍의 멕시코인들은 식물종자로부터 요리용 기름을 추출하지 않았던 것으로 보이며, 그들이 이용한 고기는 보통 야생사냥물이었는데 그것에는 지방이 별로 없었다. 오늘날 그 나라에서 아주 보편적인 레프리토(refrito)는 콩을 삶아서 짓찧어서 튀긴 다음 갈은 치즈를 위에 뿌린 요리인데, 스페인 사람들이 중앙아메리카에 소를 비롯한 다른 가축들을 전래한 이후에야 비로소 식탁의 특색 있는 요리가 되었다.

토마토는 지금은 전세계에 걸쳐서 샐러드와 혼합요리의 중요한 성분이 되었는데, 처음에는 옥수수밭의 잡초로서 첫선을 보였던 것 같다. 스페인 사람들이 아메리카 대륙에 도착했을 당시에는 이미 재배를 통해서 수확량이 증가되었고 그 품종도 크게 개선되어 있었다. 미성숙한 토마토를 얇게 저민 것은 여러 가지 멕시코 요리에 이용된 반면, 성숙한 과실은 종종 칠레고추와 혼합하여 맛좋은 콩요리를 위한 톡 쏘는 맛의 소스를 만드는데 이용되었다. 16세기의 유럽에 전래된 토마토의 형태는 색깔이 노란색이었던 것 같으며, 그래서 그것은 처음에'황금색 사과'(Golden Apple)라는 이름으로 알려졌다. 비록 토마토가 대부분 물로 이루어져 있으나, 그것은 비타민 A와 C의 유용한 공급원이다.

아메리카 고추는 비타민 C의 함량이 매우 높은 것으로, 인도의 피퍼 니그럼(Piper nigrum)과는 전혀 관계가 없었다. 고추(red pepper 또는 capsicum)에는 두 가지 종류가 있는데, 즉'크고 감미가 있는' 타입과 그 보다 작은 '칠레고추(chili)'가 있다. 피망(감미가 있는 종모양의 고추)은 녹색의 덜 익은 상태에서는 야채로서 이용될 수 있으며, 특이한 타입으로 숙성하게 붉은 경우에는 말려서 가루로 만들어 파프리카(paprika)를 만들었다.

옥수수의 대부분은 평범한 토틸라를 만드는데 이용되었으나, 특별한 경우에는 또 다른 멕시코요리가 만들어졌는데 이것은 토틸라 반죽에 조미한 속재료를 채운 것이었다. 여기에는 콩, 고추, 녹색의 토마토를 저민 것 그리고 고기나 생선 조각 등이 함께 혼합되어 토틸라 반죽의 껍질 속에 싸였다. 그 결과 먹을 수 없는 껍질을 제거한 다음에는 터말리라는 맛있는 식사가 되었다.

용설란 벌레는 종종 구아커몰리와 함께 제공되었는데, 아즈텍시대에는 구아커몰리가 아보카도만 가지고 만들어지지는 않고 토마토와 고추를 반드시 넣고 만들어졌던 것 같다.

멕시코에서 사육된 유일한 가축은 칠면조와 개였는데, 개는 유용하기는 하지만 격이 낮은 식품으로 간주되었다. 육류요리에 있어서는"칠면조 고기가 최상이었으며 개는 그 아래였다는 사실에서 더 분명히 나타난다."유럽의 소가 전래되자, 개는 마침내 식용동물에서는 사라졌다. 반면에 칠면조는 스페인의 정복 이후에 더 광범위하게 이용되었다.

(3) 칠면조(The Turkey)

동부 지중해 연안으로 무역 여행을 하면서 항해 중에 스페인의 항구 세빌레에서 늘 기항하였던 '터키(Turkey)상인들'에 의해 그것이 유럽에 처음 도착한(약 1523~1524년경)이후에 곧 잉글랜드로 전래되었다. 영국인들은 그것의 멕시코 명칭인 유엑솔로틀(uexolotl)을 알지 못했거나 단지 그것을 발음하기가 여의치 않아서 그것을 단순히 '터키새'라는 별명으로 불렀던 것 같다.

유럽대륙에서도 그 문제에 관해 모호하기는 마찬가지였다. 프랑스에서 아주 일반적으로 통용되었던 명칭은 '코크 드 인디'였는데 이것은 마침내 '뎅드나 뎅동'으로 전와(轉訛)되었다.

(4) 아즈텍족의 식인풍습(Cannibalism in the Aztec World)

정복자들이 아즈텍족에 대하여 몹시 비난하였던 점은 그들의 의례적인 식인행위였다. 스페인 사람들은 죄수들과 범죄자들을 가장 잔인한 방법으로 처형하긴 했지만, 그들은 기독교 정신에 입각하여 그들을 사형시켰고 그 후에 그것들을 먹지는 않았다.

식인풍습은 15세기경에 아즈텍 제의의 일부분으로 받아들여지게 된 것으로 추측될 수 있을 뿐이다. 아마도 현대인은 그 풍습에 공감하기가 어렵겠지만 사람의 심장은 항상 인간이 섬기는 신들에게 바쳐질 수 있는 가장 훌륭한 제물로 여겨져 왔다. 그 제물이 상징적으로 만들어지든지 실제로 바쳐지든지 하는 것은 사회적 환경에 따라 크게 달라진다.

(5) 페루의 잉카족(The Incas of Peru)

코르테즈(Cortes)는 카리브해로부터 북쪽의 멕시코로 갔었다. 프란시스코 피자로(Francisco Pizarro)는 남쪽으로 가서 보다 비상한 탐험항해를 했다. 페루에서 그는 모든 탐험가들이 꿈에 그리던 것을 발견했다. 즉 그곳에선 에메랄드를 거저 얻을 수 있었으며 신전들의 벽면은 금으로 장식되어 있었다.

페루의 주민들이 먹는 음식은 주로 채식이었지만, 좁고 긴 땅의 해안을 따라 그리고 산에서 내려온 물이 가득 찬 티티카카(Titicaca)호수에는 물고기가 풍부하였고, 때로는 공동으로 사냥을 하기도 했는데, 이때는 사슴, 야생 라마(wild lamas)와 과나코(guanacos), 곰, 퓨마 그리고 비즈카카(vizcacha)라고 하는 큰 설치류 등을 덫으로 잡아 도살하기도 했다. 기니피그(guinea pig)도 또한 거의 모든 가정에서 사육되었으며, 오리도 길들여져 왔던 것 같다. 잉카족은 개를 먹는 것을 인가하지 않았으나 일부에서는 여전히 그것을 유용한 식품으로서 간주하였다.

그럼에도 불구하고 이러한 식품들은 가끔 먹어볼 수 있는 고급품들이었다.

페루인의 식사는 주로 옥수수와 감자, 호박과 콩, 마니악과 고구마, 땅콩, 토마토, 아보카도 그리고 치레고추 등으로 이루어져 있었다. 콩, 땅콩, 아보카도는 상당량의 단백질을 제공해 주었다. 비타민 A는 겨울호박, 토마토 및 아보카도로부터 공급되었고 비타민B는 땅콩과 아보카도로부터 그리고 비타민C는 토마토, 고추 및 소량이기는 하지만 감자로부터 공급되었다.

땅콩은 스페인사람에게 이미 친숙한 것이었는데, 이들은 전에 아이티(Haiti)에서 그것을 우연히 알게 되었고, 곧 페루의 품종을 말레이제도에 전래하는데 도움을 주었으며, 거기로부터 1600년대 초에는 중국으로 전해졌다. 그러나 감자는 전혀 새로운 것으로 정복자들 중의 한사람은 그것을 '스페인 사람들에게 조차 맛 좋은 음식'이라고 인정하였다.

기후적으로도 페루와 그 주변의 안데스산맥 지역들은 멕시코 및 그 주변 섬들과는 매우 달랐다. 옥수수는 저지대의 주식이었으며, 거기에서는 그것을 별로 정제하지 않고 요리하였다. 즉 페루인들은 멕시코에서 애용되었던 것 보다 귀찮은, 끓이고 굽는 방식을 사용하지 않고, 단지 말린 낟알을 갈은 다음 그 가루로 죽을 끓였다. 그러나 11,000피트 이상에서는 옥수수가 재배되지 않았다. 따라서 대부분의 고지대에서는 그것 대신 감자나 오카(oca), 퀴노카(guinoca), 또는 다른 괴경작물들이 재배되었는데, 이것들은 한 번도 안데스지역을 벗어나 다른 지역으로 전해져 본 적이 없었다.

페루의 주민들은 냉동과 건조 방법을 병행함으로써 감자를 저장하는 방법을 발견하였다. 감자를 추수했을 당시에 그것들을 땅위에 그대로 펼쳐놓은 상태로 차가운 공기에 노출하여 하룻밤을 방치하였다. 다음 날 남자, 여자, 아이 할 것 없이 많은 사람들이 모여서 그것을 밟아서 수분을 짜냈다. 그와 똑같은 과정이 그 뒤 4,5일 정도 반복되었으며, 그 후에 그 감자들은 이제 대부분의 수분함량이 없어진 상태가 되어 최종적으로 건조된 다음 저장되었다. 이렇게 건조된 감자는 추누(chunu)라고 알려졌는데 고지대의 주민들에게는 가장 중요한 식량이 되었다.

정복자들은 이내 신선한 것이든 추누 형태든지 간에 일반 대중을 위한 식량으로서의 감자의 효용성을 인지하게 되었다. 포토시(Potosi)의 은광산에서 일하는 노예 노동자들은 거의 전적으로 추누에 의존하여 생활해 나갔으며, 오래지 않아 투기꾼들은 스페인으로부터 대서양을 건너 계속 흘러 들어와서 산에 사는 생산자들로부터 공급 물량을 전부 사들인 다음 그것을 광부들에게 폭등한 가격에 다시 팔아, 그러한 장사로 상당히 부자가 되어 본국으로 돌아갔다.

(6) 감자의 유럽전래(Introduction of the Potato Europe)

스페인은 페루광산들의 부를 운반하기 위해 해운업을 조직화하기 시작하자 곧 감자를 선박의 기본적인 저장식품으로 채택하였다. 그리하여 그 식물은 유럽으로 전래되었고, 페루를 정복한 직후부터 유럽에서 재배되었다. 1573년경에 스페인에서는 감자가 충분히 재배되어 세빌레의 드라 상그레 병원은 다른 식량과 동시에 그것을 저장양식으로 주문할 정도였다. 그것은 스페인에서 이탈리아로 건너갔고, 거기에서 1601년경에 식물학자 줄리스 찰즈 드 엘에클루스에 의해 아주 보편화되었다.

감자가 영국으로 전해졌고, 거기에서 다른 경로를 통하여 독일로 건너갔다. 초기에 그 새로운 식물은 유럽의 일부 사회에서 유행되었다. 토비아스 베너(Tobias Venner)박사는 그것에서 산출되는 자양분은 '어느 정도 헛배가 부르긴 하지만, 매우 실질적이고 양질이며 건강을 회복시켜주는 것'이라고 했으며, 윌리엄 살몬(William Salmon)은 그것이 "장의 설사를 멈추게 하고, 영양분이 풍부하며, 폐병을 치료해 준다"고 주장하였다.

1619년에 감자는 부르고뉴 지방에서는 금지되었는데, 이는 주민들이 "그것을 너무 자주 이용하면 나병을 일으킨다"고 믿게 되었기 때문이다. 이러한 생각은 프랑스에서는 거의 18세기까지도 계속 남아 있었으며, 다른 지역에 사는 이 식물로 인하여 다른 질병들이 유발된다고 믿고 있었다. 스위스에서는 그것을 다량으로 섭취하고 있었는데, 그것이 연주창(連珠瘡)의 원인으로 여겨졌다.

감자가 유럽에 소개된 후에 즉시로 재배되지 않았던 지역에서는, 주민들이 나중에도 그것을 받아들이는데 대단히 완강한 반응을 보였다. 1774년에 프러시아의 대왕 프레데릭(Frederick)이 기근을 구제하기 위하여 짐마차 한대분의 감자를 급송했을 때도 콜버그의 굶주린 시민들은 그것을 만지기조차 거절하였다. 1795년에 신성로마제국의 성직자 계급에서 럼포드(Rumford)백작 겸 미국인 벤자민 톰슨(Benjamin Thompson)은 빈민층에게 가급적이면 적은 양을 가능한 한 적절히 급식하기 위하여 과학적인 실험을 행한 결과 보리스프가 그 해결책이라고 결론을 내렸는데 여기에다 감자와 완두를 넣어 걸쭉하게 만들고 식초로 맛을 낸 다음'아주 강력하게 소화의 촉진을 돕는 것'으로 생각되는 저작을 조장하기 위해 묵은 빵 조각과 함께 차려낸다는 것이었다. 그러나 럼포드백작이 감자를 스프에 넣기를 좋아했다 하여도 뮌헨의 빈민층에서조차 거의 명백하게 감자를 스프에 넣기를 꺼려했다. 단지 맛볼 수 있을 정도로 용납될 수 있게 되기까지에도 상당한 기간이 걸렸다.

(7) 브라질 설탕과 노예매매(Brazilian Sugar and the Slave Trade)

신세계의 발견 이후 설탕과 노예무역은 브라질보다 앞서서 카리브해 연안에서는 곧 상호의존적이 되었다. 일찍이 1506년에 스페인은 대 앤틸리즈제도(Greater Antilles)에서 사탕수수를 재배하기 시작하였고 그 제도는 카리브해의 북쪽에 빙 둘러 있는 쿠바(Cuba)와 히스파니올라(Hispaniola)섬이 주된 섬들이었다. 많은 수의 원주민의 사망으로 인해 노동력이 부족하게 되었고, 노동은 정복자들에게는 해당되지 않았다. 스페인 본국에서는 노예 소유가 흔한 일이었다. 15세기경에 부유층에서는 50명이나 되는 노예들을 소유하였는데, 그들 중에는 흑해 연안에 있는 카파(Caffa)의 유명한 노예시장에서 사온 그리스인, 러시아인, 알바니아인 또는 터키인들도 있었으나 그들의 대부분은 아프리카에서 온 흑인들이었다. 그러므로 신세계의 개척자들은 거의 자동적으로 노동력 보충을 위해 아프리카 쪽으로 눈을 돌렸다.

그러나 스페인 사람들은 이내 설탕보다는 금과 은에 대해 더 큰 관심을 갖게 되었고, 새로 획득한 브라질의 영토에서 노예제도를 설탕생산과 함께 병행함으로써 얻어질 수 있는 이익을 간파한 것은 포르투갈인들이었다. 포르투갈인들이 노예매매를 떳떳한 마음으로 점유할 수 있었던 것은 그 당시 15세기경에 교황 니콜라스 5세(Nicholas V)가 그들에게 "기니만(Guinea)의 모든 해안지방을 포함하여 바자도 (Bajador)와 논(Non)의 두 곶(Capes)으로부터 남쪽지역의 사라센 사람들, 이교도들 및 그리스도의 다른 적들을 공격하고, 복종시키고, 종신 노예 신분으로 격하시키도록" 권한을 부여했기 때문이다.

1635년에 네덜란드인들이 설탕 장사에 손을 대기 시작했는데, 그 당시 그들은 브라질의 북부지역 전체를 침략하여 점령하였고, 몇 년 후에는 포르투갈로부터 황금해안을 빼앗았다. 그들은 1654년에 브라질로부터 다시 쫓겨났으나, 그 동안에 그들은 설탕생산에 관하여 많은 것을 배우게 되었다. 카리브해의 많은 섬들을 점유하고 있었던 영국인, 프랑스인 그리고 덴마크인들은 이내 네덜란드인들을 통하여 양질의 설탕을 생산하고 그것으로부터 이익을 얻는 방법을 알게 되었다.

새로운 농장에서 일할 노예들에 대한 수요는 터무니없이 늘어만 갔다. 1600년 이전에는 백만 명 이하의 흑인들이 아메리카 대륙에 상륙했던 것으로 추정된다. 17세기에는 그 수가 2,750,000명으로 증가하였고 18세기에는 7,000,000명에 달했다. 물론 이 시기를 즈음하여 노동집약적인 경작 방식의 효용성이 증명되어 북아메리카 대륙에 확산되었다. 이제는 사탕수수뿐만 아니라 담배와 목화 재배에도 찌는 듯한 더위와 인간의 잔혹성이 복합된 열악한 환경에서 견딜 수 있는 흑인 노동자들을 필요로 하게 되었다.

설탕은 매우 중요한 교역이 되었으므로, 1670년대에 네덜란드인들은 점령된 수리남의 사탕수수 재배지역을 돌려받는 대신 뉴욕을 영국에 양도하였고, 1763년에 프랑스는 구아드루프(Guadeloupe)를 돌려받는 조건으로 잉글랜드에게 캐나다 전체를 남겨두고 물러가고자 했다.

(8) 북 아메리카의 이민(The Settling of North America)

초기의 북아메리카에서는 주로 생선, 모피 및 목재 등을 제공해 주었는데 그 지역의 최초의 탐험가들은 그 지역에서도 태평양에 이르는 수로가 발견되어 거기서부터 동방의 향료섬들(Spice Islands)에 도달될 것으로 여전히 기대하였다. 스페인 사람들은 위험을 무릅쓰고 플로리다로 진출하여 큰 성과를 거두었다. 프랑스인들은 자끄 카티르(Jacques Cartier)를 보내어 캐나다를 조사하도록 했다.

영국인들은 초기의 침략으로부터 보다 직접적인 이익을 얻었다. 캐벗(Cabot) 일행은 1496년에 뉴펀들랜드(Newfoundland)의 난 바다에 큰 대구어장이 있다고 보고하였다. 그 후로는 잉글랜드, 프랑스, 포르투갈 및 네덜란드로부터 온 어선들이 뉴펀들랜드의 해안에 빈번히 나타났는데, 그 섬은 기지로서 뿐만 아니라 어획물을 유럽으로 도로 운반하기 위해 말리는 장소로서 이용되었다.

영국은 마침내 1607년에 많은 수의 식민지 이주자들을 상륙시켰는데, 이들은 살아남을 수 있다고 인정된 사람들이었다.

1620년에 플리머스 록(Plymouth Rock)에 상륙한 영국 청교도단(Pilgrim Fathers)은 남부지방의 선행자들보다 장비를 잘 갖추고 있었으며 유능했다.

그 개척자들은 될 수 있는 대로 그 고장 고유의 식품들을 이용하는 방법을 배워야 한다는 것을 이내 깨닫게 되었다. 그들은 밀과 호밀 종자를 가지고 왔었으나 이것들은 그 식민지 개척자들의 서투른 개간 작업 후에 나무 그루터기들이 여전히 총총히 박혀있는 벌판에서는 재배가 잘되지 않았다. 반면에 옥수수 재배는 용이하였다. 인디언들로부터 그들은 그것을 재배하는 방법뿐만 아니라 그것을 12가지의 간단하고 재미있는 방법, 즉 죽, 부풀리지 않은 빵 및 후루먼티 같은 것으로 요리하는 방법도 배웠다.

인디언들로부터 이주민들은 먹을 수 있는 것이 무엇이며 그것을 어떻게 요리하는 지도 알게 되었다. 그들은 해변에서의 대합 구워먹기에 대해서도 배웠다.

그들이 발견한 또 다른 요리기술은 바비큐(barbecue)였는데 이것은 카리브해로부터 북쪽으로 건너간 것 같다. 1610년경부터 난파한 선원들, 도망친 하인들 및 종교적 박해로부터 망명한 사람들은 히스파니올라의 북부지역에 모이기 시작했는데, 이곳은 스페인 사람들이 결코 제대로 거주해 본 적이 없는 지역이었다. 그러나 그들은 돼지와 소를 그곳에 가져갔고 이들이 길들인 가축들의 야생새끼들이 이내 번식하였다. 그 섬에 버려진 사람들은 살아남아 있는 카리브 인디언들로부터 많은 양의 고기에 소금을 뿌린 다음 동물뼈와 가죽으로 지핀 불 위에 푸른잎으로 덮인 나무를 격자 모양으로 엮어서 세워 놓고, 그 위에서 그것을 훈제하는 방법을 배웠다. 카리브 사람들은 그 기술을 부칸이라고 불렀는데, 이것은 프랑스어로 부카니에로 변하였고, 이것으로부터 '부카니어'라는 부랑자들을 지칭하는 단어가 유래되었다. 스페인어로 푸른나무로 만든 틀을 바바코아라고 불렀는데, 이것이 시간이 경과함에 따라 '바베큐'가 되었다. 20세기의 바비큐는 싱싱한 고기와 맵거나 새콤달콤한 소스를 이용하는데, 본래의 요리기술과 마찬가지로 연기에 그을린 맛을 내는 정도이다.

호미니, 서커태쉬, 그리고 콘 폰이 초기의 개척자들의 일상적인 곡류 음식이었다. 사슴고기는 아주 풍부했으므로 그들은 간단하게 조리한 양고기 덩어리가 그리워지기도 했으나, 들오리와 야생 거위 같은 것은 물론이고, 청어, 식용거북 및 굴도 먹을 각오가 되어 있었다. 유럽의 길들인 동물들은 가능한 한 신속히 수입되었으며, 본래 번식이 잘 되는 돼지는 늑대, 곰 그리고 돼지고기를 매우 좋아하게 된 북아메리카 인디언들의 약탈행위에도 불구하고 잘 자랐다. 버지니아에서는 풍토와 음식이 돼지에게 매우 적합하였으므로, 남부의 고기 저장소들은 돼지고기와 햄으로 차기 시작했다.

3) 여행자의 음식 (Food for the Traveler)

콜럼버스와 바스코 다 가마의 성공은 많은 작은 배들을 세계의 대양에 파견토록 했다.

유럽에서 아메리카로 가는 항해는 초기에는 8개월이나 걸릴 수도 있었다. 이런 일이 발생하자 콜럼버스의 네 번째 항해에서처럼 선박에 비축되어 있던 식량과 식수가 부족하게 되었다.

비스킷 바구니들의 통통한 새까만 머리, 상어나 배의 쥐 잡는 사람에게서 부당한 가격에 산쥐를 먹을 필요성, 이러한 것들이 새로운 땅과 동시에 발견된 새로운 위험요소들이었다.

(1) 간편 식품들(Convenience Foods)

여행자들은 선사시대 이래로 그들이 집에서 떠나 있을 때 식량을 조달하는 방법을 알고 있었다. 건조식품들은 겨울철에 정착된 공동체들을 지탱해준 것으로, 이것들은 또한 장기여행을 위해 가장 유용한 식품이 되었다. 그 이유는 이것들은 무게가 가볍고 다루는데 특별한 주의가 필요치 않았기 때문이다. 중국인들은 이천년보다 오래전에 말린 뱀을 최고의 간편식품의 하나로 간주했다. 아시아의 인도인들은 아대륙의 해변으로부터 내륙으로 위험을 무릅쓰고 들어가면서 말린 버멀로(Bummelo fish)를 가지고 다녔는데, 이것은 지금은 좀 이상한 이유로 인해'봄베이 덕(Bombay duck)'이라고 알려져 있는 맛있는 생선이다. 차와 야크버터를 혼합한 티베트인의 독특한 음식은-이것은 말려서 분말로 만든 차를 야크버터와 섞어서 유성의 반죽으로 만든 것-본래는 산행을 위해서 간편식품으로 개발된 것이었다. 이의 혼합은 지금도 대나무의 마디 사이에서 이루어지는데, 그 다음에는 마개를 막아 필요할 때마다 먹게 된다. 페루인들은 사냥한 짐승들의 고기를 말려서 육포를 만드는 방법을 개발하였다. 그리고 빵이 기본적인 음식이었던 나라에서는 그것을 저장하는 방법 또한 개발되었다.

선원의 음식 재료들은 선박 그 자체의 구조에 의해 강요된 두 가지의 우선적인 고려사항에 의해 지시되었다. 목조 선박들은 물을 흡수하는 물질로 만들어졌기 때문에 물 위에 떠다녔다. 이로 인해 식품을 건조한 상태로 유지하기가 거의 불가능했다. 그러므로 소금에 절인 소고기와 돼지고기가 장거리 항해의 주요 식품으로서 채택되었으나, 말린 완두와 선원용 건빵은 변화를 주고, 고기로부터 과잉의 소금기를 흡수하기 위해 여전히 사용되었다.

그 '비스킷'은 밀가루와 물로 만든 반죽을 구운 다음 건조시킨 것으로, 딱딱하기가 이루 말할 수 없어서 그것을 깨물기는커녕 때로는 손으로도 그것을 부수지 못할 정도였다. 그것은 맛있는 것은 아니었으나 50년간이나 여전히 먹을만했다. 선원들은 그것을 적절히 이용하였는데, 그것을 할당된 소량의 물에 담가서 죽과 같은 맛없어 보이는 음식으로 만든 다음 그것에다 소금에 절인 돼지고기 덩어리나 소량의 식초를 가하여 맛을 내고는 그것을 스키리고리(skillygolee), 롭스카우스(lobscouse) 또는 스카치 커피(scotch coffee)라는 그럴듯한 이름으로 불렀다. 고기는 항상 기분 나쁠 정도로 짭짤했는데 이는 생수가 너무 적어서 과잉의 소금기를 물에 담가 제거할 수 없었기 때문이며 이따금 연골 같은 질감이어서 선원들은 마침내 그것으로 코담배갑과 다른 자질구레한 장신구들을 조각하고 말았다. 배에 비축된 식량 목록 중 나머지 식품들로는 보통 이내 시어져버리는 맥주, 심지어 배가 바다로 출항하기도 전에 산패해버리는 버터, 그리고 대개 오래된 가죽처럼 질긴 치즈 등이 있었다.

(2) 선원의 질병(The Seaman's Dieease)

선원의 식사에서 결여된 요소는 식도락적인 면만이 아니었다. 실제로 서부 유럽에서 장거리 항해를 떠난 거의 모든 배에서 이내 선원들 중에 병들거나 죽어가는 사람들의 수가 높은 비율에 달했다.

항해는 대개 이른 봄에 시작되었는데 이때는 육지에서 겨울을 보낸 대부분의 사람들이 신선한 채소나 과일이 없는 수개월의 기간을 보낸 뒤라서 건강상태가 형편없을 때였다. 연중 이 시기에 바다로 출항한 사람들은 주로 저장식품들로 구성된 식사에 의존하여 살아가야 했으므로 괴혈병(scurvy)이라는 비타민C 결핍 증상을 아주 신속히 나타내기 시작했다. 인도로 향한 바스코 다 가마의 최초의 탐험 항해 중에 그의 선원들 가운데 반 이상이 그 증세로 인해 사망하였다.

서구의 의사들은 1600년경에 녹색의 향료 식물들이나 감귤류가 조속한 치료효과가 있다는 것을 알게 되었다. 중국인들은 일찍이 5세기경부터 그들의 배에 항아리에서 자라는 싱싱한 생강을 가지고 다니는 습관이 있었으며, 14세기경에는-전적으로 경험적인 방법을 통해서-특정한 종류의 식품이 각기(beri-beri)와 같은 결핍증의 예방이나 치료에 효과가 있다는 것을 개괄적으로 이해하는 수준에 도달하였다. 네덜란드 사람들은 중국의 영향권 하에 있는 동남아시아 지역과 밀접한 관련을 맺고 있었는데, 그 곳에서 해상식사에 있어서 야채류와 감귤류의 중요성에 대해여 알게 되었던 것 같으며, 그 전갈을 유럽으로 보냈다. 영국의 동인도 회사가 1601년에 동방으로 첫 번째 함대를 급송했을 당시에, 한 기록담당자의 기록에 따르면 그 작은 함대는 마다가스카르(Madagascar)섬의 남쪽 끝에 들러서 "오렌지와 레몬을 거두어 들여 그것으로 주스를 만들어 저장해 두었는데, 그것은 괴혈병에 대해 가장 좋은 치료제가 된다"고 하였다.

감귤류의 주스가 많은 선원들을 죽게 만드는 질병을 극복할 수 있는 유일한 치료약이라는 것이 인정되었다. 18세기 말에 영국의 해군본부에서는 5내지 6주의 해상생활 이후에는 영국해군의 선원들에게 매일 일정량의 레몬주스를 지급하도록 명령하였다. 해군의 사망률은 깜짝 놀랄 정도로 급격히 감소하였다.

(3) 육지 여행자(The Land Traveler)

식량보따리의 무게와 부피는 예를 들어 군사적 원정의 경우에는 큰 문제가 되지 않았는데, 이는 보통 광활한 지역에 걸쳐 이동하였고, 그런 지역에서는 수화물을 실은 동물들과 야영지를 따라 광대한 지역을 여기저기 이동하는 시장이 바로 뒤를 따라 다녔던 것이다. 그러나 신대륙의 인구가 희박한 황야지대로 과감하게 나선 외로운 탐험가에게는 저장식량이 가볍고도 실속 있는 것이어야만 했다. 그는 때로는 걸어서 여행하기도 했을 것이며, 자신의 짐 실은 동물과 마찬가지로 정글이나 험한 산길에서는 조금도 움직이지 못했을 것이다. 남북아메리카 대륙의 주민들로부터 유럽인 탐험가들은 두 가지의 몸에 좋으며 무게가 가벼운 육류제품의 효능을 알게 되었는데, 그것은 페미컨과 차키였다.

이들 중 첫 번째인 페미컨(pemmican)은 지방(fat)을 나타내는 크리(Cree)인디언의 단어에서 그 이름을 딴 것이었다. 그것은 추운 북부지방에서 개발된 것으로 그러한 기후에서는 훌륭한 식품이었으며 그것의 높은 지방함량은 많이 요구되는 온기와 열량을 공급해 주었다. 그것은 대개는 사냥해서 잡은 큰 짐승들 가운데 한 마리에서 나온 얇게 저민 살코기를 불 위에서나 햇볕과 바람에 의해 건조시킴으로써 만들어졌다. 건조시킨 후에는 고기를 두드려서 작은 조작으로 만든 다음 거의 동량의 녹인지방, 뼈에서 추출된 골수, 그리고 야생버찌 몇 움큼을 넣어 완전히 혼합하였다. 그 후에는 그것을 빈틈없이 꿰맨 다음 쇠기름을 발라 밀폐시킨 생가죽 자루에 꽉 채워 넣었다. 1793년에 모피 상인인 알렉산더 맥컨지(Alexander Mackenzie)의 선구적인 여행 중에 그의 체력을 계속 유지시켜 준 것은 바로 페미컨이었다.

차키(charqui)는 남아메리카의 간편식품의 하나였다. 그것은 전통적인 공동사양에서 도살된 사냥물의 고기를 저장하는 방법으로서 페루에서 유래되었는데, 일단 소사육이 그 대륙에서 확립되자 쇠고기가 더 일반적으로 이용되게 되었다. 차키는 뼈를 발라내고 지방을 제거한 쇠고기를 1/4인치의 두께로 썬 다음 이것을 진한 소금물에 담구거나 그것을 소금으로 비벼서 만들었다. 그 고기를 그 짐승의 가죽에 싸서 돌돌 말아 10내지 12시간 정도 두어서 소금이 배어들고 육즙의 일부가 빠져나가게 한 후에, 그것을 햇볕에 널어서 말린 다음 마지막으로 묶어서 간편한 꾸러미로 만들었다.

'포켓 스프' , 즉'휴대용 스프'는 매우 귀중한 것이었다. 현대의 고형부용(bouillon cube)의 원형은 송아지 고기나 고기 자른 것과 돼지족발을 가지고 만든 농축스프로 이루어졌는데, 그것은 식으면 고형의 아교와 같이 굳어졌으며, 그것은 수년간 보존이 가능하였고, 그것 한 조각을 더운 물에 풀어서 한 그릇의 스프를 만들 수 있었다. 선원용 비스킷 즉 건빵은 바다에서와 마찬가지로 육지에서도 유용하였으며, 바구미가 덜 꾀었다. 19세기에 통조림이 소개되자 비로소 그것들은'편리한'식품으로서 뿐만 아니라, 적절하게 설비가 갖추어진 주방에 접할 수 없는 사람들에게 맛좋은 식품으로 인정받게 되었다.

4) 유럽의 여행

18세기경에 탐험가들이 여전히 새로운 영토를 개발하고 있는 동안에 유럽의 대담한 여행가들은 '대여행(Grand Tour)'에 점점 더 많은 인원이 위험을 무릅쓰고 가담하기 시작하였다. 이 여행자들이 어떤 경로를 경유하여 여행을 하든지 그들은 로마에서 끝마쳤으며, 그곳에서 그들은 고대세계의 건축술과 옛 유적지에 대하여 경탄하였으며 음식에 관해서는 몹시 불평하였다.

(1) 이탈리아의 음식(The Food of Italy)

최초로 중세의 소스와 양념의 늪에서 벗어난 것은 이탈리아인들이었다. 양념무역으로 얻은 부와 고대세계의 재발견인 문예부흥(Renaissance)으로 처음에는 이탈리아에 로마시대의 힘과 영향력의 상당부분이 되돌려졌으나, 이탈리아의 식탁에 이어서 프랑스의 식탁에 찾아온 변화는 포르투갈인들에게는 양념거래의 감소를 의미했다. 바스코 다 가마의 마르바르(Malabar)해안을 향한 항해 직후에, 이탈리아 자체는 동료 유럽인들의 영토에 대한 야심에 대해서 뿐만 아니라 터키인들의 그것에 대해서도 희생물이 되었다. 16세기 초의 불안정한 수십 년이 지나자 양념류가 부족해지게 되었다.

그러나 이탈리아인들은 그 시대의 절박한 상황에 순응하여 그들 스스로가 자신들의 요리법을 적응시켜 나갔다. 1570년경에 교황 피오 2세(Pius Ⅴ)의 요리사가 그의 주인의 손님들에게 다음의 연회를 제공했을 당시에 양념류는 주방용품들 중에서 비교적 보조적인 역할을 수행하는데 그쳤다.

(2) 파스타(Pasta)

파스타의 역사를 풀어보는 것은 간단하지가 않다. 에트루리아(Eturia)시대 중에도, 그리고 다시 동코트족의 시기 중에도 그것이 실재했었다는 비실질적인 주장도 있다. 그러나 가장 보편적인 이야기는 그것이 마르코 폴로에 의해 이탈리아에 전해지게 되었다는 것으로 그는 중국에서 그러한 착상을 들여왔다고 한다. 물론 수세기 전에 개발된 중국의 국수는 밀이 재배되는 다른 지역에서도 권장되었을 가능성이 있는 기발한 것이었다. 그것은 펜케이크과 빵에서 변화를 가져왔고, 뜨겁게 해서 먹을 수 있으며, 건조시키더라도 다른 곡류제품보다는 더 그 맛과 질감이 잘 유지되었다.

그러나 적어도 마르코 폴로가 베니스에서 여행을 떠나기 50년 전에, 인도인들과 아랍인들은 모두 국수를 먹고 있었으며, 파스타가 이러한 경로를 거쳐서 일찍이 11세기경에 이탈리아에 전해졌을 가능성도 있다. 일단 거대한 상업도시들–베니스, 프로렌스, 그리고 제노바–에서 자리를 잡자마자 그것은 가정집 하인들의 도움으로 그 나라 안에 점점 확산되었을 것이다.

중세 후기에 파스타에 대한 가장 일반적인 명칭은'마카로니'였던 것 같은데, 이것은 현재는 납작한 형태와 대조적으로 관 모양인 것을 의미한다. 이탈리아 고유의 형태를 구명하는데 있어서는 항상 약간의 혼동이 있어왔다. 14세기의 영국의 「카레의 형태」(Forme of Cury)에는 '마크로우스(macrows)'–'마카로니(macaroni)'를 영어화한 복수형의 말–를 만드는 요리법이 소개되어 있는데, 이것은 납작한 국수 형태의 반죽을 삶아내는 것으로, 그 요리법에는 심지어 그것에다 소량의 버터를 뿌리고 갈은 치즈를 곁들여 내도록 권하고 있다.

18세기와 이탈리아에 대한 순례여행 시기에는 마카로니는 유럽인의 신화에서 확고한 위치를 차지하였다. 젊은 대여행자들(Grand Tourisrs)은 일반적으로 '마카로니스(macaronis: 18세기 영국의 유럽 대륙풍에 젖은 멋쟁이)'라고 알려지게 되었다.

(3) 프랑스 요리

메디치가의 캐더린(catherine)이 1553년에 프랑스의 왕위 계승자와 결혼하기 위해 플로렌스에서 왔을 당시에 그녀는 많은 수의 이탈리아 주방장들과 과자 기술자들을 데리고 왔다. 그들과 알리 4세(Henry Ⅳ)의 신부로서 그 세기의 말에 프랑스로 온 메디치가의 마리(Marie)의 요리사들은 그 나라의 새로운 이탈리아식 요리법뿐만 아니라 아티초크, 브로콜리 및 사보이 양배추와 같은 채소들도 전해주었다.

(4) 송로버섯(The Truffle)

송로버섯은 로마에서는 물론이고 바빌론에서도 알려져 있었는데, 로마인들은 그것이 진정으로 어떠한 것이었는지에 대하여 알지는 못했다.

중세의 바그다드 사람들은 아라비아 사막에서 난 송로버섯을 가지고 축연을 베풀었지만, 프랑스에서는 그것이 모호하게 남아있었고, 14세기에 와서야 그것을 식초에 절이고, 뜨거운 물에 불리고, 버터와 함께 차려내게 되었다. 이탈리아인들은 16세기경 왕실의 식탁을 위하여 그들 교유의 자생종을 수입하였으며, 백년이 지난 후에는 바렌(La Varenne)이 그것을 버섯처럼 요리하도록 권하였다. 그러나 18세기에 이르러서야 비로소 프랑스인들이 그것의 진정한 풍미를 감지할 수 있게 되었다. 그 다음에는 송로버섯은 대단히 유행되어 그것을 칭찬하는 많은 애가가 쓰였으므로, 그 수요가 3배로 늘어났고 따라서 값도 올랐다.

(5) 중산층의 요리법(La Cuisine Bourgeoise)

중산층의 음식은 이미 17세기 말엽에는 꽤 훌륭한 수준에 도달해 있었으나, 그것은 새로운 견해를 받아들이지는 않았다. 프랑스인들은 뒤늦게 평범한 가정을 위한 요리책을 만들어내게 되었다.

그러나 마린(Marin)은 「코머스신의 선물」(Les Dons de Comus)이라는 요리책에서 중산 계급에서도 적당한 솥과 냄비가 있고, 매일 시장을 보며, 맛있는 고기스프를 만드는 방법을 안다면 왕자같이 식사할 수 있을 것이라는 새로운 주장을 하였다. 중산계급이 존재한다는 것을 인정한다는 그 자체가 잉글랜드나 서독과는 달리 프랑스에서는 상당히 새로운 조류였는데, 이들 다른 나라들에서는 이미 백년 이상 평범한 가정주부를 위한 양식을 갖춘 요리책들을 이용해 오고 있었다. 마린이 살던 시대의 또 다른 프랑스 저자인 메농(Menon)은 처음에는 1739년의 「새로운 요리법 개론」(Nouveau Traite de la Cuisine)에서 '3류 계급의 사람들'을 비웃었으나, 세월이 지남에 따라 그의 신념에 있어서도 3류 계급의 사람들은 인정하였을 뿐만 아니라, 그의 요리책에서도 3등급의 고기를 허용할 정도가 되었다.

(6) 초콜릿과 스페인 사람들(Chocolate and the Spaniards)

17,18세기의 스페인을 방문한 사람이라면 그 요리의 특징이 이루고 있었던 사탕이나 초콜릿 음료에 대해서보다는 주요리들의 품질에 대해서 보다 덜 감명을 받았을 것이다.

스페인의 음식은 무역과 정복을 그대로 반영하는 것이었다. 요리 매체인 올리브유는 기원전 1천년기 중의 어느 시기엔가 동부 지중해 연안으로부터 전래되었다. 소금과 건어물의 생산은 로마의 수요를 충당하기 위해서 크게 확장되었다. 야만족의 침입은 양사육과 양고기 수요의 현저한 증가를 가져왔다. 아랍인들은 쌀을 전해 주었는데, 그것은 그 즉시 주식이자 수출작물이 되었다. 그들은 또한 스페인에 마저팬과 누가 같은 아몬드가 들어간 캔디의 맛을 소개한 것 같다. 신세계에서 스페인이 승리함으로써 가져온 것은 특히 두 가지의 새로운 식품으로, 이것들은 이내 그 요리법에 완전히 융화되었는데, 바로 토마토와 고추였다.

그러나 라틴 아메리카로부터 전래된 대부분의 식품들이 유럽에서 재배가 가능했으나, 열대의 카카오나무는 그렇게 되지 않았다. 스페인은 카카오가 이미 재배되고 있던 대부분의 지역을 점령하고 있었으며, 포르투갈은 그 나머지를 점유하였고, 정복자들이 최초로 인도제도의 맛있는 초콜릿 음료를 발견한 이후로 족히 백년 이상이나 생산과 소비 모두에서 독점권을 유지하기에 급급했다.

초콜릿 음료는 코코아(또는 카카오)열매를 건조시킨 다음에 그것을 불 위에서 볶아서 만들었다. 그 다음에는 그것을 찧어서 물과 섞어 반죽하거나 이따금 가루로 빻았다. 멕시코에서는 이 반죽으로 만든 작은 덩어리에다 양념을 혼합한 다음 호리병박에서 물을 넣고 흔드는데 거품이 날 때까지 잘 섞었다.

초콜릿은 유럽에 전래된 이래로 거의 300년 동안이나 주로 음료로서 간주되었다. 19세기 초에 와서야 그대로 먹을 수 있는 덩어리 형태로 대량생산되게 되었다.

(7) 동유럽과 북유럽(Europe East and North)

북유럽 음식 중에 독일 음식이 된 것 중에서 돼지고기와 소시지, 양배추, 렌즈콩, 호밀빵 및 맥주는 그들의 주요 식품이 되었다. 걸쭉하고 영양가 있는 스프는 거의 매끼니 마다 식탁에 등장하였고, 과일로 속을 채운 거위는 축제일과 휴일이면 나왔다. 러시아에서는 부자들은 잘 먹었지만, 대부분의 주민들은 흑빵, 발효유제품, 양배추, 그리고 메밀로 만든 캬샤(Kasha)등에 의존하여 생활하였으며, 전곡형태로 요리하여 필래프(pilaf)와 유사한 요리를 만들거나 곡식을 타서 거칠고 묽은 죽으로 만들기도 하였다. 폴란드와 헝가리는 역사상 유목민의 침입에 대부분 정면으로 맞서왔던 나라들로서, 이러한 침략의 영향이 그들의 요리에 반영되었다. 송아지 고기, 발효유 및 절인 양배추는 오랫동안 확고하게 굳어졌고, 16,17세기의 대부분의 기간 중 헝가리를 점령하였던 원래 유목민들인 터키인들은 지중해의 동쪽 끝에서 가져온 옥수수와 고추를 전래하였다. 또한 오스트리아도 외세의 영향에 집중되어 있는 정보교환장소였으며, 그 중에서도 빈(Vienna)이 가장 번화한 곳이어서, 그 지역의 음식은 함스부르크 제국 각지로부터의 요리들과 요리방법들을 망라한 곳이었다.

베네룩스(Low Countries)에서는 대부분의 음식이 느끼하고 기름기가 많았으나, 네덜란드는 그들의 동인도회사의 영향을 받아 그들이 재배할 수 있는 한 많은 외래의 과일들을 경작하기 시작했다.

(8) 음료(Drinks)

당질과 지방질이 많은 음식은-대부분의 북유럽 음식처럼-많은 양의 액체와 함께 삼켜져야 했으며, 이것은 폴란드인, 독일인, 네덜란드인 및 영국인이 모두 과다한 음주가라는 평판을 얻게 된 이유 가운데 하나가 될 것이다.

대부분의 나라들에서는 그들 고유의 곡식으로 만든 맥주와 에일(ale)이 있었으며, 꿀이 있는 곳에서는 또한 꿀술(mead)도 있었다. 이러한 음료들은 중세 기간 중에는 장원에서, 그리고 장원 제도가 붕괴된 후에는 거의 모든 시골 가정에서 양조되었다. 포도주를 생산하는 지역을 제외하고는, 귀족의 식탁에서는 맥주가 거의 모든 지역에서 다른 식사 때는 물론이고 아침식사 때도 일반적인 음료였다. 차, 커피, 초콜릿이 보편화되기 시작하자 비로소 맥주 소비가 감소하기 시작했다.

프랑스는 포도주 생산국가로서 특히 유명하여 일찍이 13세기로 추정되는 필사본에서 보네, 성 에밀리온, 샤블리 및 에페르나이 등의 이름을 찾아볼 수 있다. 한자 도시들, 플랑드르 및 잉글랜드는 가스코뉴(보르도)포도주의 고정적인 시장이었으며, 그 옅은 로제는 연한 적포도주로서 알려져 있는데, 단지 수주일간 묵힌 다음 마셨다. 그러나 중세 말기에는 스페인과 포르투갈의 포도주들이 유행하게 되었고, 그와 마찬가지로 북부 이탈리아의 붉은 버네시아 그리고 독일산의 라인 백포도주 등도 유행하기 시작하였다.

발효 음료는 수천 년 전부터 알려져 왔으나 증류과정은 서기 1세기경에 와서야 발견되었던 것 같다. 기본적으로 이 과정은 열을 가함으로써 액체를 증기로 전환시킨 다음 이 증기를 다시 응축하는 것으로 되어있다. 그것은 부분적으로 습기가 있는 물질로부터 액체를 몰아내어 그 물질을 탈수시키거나, 특수한 형태의 고체로부터 순수한 액체정수를 추출하기 위해 사용될 수 있다. 12세기에는 연금술사들이 증류가 고체로부터 단순히 액체를 분리시키는 것 이상의 역할을 할 수 있다는 것을 발견했다. 온도를 주의 깊게 조절하고 기체를 신속히 냉각시킴으로써 한 가지 액체를 다른 종류와 분리시킬 수 있었다. 그들이 포도주를 이런 식으로 증류하고자 시도했을 때, 그 결과 거의 순수한 알코올이 얻어졌다. 알코올은 물보다 낮은 온도에서 증발한다. 포도주에는 알코올 1에 물 9의 비율로 들어있다. 사실상 증류의 역할은 활성이 있는 성분을 분리하는 것으로, 그 성분은 본래의 희석된 형태에서는 포도주에 자극적인 특성을 주는 것이었다.

증류된 포도주로부터 그리고 나중에는 증류된 에일로부터 생성된 알코올은 처음에는 아쿠어비테로서 알려졌는데, 이 이름은 오더비, 아크바비트 및 게일인의 위스지 비타 등으로 영원히 남게 되었고, 위스지 비타는 위스지로 줄여져서 '위스키'로 전와되었다.

그러나 독일에서는 증류된 포도주가 게브란터 와인 또는 브란더윈 '화끈한' 또는 증류된 포도주를 의미함 같은 덜 시적인 이름으로 알려져 있었는데, 이것은 '브렌디'로 영어화 되었다.

16세기경에 화주는 북부지역에서 주로 발효된 곡식으로부터 증류되었으며, 지바에 따라 다른 형태가 나타나기 시작했다. 유럽대륙에는 아크바비트, 슈냅스, 그리고 진 등이 있었으며–'진'이라는 이름은 제니버, 즉 쥬니퍼로부터 유래된 것으로, 이것으로 그 술의 향기를 들인 것이다–아일랜드와 스코틀랜드에서는 위스키가 있었다. 혼합하지 않은 위스키는 그 특질이 연한 금빛의 발아된 보리곡식, 향기로운 토탄연기, 그리고 숲의 불탄 자리에서 나온 진한 갈색 물로 만들어진 것으로 오늘날에는 독주 감식가들의 호의를 얻어 코냑–포도주로 만든 것–과 겨룰 정도로 아주 근소한 차이를 보이고 있다.

(9) 북아메리카(North America)

18세기경에 스코틀랜드와 아일랜드계 이주민들은 북아메리카에 위스키 증류를 전래하였다. 토탄이 부족하여 진품에 비하면 형편없는 대용품에 지나지 않았으나, 그 맛에 익숙해지게 되면 그 세기의 말엽에 캔터키주 버본(Bourbon)군의 주민들에 의해 개발된 조생종 호밀 위스키나 옥수수 위스키보다 더 나았다.

사과 과수원들은 뉴잉글랜드와 펜실베니아에서 생겨났으며, 식민지 개척자들의 사과술 섭취는 급속히 굉장한 규모에 이르렀다. 비록 사과는 요리에도 이용되었고 저장하기도 용이했으나, 그것의 주된 매력은 사과브랜디, 또는 빈번히 '개구장애의 에센스'라고 언급되었던, 애플잭이라고 알려진 또 다른 떫고 강도가 높은 독한 증류수를 제조할 수 있다는 데 있었다. 일단 펜실베니아에 정착하자 그 지역은 보리와 호프 재배에 적합한 고장으로 판명되었다. 네덜란드와 아일랜드 사람들이 도착하자 위스키가 따라 들어왔다.

초기의 북아메리카 이주민들은 대체로 옥수수 맥주를 좋아하지 않았던 것 같으며, 이는 아마도 그것을 만드는 가장 좋은 방법이 씹은 곡식을 넣어 발효를 촉진시키는 것으로 알았기 때문인 것 같다. 페루와 브라질에는 옥수수 씹는 사람으로 고용된 사람들이 있었다.

그러나 18세기의 아메리카인들의 내부를 따뜻하게 해준 음료들 중에서도 럼주가 가장 중요했던 것 같다. 독립전쟁 직전에 식민지 개척자들은 여자와 아이들까지 포함하여 1인당 연간 3영국 갤런의 럼주를 마셨던 것으로 추정되었다.

럼주 거래는 당밀에 근거를 둔 것으로, 당밀은 사탕수수즙을 한 번, 두 번, 또는 세 번 끓여서 설탕 결정을 생산하고 남은 시럽 같은 액체이다. 수십 년간 뉴잉글랜드의 선박 소유주들은 럼주를 가득 싣고 항해하여 아프리카의 노예 해안으로 가서 그것과 노예들을 교환하고, 그 다음에 그들을 서인도제도로 다시 싣고 와서 늘 노동력을 필요로 하는 농장 소유주들에게 판매하는 것이 이익이 남는다는 것을 알았다. 서인도 제도에서 상인들은 노예뱃짐대신에 당밀을 가득 싣고 다시 본국으로 가지고 가서 럼주로 증류하여 다음 번 왕복 여행에 필요한 자본금을 마련하였다. 설탕이나 그 부산물의 구매에 대한 어떠한 제한 조치도 북아메리카 자체의 럼주 공급뿐만 아니라 전반적인 관련 무역의 순환에 심각한 타격을 주었다.

아메리카를 찾은 방문객들이 아주 강한 인상을 받은 것은 그 대륙에서 정착한 다른 국가의 다양한 요리법들이었다.

새로운 이주민들이 여러 유럽 국가들로부터 아메리카에 도착하자 그들은 그들 고유의 전통적인 요리들을 전해주었고, 필요하다면 이용 가능한 재료들에 맞도록 적절하게 개작하였다. 영국인들은 사과파이를 들여왔고, 프랑스인들은 차우더를 전래하였다. 네덜란드인들은 쿠키, 코울슬로, 그리고 와플(waffle)을 가져왔다. 결국에 아메리카의 요리법은 역사를 그대로 반영하는 것이 되었고, 그 요리의 명칭들은 민족, 종교, 전쟁, 지리적인 위치, 심지어 직업까지의 잡다한 배경들을 반영하게 되었다.

미개척지에서는 19세기에 이르기까지 방문객은 여전히 간단하게 요리된 주머니쥐, 미국너구리 및 다른 예기치 않은 동물들을 먹게 되었으나, 필라델피아에서는 독일식 마리네이드에 절인 고기요리와 양배추초절임이 있었고, 1778년의 동맹 후에 뉴올리안즈에서는 프랑스식 독특한 요리들을 전반적으로 먹게 되었고, 전통적인 요리들은 흑인과 스페인 사람의 영향에 의해 활기를 띠었다.

(10) 중남미(South and Central America)

스페인의 정복은 라틴아메리카에 급격한 변화를 초래하였고, 농부에게 항상 불이익을 끼친 것만은 아니었다. 스페인산 소는 빠른 속도로 보급되었는데, 그것은 이내 살아남은 아메리카 인디언들에게 식용고기, 칼 짐승인 말, 그리고 그들을 대신해서 일할 견인용 동물을 확보하게 해주었다. 심지어 빈민에게도 도움이 되었는데, 그 이유는 염소가 멕시코와 안데스산맥 경사지에서도 순조롭게 적응하였기 때문이다.

안데스산맥 동쪽에 있는 대륙의 대부분의 지역은 목축에 적합하였다. 양과 소를 치는 사육자들은 특별히 토지를 소유할 필요를 느끼지 않았다. 그들이 필요로한 것은 광활한 목초지와 그들 자신과 고용인들을 위한 상설숙소가 전부였다. 그러나 그들은 부득이 자신들의 정착농에 정주하는 농업 종사자들과 충돌하게 되었고, 결국에는 목장 소유자들의 방목지에 울타리를 둘러서 그 경계를 정할 필요가 있게 되었다. 그러나 이럭저럭하는 동안에 놓아기르는 소를 약탈하는 새로운 유형의 말 탄 부랑자들이 생겨나게 되었다. 이 사람들은'가우초'로서 혈통상 스페인 사람과 아메리카 인디언의 튀기였으며, 거의 전적으로 무법적으로 생활하였다. 그들의 생활과 식사는 1천 년 전의 중앙아시아 유목민들과 상당히 유사했다.

도시에서는 특히 북부의 도시에서는 유럽인들은 훨씬 더 편하게 지냈다. 유럽에서 온 스페인 출신의 통치자들과 크리올로 귀족들은 곧 알아볼 수 있을 정도로 대단히 호화롭게 생활하였다. 방문객들이 생소하게 느낀 것은 생활상태나 음식이 아니라-지금은 유럽에서도 흔한 재료로 주로 만들어진 농부의 음식도 아니고-아메리카 인디언이 습관적으로 코카를 씹는데 빠져있는 것이었다.

(11) 코카, 판 그리고 콜라(Coca, Pan and Cola)

코카(coca)는 남미의 인디언들이 '계속 입에 물고서, 소량의 갈은 라임(lime)과 함께 씹고 있었던' 잎사귀였는데 지금도 그러하다. 그들은 이 잎을 씹으면 힘과 활기가 난다고들 하는데, 그들이 그것에 대해 품고 있는 이러한 미신과 신념으로 인해 그것이 입안에 들어있지 않으면 그들은 일하거나 여행을 계속할 수 없을 정도이다.

코카잎에는 코카인(cocaine0이 들어있다. 말린 라임가루와 함께 그 잎을 씹으면, 피로, 통증, 배고픔 따위를 느끼지 않게 해주며, 높은 고도에서 호흡을 편하게 해주어-안데스산맥 지역에서는 중요한 요인-정신을 또렷하게 해주고, 여느 때 같으면 인간의 한계를 벗어나는 상황에서도 그것을 씹는 사람은 견딜 수 있게 해준다. 그것의 특성은 사실상 어느 정도는 흥분성도, 마취성도 있다.

인도에서 판 씹는 습관은 기원전 2,000년 전으로 거슬러 올라간다고 한다. 코카와 마찬가지로 그것의 효과도 부분적으로 마취성도, 흥분성도 있다. 판은 라임 및 양념 가루와 함께 빈랑나무의 열매를 조각낸 다음 그 혼합물을 그 나무의 잎으로 싸서 만들어진다. 그것을 씹어서 나타내는 효과는 배고픔을 둔화시켜주고, 구강의 감각을 살짝 마비시키며, 어느 정도 들뜬 기분이 생기게 한다는 것이다. 인도인들은 그것이 호흡을 향기롭게 해주는 것으로 생각하며, 여성들도 또한 그것이 피임효과가 있는 것으로 여긴다.

코카와 펀의 조제 및 그 효과간의 유사성은 주목할 만하나, 그 중 코카가 더 효과가 크고 중독성이 강하다. 그러나 아프리카에서는 한번 씹을 분량의 코카를 제조하는데 라임을 이용해오지 않은 것 같다. 콜라열매의 인은-열대 아메리카에서 발견되는 나무에서도 얻어짐-'매우 유쾌하고, 씁쓸하며 떫은' 맛이 나는 '짙은 녹색의 꼬투리'에 싸여 있었으며, 건위작용으로 인해 중요하게 생각되었다. 그것은 또한 기운을 돋우는 효과도 있었는데, 이는 그 열매에 카페인뿐만 아니라 심장 흥분제인 콜라닌도 함유되어 있었기 때문이다. 씹는 콜라는 서부 아프리카에서 18세기경에 이르러서는 습관성이 되었는데, 동시대의 한 여행자는 부정확하게도 이것을'무해한 쾌락'쯤으로 평하였다.

(12) 중국(China)

페루에서 그와 극단저인 대조를 이루는, 거의 알려진 바 없는 18세기의 중국으로의 항해에서 여행자들은 피지제도를 지나게 되었는데 그곳에서는 잎에 싸서 구운 사람은 흔한 음식이었고, 그리고 오스트레일리아를 지나게 되었는데, 여기에는 보공 나방을 대접하는 원주민들만이 여전히 살고 있었다.

제수이트 선교사들이 그 당시의 중국에 대하여 묘사한 찬사의 말에도 불구하고, 여행자들은 혹시나 섬뜩하고 이상한 음식을 대하게 되지는 않을까 하고 기대하였다. 대부분의 주민들은 여전히 밥이나 국수, 두부, 돼지고기 및 전통적인 채소들을 먹고 살았으나, 성대한 만찬 테이블에서는 이들 음식에다 여러 가지 색다른 요리들이 보충되었다. 예를 들면 거기에는 새둥지 스프가 들어있을 것인데, 이 요리는 중국의 제비들이 그들의 둥지를 한데 접합하기 위해서 이용했던 일종의 해초로부터 추출된 젤라틴 모양의 물질에 의한 부드러운 맛으로 인하여 대단히 높이 평가되었다. 가장 우수한 품질의 둥지는 자바에서 얻어졌다. 또는 거기에서 말려서 훈제한 해삼으로 만든 소위 최음효과가 있다는 요리도 있었을 것인데, 이것은 대단히 인기가 있어서 중국으로 수출하는 인도네시아의 최대 규모의 수출품 중에 들어갈 정도가 되었다. 거기에는 또한 물떼새의 알, 상어 지느러미 및 구운 달팽이 같은 보다 진부한 요리들도 있었을 것이다.

초기의 무역상인으로 방문했던 프란체스코 칼레티는 두개의 홀쭉한 막대기의 도움으로 음식이 입까지 전달되는 기발한 방법을 묘사하였다.

(13) 차(Tea)

차는 중국에서 아마도 당나라시대 이전부터 널리 보급되어온 음료였던 것 같다. 그것은 일반적으로 약효가 있고 장수를 돕는 것으로 생각되어 왔다.

차는 중국에서 보다는 오히려 일본으로부터 유럽으로 전래된 것으로 보이며, 1610년경에 최초로 네덜란드와 포르투갈에 도착한 것 같다. 1630년경에 그것이 독일과 프랑스에 도착하였으나, 잉글랜드에 그것이 언제 처음으로 들어오게 되었는지는 확실치 않다(그것은 다른 수입품 목록 중에 올라 있었으나, 전후 관계로 보아 17세기의 처음 10년간 그것은 그 당시에 의약품으로 간주되었던 것 같다).

1657년에 잉글랜드에서는 최초의 차 경매가 열렸는데, 3년 후에 사무엘 페피스(Samuel Pepys)는 '전에 마셔본 적이 없는 차(중국음료)를 처음으로 한잔' 마셔 보았다. 차 상인들은 그 음료가 궁극적으로는 만병통치약이라고 주장하였는데, 즉 편두통, 나른함, 졸중풍, 혼수상태, 마비, 현기, 간질, 카타르(catarrh), 복통, 담석 및 폐병 등에 확실한 치료효과가 있다는 것이었다. 처음에는 그것이 어디에서나 매우 비쌌으나, 시간이 경과함에 따라 차 한잔 값을 헤아릴 수 있게 되었다. 차 1파운드로 거의 삼백 잔 정도를 만들 수 있다는 것은 가정주부에게 뿐만 아니라 수송비용을 지불했던 상인들에게도 권장되었던 사실이다. 1770년에서 1779년 사이의 10년 동안에 18,000,000파운드의 차가 영국인에 의해 매년 소비되었으며–그중 거의 4분의 3은 밀반입된 것으로 생각되었다–그 세기의 말엽에는 그들은 한 해에 일인당 2파운드의 차를 소비하고 있었다. 오늘날에는 통계적으로 그 숫자가 일인당 거의 10파운드로 상승되었다.

나중에 차 마시는 습관을 상당한 규모로 받아들인 유럽의 다른 국가는 러시아였다. 비록 궁정에서는 일직이 17세기부터 차를 좋아하게 되었으나–몽고의 칸(khan)은 러시아 대사에게 차 100파운드를 하사한 바 있다–19세기에 이르러서야 비로소 차가 널리 이용되게 되었는데, 그 당시 러시아에 대한 중국의 5개항의 개방, 수에즈 운하의 개착, 러시아 상선의 발달, 그리고 시베리아 횡단 철도의 개통 등 모든 요인들이 작용하여 동양과의 교역이 용이해졌고 찻값이 매우 저렴해져서 거의 모든 사람들이 차를 마실 수 있게 되었다. 로스트(roast)쇠고기가 영국인의 식사를, 그리고 파스타(pasta)가 이탈리아의 것을 상징하는 것이라면, 러시아의 식도락적 상징은 사모바르(samovar)될 것인데, 이것은 숯으로 가열된 이중냄비로 그 위에는 항상 차가 끓고 있는 찻주전자가 있는 것이다.

(14) 무굴인 지배하의 인도(India under the Moguls)

16세기경의 인도에 이슬람교 제국의 수립은–무굴인에 의한 것–인도 사회에 대해서 뿐만 아니라 인도의 음식에 대해서도 광범위한 영향을 미쳤다. 거의 4세기에 걸쳐서 무하마드의 추종자들은 북부인도에 몰려들어, 자신들의 일상적인 음식과 요리 방법들을 소개하였다. 그러나 무굴인의 궁정에서는 새로운 고급요리를 인도에 전래시켰다. '무굴라이'식의 요리법은 거의 페르시아의 이스파한으로부터 직접 유래된 것으로, 그 도시는 17세기의 프랑스인에게 이어서 베르사유처럼 16세기의 이슬람교도에게는 화려함의 상장이었다.

케밥, 쌀에 잘게 썬 고기를 섞어서 만든 필래프, 과일을 섞어서 신선한 요리로 만드는 기술, 아몬드와 아몬드 밀크의 이용, 장미향수, 순금과 은을 두드려서 만든 얇은 작물조각으로 모든 종류의 음식을 장식하는 것 등, 이 모든 것들이 인도의 요리법에 흡수되었다. 이슬람교도들은 사실상 쇠고기를 먹을 준비가 되어 있었으나, 그들의 요리법은 양고기와 닭고기에 기초하고 있었고, 따라서 비채식주의인 힌두교도들은 주저하지 않고 그것을 받아들일 수 있었다.

이슬람교도들의 음식이 아주 보편화된 지역은 무굴인이 통치하는 중심지역인 북부였다. 심지어 오늘날에도 편잡 지방의 요리는 전통적인 인도의 음식과 마찬가지로 근동의 음식과도 상당한 관련이 있다.

아대륙을 통해서 확산된 새로운 경향은 이슬람교도의 사탕에 대한 탐닉이었다. 스페인이 아랍인들로부터 마저팬과 누가를 배웠듯이, 인도에서도 캔디의 감미로움을 알게 되었다. 설탕만으로, 설탕과 아몬드로, 설탕과 쌀가루로, 설탕과 코코야자 열매로 만든 것 등 모든 종류의 과자들이 대단히 유행되었는데, 할바 같은 달콤한 디저트도 널리 보급되었다.

그리고 몇 가지의 향료를 넣은 케첩도 등장하였다. 이것은 중국에서 유래되어, 동남아시아에서 중국의 국적을 이탈한 거류민들의 도움으로 인도에까지 전래되어, 거기에서 영국에까지 도달하게 된 것 같다. '케첩'이라는 단어 자체는 샴어의 캐치앱에서 유래된 것이다.

(15) 커피(Coffee)

커피는 이디오피아에서 비롯된 것으로 보이며, 그 점에 대해서는 모든 역사학자들이 동의하고 있다. 그러나 그것이 어떻게 해서 근동과 특히 터키에서 기호음료로서 자리잡게 되었는지는 의문으로 남아있다.

비록 커피가 일찍이 1580년경에 이탈리아에 수입되었고, 1637년경에는 영국인 존 에블린(John Evelyn)이 '커피 마시는 것이 처음 목격된'옥스퍼드의 한 그리스인을 알게 되었다고는 하나, 커피점이 유럽에서 열리게 된 것은 그것이 유행되고 나서의 일이었다.

최초의 커피점은 1650년에 옥스퍼드에서 열렸던 것 같다. 사람들은 여행책자에서 읽었던 새롭고, 뜨겁고, 중독성이 없는 그 음료를 마셔보기 위해 그곳으로 몰려들었다. 최초의 고객들은 호기심에서 몰려들었으나, 커피점에 늘 출입하도록 북돋운 것은 마음이 맞는 사람들끼리의 모임이었다. 영국에서는 커피점이 배타적인 클럽으로 발전하였으나, 유럽의 다른 지역에서는 그것이 평범한 카페(cafe)로 되었다. 마르세유는 1671년에 대륙에서 최초로 커피점을 열었던 것 같으며, 1년 뒤에는 파리에서도 열렸다. 비엔나에서는 그 후 11년 뒤에 생겼다.

근동의 주민들은 장기적으로 커피콩의 거래에 대해 지속적으로 통제하고자 했다. 반세기동안 영국과 네덜란드의 동인도회사들은 그 공급을 위해서 모카로 가야만 했다. 그러나 1720년경에 네덜란드인들은 커피가 자바지역에서도 재배될 수 있다는 것을 발견하였고, 그들은 그 후에 그것을 실론에도 전래시켰다. 영국인들은 커피콩이 서인도에서도 재배된다는 것을 발견하였고 18세기 중엽부터 19세기 초엽까지 대부분의 커피공급은 그 지역에서 조달되었다. 그들은 그 후에 실론을 점령하고 그 지역을 개발하기 시작하면서, 남부 인도로부터 많은 인원의 타밀 노동자들을 들여왔다. 이는 오늘날까지도 실론의 정치에 계속적인 영향을 미치고 있는 임기응변적인 조처였다.

(16) 아프리카(The Dark Continent)

차, 커피 및 초콜릿은 콜럼버스와 다 가마의 항해에 뒤이은 삼백 년 동안에 유럽의 미각을 돋우기 위해 수입된 새로운 발견물 중에서도 맨 나중에 들어온 것이었다. 본래 이디오피아에서 유래된 커피와 처음에 아메리카의 작물이었던 초콜릿은 나중에는 아프리카의 가장 중요한 두 가지 수출작물이 되었다.

그러나 18세기 중에도 여전히 노예가 가장 이익이 남는 거래품목이었다.

1801년에 저 멀리 남쪽으로 오린지(Orange)강 유역에 파견된 탐험대가 만 명 이상이 거주하는 한 도시를 발견하였는데, 그 지역은 지금의 보츠나와(Bots-wana)이다. 불모의 사막으로 둘러싸인 곳에서 주민들은 소에 크게 의존하여 생활하였는데 "그 고기를 먹긴 하되 아주 아껴 먹으며 우유는 주로 응결된 상태로 만들어 이용하고, 그들은 그것을 가죽부대와 항아리에 넣어 보관한다"고 하였다. 곡류 식품은 기장이 주를 이루고 있었으며, 비둘기콩과는 다른 콩과 식물과 작고 얼룩덜룩한 형태의 콩도 있었다. 그 탐험대가 보고한 바에 따르면 모든 종류의 곡식과 콩류는 "밭에 대충 뿌려지고, 거두어들이고 나서는 흙으로 만든 곡물창고에 닥치는 대로 던져 넣어지는 것 같으며 그것들은 거기에서 꺼내져서 가려내지 않고 그대로 이용되는데, 때로는 불에 굽기도 하지만 대부분은 우유에 넣고 끓인다"고 하였다.

6. 현대사회

19세기에 국제적인 여세를 몰았던 산업혁명으로 두 번째로 지구의 모습에 변화가 오게 되었다. 거의 12,000년 전의 신석기혁명은 논밭과 농장과 마을을 형성하였고, 신업혁명은 기계류, 공장 및 거대하고 숨 막힐 듯한 도시들을 건설하였다.

영국은 산업화한 첫 번째 나라로서, 어떤 새로운 주요한 산업에 있어서나 맨 처음에 시도함으로써 초기의 모든 이익과 그에 따른 모든 불이익을 극단적인 형태로 겪었으며, 19세기의 말엽에는 다른 유럽의 열강들과 미국이 영국의 성과를 뒤쫓기 시작하여 마침내 능가하게 되었다. 1880년과 1900년 사이에, 독일은 유럽의 산업에서 주도권을 잡는데 성공한 한편 그와 동시에 식량 작물의 생산을 위해 이백만 에이커의 토지를 추가로 할당하였다. 그러나 19세기의 유럽의 농촌은 최선의 노력에도 불구하고 계속 늘어나는 인구를 먹여 살리기에는 충분치 않았다.

유럽의 상황은 다른 대륙들에서 선례가 없는 식량생산의 신장을 조장하였다. 증기 기관에 의해서 초래된 수송의 개선으로 미국으로부터 막대한 양의 곡식을 선적할 수 있게 되었고, 중국과 인도로부터 다량의 차를 수입할 수 있게 되었다.

또한 통조림, 냉동 및 냉장 기술은 매우 중요한 발달로서 이는 육류가 오스트레일리아와 아메리카의 광활한 목초지로부터 저렴한 가격에 수입될 수 있다는 것을 의미했다.

미국에서는 남북전쟁 이후에 농업에서 공업사회로의 전환이 순조롭게 진행되긴 했으나, 심지어 뒤늦은 1860년경에도 국민 총생산의 대부분을 차지한 것은 농업 생산물의 가공품이었는데, 이것은 밀제분소, 무두질공장, 육류포장공장 및 양조장 등에서 제조된 것이었다.

다른 대륙에서는 상황이 매우 달랐다. 기계문명 시대로 맨 처음에 진입했던 나라들은 생존을 위해 그들의 기계에서 제조된 생산품의 판매에 의존하였으며, 19세기의 제국에 대한 추구는 부분적으로는 해외시장에 대한 탐색이었다. 사실상 식민강국들은 자신들의 시장을 유지하기 위해 해외소국들의 발달공업을 저해하였는데 식민지의 국민들로 하여금 공업에 대단히 중요한 경영 기술을 배우지 못하도록 막았다. 그 결과 아시아와 아프리카의 대부분의 지역은 경제

발전에 있어서 서구보다 백년 정도 뒤지게 되었다. 이로 말미암아 전에 식민지였던 영토들이 19세기 중엽에 독립을 이루기 시작하자, 유감스럽게도 농업을 희생하여 산업의 필요성을 지나치게 강조하는 반사적인 영향이 나타나게 되었다.

서구의 점령되지 않았던 나라들도 그 영향을 받았다. 중국은 19세기 말엽에 미국을 포함한 세계의 모든 열강들에 의해 무자비하게 이용당했으며 20세기의 상반기 중에도 심한 상처를 받았으므로, 본격적인 산업화는 지연될 수밖에 없었다. 일본은 그와 대조적으로 늘 그렇듯이 서구의 야만인들로부터 잠재적으로 가치 있는 교훈을 신속하게 배웠다.

1870년경에, 즉 코모도어 페리(Commodore Perry)의 '검은 배들'이 에도(도쿄)만에 입항하여 서구 열강들에 대해 일본을 개방시킨 지 단지 17년 만에 그 나라는 독자적인 산업혁명에 전념하였다.

19세기는 진지하게 과학의식에 눈뜬 시기였다. 식사에 대해 과학이 진정으로 영향을 주게 된 최초의 계기는 부유층과 빈민층에서 똑같이 판매되는 대부분의 식품에 위험한 성분들이 섞여있다는 것을 실험실에서 발견해낸 일이었다. 그 결과 식품의 순도에 관련된 최초의 현대적인 일련의 법규들이 만들어졌다.

식품저장도 또한 그 대부분이 과학 발전에 기인한 것이었다. 식품을 밀폐용기에 넣어 탈기시켜서 보존하는 기술은 18세기 말에 니콜라스 애퍼트(Nicholas Appert)에 의해 개발되었으나, 통조림이 식품을 저장하는 더할 나위 없는 방법이 된 것은 그 역시 프랑스 사람인 루이 파스퇴르(Louis Pasteur)가 식품의 '부패'에 대한 미생물의 작용을 규명함으로써 비로소 가능해졌다. 저온살균법(Pasteurizataion), 즉 열처리에 의한 선택적인 살균방법은 식품산업에서 변함없는 가치를 인정받게 되었다.

식품의 주요성분들을 발견하고 과학은 실험실에서 그것들을 만들어 내는 방향으로 진행되었다. 대두 단백질로부터 제조된 '베이컨'과 '소시지 고기'는 이미 널리 알려져 왔고, 가까운 장래에는 다른 혁신적인 개발품들도 상업적으로 제조될 가능성이 있다.

19세기 중에 대다수의 공장 근로자들은 빵이나 감자와 이따금 고기로 생계를 유지하였을 테지만, 점점 늘어나는 중산층의 중간 계급에서는 보통의 가족 정찬을 위해 최소한 여섯 종류의 음식을 필요하다고 생각하였다. 그렇다 하더라도 대부분의 도시사람들은 20세기 초에 이르기까지 과일과 채소를 비교적 거의 먹지 않았는데, 그 당시 통조림제품들이 널리 이용되었기 때문이다.

제 1차 세계대전으로 유럽의 도시거주자들 중에서 놀라운 사람들이 형편없는 체격을 갖고 있다는 것과 이것이 부분적으로는 불충분한, 즉 영양적으로 불균형한 식사에 기인한다는 것이 명백해졌다. 그 후에 부분적으로는 영양에 대한 집중적인 선전의 결과로, 그러나 그보다는 경제적인 여건으로 인하여 대부분의 유럽인들의 식사가 개선되기 시작했다. 미국과 오스트레일리아의 식품산업은 통조림한 과일과 채소, 냉장한 버터, 계란과 베이컨의 생산을 증진시켰고, 양대전 사이의 기간 중 재정적인 혼란에도 불구하고 점점 더 많은 근로자들이 자신들의 식사에 상당한 변화를 줄 수 있게 되었다.

1) 산업혁명(The Industrial Revolution)

물가 상승이나 식량결핍이 프랑스 혁명의 발발을 불러일으킨 것이 아니라 일단 중산층이 특권층의 정치적 요새에 최초의 파열구를 만들어 놓자 프랑스의 일반 국민들이 관여하기 시작했다. 국민 의회에서 인권선언 및 귀족의 특권 폐지를 논의하는 동안에 파리의 시장여자들은 4파운드의 빵 한 덩어리에 17수가 나간다는 사실에 찬성할 수 없다는 시위를 벌였는데, 이 가격은 사실상 건축노동자의 하루 임금 18수에 약간 못 미치는 것이었다. 식량위기와 식량요소는 1790년대에 걸쳐서 혁명론자들 및 그 후계자들의 계획에 혼란을 초래했다. 그들은 또한 다른 나라들의 정부에 대해 경고를 발했는데, 이들 나라들은 도시팽창의 문제와 전례가 없는 인구 증가에 직면하고 있었다.

1750년과 1800년 사이에 유럽의 인구는 1억 4천에서 1억 9천으로 증가하였다. 이러한 증가는 부분적으로는 농업의 발달로 인하여 식량공급의 확실한 증진을 보장할 수 있었기 때문이다.

(1) 과학적 농업 (Scientific Agriculture)

농업의 새로운 발견의 대부분은 처음에 베네룩스에서 햇빛을 보았는데, 여기에선 토지의 부족으로 네덜란드인들로 하여금 특히 집약농업 체계에 종사하도록 장려하였다. 이로 인해 토지를 늘 비옥하게 만들고 결코 고갈시키지 않아야 했다. 정기적인 수확과 유기비료의 사용이 베네룩스 농업의 중요한 특징이 되었으며, 플랑드르 지방에서는 7코스의 윤작 시스템이 개발되었다. 전문적인 낙농산업도 생겨났으며–소는 우유 외에도 똥거름을 제공해 주었다–1750년경에 베네룩스에서는 우유가 충분히 생산되어 이웃나라들에 버터와 치즈를 수출할 수 있게 되었다.

유럽의 다른 지여에서는 이것을 본보기로 삼았다. 프레드릭 대왕이 프러시아를 생산적인 농경지로 변형시키고자 했을 때 네덜란드를 참조하여 지도하였다. 7코스의 윤작 시스템은 토지부족이 그다지 심하지 않은 지역에서는 지나치게 세분된 것으로 판명되었으나, 대부분의 유럽에서는 밀, 순무, 보리 및 클로버로 이루어진 4윤작 시스템과 절충하였다. 클로버는 토양을 비옥하게 만들었다. 녹색의 순무잎은 잡초의 성장을 저지하는 작용을 하며, 그 두 가지 작물은 동물의 사료로 우수하였다.

초기의 산업혁명의 발달과 함께 맞물리기 시작하자 동물의 사료용 재료들이 기계적으로 잘라지거나 펄프화 되어 간편한 사료 덩어리로 압착되는 것이 가능해지게 되었고 이것은 농부들로 하여금 겨울 기간 중에도 소들을 살려 둘 수 있게 했다. 곡물수확은 크게 증가하였고 그 당시 지드로 털(Jethro Tull)의 파종기(seed-planting drill)는 보편적으로 사용되었다. 이로 인해 크게 증가하였다. 또한 18세기에 주철의 개선은 많은 시행착오를 거친 디자인에 따라 농기구를 대량 생산할 수 있게 했다.

과학적 농업의 경험은 중요하였고 그것이 가져온 효율의 증진이 아니었더라면, 나폴레옹에 대항하고 있는 영국은 아마도 실패했을 것이며 그 후의 유럽과 세계의 역사는 아주 달라졌을 것이다.

(2) 산업 도시(The Industrial Towns)

유럽의 도시화와 공업화의 속도는 각기 달랐으며 그 시기에 있어서도 그러했으나, 어디에서나 공장과 거기에서 일하는 계속 늘어나는 사람들을 수용하기 위해 새로운 도시들과 근교가 급조되었다.

역사의 거의 초창기에는 대규모의 도시빈곤이 있어 왔다는 것을 관심이 있는 사람이면 누구나 관찰할 수 있을 것이다. 공업 도시들의 상황은 충격적이었다.

공장 근로자들은 전적인 기아로 인해 사망하는 일은 좀처럼 없었으나, 불량주택, 조악한 음식, 그리고 위생의 부재 등이 인간의 수명에 영향을 끼쳤다.

수 만 명의 어린이 들이 질병으로 인해서 뿐만 아니라 영양불량으로 사망하였다. 프리드리히 엥겔스(Friedrich Engels)는 1844년에 영국북부의 공업 도시들에 거주하는 빈민들의 식사에 대해 묘사한 바 있다. 그에 의하면 빈곤 등급이 내려감에 따라 '동물성 식품이 감소하여 소량의 베이컨을 잘라서 감자와 섞거나 그보다 더 수준이 낮은 경우에는 이것마저 사라지고 단지 빵, 치즈, 죽 및 감자만이 남게 되며, 아일랜드인 가운데 가장 낮은 사회적 계층에서는 감자가 유일한 식품이 된다"고 하였다. 산업혁명 기간 중의 주민들이 만성적으로 괴혈병에 걸려 있었고, 구루병과 결핵도 또한 가난한 도시 거주자들의 생명력을 약화시켰는데 첫째는, 비타민 결핍이 되었고 두 번째는 불충분한 섭취로 인해 그 도가 가중되었다.

(3) 빈민의 음식(The Food of the Poor)

1830년대와 1840년대의 영국에서는 노동자 한 사람이 일주일에 25페니에서 2파운드(62센트에서 5달러)정도 벌 수 있었다. 1840~41년에는 25페니 즉 62센트를 가지고 더도 덜도 말고 4파운드 무게의 빵 덩어리를 6개 정도 살 수 있었는데-이것은 2명의 어른과 3명의 어린이가 있는 전형적인 한 가정을 먹여 살리기에 족했다. 그것에서 집세를 낸다든지 차를 살 돈은 전혀 남지 않았으며, 가난한 사람의 고기 대용품이었던 베이컨 조각을 살 돈도 없었다.

1840년대에는 수차례의 '불경기'가 있었는데, 이는 그 이전의 수십 년 동안에 일어났던 것과 마찬가지였으나, 가장 심했던 것은 1845년에 최초로 감자의 흉작이 일어나면서 비롯되었다. 유럽을 곧바로 가로질러서 아일랜드에서 영국까지, 프랑스, 독일, 폴란드 및 게 곡물과 빵의 가격이 오르기 시작하자 빈민의 식사가 타격을 받았다. 그러나 아일랜드에서는 그 결과 기근이 왔다.

(4) 감자 기근(The Potato Famine)

감자는 1580년대에 아일랜드에 전래 되었다. 그 후의 정치적인 격변의 수세기를 지나는 동안에 농부들은 그 새로운 근채작물의 이점을 발견하였다. 겨우내 땅속에 안전하게 보존할 수 있었으며, 심지어 농부는 가옥이나 저장고가 영국

병사들에 의해 급습되거나 불타게 되더라도 안전했다. 작은 지면으로도 부부와 6명의 어린이, 그 외에 소나 돼지도 먹일 만큼 충분히 생산할 수 있었다.

이따금 흉작도 여러 번 있었고 때로는 기근도 있었으나 1845년에는 대이변이 일어나 전 유럽의 식물들의 시들고 급기야는 썩기 시작했다. 감자 마름병은 아주 심각한 형태로 불어 닥쳤다.

아일랜드에서 감자 기근은 한 가족에 대한 단순한 식량부족 이상을 의미했다. 그것은 다음 해의 작물을 재배할 씨감자조차도 구할 수 없을 정도로 심각했다. 그것은 평상시에는 소작료를 내기위해 팔려야 했을 소나 돼지를 도살해야 하는 것을 의미했는데, 이는 이들 가축을 살찌울만한 식량이 없었기 때문이다. 기아는 이내 괴혈병에 의해 더욱 심화되었는데 이 병은 감자에서 공급되던 비타민 C의 결핍에 의해 초래되었으며, 나중에는 시력상실과 급성 신경쇠약-때로는 치매까지도-을 야기 시켰는데 이는 암소의 죽음으로 인해 비타민 A와 B7의 급원인 우유의 공급이 중단되었기 때문이다.

아일랜드의 감자 기근으로 말미암아 웨스트민스터 의회에서는 곡류에 대한 이전의 수입 중과세를 폐지하였는데, 이는 자유무역주의를 향한 첫 단계로서 나중에 19세기의 유럽경제의 큰 반향을 일으키게 되었다. 그 외에 기근 중에 살아남은 아일랜드인들의 상당수는 자신들의 고향땅을 영원히 떠났는데, 일부는 점점 증대해가는 영국의 도시로 갔고 다른 사람들은 미국으로 몰려들었다. 1845년 이전에 연간 이민수는 거의 60,000에 이르렀다. 1847년에는 그것이 200,000을 넘었다. 1848년에는 잠시 중지된 적이 있었는데, 이때는 감자 수확이 개선되어 이민 지망자들은 그 뱃삯으로 3 파운드 내지 5 파운드(7.50 달러)를 저축하였으며, 1851년에는 연간 이주가 25만 명에 이르렀다.

(5) 부유층의 음식(Food of the Rich)

19세기 초반에 빈민들이 살아남기 위해 애쓰고 있는 동안에 공업화한 영국의 중산층은 그 숫자와 세력이 증대하였다. 공장 노동자의 대고용주들은 은행가와 보험회사, 선적회사와 운수업자, 기사와 건축가, 경영자와 사무원들의 서비스를 필요로 했다. 성장하는 도시들은 더 많은 가게, 더 많은 학교, 더 많은 의료인, 법률가 및 성직자들을 필요로 하였다.

우연히 형성된 중세의 메뉴는 거의 18세기에 이르기까지 영국과 미국에 남아 있었다.

그러나 프랑스에서는 메뉴가 정확히 합리화되어 있지는 않았으나 조목별로 요약되어 있었다. 여러 가지의 요리들이 여전히 동시에 식탁에 등장하기는 했으나 이 요리들은 그룹으로 등장하였고 각 그룹마다 특별한 명칭이 있었다.

일시적으로 프랑스 정찬은 이들 그룹에 따라 대충 여섯 또는 일곱 코스로 나뉘어 왔던 것으로 보이나, 아마도 하인들이 식사 진행 중에 빈번하게 식탁을 치우고 다시 차리는 일이 불편하였기에 결국에는 세 코스로 환원되었던 것 같으며, 세 번째 코스는 주방이 아니라 제빵업자의 영역에서 공급되었다. 그러므로 첫 번째와 두 번째 코스는 함께 세 부류의 일반적인 요리타입-전채, 주요 요리, 후식-에 포함 되었고 ,각 그룹은 더 세부그룹으로 나뉘었다.

이들 세 부류의 음식들은 두 코스로 식탁에 차려졌으며 각각의 코스는 산뜻하고 세련된 양식으로 배열되었다. 예를 들어 첫 번째 코스에서 4가지 스프는 식탁의 네 군데 모퉁이에 놓이는 한편 앙트레는 양편)을 따라 가지런히 배열되었다. 그래서 '측면요리'라고 한다. 스프를 다 먹게 되면 뚜껑달린 스프 그릇이 치워지고 생선 4접시가 놓이게 되었다. 따라서 첫 번째 코스의 2회분에 대해서 '다음 요리'라는 명칭이 붙여졌다.

그 다음엔 주된 요리가 나왔다. 프랑스에서는 전채와 주된 요리들이 모두 첫 번째 코스를 이루었던 반면에, 영국에서는 단지 몇몇 주된 요리들만이 첫 번째 코스에 포함되었다. 그래서 스프, 생선, 앙트레 및 굽거나 삶은 고기로 이루어진 첫 번째 코스에 뒤이어서 두 번째 코스는 구운 가금류나 사냥한 새들도 이루어지고 앙트르메로 보충되었다.

1830년대에 식탁에서의 일의 상당부분은 하인들에게 위임되었는데, 이들은 매우 공손해야 하고, 우선 첫째로 여성들에게 각각의 앙트레를 제공하기 위해 날쌔게 행동했다.

19세기 중엽에는 웨이터가 거들어주던 프랑스식의 서비스는 러시아식의 서비스로 점차 바뀌기 시작했는데 여기에선 웨이터가 가장 중요했다. 여기 식탁에는 단지 장식용의 세트들만이 놓여 있었다. 음식을 담아내는 그릇들은 식기 찬장에 진열되어 있었고 웨이터들은 그 접시들을 손님들에게 차례로 돌렸다. 첫 번째 웨이터가 고기를 한 손님에게 제공한 다음에는 또 다른 웨이터가 감자를 담은 접시들을 가져왔고, 그 다음에는 세 번째 웨이터가 채소 접시를, 그리고 네 번째 웨이터는 소스 접시를 가져왔다.

(6) 빵과 고기(Bread and Meat)

19세기 초반에 영국의 산업사회에서는 부자나 가난한 사람들이나 똑같이 같은 재래식 급원에서 식사 재료들을 사들이고 있었다.

세계의 대부분의 지역에서 도시의 육류 공급은 여전히 살아있는 채로 도착하여, 비틀거리는 상태에서 도살되었다.

(7) 용량을 늘리는 첨가물

19세기 도시의 성장과 도로 및 철도의 대규모 확대로 조직적인 식품 산업이 생기게 되었는데, 이는 취급, 운반, 저장기간 및 판매뿐만 아니라 원재료의 유용성이라는 기본적인 문제로도 경쟁해야만 했다. 만약에 어떤 특별한 제품이 귀하고 값이 비싸지게 되면, 도매업자들과 소매상인들은 양을 늘리고 값을 낮추는 방법을 찾아야만 했는데, 대개는 값싼 첨가물을 이용하여 진품의 부피를 늘리는 식이었다.

첨가물은 유해할 수도 있고 그렇지 않을 수도 있었을 것이다. 후추는 예를 들면 겨자껍질, 완두콩 가루, 노간주나무 열매와 같은 비교적 무해한 물질들로 혼합되는 것이 보통이었고, '후추먼지'라고 알려진 물질로도 되었는데 이것은 저장실 바닥의 먼지로 이루어졌던 것 같다. 차도 또한 그것을 멀리 중국으로부터 사들여야 했고 과중한 물품세를 물어야 했던 시절에는 대규모로 위조되었다. 그 당시"스머치"의 교역이 활발하였는데, 이것은 양물푸레나무의 잎사귀에서 만든 물질로 구리판 위에서 건조시켜 비틀려 말린 다음에 진짜 차에 혼합할 용도로 파운드당 몇 센트의 가격에 차 상인들에게 팔렸다. 18세기의 마지막 10년 동안에 이러한 속임수는 영국에서 매우 보편화되어 법령으로 세입을 감소시키고 '공정한 거래를 침해하고 나태를 조장할'뿐만 아니라, 대대적으로 '다량의 목재, 숲 및 덤불 등을 파괴하는 행위'에 대해서 처벌하기에 이르렀다.

중국차들은 녹색이었으므로, 모조품들은 종종 가시나무의 잎사귀를 말린 다음 그것을 녹청으로 물들여서 만들어졌는데, 녹청은 물론 유독한 것이었다. 그러나 다른 방법으로 가공되어 암적색을 띠는 인도차의 도입으로 더 쉽고 저렴한 방법이 사용될 수 있었다. 제조업자들은 그저 다방, 호텔 및 부잣집의 하인들로부터 이미 쓰였던 찻잎을 사들여서 수지 용액으로 그것을 단단하게 만든 다음 흑연으로 염색을 했다. 그러나 녹청이나 흑연 같은 첨가제가 들어갔다고 하여도, 차는 여전히 한 세기 전부터 판매되어 온 '진'같은 것 보다는 더 건강에 좋은 음료였는데, 진의 경우는 어떤 처방에 따르면 황상과 테레빈유를 포함한 성분들을 혼합하여 만든 것이었다.

항상 혼합이 행해져 왔기 때문에 그 점에 대해 불만을 토로하는 소비자들이 늘 있게 마련이었다. 그러나 독일태생의 화학자 프레드릭 아컴(Frederick Accum)이 그 문제를 과학적인 분석에 의하여 진술하자 비로소 일반대중은 그러한 관행이 얼마나 널리 만연되어 있고 위험한 것일지를 진정으로 이해하기 시작하였다. 아컴의 저서인「식품의 혼합과 독물류에 관한 보고서」(A Treatise on Adulurerations of Food, and Culinary Poisons, 1820)는 법적, 행정적인 차원에서는 이미 알려져 있었던 것을 모든 사람들에게 폭로한 것이었다. 피클의 경우는 식욕을 돋우는 그 녹색의 빛깔이 구리로 인한 것이었다. 그 씁쓸한 아몬드는 청산을 함유한 것으로, 식탁용 포도주에 '견과' 맛을 주기위해 이용되었다. 그 런던의 사탕과 캔디의 무지개 색조는 독성이 매우 강한 구리와 납의 염들에 의해 생선된 것이었다. 그 대부분의 상업적인 빵에는 황산 알루미늄이 첨가 되었다. 그리고 그 글로스터 치즈의 겉껍질에는 연단 을 첨가하여 오렌지 빛깔을 내었다. 영국에서는 이 시기가 1850년에 왔는데, 그 당시 의학 정기 간행물인 랜싯에서 분석 및 위생 위원회의 임용을 발표하였다. 1851에서 1854년 사이에 두 위원들은 런던의 여러 상점에서 무작위로 사들인 주요식료품의 표본에서 발견된 무관계한 물질들에 대해 보고하는 긴 시리즈의 논문을 발표하였다. 하살은 여러 출처에서 사들인 49가지의 빵 덩어리를 분석하였는데, 표백제인 명반(황산 알루미늄)이 모두 포함되어 있었고, 커피는 치커리, 도토리로 거의 반드시 희석되었다고 기록하였다. 다른 연구자들은 이내 선술집 주인들이 맥주에 녹색의 황산염 즉 황산철을 타서 거품을 일으킨 다는 것과 코코아 분말에 종종 높은 비율의 벽돌가루가 포함되어 있다는 것을 발견하였다.

1860년에 최초의 영국 식품의약법이 제정되었다. 그것은 1872년에 과감하게 개정되어 강화되었다.

2) 식품 공급의 혁명 (The Food-supply Revolution)

1850년대 초에 팽창하는 산업사회의 식량요구에 대해 두 가지의 요구가 있었다. 노동자들은 더 많은 식품을 더 저렴한 가격으로 공급받아야만 했다. 그리고 신흥 중산계층은 세상에서 공급이 가능한 한 사회적 조건에 맞는 다양한 식품들을 사려고 했다. 그것은 빅토리아여왕 시대의 영국에서 처음으로 나타난 상황이었으나, 그러한 현상은 이내 미국에서도 그리고 유럽의 보다 진보한 나라들에서도 관찰되게 되었다.

그러나 산업혁명이 일어난 도시들에서 식품의 품질과 수량 모두에 대해 맨 먼저 영향을 미친 것은 철도였다. 육로 수송은 늘 좁고 울퉁불퉁한 길을 따라 말이나 소에 의해 운반될 수 있는 짐의 크기에 의해 제한되었으며, 부피가 큰 물품은 보통 운하, 강 또는 바닷길로 운송되었다. 수로가 없는 나라들에서는 교통과 무역이 심하게 방해되었다. 그러나 철도가 일단 건설되자 전보다 훨씬 더 용이하게 물자를 육로로 운반할 수 있게 되었다. 19세기의 식량요구 면에서, 철도의 가장 직접적인 가치는 이러한 화물수송 능력에 있었으나, 그 신속함도 또한 도시 거주자들의 식사개선에 도움을 주었다.

철도는 국가 내에서 식품공급을 개선시켰을 뿐만 아니라 농장에서 항구로의 운송을 용이하게 해주었고, 따라서 해외무역을 자극했다. 그 결과 차와 곡물 같은 식품이 국제 무역에서 점점 더 중요한 비중을 차지하게 되었다. 19세기 후반에는 인도의 새로운 농장에서 나는 차와 북아메리카의 새로운 경작지에서 나는 밀이 유럽으로 몰려들었으며, 그래서 영국의 공장 근로자들은 전보다 훨씬 더 싼 가격에 기본 식품들을 구입할 수 있었다.

(1) 미국의 곡류 생산(Grain from America)

1870년대 말경에는 미국의 남북전쟁에 의해 일어난 복합적인 발전으로 미대륙의 넓은 영역이 곡창지대로 변하였다. 1860년에서 1900년 사이에 4억 에이커 이상의 처녀지가 경작되었다.

미국인들은 토양보전 시스템, 즉 과학적인 윤작을 전혀 고려할 필요가 없었다. 그들이 소유한 대지는 풍부했다. 19세기 초에 토마스 제퍼슨(Thomas Jefferson)이 언급했듯이 "유럽에서는 노동력은 풍부하므로 토지를 최대한 활용하는 것이 목표이고, 여기서는 토지는 풍부하므로 노동력을 최대로 활용하는 것이 목표이다." 비록 제퍼슨 시대 이래로 미국의 인구는 상당히 늘어났지만 농경 방식은 노동 절약형으로 계속 남았다. 맥코믹 수확기는 1834년에 특허를 얻었고, 핏츠 탈곡기는 1837년에 도입되었으며, 매쉬 수확기는 1858년에, 그리고 곡식단을 묶기 위한 애플비 바인더는 20년 후에 도입되었다. 재기에는 강철보습을 달았는데, 그것에는 대초원의 흙이 들러붙지 않았다. 옥수수를 다루기 위하여 특별한 형태의 경운기가 고안되었다. 콤바인 수확기는 광대한 들판에서 수확물을 깨끗이 거두어들이기 위해 개발되었다. 1860년에, 즉 영토확장의 시대 초기에, 미국에는 6,200,000마리의 견인용 말들이 있었다. 1900년경에는 15,500,000마리나 되었다. 미국의 농장에 관계된 도구와 기계류의 총 가치는 1860년과 1920년 사이의 기간 중에 14배나 증가하였다. 1840년에는 일백 부셀의 밀을 재배하는데 233시간의 노동력이 필요했으나, 1920년경에는 단지 87시간의 인력이 필요했다.

남북전쟁 이후에 미국에 개설된 대륙횡단 철도는 농부와 도구들을 새 지역으로 옮겨 주었으며, 그 지역으로부터 곡물을 동부해안의 항구들로 실어 보내주었다. 여기에서 그 곡물은 마지막 쾌속범선들과 최초의 증기선들에 실려서 1870년대에 계속적인 흉작을 겪고 있던 유럽을 때맞춰 구해주게 되었다.

유럽의 토양은 지나치게 고갈되어 좋지 못한 상태였다. 독일의 농경은 토양화학에 대한 리비히(Liebig)의 선구적인 연구의 결과로 향상되었으나, 이탈리아에서는 농업이 급격히 쇠퇴하기 시작했으며, 프랑스에서는 수십 년간 전쟁과 혁명에 의해 손상되어 1892년에는 15농가 중 단지 한 농가만이 말이 끄는 제초기를 갖고 있었으며, 150농가 중 한 농가만이 자동 수확기를 갖고 있는 정도였다.

미국산의 값싼 곡물은 13세기에 발칸 제국산의 값싼 곡물이 그러했듯이 유럽의 경제에 그와 유사한 영향을 끼쳤다. 그것은 더 한층 증대된 긴급한 수요를 채워 주었으나, 그와 동시에 다른 나라들의 농업에 혼란을 가져왔다. 노르웨이에서는 수익성이 매우 아슬아슬한 고비에 달하여 값싼 미국산 곡물이 유럽에 쇄도하기 시작하자 상당수의 노르웨이인들은 이주할 수밖에 없게 되었다. 영국에서는 1870년과 1900년 사이에 곡물에 할당된 토지가 4분의 1이상 줄어들었고, 그에 따라서 낙농업과 과채류 재배가 증가했다. 덴마크에서는 농부들이 베이컨 생산 쪽으로 더 주의를 기울였다. 1850년경부터 그들은 영국의 산업도시들에서 대규모의 시장 가능성을 파악하고, 안정된 번식과 성장 특성을 지닌 돼지를 사육하는데 성공하여 이로부터 영국인의 기호에 맞게 가공된 일정한 품질의 베이컨을 생산할 수 있게 되었다. 덴마크의 버터 산업도 1877년에 구스타프 드라발(Gustav de Laval)이 운영비를 크게 줄여주는 자동 크림분리장치를 개발해내자 확대되었다. 모든 서구 유럽국가들 중에서 네덜란드는 아마도 미국산 밀의 유입에 의해 가장 영향을 적게 받은 것 같은데, 이는 네덜란드의 농업이 항상 소, 낙농제품 및 채소류에 더욱 의존해왔기 때문일 것이다.

19세기 말경에 미국의 사회, 경제적 상황은 곡물수출을 둔화시키게 되었다. 그러나 유럽에서는 이러한 간격을 캐나다, 우크라이나 및 오스트레일리아로부터 공급량을 늘림으로써 보충하게 되었다. 총력전이 벌어졌던 특별한 상황을 제외하고는 유럽의 공업화된 국가들에서 생계에 필요한 식량이 부족한 적은 두 번 다시없게 되었다.

(2) 통조림 제조(Canning)

일단 철도가 육로 수송의 문제를 해결하자 다량의 곡물과 차를 지구의 반을 가로질러 운반하는 일이 가능해졌다. 이 덕택에 산업화된 영국에서는 현상유지, 즉 인구의 증가가 전체를 위한 식량 부족을 의미하지 않는다는 것을 확실히 보장하게 되었다. 저렴한 가격의 밀과 차는 가장 가난한 공장 근로자조차도 배를 채우기에 충분한 식량을 살 수 있게 해주었고, 한편 보다 덜 가난한 사람들은 베이컨이나 고기를 사는데 쓸 수 있는 약간의 여유자금마저 갖게 되었다.

다행이도 그 세기 초에 개발되어 처음에는 소규모로 전문적으로 시도된 통조림 기술은 대량 생산 및 유통방법에 적합하다는 것이 입증되었고, 신대륙들에서 유럽으로 고기와 곡류의 공급을 가능하게 했다.

또한 이 보존기술들의 발전에는 수세기 동안의 정체기가 있었으며, 18세기 말경에 중세의 모든 경험에 추가된 것이라고는 고작 요리한 고기에 공기가 통하지 않는 지방층을 씌워 일정기간 동안 보존하는 지식이었다. 그러나 그 당시에 프랑스에서 니콜라스 아뻬르(Nicholas Appert)가 고기, 과일, 야채, 우유 등을 유리병에 넣어 가열처리한 다음 주의 깊게 밀봉하는 방법을 개발함으로 해서 새로운 대전기가 마련되었다.

그리고 주요한 두 번째 단계로 깨어지는 유리병에서 깨어지지 않는 양철 통조림으로의 발전은 영국의 브라이언 돈킨(Bryan Donkin)에 의해 수행되었다. 그는 철공업에 관심을 가지고 만약 아뻬르의 방법이 양철 통조림 용기의 사용에 적용된다면 그의 사업의 번영은 확실하다는 사실을 재빨리 자각하였다. 1812년경에 그는 통조림 공장을 설립하여, 6년 후에는 만족스러운 수준의 절인 쇠고기, 삶은 쇠고기, 당근, 양고기와 야채스튜, 송아지 고기와 수프 등을 생산해 내었다.

1868년 이후에, 그 당시 손으로 만든 통조림이 일반적으로 기계로 만든 형으로 대치되었는데, 거대한 통조림 회사들이 특히 시카고에서 설립되어, 여기에서는 일관작업 공정으로 비용을 줄이고 규격을 향상시켰다. 대량생산은 연쇄반응을 가져왔다. 예를 들어 완두는 손으로 수확하여 준비해야 하는 동안에는 경제적으로 통조림이 만들어질 수 없었다. 19세기 말엽에 자동 수확 및 깍지 벗기기 장치가 발명되었다. 생선도 처음에는 기계장치의 범위를 벗어나는 문제가 있는 것처럼 보였다. 캘리포니아의 연어 통조림 공장들에서는 중국인 노동자들이 세척 및 뼈 발라내는 일에 고용되었다. 그러나 1822년에 미국으로 중국인의 자유이주가 금지되자, 오래지 않아 철로 된 기계가 개발되었다.

(3) 냉동 및 냉장(Freezing and Chilling)

결국 세계의 산업 근로자들의 식사에 가장 큰 도움을 준 것은 고기 통조림이라기 보다는 과일과 채소 통조림이었는데, 이는 1860년대 중반에 통조림 제품을 포장하지 않은 상태로 최초로 배에 실은 뒤 10년이 조금 더 지났을 무렵에 보다 더 만족할만한 육류 저장 방법이 실용화되었기 때문이다.

상업적인 얼음제조는 어업의 번영을 회복하는데 주된 역할을 담당했다. 절인 청어는 사실상 그 세기의 초반에 신도시의 빈민들이 이용 가능한 유일한 생선이었으며, 그것은 그다지 매력이 없는 식료품이었다. 그러나 1860년대와 1870년대에는 증기트롤선이 개발되어 빨리 다닐 수 있고, 선창 즉 배의 가장 서늘한 장소에 저장얼음을 운반할 수 있었다. 따라서 잡는 즉시 얼음에 채워진 생선은 증기와 철도에 의한 신속한 왕복여정을 통해서 도시의 생선 판매상들에게 도달될 때까지 냉각상태가 계속 유지될 수 있었다. 싱싱한 대구와 다른 생선을 새로 이용할 수 있게 된 것과 동시에 일어난 효과는 영국의 국가적 조직인 생선튀김 및 감자튀김 가게의 발달이었다. 생선 및 감자튀김 가게는 19세기 말엽부터 20세기 중반에 이르기까지 가난한 도시 근로자들의 단백질 섭취에 상당한 기여를 했다.

(4) 대중을 위한 고기(Meat for the Millions)

싼고기를 파는 대규모의 확장된 시장의 등장과 그 고기를 수송 보존하는 중요한 문제가 해결되었다면, 가축시장의 국제적 붐이 일어날 수 있었을 것이다. 1870년과 1890년 사이의 기간은 제국주의의 전성기로서 가장 큰 규모로 땅을 획득하고 이미 차지한 땅을 이용하는 시기였다. 온대지역 내에 자리 잡은 영국 제국의 땅과 미제국의 영역인 북아메리카 인디언들이 사는 평원 지역에서는 목축업자는 한 세력을 형성하게 되었다. 그리고 이들과 다른 정착자 사이의 공표된 적대감은 거의 모든 새 영토의 정치적 평형상태에 있어 강력한 요인이 되었다. 또한 과일생산의 결과로 경제적 혼란이 야기되었다.

대규모 가축사육에 있어서 성공과 실패의 경계는 민감했다. 이리하여 새로운 미국의 농부들, 목축업자, 곡식 재배자들은 그들 스스로 농민 공제조합, 그린백운동, 농민연맹, 인민당주의 등에 가담하는 등의 정치적 행동을 통하여 그들의 몫을 증대시키려는 시도를 하였다. 1890년대에 이러한 선동자들은 옥수수를 덜 재배하고 대소동을 벌일 것을 그 회원들에게 촉구하였다.

이와 같이 농부들이 국가정치에 강력한 영향력을 행사하는 것은 미국만이 아니었다. 19세기 후반의 오스트레일리아의 역사는 금광채굴자와 목양자들 사이의 증오감이 팽배했으며, 반면에 19세기 초반의 뉴질랜드에서는 소규모 목축업자들이나, 낙농업자들은 농민조합을 주도하였고 산업도시에 대한 그들의 혐오감을 폭발적인 정치 문제로 전환시켰다. 그리고 수십 년 동안 아르헨티나에서는 가축과 경제는 불가분의 관계에 있었고, 여러 방면에서 지금도 마찬가지다. 1840년대 초반부터 육류는 너무 풍부하여 닭과 칠면조도 그 고기를 먹을 정도였다. 반면에 양의 두개골은 도로건설의 구덩이 매립용으로 사용되었다. 그리고 20세기 초반에 와서 목축업자들은 가축들을 키우고, 그들을 살찌워 수출하는 전문인으로 분류되었다. 이러한 목축업자들은 큰 정치적 힘을 가졌다. 그로나 경제력은 포장과 화물발송실을 경영하는 외국 회사들이 주로 가졌다. 그래서 1930년대에 와서야 비로소 목축업과 포장업 사이의 갈등이 아르헨티나 정치 부문을 그늘지게 하는 일이 없었다.

19세기 초반동안 신업혁명이 식품공급의 거대한 증가의 필요성을 보여주었다. 그러한 필요를 충족시키는 과정에서 농부들과 목축업자들은 그들 스스로를 각각의 특수한 이해관계를 가진 개별적인 중요한 그룹으로 보기 시작하였다. 그리고 그들이 자신들의 이익을 충족시키기 위해 행사한 압력은 국민을 유화시키는 정부의 시도들과 거의 모든 선진국가들에서 결합하였는데, 이는 20세기 후반에는 거의 무정부적이 혼란스러운 양상을 띤 농업경제 체제로 인도되었다.

(5) 대용식(Substitute Foods)

대량생산 기술이 재래음식에 대해 적용되는 한편에서 일부 과학자들은 또한 대용식을 생산하려는 시도에 관여하였다. 첫 번째의 큰 성공은 설탕이 사탕수수와는 달리 온대기후에서 자라는 뿌리식물로부터 생산될 수 있다는 것을 발견한 것이었다. 1747년에 이미 독일의 화학자 마그라프(A.S. Marggraf)는 당근과 비트(beet)같은 유럽의 흔한 작물이 적은 비율의 설탕을 생산한다는 것을 발견하였으나, 그의 실험은 그 세기의 말엽에 이르러 프랑스와 유럽대륙의 상당부분이 영국의 해상봉쇄의 성공에 의해 서인도제도와 동남아시아로부터의 공급이 차단되자 비로소 주의를 끌게 되었다.

1801~1802년에 세계 최초의 사탕무 공장이 실레지아에 세워졌으며, 나폴레옹은 이내 프랑스, 독일 및 베네룩스의 사업가들에게 유사한 기업을 일으키도록 촉구하였다. 1840년대에 프랑스에서는 48군데의 사탕무 공장이 있었으며 여기에서는 연간 인구 1인당 2파운드 가량을 생산하고 있었다. 독일과 벨기에도 점차 자급자족해 나가고 있었다.

1860년대 후반에 프랑스의 식품과학자인 이포리테 매제-무리스(Hippolyte Mege-Mouries)는 우유의 지방함량에 관한 일련의 실험에 착수하여 그가 생각했던 대로 버터를 생산하는데 성공하였다. 쇠기름, 소의 젖통 다진 것, 그리고 소랑의 따뜻한 우유가 그 성분이었는데, 그 결과는 그 당시에 대부분의 유럽에서 버터로 통용되던 것 보다 더 나쁠 것도 없었던 것 같다.

실제로 마가린은 20세기 후반에 미국에서 순조로이 성공하고 있었으며, 그 이유는 부분적으로는 버터와 가격면에서 전혀 경쟁이 되지 않았고 또한 동물성 지방이 서구에서 동맥 경화증의 높은 이환율의 원인으로 점점 인식이 되었기 때문이다.

(6) 요리

19세기의 불량식품 스캔들 이후에 영국과 나중에는 미국의 기본식품들의 품질이 눈에 띄게 개선되었다. 그리고 대량생산 기술이 농업의 곡류와 육류 방면을 점유하게 되자, 소규모의 농민들은 낙농제품이나 과채류 재배쪽으로 관심을 돌렸다. 우유, 크림, 버터 및 계란이 도시의 식사에서 그전에 시골의 식사에서 지녔던 중요한 위치를 다시 찾기 시작했다. 영국인들이 '시판용 채원'이라고 부르는 것과 미국인들이 '시판용 채소 재배농원'이라고 일컫는 것들이 점점 지방도시들에 제철의 과일과 채소를 공급하였고, 한편에서는 신속한 냉장운반과 통조림 기술의 향상으로 열대와 아열대산 식품들을, 전에는 그것들을 전혀 알지 못했던 지역에까지 소개하게 되었다. 이 같은 식품들은 요리사의 일을 덜어주었을 뿐만 아니라 메뉴의 다양성을 가져왔다. 그것들의 이용이 더욱 보편화되자, 그것들은 여러 가지의 영양 결핍증을 치료하는데 도움이 되었다.

그러나 빅토리아 여왕 시대의 요리사에게 보다 격려가 된 것은 점점 더 널리 보급이 된 새로운 형태의 스토브였다. 19세기 초까지 서구와 북유럽 및 북미 지역에서 대부분의 요리는 모닥불이나 원시적인 형태의 벽돌로 둘러싼 오븐에서 행해졌는데, 이것은 요리를 시작하기 전에 긁어내야만 했던 석탄으로 가열시키는 것이었다. 비록 상당히 많은 품목의 보조설비가 개발되어 요리사의 일을 덜어주었지만, 복잡한 음식은 많은 부원을 거느린 대형 주방에서만 준비될 수 있었는데 이런 곳이라야 각각의 준비단계에 세심한 주의를 기울일 수 있었다. 그러나 1795년에 럼포드(Rumford)백작은 연료를 절약하는 스토브를 발명함으로써 하루에 총 1,37파운드, 즉 3,44달러를 들여서 뮌헨의 빈민 가운데 1,200명에게 식사를 제공하는데 성공하였다. 그는 소수의 인원들을 위한 조리문제에 전념하여 마침내 위가 막힌 레인지를 제작해냈는데, 이것은 작은 화력의 열을 거의 전부 이용할 수 있으며, 연기관, 바람문, 금속판 등을 사용하여 그 열을 제한적으로 조절할 수 있게 되어 있었다.

조절이 가능한 열로 인해 음식과 요리의 혁신적인 발전이 시작되었다. 소테, 소스 수플레 등은 이제는 새로운 레인지 하나로 어느 가정에서나 만들 수 있게 되었다.

1860년대에는 철제 레인지가 중류층 가정에서 일반적으로 쓰이게 되었다. 20

년 후에는 석탄가스가 널리 이용됨에 따라 가스스토브가 고체연료 형태를 대신하기 시작했다(가스오븐은 사실상 런던의 개혁클럽(Reform Club)에서 1830년대에 이미 사용되었다). 한 번 더 놀라울 정도로 영역이 확대되었다.

저자들은 때로는 전문적인 주방장들이었다. 예를 들면 빅토리아 여왕의 상임 수석요리사인 샤를르 에르메 프랑카텔리(Charles Elme Francatelli)가 있었다. 1845년에 「현대의 요리사」(The Modern Cook)라는 책에서 그는 사슴고기와 순록의 혀뿐만 아니라 양의 턱, 귀 및 족에 대한 요리법들을 제시함으로서 모든 기호에 만족을 주고자 했으나, 여전히 요리의 장식에 대해 강조함으로서 그의 고급요리에 대한 지식을 무심코 드러내기도 했다.

가장 잘 알려진 영국 요리책은 특별한 요리 재능이 없는 한 젊은 여성 저널리스트에 의해 쓰여졌다. 이사벨라 비튼(Isabella Beeton)의 가정 관리책(Book of Household Management, 1861)은 그 범위가 백과사전적인 반면 요리법들은 평범했으나, 비튼 부인은 처음으로 가격, 수량 및 준비시간 등에 대한 견적을 포함시키고자 진지하게 노력했다.

독일에서는 영국에서와 마찬가지로 18세기 초부터 요리책 저술에 있어서 여성이 남성과 동등한 조건으로 경쟁하였는데, 프랑스에서는 남성들이 거의 최고의 영향력을 과시했다.

캐더린 비쳐(Catharine Beecher)는 「비쳐양의 가정 수령대장」으로서 요리법은 물론이고 일반적인 조리기술을 다룬 저서들 가운데 한권을 출판하였으며, 1846년과 1896년-미국의 요리사에 있어서 주목할 만한 한 해-사이에 여러 권의 신비성 있는 기초적 저서들이 발표하였다.

19세기의 요리책들의 대부분은 중류층 가정을 위해 제작되었다. 그것들은 요리의 질을 향상시켰음은 물론이고 그 세기의 말엽에는 심지어 더 균형이 잡힌 메뉴를 보급하는데 기여하였다.

1855년에 개혁 클럽(Reform Club)의 훌륭한 주방장인 알렉시스 소이어(Alexis Soyar)는 「서민층을 위한 1실링짜리 요리법」(A Shilling Cookery for the People)을 출판했다. 이 책은 인상적으로 248,000권이나 판매되었다. 누가 그 책을 사보았으며, 그들이 과연 양의 목살을 삶은 것이나 양 머리에 관한 훌륭한 주방장의 특색 없는 요리법에 대해 열광했는지를 알아본다면 흥미로울 것이다. 이 책과 유사한 책자들이 저자들이 의도했던 노동자 계층에 의해서라기보다는 실제로는 소매상인들과 숙련공들의 부인들에 의해 구매되었을 가능성이 높다.

그러나 아무리 경제적이라고 해도 그 어떤 요리책도 근로여성에게 시간, 설비 또는 연료를 공급해줄 수는 없었다. 20세기에 이르기까지 지방의 내장 판매상점이나 돼지고기 정육점주인, 핫도그 판매점, 거리의 쇠고동 판매상인이나 굴장수, 그리고 머핀이나 설탕을 뿌린 와플을 파는 사람들이 그 어떤 저자보다도 더 산업 근로자의 메뉴에 기여한 바가 많았다.

3) 과학 혁명 (The Scientific Revolution)

재래식의 우유 저장 기술은 19세기에 전혀 지지를 받지 못했다. 소비자들은 스캔들을 상기하면서 주의하였고, 물을 탄 분유 내의 앙금을 의심스럽게 생각했다. 그러나 농축우유는 더욱 성공하게 되었다. 1835년에는 이미 한 영국 특허가 나왔으며 최초로 시장에 영향을 준 것은 1850년대의 미국의 가일 보든(Gail Borden)의 개선된 방법이었다. 살균원리가 완전히 이해되기까지 무가당 농축우유를 만족스럽게 통조림으로 만드는 것이 불가능했으나, 보든은 설탕을 첨가하면 우유의 보존이 잘된다는 것을 발견하였다. 보든의 우유는 미국의 남북전쟁시에 군대에서 대단한 성공을 거두었고, 그 사람들은 그것을 좋아하며 시민 생활로 돌아온 뒤에도 그것을 찾았다. 어떤 면에서는 그 진한 가당우유는 신선한 것보다 훨씬 더 편리했으며-아주 신선한 우유가 철도로 운반되기 시작했다 해도-그것은 재래식의 읍내 낙농업자의 신선한 우유보다 훨씬 더 위생적이었다.

그러나 더 저렴한 가격의 농축우유가 탈지우유로부터 만들어졌는데, 이것은 신선한 제품의 가장 중요한 영양성분에 속하는 지방 및 비타민A와 D가 결합된 것이었다. 그 결과 유아에게 주로 값싼 농축우유를-그것이 더 깨끗하고 위생적인 형태의 완전식품이라고 생각하여-먹인 어머니들은 실제로는 어린이들에게 필수 영양소들을 주지 않은 것이 되었다. 더 가난한 산업지역에서는 구루병의 발병률이 증가되었을 것으로 생각된다.

더 희게 만든 빵도 또한 영양가가 더 없는 빵을 의미했다. 밀가루를 제분하는 새로운 방법은 1840년대에 헝가리에 전래되었는데, 이것은 철제 롤러를 이용하는 것으로 재래식의 맷돌보다 훨씬 더 신속히 곡식을 처리해주며 또한 보다 더 균일한 품질을 유지시켜 주었다. 재래식 맷돌은 전분질의 배유와 동시에 곡식의 배아를 가루로 만들었다. 밀가루에 특징적인 노란색이 나게 하고, 또한 2,3주 내에 그것을 산패시킨 것은 바로 배아의 기름 성분이었다. 반면에 신식의 롤로 제분기는 곡식을 압착하여 배유가 그 껍질로부터 튀어나오게 만들며, 겨와 함께 배아도 체에 걸러지게 하였다. 그러므로 롤로 제분기로 처리된 밀가루는 재래식 보다 더 희었고, 변패가 없이 훨씬 더 장기간 보존될 수 있었다. 이것은 제분업자, 제빵업자 및 소매상인들뿐만 아니라 소비자들도 만족시켜 주었으며, 1870년대에는 자기로 만든 제분기가 도입되어 롤러 제분방식은 표준방법이 되었다. 그러나 불운하게도 버려진 밀배아는 여러 가지 영양물질의 급원이었으며, 이제는 그 영양소들은 가장 필요로 하는 사람들이 섭취할 수 없었다.

아시아에서는 소비자의 건강에 신속하고도 유해한 영향을 미쳤던 곡류 가공 분야의 유사한 발전이 있었다. 서구의 사람들에게는 흰 빵은 진실로 유혹적이었다. 아시아인들에게는 흰쌀이 그만 못하지 않았던 것 같았다. 19세기의 말엽에는 쌀을 도정하여 그 갈색의 겉껍질을 제거하는 일이 보편화되고 있었는데, 이 과정 중에 영양이 풍부한 배아가 떨어져 나가서 제거되었다. 주로 도정된 쌀에 기초한 식사를 하는 사람들은 각기병, 즉 신경, 심장 및 소화기 계통을 침범하는 결핍성 질환에 걸리기 시작했다. 네덜란드인들은 동인도 지역의 그들의 식민지에서 수많은 사망자들이 발생한 것을 염려한 나머지 1886년에는 의료팀을 보내어 진상을 조사하도록 했다. 그 연구는 영양학의 역사에 있어서 위대한 발견을 하도록 이끌었다 즉 비타민이라고 알려진 식품의 보조 인자들을 규명한 것이었다.

(1) 비타민의 발견(The Discovery of Vitamins)

인류는 오랫동안 서로 다른 식품들이 건강에 유익하기도 하고 좋지 못한 영향을 줄 수도 있다는 것을 알고 있었으나, 과학이 식품의 필수성분들을 규명해내기 시작한 것은 18세기의 말엽이었다. 그 당시 라부아지에(Lavoisier)는 사람과 동물이 식품을 연소하여 연료로 사용하는 열기관이라는 것을 증명하였고, 1846년경에 리비히(Justus von Liebig)는 「화학과 농업 및 생리학에 관한 그

응용」(Chemistry and Its Applications to Agriculture and Physiology)이라는 보고에서 식품을 포함한 살아있는 조직체는 당질, 지방질 및 '알부미노이드(albuminoids)'또는 단백질로 이루어진 것으로 묘사할 수 있었다. 비록 2세기의 후반기 동안에 무기질이 이 구성요소에 첨가되었고, 서로 다른 형태의 단백질이 상이한 생물가를 갖는다는 것이 발견되었지만, 과학적 지식에 있어서 여전히 중대한 결함이 존재했다. 만약에 알려진 식품의 구성요소들이 실제로 존재하는 것들의 전부라면, 빵과 기름기 있는 고기만으로 된 식사로서 건강을 유지시켜 주기에 충분했어야 하겠지만, 실제로는 그렇지 않은 것으로 증명이 되었다. 다섯 번째의 중요한 성분을 분리해낸 것은 각기병을 규명한 네덜란드의 연구였다.

3년간의 연구 끝에 네덜란드 연구팀 중의 한 사람이 도정된 쌀을 먹이로 한 암탉들이 각기증상을 나타내는 것을 발견하였는데, 그것들에게 도정하지 않은 쌀이나 도정 중에 제거된'겨'를 주었을 경우에는 신속히 회복되는 것을 알게 되었다. 각기가 전염병이라는 가설에서 시작된 실험들을 그만두고, 크리스찬 아이크만(Christian Eijkman)이라는 그 의사는 쌀겨의 성분에 관심을 갖기 시작했다. 1901년에 와서야 비로소 그는 쌀배아 자체의 중요성을 규명하였고, 그때까지도 과학자들은 발견된 것이 사실상 전혀 새로운 부류의 식품 성분들이며 그 중 일부는 그 자체가 필수적인 성분이며, 다른 것들은 예를 들면 인체가 당질을 에너지로 전환시키거나 특별한 무기질을 이용할 수 있기 위하여 반드시 필요한 성분이라는 것을 깨닫지 못하였다. 1905년에 유트레히트(Utrecht)대학의 피켈하링(Pekelharing)교수는 그러한 '인식되지 않은 물질들'이 확실히 존재한다는 결론에 도달하였으며, 1909년에 독일의 생화학자인 스텝(Stepp)박사는 그 당시에는 그것을 완전히 이해하지 못한 상태에서 지용성 비타민들을 규명하였다. 제 1차 세계대전 직전에 비타민 A와 B_1 이 효과적으로 분리되었다.

(2) 식품 첨가물(Additives)

전시의 과학자들은 또한 특정식품에 개선된 제조기술이 앗아간 것을 다시 환원시키는 기회를 잡았다. 예를 들면 영국에서는 모든 제빵용 밀가루에는 자연적으로든 계획적인 첨가에 의해서든 특정한 비율의 철분, 비타민 B_1 및 니코틴산을 함유하도록 규정하였다. 이러한 규정은 오늘날에도 여전히 적용되고 있다.

1968년에서 1970년 사이에 두 가지의 특별한 첨가물이 국제적으로 대단히 유행이 되었다. 그것은 조미료인 글루타민산 소다로서 아시아에서 덤덤한 음식에 맛을 내기위해 수백 년간 이용해오던 해초에서 추출된 성분과 사이클러 메이트라고 하는 무영양의 인공 감미료였다. 후자는 합성물질로서 그와 마찬가지로 합성품인 사카린에 비하여 불쾌한 뒷맛을 남기지 않는다는 이점이 있다.

MSG는 특정 소비자들에게 알레르기 반응을 일으킨다는 것이 증명되어 왔는데, 정확하게는 콕수 질환, 즉 로버트 호 만 콕이라는 의사에 의해 그 원인이 밝혀진 질환이지만 빈번히 중국 음식점 증후군으로 불리는데 이는 중국 음식점의 요리사들이 때때로 MSG를 과도하게 이용하기 때문이다. 1969년의 실험에서도 과학자들은 MSG가 생쥐에게 뇌손상을 유발한다는 것을 발견하였다. 그 결과 여러 유아용 음식 제조업자들은 자신들의 제품에 그것을 넣지 않겠다고 선언하였으며, 뉴욕시의 보건성에서는 모든 요리사들에게 그것을 가능한 한 사용하지 말라고 경고하였다.

또한 그와 마찬가지로 놀라운 것은 사이클러 메이트의 과도한 사용으로 쥐의 경우에 방광암을, 그리고 태중의 닭에게 기형을 유발한다는 발견이었다. 일부 과학자들은 그러한 연구 보고에 의해 불필요한 불안감을 야기 시키며, 동물에게 그러한 물질을 주입하여 실험하는 방법이 그 물질 자체만큼이나 결과적으로 볼 때 비난받을 만 하다고 생각하였다. 그럼에도 불구하고 암에 대한 보고가 발표된 지 일주일 이내에 사이클러 메이트는 미국의 시장에서 정리되어 사라졌으며 곧이어 핀란드, 스웨덴, 캐나다, 일본 및 영국 다른 나라들에서도 금지되었다.

(3) 녹색 혁명(The Green revolution)

선진국의 국민들은 식품에 관한한 선택의 여지가 있을 수 있다. 그러나 대부분의 아프리카, 아시아 및 남아메리카–이들 대륙에서는 인구의 50퍼센트 정도가 영양부족 상태이고, 더 나아가 15퍼센트는'영양실조'상태로 분류된다–에서는 그것은 전혀 다른 문제이다. 그런 지역에서 중요한 것은 식료품의 기본적인 부피이다. 그리고 거기에서는 현대 과학이 혁명을 개시하도록 도왔다.

1962년에는 국제 미작연구소(International Rice Research Institute)가 필리핀에 설립되어 새로운 피틱 62호와 펜자모 62호 밀에 비교될만한 쌀을 생산하고자 시도했다. 쌀은 세계인구 열 명 중 여섯 명에게 있어서 식사의 주식이 되고 있다. 성공은 신속히 이루어졌지만 그것은 단지 양적인 성공이 되었다. 1968년경에는 새로운 교잡육종 품종인 IR 8호가 80개국의 수백 만 에이커의 경작지에서 재배되고 있었는데 그것은 재래작물보다 평균 3배정도, 때로는 그보다 훨씬 많은 양이 수확되었다.

그 후에 두 가지의 새로운 '기적의 쌀' 작물인 IR 20호와 IR 22호가 개발되었다. 이 곡물들은 보다 더 우수한 품질, 높은 수확량 및 보다 더 유해한 해충에 대한 타고난 저항성을 갖추었다. 또한 인도의 과학자들은 다른 변종보다 수분을 훨씬 덜 필요로 하는 새로운 쌀을 개발하고 있다는 보고도 있다.

이 같은 진보는 생태학적인 견지에서 현재와 21세기 초 사이에 늘어날 예상되는 인구증가에도 불구하고 식량부족 보다는 식량과잉이 될 가능성이 더 높을 것으로 전망하는 학자들이 있다.

세계의 생존이라는 면에서 여러 권위자들이 다가오는 50년 동안에 시간이 중요한 변수라고 생각하는데, 사회적 영향력은 과학적인 진보만큼이나 결정적인 것으로서 증명되고 있는 듯하다.

(4) 해충과 농약(Pests versus Pesticides)

녹색혁명을 창조해낸 곡식 개량의 양상을 볼 때 적당한 물, 엄격한 해충 및 질병통제, 그리고 풍부한 비료가 없었다면 수확량이 적었던 재래의 품종보다 척박한 토양에서 그만큼 성공하지는 못했을 것이다.

해충과 질병은 과다한 살충제와 살균제의 사용에도 불구하고 세계의 식량 생산에 상당한 손실을 가져왔다. 예를 들면 균류의 질병으로 인하여 매년 3억 명의 사람에게 하루에 2500칼로리를 공급할 수 있는 식량이 소실된다고 한다. 또한 수확 후 저장 중에 쥐와 부패로 인하여 3억 5천 명 이상의 사람에게 앞과 동일한 열량을 공급할 수 있는 곡물이 처분된다. 현재 세계의 인구가 4억에 이르고 있는 점을 고려할 때 그러한 곡물 손실은 결코 무시할만한 숫자가 아니다.

새로운 품종의 밀을 개발한 공로로 1970년에 노벨평화상을 수상했던 노만 E.

블로그(Norman E. Borlaug)박사에 따르면, 만약 살충제가 미국에서 금지된다면 그로 인한 곡물의 손실이 50퍼센트에 이를 것이라고 한다. 그럼에도 불구하고 화학적 살충제에 반대하는 시위가 미국 등지에서 활발하게 펼쳐졌고 DDT의 경우에는 성공하였다. 1940년대에는 그와 거의 유사한 살충제인 DDD가 캘리포니아주 클리어 호수의 검은 각다귀를 박멸하기 위하여 다량으로 사용되었다. 그 호수의 애벌레와 플랑크톤도 그 화학제로 사용되었으며, 그 플랑크톤을 먹은 물고기와 그 물고기를 먹은 우아한 새인 서양 농병아리도 그러했다. 농병아리의 수는 그 특별한 먹이사슬의 결과로서 일어나는 살충제의 농축에 의해 1년 사이에 수천 쌍에서 이십 쌍으로 줄어들었다.

선진국에서 사람이 먹는 음식은 농병아리의 그것보다는 훨씬 다양하므로 그 위험도 그다지 극심하지 않을 수도 있다. 그러나 미개발 국가에서는 상황이 그와 같지 않은데, 그런 나라에서는 여전히 한두 가지 정도의 기본적인 식료품에 크게 의존하고 있는 것이다. '기적의 쌀'도 또한 인공의 실충제와 비료를 과도하게 사용하였기에 서구보다는 인체 내에 잔유물을 더 신속하게 형성할 수도 있다. 그러한 예측할 수 없는 부작용들이 필리핀에서 최근에 나타나고 있다. 거기에서는 아시아의 다른 지역에서와 마찬가지로 논이 벼농사뿐만 아니라, 양어장으로서도 이용되고 있는데, 이 물고기는 지역 주민들에게 단백질 공급원으로서 중요하다. 그러나 '기적의 쌀' 작물에 투입한 화학제의 양이 너무 과도하여 논과 지류의 수로에 있는 물고기가 죽어버렸다. 따라서 쌀 수확량은 늘어났으나 단백질원은 줄어들게 되었다.

그러나 저개발국가에서는 살충제와 살균제가 없이는 헤쳐 나갈 수 없다는 사실이 문제이다. 여전히 논쟁의 대상이 되고 있는 유기염소계 살충제에 의한 장기간의 중독 위험성은 그것이 없는 경우에 단기간의 기아의 확실성에 견주어 평가되어야만 한다.

여러 연구를 통하여 해충 통제를 위한 다른 방법들이 시도되어 왔다, 바람직한 살충제는 '식물성 약제'로서 이것은 광물질 보다는 오히려 식물에서 추출된 자연독 성분이다. 이것의 효과는 제한적이어서 농부는 종종 수많은 다른 해충들을 구제하기 위하여 여러 가지 다른 물질들을 농작물에 뿌려 주어야만 했다. 따라서 비용이 장애요인이 된다. 개발된 또 다른 방법은 생물학적 통제 방법

살균제의 경우에는 콩작물이 어떤 질병의 퇴치를 가능케 하는 자체의 방어기전을 갖고 있다는 발견을 통하여 희망적인 출발이 이루어지게 되었다. 바로 그 천연의 살균제를 인공적으로 재생할 수 있다는 것이 증명되었고, 이것은 다른 종류의 식물에도 보호역할을 한다는 것이 발견되었다.

공해 방지 운동은 의심할 바 없이 해충과 질변 통제를 위한 이러한 새로운 방법들에 대한 연구를 서두르도록 조장하였으나, 그로 인해 야기된 극단적인 긴급한 분위기는, 예를 들어 새로운 방법들이 충분히 엄격한 시험을 거치지 않고 도입되는 경우에는, 그 자체의 위험요소들을 안고 있었다. 또한 어떤 면에서는 그 운동의 목표가 너무 광범위하게 확산됨으로써 모순을 초래하기도 했다. 생태학적 견지에서, 동물의 거름은 화학비료에 비해 대단히 바람직하다. 그러나 미국의 목축업자들은 거름을 중화시키고 심지어 동물의 배설량을 줄이기 위해 안간힘을 쓰고 있는데, 이는 소우리에서 나온 배설물이 근처의 강과 호수를 오염시킬 수 있기 때문이다. 목표와 그것을 성취하는 방법 이 두 가지를 합리적으로 다루는 데는 시일이 요할 것 같다.

제 3 장

한국의 식생활문화

1. 한국의 자연환경과 식생활

인간의 생활양상을 결정하는 가장 기본적인 조건은 그들이 처해 있는 자연 환경이나 풍토라고 할 수 있다. 자연환경은 인습, 종교 등의 사회환경과 더불어 각 지역, 민족의 독특한 생활문화를 형성하는 요인으로 작용하며 특히 식품의 생산과 조리방법, 이용법 등 음식문화 형성에 직접적인 영향을 준다.

1) 지리적 특성

우리나라는 유라시아 대륙의 북동부 쪽의 반도국가로, 북위 33도에서 43도, 경도 124~132도에 걸쳐 있다. 북쪽으로는 중국대륙과 육로로 연결되고, 남으로는 일본열도를 대하고 있으며 서쪽으로는 황해를 사이로 중국대륙과 마주보고 있다. 이와 같은 지리적 위치로 인해 대륙의 앞선 문화의 영향을 받았고 대륙의 문화를 일본에 전하는 교량역할도 하였으며 삼면의 바다를 통한 해양문화의 유입이나 무역교류가 가능하였다. 이에 따라 식생활에도 큰 영향을 미쳐 대륙의 농사짓는 방법, 북방의 식품, 식기 등과 남방의 식품 등이 유입되었다.

2) 기후특성

사계절의 구분이 뚜렷하고 연평균 기온은, 아주 추운 일부지역을 제외하면 10~14℃ 정도이다. 여름에는 북태평양의 아열대성 고기압의 영향을 받아 일일 최고기온이 30℃를 넘는 고온 다습한 기온을 보인다. 강수량도 많아 연 강수량의 40～60%가 이 시기에 집중되어 쌀농사에 적합한 기후조건이 된다. 겨울에는 시베리아에서 불어오는 대륙성고기압의 영향으로 춥고 건조한 기후를 보인다.

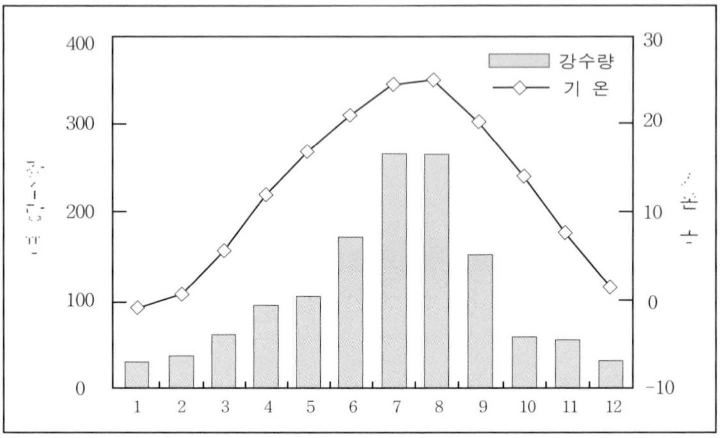

그림 3-1 전국의 평균 월기온과 강수량의 연변화

제주도 남단에서 함경도 북단까지 긴 반도로 남북의 기온차이가 커서 개마고원기후형, 북부기후형, 중부기후형, 남부기후형 및 남해안형 등 여러 기후가 존재하고 있다. 이 같은 기후특징은 국토의 넓이에 비해 쌀뿐만이 아니라 보리, 조, 콩, 밀 등 각종 잡곡류와 다양한 식품들이 생산될 수 있어 각 지역마다 독특한 향토음식이 발달하게 되었고 계절에 따른 시식과 절식의 발달을 가져오게 되었으며 겨울철 3～4개월 동안의 엄동설한을 대비하기 위해 김치와 같은 저장음식이 이용되었다.

3) 지형특성

한반도의 지형은 산지가 전체면적의 70%를 차지하여 평야지대가 훨씬 적은 편으로 북부와 동부에는 높은 산맥들이 많아 동북의 지대가 높고 남서쪽은 낮은 지형으로 되어 있다. 그러므로 주요하천들은 두만강을 제외하고 대부분 서해나 남해 쪽으로 흐르고 이 지역주변에 넓은 평야가 형성되어 서부와 남부지방은 논농사의 중심지가 되었으며 북부와 동부에서는 밭작물이 주로 생산되었다.

또한 삼면이 바다로 둘러싸여 있고 동해안은 해안선이 단조로우며 수심이 깊은 반면 서해안과 남해안은 평야가 바다로 연결되어 있고 서해는 얕은 바다로 대륙붕을 형성하고 있다.

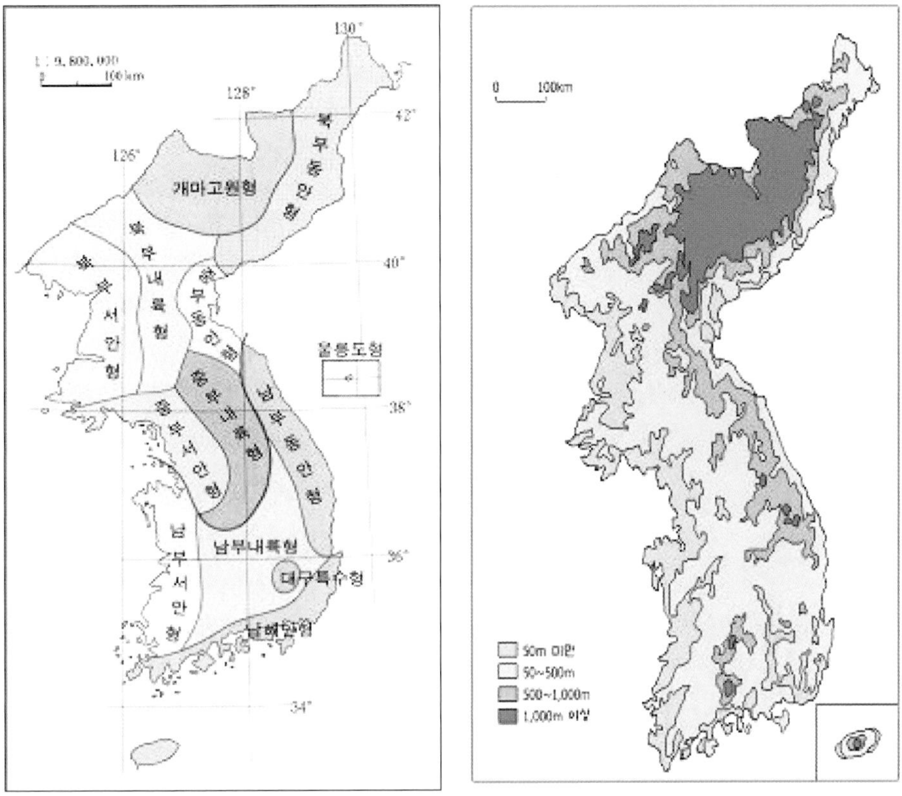

고도별 지형 분포 기후구분

그림 3-2 한반도의 고도별 지형분포와 기후구분

http://geoedu.kyungpook.ac.kr

근해의 수온이 계절에 따라 변하며 서해와 동해 및 남해에 영향을 주는 해류가 다르기 때문에 난류성 어족과 한류성 어족에 차이가 있어 수역 및 계절에 따라 다양한 수산자원을 이용할 수 있다.

이상과 같이 한국은 좁은 국토이지만 남북의 길이가 길고 삼면이 바다에 면해 있는 수륙양면의 지리적 위치에서 다양한 산물들을 이용하고 인접국과 문화를 교류함으로써 식생활문화가 다양하게 형성될 수 있었다. 먼 과거 수렵과 채집을 통해 자연으로부터 식품을 구했던 시대는 물론이고 자연환경에 적응하여 목축과 농경이 이루어졌던 시대와 과학기술의 눈부신 발달로 자연환경을 극복하고 살아가는 오늘날에도 자연환경 특성은 인간의 식생활의 기본구조를 결정하는 주요 요인이 되고 있다.

2. 한국식생활 문화의 특성

한국음식은 정성과 노력이 많이 들어가기 때문에 만드는 사람의 마음가짐과 태도를 중요시한다. 주식인 밥과 찬물을 부식으로 같이 먹는 형태로 발달하여 식품배합이 합리적이며 음식의 영양, 색상, 간의 농담, 온도의 조화를 추구한다. 주식은 쌀이나 보리 등 다양한 곡물류를, 찬물로는 채소, 육류, 어류 등의 재료를 이용하며 계절에 맞추어 김장, 장, 젓갈 담기, 채소 말리기 등 저장발효식품과 건조저장식품을 만들어 기본 찬이나 양념으로 이용한다.

1) 곡물음식의 다양한 이용

한반도에서 신석기시대 잡곡농사로 시작하여 기원전 2,000년경에 벼농사가 시작된 이래 쌀이나 보리 및 잡곡 등 곡물로 만든 밥을 주식으로 하고 있다. 그 외에도 죽, 국수, 떡과 같은 곡물음식을 흔하게 이용하였으며 곡물을 가공하여 만드는 엿, 술, 장 등이 다양하게 발달하였다. 한국인에게 있어 곡물음식 밥은 식문화의 중심이 되어 농경사회가 본격화된 시기 이후부터 오늘날까지 계속 이어져오고 있다. 죽은 최초의 곡물음식으로 밥이나 떡보다도 먼저 이용된 것으로 보이며, 밥이 일상적인 주식으로 정착되면서 죽은 보양식, 기호식, 구황식으로 다양하게 발전되었고 떡은 주로 의례음식으로 이용되고 있다.

우리나라 일상식의 큰 특징으로 주식과 부식의 구분이 뚜렷함을 들 수 있는데 벼농사를 짓게 되면서 곡류가 주식의 위치에 어육류, 채소류가 부식으로 자리잡게 되고 밥 짓기가 일반화 된 삼국시대 후기부터 일상식으로 주, 부식이 구분되어 정착된 것으로 보인다.

2) 발효식품의 발달

한국음식에는 긴 역사를 가진 장류, 침채류, 젓갈류 등 여러 발효음식이 많이 있다. 이들 음식은 각기 독특한 맛과 기능을 가지고 한국음식 문화의 기조음식이 되어 부식, 혹은 양념으로 이용되고 있다. 콩으로 만든 장류는 양질의 동물성단백질을 쉽게 구할 수 없는 여건에서 중요한 단백질 급원으로 균형 잡힌 영양섭취를 가능하게 했을 뿐만 아니라 음식에 간을 맞추고 조화된 맛을 내는 조미료로 음식의 맛을 좌우하는 일상식의 기반이 되는 식품이다. 김치는 신선한 채소를 얻을 수 없는 겨울철에 대비하여 개발된 독특한 저장식품으로서 밥과 같은 곡류음식과 좋은 조화를 이루며 밥의 찬이 된다. 요즘에는 김치의 다양한 건강기능성이 밝혀져 외국에서도 우수한 식품으로 받아들여지고 있다.

생선이나 그의 내장 및 조개 등에 소금을 넣어 일정기간동안 발효시킨 젓갈은 단백질이 풍부하여 필수아미노산이 부족한 쌀을 주식으로 하는 한국인에게 아미노산의 공급원으로 이용되고 김치 담글 때 주요양념으로 이용된다. 이들 발효식품은 우리민족이 이루어낸 자랑할 만한 전통식품이라 할 수 있다.

3) 다양한 식물성 식재료 이용

우리음식의 재료를 살펴보면 채소, 버섯, 종실류, 해조류 등 다양한 식물성 재료가 풍부하다. 특히 우리나라에서 상용하는 채소는 재배채소를 포함하여 산나물, 들나물 등 그 종류가 헤아릴 수 없이 많으며 밥, 죽, 떡, 국, 찌개, 나물, 쌈, 찜, 생채, 전 등 거의 모든 음식의 조리에 채소가 사용되고 있다. 산이나 들에서 나는 나물들에는 비타민, 무기질 뿐 만 아니라 섬유질과 항산화 작용을 지닌 성분들이 풍부하다. 채소류의 전통적인 조리방법은 번거롭고 시간과 노력이 많이 들지만 채소는 주식에 곁들여 먹는 부식으로서 오늘날에도 우리의 식생활에서 중요한 자리를 차지하고 있다. 시대를 거쳐 오면서 전통적으로 이용된 채소에 더해 새로운 채소들이 유입, 재배되고 조리법도 개발되어 다양하게 이용함으로서 무기질과 비타민의 공급뿐만 아니라 독특한 텍스처와 색 및 향미로 음식의 3차적인 기능성을 높이는데 기여한다.

4) 국물음식문화 발달

한국음식은 국물음식이 많은 탕반 문화가 발달하여 일상적인 반상차림에 국이 꼭 올라오며 찌개, 전골 등의 종류도 아주 다양하다. 따라서 음식을 입까지 나르는 도구로 숟가락의 사용이 보편화되었다. 유럽을 포함하여 동남아시아, 아랍, 아프리카 등 전 세계적으로 전통적인 식사도구는 손가락이었다. 물기가 없거나 적은 음식은 도구를 사용하지 않고 직접 손으로 집어먹을 수 있지만 찌개나 국을 손으로 먹을 수는 없기 때문에 세계적으로 흔치 않게 숟가락이 이용된 것이다. 물기가 많은 음식은 식기류의 형태에도 영향을 미쳐 우묵한 입체성의 용기를 주로 사용하게 하였고, 전 세계적으로 한 그릇에 여러 음식을 담아 먹는 일기다식(一器多食) 문화가 대부분인데 비해 한 그릇에 한 음식만 담아 먹는 일기일식(一器一食) 문화를 이루게 되었다.

그림 3-3 무령왕릉 출토 청동제 숟가락과 젓가락

5) 약식동원(藥食同源)의 사상

한국음식은 중국의 영향을 받아 예로부터 약식동원의 조리법이 발달했고 '밥보다 좋은 약은 없다'는 식생활에 대한 믿음을 가지고 있었다. 즉, 먹는 것이 바르지 못하면 병이 생기고 병이 생겨도 식을 바르게 하면 병이 낫는다는 의식을 가지고 있었다. 식생활을 통해 건강을 유지하려고 하였기 때문에 보양식이나 양생음식이 발달하였고 상용하는 술과 음청류에 한약재를 첨가하는 조리가공법이 보급되어 병의 예방과 치료에 이용할 수 있도록 하였다. 음식에 약리활성이 있는 꿀, 계피, 잣, 인삼, 생강, 대추, 오미자, 구기자 등의 한약재를 함께 사용하기도 하며 약과(藥果), 약식(藥食), 약주(藥酒)와 같이 음식이름에 약(藥)자를 붙이기도 하였다. 이와 같이 우리민족은 식생활의 중요성을 일찍이 간파하고 약식동원이라는 철학적 개념을 실천했다고 볼 수 있다.

6) 조반을 중히 여김

아침식사를 가볍게 하는 서구의 음식문화와는 달리 한국인은 하루세끼 중에서 아침식사를 가장 중요시했다. 농경생활을 했기 때문에 육체적으로 힘든 노동을 위해서는 아침을 든든하게 먹어야 할 필요성이 있었기 때문일 것이다. 이는 현대의 영양학적 측면에서 과학적이고 합리적이다. 저녁식사와 다음날 아침식사까지의 거의 12시간 이상의 간격에서 아침식사의 중요성은 더욱 강조된다.

7) 복합적인 맛

한국음식은 음식재료 자체의 맛보다 조미료와 향신료를 써서 복합적인 맛을 즐기는 경향이 있다. 단맛, 기름진 맛, 매운맛이 아닌 은은한 맛으로, 혀끝이 아닌 입안 전체로 느껴지는 맛을 내는 음식이다. 간장, 파, 마늘, 깨소금, 참기름, 고춧가루, 후춧가루 등을 갖은 양념이라 하여 한 가지 음식에 적어도 5~6 종류의 조미료를 복합하여 사용함으로써 이 같은 맛의 특징을 살리고 있다.

이상과 같이 살펴 본 한국식생활의 특성에서 곡류중심의 주식문화는 채소류, 육류, 어패류 등 다양한 종류의 부식을 고루 섭취하게 하여 영양상의 균형을 가져오게 한다. 전통음식은 기름과 설탕 등 맛과 열량이 농축된 식재료를 많이 사용하지 않고 채소의 이용이 많기 때문에 오늘날 가장 문제가 되고 있는 비만을 예방할 수 있는 식사로 좋다고 할 수 있겠다.

근래에 와서 소득수준의 향상, 식품산업의 발달, 서구문화의 유입 등의 영향으로 전통음식의 섭취가 감소하고 쌀과 같은 곡류소비의 감소, 육식중심의 서구식 식사증가와 더불어 다양한 음식을 섭취하는 등 한국인의 식생활에도 큰 변화를 가져왔다. 식품의 소비구조가 서구식으로 변화하면서 각종 성인병 발현율이 높아지고 있는 실정인 상황에서 한국의 전통적인 식생활은 이를 해결 해주는 좋은 방안이 될 수 있을 것이다. 수많은 음식들이 범람하면서 우리의 전통적인 음식문화가 가속적으로 변용되고 잊혀 가는 상황에서 전통음식의 우수성을 살리고 전승시켜야 할 것이다.

3. 한국식생활 문화의 형성과 변천

우리나라의 식생활문화는 자연환경에 맞게 농경생활을 주로 하고 정치와 경제, 종교 등 긴 역사를 통해 각 시대의 사회환경에 영향을 받으면서 변천하고 발전해 왔다. 수렵과 채집, 어로를 통해 식품을 구해 살던 긴 세월을 거쳐 신석기 시대 중기 경에 이르러 잡곡을 재배하기 시작하고 청동기시대에는 잡곡 외에도 콩류, 벼 등을 경작한 것으로 보인다. 기원전 4세기경 대륙과 교류하고 철제농기구를 들여와 농경문화가 더욱 발전되어 기존의 수렵, 어로 중심의 식생활과 곡류를 이용하는 이중구조를 이루고 삼국시대에는 삼국이 모두 농업국으로서 곡류를 주식으로 하는 생활이 정착되었다.

그 이후로 벼를 주요작물로 재배하고 각 시대의 사회환경의 영향을 받으면서 농업기술, 조리가공법의 발달, 외래음식의 유입과 아울러 다양한 식생활양식들을 발달시켜왔다. 현대에 이르러 급속도로 산업, 정보화 사회가 이뤄지고 세계가 점점 한 울타리 안으로 모여들면서 과거 어느 때 보다도 빠른 식생활의 변화가 진행되고 있다.

표 3-1 한국식생활의 변천단계

시대별 구분		식생활 특징
선사시대	구석기시대	수렵, 어로, 채집에 의한 식량획득
	신석기시대 중기이후	농업발단과 벼농사 전파
부족국가시대(삼국정립이전시대)		농경생활의 정착
삼국 및 통일신라시대		식생활의 신분상 구분 식생활 구조의 성립과 확대(주 · 부식의 분리)
고려시대	초기	상차림의 기본구조 형성 육식 삼가, 채소이용, 다류, 한과류 발달
	중기이후	몽고지배에 의한 육식복원
조선시대	전기	식생활 규범정착
	후기	남방식품유입, 한식의 완성기
개화시대		개화로 인한 서구식생활 소개
일제시대		식량의 절대부족과 빈곤, 식문화 침체기
현대	해방이후~1960년대	해외원조식량 의존
	1970년대~1980년대	식량생산증가, 식생활 수준 향상
	1990년대~현재	식생활의 세계화, 외부화, 건강지향의 식생활

1) 선사시대의 식생활

우리민족의 생활무대였던 만주와 한반도에 사람이 살기 시작한 것은 약 70만년 전으로 추정된다. 이 시기에는 돌로 만든 도구를 사용한 생활이 이루어져 구석기와 신석기시대로 구분한다.

(1) 구석기시대의 식생활

구석기시대 유적은 함경북도 웅기군 굴포리를 비롯하여 경기도 연천의 전곡리 등 전국에 분포하고 있다. 구석기시대 유적과 유물을 바탕으로 이 시대 사람들은 처음에는 돌을 그대로 사용하다가 점차 쓰임새에 따라 여러 가지 뗀석기를 만들어 사냥도구와 조리도구로 사용했을 것으로 추정할 수 있다. 짐승과 물고기를 잡아먹고 식물의 열매나 뿌리도 채취하여 먹으며 계절에 따라 이동하는 생활을 하면서 동굴에서 살거나 강가에 막집을 짓고 살고, 구석기 후기에 접어들면서 석기의 제작법이 향상되어 칼, 찌르개, 주먹도끼, 톱니날 등 기능적으로 다듬어진 연모들을 사용하여 사냥해 온 동물들을 손쉽게 손질했을 것으로 추정된다.

그림 3-4 경기도 연천군 전곡리 구석기유적의 석기

(2) 신석기대의 식생활

구석기시대에 이어 기원전 8,000년경부터 신석기시대가 시작된 것으로 추정하는데 식물의 열매나 뿌리를 채취하여 먹는 생활을 하다가 중기 이후에 구릉지대로 이동하여 취락을 형성하고 원시적인 농경생활과 목축이 시작되어 수렵과 채집에서 식량을 재배하는 체제로 발전하게 된다. 이 시대의 유적도 한반도 전 지역에 고루 퍼져 있으며 주로 큰 강유역이나 해안 지역에서 발견된다. 신석기 유적에서 발굴된 유물에는 돌창, 돌화살 등 간석기와 낚시, 바늘 등의 뼈도구가 있어 강이나 바닷가에 살면서 이 도구들로 물고기를 잡거나 조개를 캐고 사냥을 했던 것으로 추정된다. 우리나라 신석기시대 유적의 상당부분이 패총유적인데 여기에서 볼 수 있는 조개, 새꼬막, 전복, 굴, 홍합, 가리비, 우렁이, 다슬기 등의 조개류는 오늘날에도 흔히 이용되는 것들이다. 패류 외에도 여러 생선의 뼈들이 발견되어 이 시기에 어패류가 식생활에서 큰 비중을 차지했던 것으로 보인다.

간석기와 더불어 신석기시대를 대표하는 유물은 바로 토기이다. 빗살무늬 토기가 한반도 전체에서 두루 발견되었는데 토기는 음식을 끓여 먹거나 먹고 남은 음식을 담아두는 구실을 하여 식품을 저장하고 조리를 하며 식사를 할 때 그릇에 담아 먹는 생활을 했음을 알 수 있다. 즉, 토기는 농사도 짓고 가축도 기르면서 식량이 풍부했던 신석기시대의 모습을 짐작하게 해 준다. 우리나라 농업이 신석기시대 중기 경에 피와 기장 등 잡곡농사로 시작되어 곡물의 이용이 일반화되었음은 확돌이나 갈돌 등의 유물로 알 수 있다. 이것으로 곡립의 껍질을 벗기고 갈아냈으며 이렇게 간 곡식을 토기에 넣어 끓여서 죽과 같은 형태로 만들어 먹은 것으로 추정된다.

빗살무늬토기

무문토기

그림 3-5 빗살무늬토기와 무문토기

2) 부족국가 시대의 식생활

빗살무늬 토기에 이어 북방 유목민들로부터 청동기문화가 유입된 이후 재배작물이 확대되어 오곡을 재배하게 되는 등 농경이 본격적으로 시작되고 목축도 발달한 시기이다. 중국의 화북지방으로부터 무문토기를 이용하는 부족들이 이주해 오면서 농경문화가 들어와 벼 농사법이 전해졌다. 그 후 철기문화를 받아들이면서 철제농기구를 이용하여 농업기술이 더욱 발전되었고 경지면적의 확대를 가져와 생산량도 크게 늘어나면서 벼농사가 주작물로 자리 잡게 되었다. 부족국가들은 풍년을 기원하는 제를 지내거나 추수를 한 후 감사하는 행사를 했는데 고구려에서는 동맹, 예에서는 무천, 삼한에서는 천제라고 하였다. 각 나라 안의 사람들이 모여 가무를 즐기며 음식을 먹고 술을 마시고 공동제를 행하였는데 이러한 관행이 이후의 농경의례로 이어진 것으로 보인다.

(1) 시루의 등장과 증숙조리

시루는 증숙요리를 확인 할 수 있는 조리용구로서 청동기시대의 여러 유적지에서 발견되었는데 시루의 형태도 바닥에 구멍이 한 개 뚫린 것, 작은 구멍이 빽빽하게 뚫린 것 등이 있었다. 이어서 초기철기시대 기원 전후기 유적에서는 보다 많은 지역에서 많은 수량이 발견되었다. 시루의 확산은 농업의 전파 발달과 더불어 곡류의 증숙조리법이 확대되었음을 설명해 준다. 이 시대의 증숙조리법으로 찐밥, 찐떡, 고기류나 어패류의 찜 등이 있었을 것이다.

그림 3-6 안악 3호 고분벽화의 부엌의 시루

(2) 발효식품의 이용

삼국지 「위지 동이전」에 의하면 고구려 사람들이 장양(藏釀)을 잘 한다는 기록이 있는데 장양은 술빚기, 장담기, 채소 절임과 같은 발효식품의 총칭으로 해석된다.

【술】 부여, 고구려 등 연맹국 모두 농업이 발달하여 곡물생산이 많아 쌀이나 잡곡으로 술을 빚었음을 쉽게 짐작 할 수 있다.

【장】 장의 기본재료인 콩이 이미 청동기 시대에 재배되고 있었고 소금을 생산한 것으로 보아 오늘날 우리음식문화의 핵심인 콩장의 원초를 이루는 형태의 장을 이용한 것으로 보인다.

【절임】 직접적인 문헌자료나 유물은 없지만 이 시기에 동서 여러 곳에서 어개류, 수육류, 과채 등의 염지 가공법이 실시되고 있었던 것으로 보아 절임 종류를 이용한 것으로 추정할 수 있다.

(3) 육류요리-맥적

부족국가 부여에서는 관직명에 가축의 이름을 딴 마가, 우가, 저가, 구가 등이 있음을 미루어 축산이 활발했음을 알 수 있고 특히 고구려는 수렵이 활발했기 때문에 육류를 많이 이용했을 것으로 본다. 고구려의 육류구이 맥적은 중국의 문헌에도 등장하는데 고기를 미리 장과 마늘로 양념하여 불에 직접 굽는 요리로 추정되고 이것은 오늘날까지 이어지고 있는 한국식 고기구이의 원형으로 여겨진다.

그림 3-7 고구려 무용총의 수렵도

3) 삼국 및 통일신라 시대의 식생활

삼국시대에 들어와서 주요 식량의 생산, 상용 기본식품의 가공법 발달, 밥과 반찬으로 구성되는 일상식의 기본양식 정립 등 한국식생활의 기본구조가 성립된다.

철기문화가 더욱 발달하여 철제 농기구를 사용하고 농경기술도 향상되어 고구려, 백제, 신라 삼국은 벼농사를 중심으로 하는 농업이 기본산업으로 되었다.

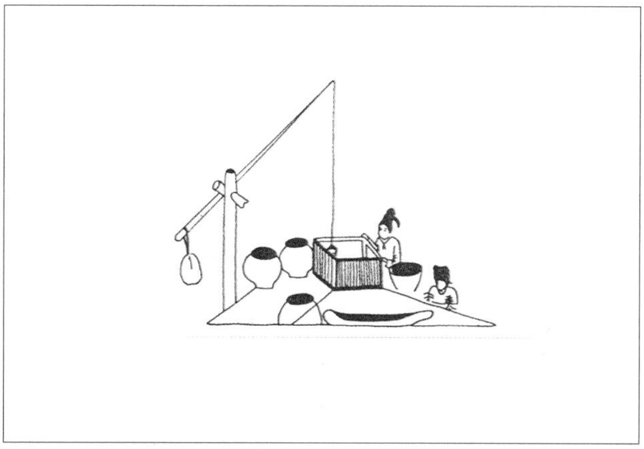

그림 3-8 안악 3호 고분벽화-우물과 물항아리

삼국은 각기 다른 기후와 풍토에 적합한 곡식을 재배하였는데 북부에 위치한 고구려는 밭농사 중심이었고, 백제와 신라는 논농사와 밭농사를 함께 했다. 토지제도를 정비하여 세제를 정하고, 벼농사에 필요한 관개공사를 적극 추진하였으며 흉년의 대비와 식량의 원활한 공급을 위하여 진대법(賑貸法), 구휼제도(救恤制度) 등을 제도화하였다. 삼국은 나라별로 차이는 있지만 토지 국유제가 원칙이면서도 귀족들, 공신들에게 사유지가 인정되어 계급에 따른 심한 부의 편중을 가져와 귀족과 서민들의 식생활에 큰 차이가 있었다.

중농정책으로 곡물이 증산되고 철제솥의 보급으로 밥 짓기가 일반화되면서 밥이 상용주식이 되고 채소, 육류, 어패류 등을 부식으로 하는 일상식의 기본 구조가 확립되었으며 곡물을 주로 하는 떡, 과정류들이 발달하게 되었다. 밥 짓기가 일반화 될 때까지 죽, 떡, 밥은 다 같이 상용성을 가졌지만 밥이 상용화된 후 떡은 의례 음식화한 것으로 추정된다. 또한 농산물의 가공방법이 발달하여 술, 장, 김치, 젓갈 등을 만들어 오래 저장할 수 있게 되었고 엿, 꿀, 기름을 이용할 줄 알게 되어 식생활이 다양하게 되었다.

또한 삼면의 어장을 활용하여 어업기술이 발전하게 되고 조선술도 발달하여 해양어업이 성행하였으며 어획량도 많았다. 백제에서는 서남해의 많은 어장을 보유하여 중국에 그 포획물을 조공할 정도로 번성하였다.

삼국에 불교가 들어오면서 살생금지로 육류음식도 제한이 되었고 어업이 큰 타격을 받았지만 한편으로 차 마시는 풍습이 생겨났고 다기와 식기의 발달을 가져왔다. 이때 강정과 유밀과 등 과정류가 등장하였다.

신라가 삼국을 통일하면서 고구려와 백제의 독특한 문화를 수용하고 융합하여 보다 화려하고 격조 있는 식생활문화를 전개하였지만 이는 귀족층 일부에 제한되었다. 통일 이후의 시기는 농경이 더욱 발달되고 쌀의 생산이 증가 쌀밥의 주식화가 일반화되어 한국식생활체계가 정착된 시기라 할 수 있다.

그림 3-9 청동자루솥(백제 4세기경)

4) 고려시대의 식생활

통일신라 후기의 제도와 풍속을 계승한 고려시대는 불교를 더욱 발전시켜 국교로 삼았다. 살생을 금지하였기 때문에 육류나 생선류 이용 대신 채식을 주로 하는 식생활이 발달되었다. 어업이나 양축이 금지되어 양곡증산의 필요성이 증가되었기 때문에 권농정책으로 식량의 증산과 비축에 더욱 힘을 쏟았다.

(1) 채소음식의 발달과 조미료 사용

불교가 융성함에 따라 채소음식의 발달을 가져왔고, 침채형 김치의 체계가 잡혀 한국김치의 전통이 확립되었다. 오이. 가지, 무, 파, 아욱 등 많은 채소가 이용되었는데 이들 식물성 식품을 더욱 맛있게 먹는 법이 강구되어 기름과 향신료의 이용도 많아졌다. 즉, 조미료의 종류가 다양해져 이 시기에 초를 만들어 이용하고 참깨의 재배로 참기름도 사용할 수가 있었던 것이다.

(2) 차와 과정류 발달

부처님께 차를 바치는 헌다(獻茶)의 예와 풍류로 차를 즐기게 되어 다도의 예절도 생기게 되었다. 차를 마시는 풍습은 과정류의 발전을 가져왔는데 이들 음식은 연등회, 팔관회 등 불사를 위한 국가행사와 혼례, 각종잔치의 필수음식으로 이용되었다.

(3) 외래식품의 유입과 교류

고려는 건국 이후 문호를 열고 송을 비롯하여 거란, 여진 등 외국인의 출입을 자유롭게 허용하는 등 개방적인 대외정책을 폈다. 외국과의 교류가 빈번해지면서 교역을 통해 각종 조미료가 유입되었고 특히 송, 원나라와의 교역으로 후추가 들어왔으며, 설탕도 수입되어 일부계층에서 기호품으로 사용되었다.

고려 후기에 몽고의 지배를 받아 도살법과 여러 가지 육식조리법도 배우게 되어 고려 초 불교의 영향으로 육식을 절제했던 식생활에 많은 변화가 왔다. 또 원나라를 통해 찐빵의 일종인 상화(霜花)가 들어오고 술을 증류하는 소주법도 널리 알려지면서 몽고군이 주둔하였던 개성, 안동, 제주 등이 소주의 명산지가 되었다. 이 외에도 포도주, 사탕, 후추 등이 있으며 고려가 원나라에 전해 준 음식으로는 유밀과인 고려만두, 고려병이 있었다.

(4) 상차림의 기본구조 형성과 조리법의 발전

고려시대에는 곡류, 채소, 과일 등 이용된 식품이 아주 다양했고 조리법과 상차림이 발달하였다. 우리나라 상차림의 기본인 밥과 국이 나타나 상차림의 기본구조가 형성되었다. 「고려도경」에 최초로 국에 대한 기록이 나타나는데 설렁탕 외에도 토란국, 아욱, 다시마국, 미역국 등의 이름이 보인다. 콩을 가공한 콩나물과 두부가 이 시기에 이용되기 시작했고, 조리기법도 발달하여 기름에 지지거나 튀기는 조리법을 이용하였다.

5) 조선시대의 식생활

조선시대는 유교를 국가통치의 근본원리로 삼고 불교를 배척한 사회였기 때문에 유교적 정치윤리에 따라 양반제도를 확립하였고 양반과 서민의 생활을 구별하는 차별제도를 고착시켰다. 또한 4례(四禮)를 존중하는 사상과 조상 봉제사의 의례를 관례로 확립하여 이러한 사상들이 식생활에 큰 영향을 미치게 되었다.

조선시대에 농업은 가장 중요한 경제적 토대였다. 농업생산력을 높이는 것은 백성들의 생활은 물론 국가의 안정에도 필수적인 일이었기 때문에 정부는 개간 사업을 장려하여 농경지를 확대하고 농업기술을 향상시켜 수확량을 늘리는데 힘썼다. 특히 「농사직설」, 「금양잡록」, 「농사집성」 등 농서가 출간되기도 했다.

식생활이 다양해지면서 반가에서 음식을 만드는 조리서 등이 나오게 되었고 명절이나 때에 따른 시식과 절식도 즐기게 되었고 지방에 따라 특색 있는 향토 음식이 발달하였다. 조선시대는 우리 식생활문화의 전통이 재정비되는 시기였고 한국음식의 완성기로서 오늘날과 비슷한 한식의 식생활이 이루어졌다.

(1) 음차의 쇠퇴

조선 왕조의 숭유배불 정책으로 불가에서 즐겨 마시던 차는 유교문화 사회에서 점차 사라졌다. 차밭은 방치되었고 전라도 지역의 일부사찰의 스님들이나 귀향살이 중이던 학자들 사이에서만 차 마시는 풍습이 이어졌다. 차가 쇠퇴하는 대신 숭늉을 마시고 화채, 한약재를 달여 만드는 탕차류가 많아졌으며 약주나 탁주, 소주 등 가양주가 발달하였다.

(2) 상차림의 형식과 식생활규범 정립

고려시대에 비해 이용하는 식품이 더욱 다양해지고 이전 시대의 조리법을 이어받고 다듬어서 상차림의 형식을 확립하였다. 반상은 밥을 주식으로, 여기에 어울리는 반찬을 부식으로 구성한 상차림으로 삼국시대 후기 경에 쌀의 증산과 솥의 확대로 상용화된 것으로 보인다. 그러나 주식과 부식을 분리하고 음식을 처음부터 상위에 전부 차려 나오는 평면전개를 원칙으로 하여 신분이나 경제형편에 따라 3첩, 5첩, 7첩으로 격식화 한 것은 조선시대 중기 이후이다. 평상시에는 목적에 따라 반상, 죽상, 면상, 교자상, 주안상 등의 형식이 마련되고, 특별한 경우에는 의례적인 상차림으로 아기가 태어날 때 차리는 삼신상부터 혼례상, 회갑상, 젯상 등 엄격한 규범 하에 상을 차리는 관습이 생겼다. 심지어 음식 먹을 때의 기본태도까지 제시하는 등 조선시대에는 우리나라 식생활의 규범이 정립된 시기로 볼 수 있는 것이다.

(3) 가부장권 대가족생활과 의례음식

대가족 중심의 가족제도에서 가부장의 조석 상차림은 모두가 외상차림이었다. 장자상속의 가부장권 제도가 강화되어 모든 가정의례는 장자의 가정에서 모여 수행하였다. 따라서 주부는 가문을 위한 행사음식을 주관해야 했기 때문에 의례음식의 규범을 잘 알고, 조리솜씨가 숙달되어야 했다. 또한 손님에 대한 접객규범을 존중하여 이를 위한 술과 술안주 음식들이 발달하였다. 이러한 환경에서의 음식은 가정의 대를 이어 전수되는 그 가정만의 독특한 음식으로 자리를 잡게 되었다.

(4) 외래식품 유입

조선시대 중기 이후에 남방으로부터 고추, 감자, 고구마, 호박, 옥수수, 땅콩 등이 전래되었는데 특히 고추의 전래는 우리의 식생활에 큰 변화를 가져오게 되었다. 고추가 고춧가루로 가공이 되면서 김치를 비롯한 각종음식의 조리에 중요한 향신료로 이용되고 고추장이라는 또 다른 형태의 조미료를 탄생시켰다. 이전 시대에서의 김치는 주로 소금, 후추, 천초, 생강 등의 양념을 이용하여 만들었는데 고춧가루를 사용하여 매우면서도 복합적인 맛을 가진 음식으로 자리 잡게 되었다.

(5) 구황식품 이용

조선시대는 계급사회로 빈부의 차이가 커 일반 농민들은 자연재해로 흉년이 되면 식량부족에 허덕였고 인위적인 수탈도 심하여 만성적인 굶주림에 시달렸다. 조선 중・후기에 임진왜란, 병자호란 등 외세의 침입과 민란 등으로 사회가 혼란하고 농촌이 황폐해져 경작지가 줄어들고 인구도 크게 줄어 서민층의 생활은 더욱 어려웠다. 이에 따라 「구황본초」(救荒本草), 「구황촬요」(救荒撮要 1554), 「산림경제」 등 구황식품에 관련된 서적들이 나오게 되었으며 여기에 기록된 구황식품들은 80～90종에 달하는데 산과 들에서 나는 식물의 잎, 줄기, 뿌리, 꽃과 나무열매, 껍질 등 대부분 식물성 식품이었다. 이러한 구황식품들은 대체적으로 죽 형태로 이용이 되었는데 양을 늘릴 수 있고 거친 섬유질을 부드럽게 할 수 있었기 때문이다.

6) 개화기의 식생활

19세기 말 영국, 프랑스, 독일, 네덜란드 등 유럽국가들은 발달된 공업 생산력을 토대로 세계 여러 곳에서 식민지 쟁탈을 위한 경쟁을 벌이게 되었다. 중국은 두 차례의 아편전쟁을 통해 개항하게 되었고 이어 일본이 명치유신을 계기로 개항하였다. 조선은 서양세력의 침략에 통상수교를 거부하는 쇄국정책으로 단호하게 대응하였으나 대원군이 물러난 후 일본과 강화도 조약을 체결하고, 서양 각 국과도 수교를 맺어 서구문물을 받아들이고 근대적 개혁을 추진하였다. 그러나 농민들의 어려운 생활은 해결되지 못하고 임오군란, 갑신정변, 동학농민운동을 거치면서 더욱 어려워졌다. 한편 이 시기는 중국으로부터 천주교, 실학사상이 들어와 일부 지식인들이 서양의 발달된 과학기술을 알게 되고 새로운 가치관이 형성되는 큰 변화가 시작되는 시기였다. 이와 같은 환경에서 서양의 선교사들과 이들의 서양식 신교육에 의해 다양한 식품, 조리법 등이 전해지고 외국에 다녀온 외교관들에 의해 서양의 문물과 음식들이 소개되어 서양음식이 조선사회에 보급되기 시작하였다. 궁중에서는 러시아공사 웨베르의 처형이던 손탁이 민비와 친교를 맺어 서양요리의 보급에 공헌하였다. 일본과 미국의 최초 유학생이었던 유길준은 그의 저서 「서유견문」(西遊見聞)에서 서양의 음식에 대해 소개하여 그 시대의 지식인들과 상류층에 큰 영향을 주었다.

7) 일제시대의 식생활

러·일 전쟁에서 승리한 일본은 조선에 대한 본격적인 침략을 추진하여 우리의 외교권을 빼앗고 통감부를 설치하여 내정전반에 걸쳐 간섭하였으며, 1910년 한일합방 후 국권을 강탈하고 강압적인 무단통치를 하였다. 일제는 토지, 쌀 등 물적 자원뿐 아니라 인적자원까지 수탈하여 우리나라는 일본의 산업발달에 필요한 원료공급자와 상품시장으로 전락하였다.

농민들은 토지조사사업을 통해 토지를 약탈당했기 때문에 일본인들의 소작인이 될 수밖에 없었다. 일제의 침략 하에서 춘궁기를 넘기 위해 콩깻묵, 밀기울, 초근목피로 연명하는 생활을 하여 한국 식생활문화의 침체기였다. 식량의 빈곤은 일제 말엽인 1937년 중·일전쟁을 계기로 많은 곡물을 공출 당함으로써 더욱 심해졌다. 그러나 이러한 상황에서도 서구문명의 유입은 계속되었고 일본인이 경영하는 식품제조업체들이 등장하게 되어 궁핍한 생활 속에서도 과자, 술, 청량음료, 식용유, 각종 통조림 등의 서구식품들이 만들어져 일부 상류층의 식생활에서 이용되었다.

8) 현대의 식생활

일제로부터 해방이후 오늘날까지 사회환경의 급속한 변화는 식생활에 있어서도 과거 어느 때보다도 큰 변화를 가져왔다. 사회환경에 따라 연대별로 식생활문화의 특성을 살펴보면 다음과 같다.

(1) 해방 이후부터 1960년대

기아와 극심한 식량부족 상태가 계속되었다. 전쟁과 흉년, 낙후된 농업기술로 인해 해외원조식량에 의존했던 시기이다. 식량의 해외원조를 받으면서 서구식 식생활이 유입되고 미곡의 부족으로 분식장려운동이 전개되어 일반인을 중심으로 밀가루음식이 확대되기 시작하였다.

(2) 1970년대부터 80년대

경제개발 계획의 성공적인 결실로 우리의 경제가 급성장했던 시기로서 경제발전과 더불어 식생활 수준이 향상되어 배고픔을 충족시키는 식생활로부터 영양가와 맛을 추구하는 풍요로운 식생활로 변화되었다. 주식보다 부식을 강조하고 커피, 가공식품류 등 서구식품의 이용이 증가되어 서양식 식생활문화로 변화되기 시작하였다. 이와 같은 상황에서 우리의 전통음식이 경시되는 경향을 띄기도 하였다.

(3) 1990년대부터 현재

경제성장과 산업화 및 정보화 추세에 따른 소득증대, 핵가족화, 여성의 사회진출, 세계화 등 사회환경의 급속한 변화로 음식에 대한 가치관이 달라지고 있다. 이 시기는 식생활의 서구화시기라고 할 수 있는데 식품의 소비구조가 서구인들과 비슷해지고 외국의 음식에 대한 기호가 높아지고 있다. 바쁜 현대 생활로 인해 시간과 인력이 덜 소비되는 가공식품이나 편이식품 이용이 늘어나 식품산업, 외식산업이 크게 증가하고 발달하게 되었다. 주부들의 음식담당 전통이 약화되고 이에 따라 전통조리법의 단절, 김치, 장, 젓갈 안 담그기, 손님초대 및 접대문화의 단절, 통과의례 및 관혼상제 등 의례음식의 변질, 가족공동식사 전통의 약화, 음식예절의 상실 등 식생활에서 많은 전통적 요소들이 사라져가고 있음을 볼 수 있다.

4. 한국음식의 상차림

상차림이란 주식류와 찬품을 상에 배열하는 방법을 말한다. 각 나라나 지방의 풍습에 따라 음식을 차려내는 격식은 다양하지만 크게 공간전개형과 시간계열형으로 나누어 볼 수 있다. 공간전개형이란 미리 상위에 준비한 음식을 모두 한꺼번에 갖추어 놓은 후 식사를 할 수 있게 한 것을 말하며 시간계열형은 시간 간격을 두어 음식을 하나씩 차례대로 내어놓는 차림으로 오늘날 중국이나 프랑스 등 많은 나라에서 채택하고 있는 상차림이다.

우리나라의 상차림은 전통적으로 공간전개형의 상차림이 발달하였다. 즉, 준비된 음식을 한꺼번에 전부 차려놓고 먹는 것이 큰 특징이다. 한국전통음식의 식사예절에서 상차리기가 아주 중요시되고 있는데 상위에 음식이 놓이는 위치가 정해져 있는 등 그만큼 형식도 까다롭다.

1) 상차림의 변천

상차림의 양식은 그 시대의 사회 문화적인 배경과 주거 양식, 가족제도 등과 관계가 깊다.

각 시대의 상차림을 직접적으로 알 수 있는 문헌이나 자료들이 많지 않고 특히 일반 서민들의 일상식에 관한 자료는 더욱 부족한 편이다.

(1) 고구려시대

고구려의 고분 통구 무용총 벽화 중에는 다리가 달린 상, 쟁반같이 다리가 없는 도구에 음식을 나르는 모습(그림3-10)을 볼 수 있고, 또 다른 그림에는 두 남자가 의자에 마주 앉아 있고 각각의 상과 각기 2개의 곁상이 놓여 있는 것을 볼 수 있다(그림3-11). 통구 각저총 벽화의 실내 생활도에는 오늘날의 작은 소반과 같은 상에 한 사람씩 외상 차림 앞에 앉아 있는 모습(그림3-12)도 볼 수 있어 이 시대의 상차림을 짐작 할 수 있다.

(2) 고려시대

고려시대 일상식의 상차림을 알 수 있는 우리나라의 자료는 없으나 송나라 서긍이 쓴 고려 기행문 「고려도경」에 기록된 것을 보면 손님접대에 겸상으로 냈음을 알 수 있다.

그림 3-10 무용총의 음식 나르는 모습

그림 3-11 무용총의 접견도

그림 3-12 통구 각저총 벽화의 실내 생활모습의 일부

(3) 조선시대

유교이념을 근본으로 한 가부장적 대가족제도에서 어른과 남자를 존중하여 외상차림의 반상을 차렸으며 음식을 담는 기명도 상차림에 따라 규격화되는 등 상차림의 격식이 정립되었다. 또한 효를 중시하여 조상에 대한 제례를 엄격히 지켰기 때문에 제사 지내는 절차와 진설에 관한 문헌들이 남아있다. 조선시대 노인들을 초대하여 잔치를 베푸는 김홍도의 기로세련계도(耆老世聯系圖)에는 그 많은 노인들이 모두 독상을 받고 있는 것을 볼 수 있다.

조선시대에 궁중의 연회기록을 적은 문헌에서 왕과 왕족들은 각기 음식을 따로 받았으며 지위가 높은 고관들은 외상 차림, 아래 직급은 겸상을 했고 더 아래 직급의 경우에는 여럿이 함께 하는 두레상 대접을 받았음을 볼 수 있다.

그림 3-13 김홍도의 기로세련계도(耆老世聯系圖)의 일부

2) 상차림의 종류

상차림의 종류는 일상식에서는 상에 차려내는 주식에 따라 나누고, 상을 차리는 목적에 따라 여러 상차림으로 나눌 수 있다. 일상식에는 상에 오르는 주식의 종류에 따라 밥과 반찬을 주로 한 반상과 죽상, 면상, 만둣상, 떡국상 등이 있고 손님을 대접하는 상은 교자상, 주안상, 다과상 등이 있다. 의례적인 상차

림으로 돌상, 큰상, 젯상 등이 있는데 혼례, 제례 및 연례에서는 일상식과는 전혀 다른 상차림을 한다. 즉, 혼례, 회갑, 회혼 등의 경사스러운 의례 상차림은 큰상이라고 하여 여러 가지 과일, 다식 등을 괴어 담는데 이를 위해서는 특별한 솜씨가 필요하다.

(1) 반상차림

반상은 밥을 주식으로 하여 여기에 어울리는 반찬을 부식으로 구성한 상차림이다. 보통 어린 사람에게는 밥상, 어른에게는 진짓상, 임금님에게는 수라상으로 칭한다.

① 반상의 구성

반상은 반찬의 가짓수에 따라 3첩, 5첩, 7첩, 9첩, 12첩 반상이 있는데 밥, 국, 김치, 조치, 전골, 간장, 고추장, 초고추장 따위의 장을 제외한 쟁첩에 담는 반찬의 수를 가리킨다. 즉, 모든 반상에서 밥, 국, 김치, 청장은 기본으로 놓이고 5첩 반상 이상에는 조치를, 7첩 반상 이상에는 찜을, 9첩 반상 이상에는 전골을 기본으로 놓는다. 찬으로 전, 회, 편육을 놓을 때에는 초간장, 초고추장도 곁들인다. 첩수가 늘어나면 김치도 두세 가지 종류를 더 놓으며 7첩 반상 이상의 경우 많은 가짓수의 반찬을 한상 위에 모두 차릴 수 없을 때 보조상으로 곁상을 놓는다. 보통 민가에서는 9첩 반상까지 차릴 수 있었고 궁중에서는 12첩 반상을 차렸다.

㉠ 3첩 반상

[기본] 밥, 국, 김치, 간장,

[반찬] 구이 또는 적, 생채 또는 숙채, 장아찌나 젓갈, 마른 찬 중 택1

㉡ 5첩 반상

[기본] 밥, 국, 김치 2종류, 찌개(조치), 간장, 초간장

[반찬] 구이 또는 적, 생채 또는 숙채, 장아찌 또는 젓갈, 조림, 전유어

㉢ 7첩 반상

[기본] 밥, 국, 김치 2종류, 찌개, 찜, 전골, 간장, 초간장, 초고추장

[반찬] 구이 또는 적, 생채, 숙채, 장아찌 또는 젓갈, 조림, 전유어, 편육 또는 회

㉣ 9첩 반상

[기본] 밥, 국, 김치 3종류, 찌개 2종류, 찜, 전골, 간장, 초간장, 초고추장

[반찬] 구이 또는 적, 생채, 숙채, 조림, 전유어, 장아찌, 젓갈, 마른 찬, 편육 또는 회

㉤ 12첩 반상

[기본] 밥 2종류, 국 2종류, 김치 3종류, 찌개 2종류, 찜, 전골, 간장, 초간장, 초고추장

[반찬] 더운 구이, 찬 구이, 조림, 전유어, 숙채, 생채, 장아찌, 젓갈, 마른 찬, 편육, 회, 수란

위와 같이 반상차림은 음식 재료의 배합과 조리법이 중복되지 않도록 일정한 형식으로 상차림의 규범을 정착시켜 곡물, 생채, 숙채, 육류, 어패류, 발효음식 등 다양한 식품의 섭취로 영양적인 균형을 꾀하고 맛의 농담, 음식의 색상, 냉, 온의 조화를 이루어 기호성 높은 식사를 할 수 있게 하였다.

식기(食器)

일상의 반상차림에 쓰이는 그릇을 반상기라 하는데 밥주발, 탕기, 조치보, 김치보, 쟁첩, 대접 등으로 이루어져 있다. 주발의 형태와 바리 · 합의 모양을 따서 모두 같은 형태와 문양으로 똑같이 한 벌로 맞춰 사용한다. 철에 따라 여름철과 겨울철의 식기를 구별하여 쓰는데 단오부터 추석까지는 자기로 된 것을 그 외의 계절에는 유기나 은기를 사용한다.

상에 오르는 대표적인 그릇은 다음과 같다.

① 주발 - 남자의 밥그릇으로 사기나 은기로 되어 있으며 사기주발을 사발이라 한다.

② 바리 - 유기로 된 여자용 밥그릇. 주발보다 밑이 좁고 배가 부르며 위쪽은 다시 좁아진 모양이다.

③ 합 – 밑이 평평하며 밑에서 위로 직선으로 올라가면서 차츰 좁아지는 모양이며 위쪽의 뚜껑도 평평하다. 작은 합은 밥그릇으로 쓰이고, 큰 합은 떡·약식·찜 등을 담는다.

④ 쟁첩 – 전·구이·나물·장아찌 등 찬을 담는 작고 납작하며 뚜껑이 있는 그릇이다. 반상의 첩수에 따라 상에 놓이는 숫자가 정해진다.

⑤ 탕기 – 국을 담는 그릇으로 주발과 같은 모양이며 주발에 들어가는 한 둘레가 작은 그릇이다.

⑥ 보시기 – 김치류를 담는 그릇으로 쟁첩보다 약간 크고 조치보다는 운두가 낮다.

⑦ 종지 – 간장·초장·초고추장 등의 장류와 꿀을 담는 그릇으로 기명 중에 크기가 가장 작다.

⑧ 대접 – 위가 넓고 운두가 낮은 그릇으로 숭늉·면·국수 등을 담는 그릇으로 요즘에 국대접으로 흔히 쓰인다.

⑨ 옴파리 – 사기로 만든 입이 작고 오목한 바리이다.

그림 3-14 기명(器皿)

② 반상의 배선

식사하는 사람의 수에 따라 한 사람이 먹도록 차린 반상을 외상, 두 사람이 먹도록 차린 반상을 겸상이라 한다. 전통 반상차림은 계층에 관계없이 외상으로 대접하는 것이 기본 원칙이나 상황에 따라 겸상도 하고 두레반으로 차리기도 한다. 배선의 원칙은 먹는 사람이 편리하게 먹을 수 있도록 놓는 것이다. 겸상의 경우 손님이나 손윗사람 중심으로 배선한다.

표 3-2 반상차림의 구성원칙

반상차림	첩수에 들어가지 않는 기본 음식							첩수에 들어가는 음식										
	밥	국	김치	장류	찌개	찜	전골	나물 생채	나물 숙채	구이	조림	전	마른반찬	장아찌	젓갈	회	편육	수란
3첩	1	1	1	1				택1		택1			택1					
5첩	1	1	2	2	1			택1		1	1	1	택1					
7첩	1	1	2	3	2	택 1		1	1	1	1	1	택1			택1		
9첩	1	1	3	3	2	1	1	1	1	1	1	1	1	1	1	택1		
12첩	1	1	3	3	2	1	1	1	1	2	1	1	1	1	1	1	1	1

㉠ 외상

㉮ 수저는 상의 오른쪽 앞쪽에 놓는데 숟가락은 앞쪽, 젓가락은 뒤쪽에 나란히 하여 상 끝에서 3cm 정도 밖으로 나가게 놓는다.

㉯ 밥은 상 앞줄의 중간에서 왼쪽에 국은 그 오른쪽에 놓으며 찌개는 국그릇 뒤쪽에, 찜은 찌개 뒤에 놓는다.

㉰ 종지는 밥그릇 뒤쪽 왼쪽에서부터 간장, 초장, 초고추장 등의 순으로 놓는다.

㉱ 김치는 상 맨 뒷줄의 왼쪽에서부터 깍두기, 배추김치, 동치미의 순으로 놓는데 제일 오른쪽에 국물김치를 놓아 쉽게 국물을 떠먹을 수 있게 한다.

㉲ 중간 왼쪽으로 밑반찬류, 나물, 생채 등의 찬 반찬을 놓고 전, 구이, 회, 편육 등 더운 반찬은 오른쪽에 놓는다.

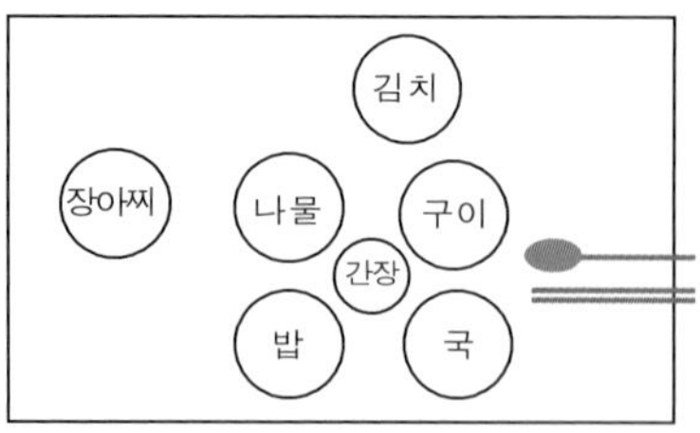

3첩 반상

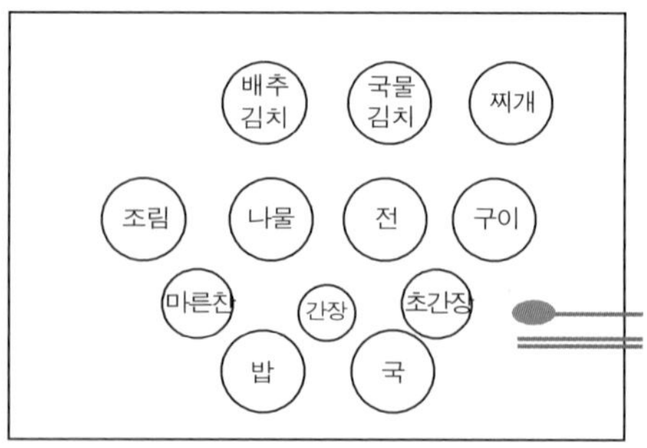

5첩 반상

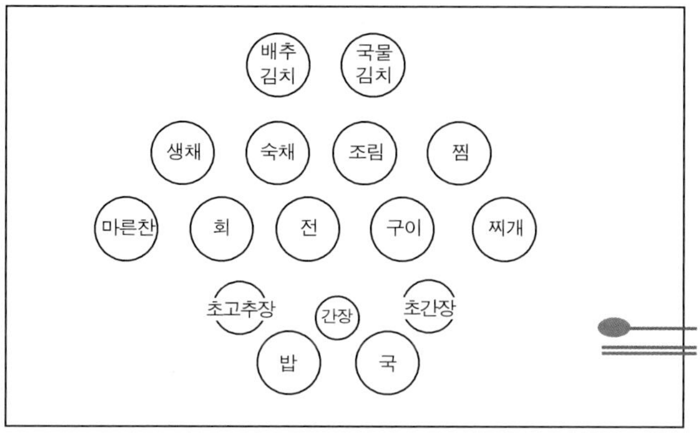

7첩 반상

그림 3-15 반상의 상차림

㉡ 겸상

㉮ 수저는 상의 대각선 위치 양쪽에 각각 한 벌 씩 놓고 밥과 국그릇도 각각 따로 놓는다.

㉯ 찌개, 찜은 어른이나 손님이 쉽게 먹을 수 있도록 오른쪽 가까이 놓고 김치는 찌개, 찜 뒤에 놓는다.

㉰ 더운 음식, 고기음식은 어른이나 손님 가까이에 놓고 밑반찬은 어린 사람 혹은 주인 쪽에 놓는다.

(2) 죽상

응이, 미음, 죽 등의 유동식으로 이른 아침에 처음 간단히 먹는 음식이기 때문에 맵지 않은 동치미나 나박김치 등의 국물김치와 맑은 조치, 마른 찬을 갖추어 낸다.

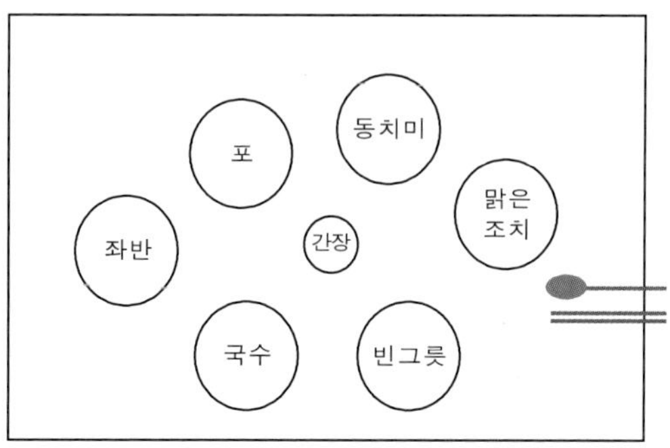

그림 3-16 죽상

(3) 면상(장국상)

국수장국상은 더운 국수장국이나 냉면에 다른 반찬을 곁들여 차린 상으로 혼례, 회갑례와 같은 경사 때에 손님접대용으로 차리며 평상시에는 점심으로, 혹은 간단한 식사를 할 수 있도록 차린다. 주식으로 밥 대신 국수, 만두, 떡국을 내는데 부식으로는 찜, 겨자채, 잡채, 편육, 전, 김치류, 생채, 잡채 등이 나온다.

① 온면상 : 국수(온면), 찜(민어찜, 도미찜), 전, 잡누르미, 편육, 잡채, 김치, 정과, 떡, 약식, 약과, 화채, 녹말편을 갖추어 낸다.

② 냉면상 : 국수(냉면), 쇠고기전골, 전, 김치, 장아찌, 떡수단, 화채 등을 갖추어 낸다.

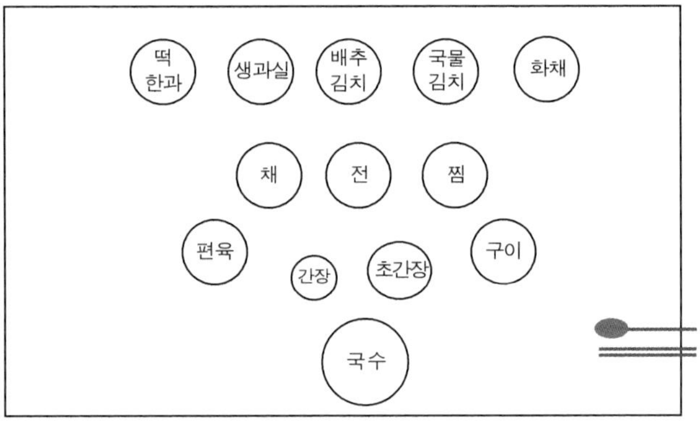

그림 3-17 면상

(4) 교자상

집안의 경사스러운 일이 있을 때 많은 사람이 모여 연회할 수 있도록 큰상에 여러 가지 음식을 차리는 상차림이다. 주식은 냉면이나, 온면, 떡국 등 계절에 맞게 선택하고 탕, 찜, 전유어, 편육, 적, 회, 겨자채나 잡채, 구절판과 같은 채류, 신선로 등을 낸다. 후식은 각색편, 숙실과, 생과일, 화채, 차 등을 준비한다.

(5) 주안상

주안상은 술을 대접하기 위한 상차림으로 청주, 소주, 탁주 외에 여러 가지 증류주 등 술의 종류와 상을 받는 사람의 기호에 맞추어 안주를 차린다. 육포,

어포, 건어 등의 마른안주, 전류, 편육류, 회, 겨자채 같은 생채류, 김치, 과일을 포함하여 찜 등과 전골이나 찌개 같은 뜨거운 국물음식 등이 술안주로 적당하다.

(6) 다과상

평상시 식사 이외의 시간에 다과만을 대접할 때나 혹은 주안상, 장국상의 후식으로 내놓는 다과 중심의 상차림이다. 음료로는 식혜, 수정과 등 차가운 음청류와 뜨거운 차를 내놓고 각 계절에 어울리는 떡류, 생과류, 다식, 강정, 정과, 유과, 유밀과, 숙실과 등을 낸다.

소 반

소반은 식기를 받치는 기물로 쓰임새나 생산지, 상판의 형태, 다리 모양 등에 따라 다양하게 분류할 수 있다.

▣ 생산지별 분류

① 나주반

잡다한 장식이나 화려한 조각이 없으며 나뭇결이 그대로 들여다보이는 투명한 생칠이 쓰였다. 튼튼한 짜임과 부드러운 광택의 칠이 특징이다.

② 해주반

연당초, 모란 등의 화려한 투조 장식이 많이 들어 있어 조선조의 단순 소박한 구성과는 달리 복잡하고 화려한 고려적 분위기가 배어 나온다.

③ 통영반

통영의 나전칠기가 유명해지면서 상판에 십장생, 천도, 운학 등 화려한 자개반으로 이름이 나게 되었다. 제작이 편리하고 튼튼하여 실용적이어서 최근까지도 통영반의 형태가 밥상의 정형이 되었다.

▣ 형태에 의한 분류

① 책상반

장방형 소반으로 일상의 반상에 가장 많이 쓰였다.

② 호족반

조선조 소반의 가장 보편적인 형태. 호랑이 다리처럼 굽이 바깥을 향해 끝이 올라가 있는 안정감을 주는 소반이다. 조선전기에는 상층계급에서만 사용되다가 후대에는 모든 계층에서 쓰였다.

③ 구족반

개다리소반이라고도 하며 12각형, 원형으로 다리의 굽이 안쪽으로 향해 바닥을 힘있게 딛어 무거운 반을 지탱하는 힘이 배가되도록 설계되었다.

④ 단각반

한 개의 기둥이 반의 중심을 받치고 있는 상으로 크기가 작아 간단한 주안상이나 과반으로 쓰였다. 단각의 모양을 원통형으로 하여 반면이 회전하도록 한 것도 있고 단각 외에 보조다리를 달아 내린 것도 있다.

■ 용도에 의한 분류

① 공고반

관청에 번을 할 때나 식사를 차려서 내갈 때 쓰던 상. 앞뒤가 크게 뚫려있어 머리에 이면 앞을 볼 수 있게 되어 있다.

② 곁반

밥상 곁에 놓고 숭늉, 차, 빈 그릇을 받치며 높이가 10cm내외로 얕고 작은 장방형이다. 반면에 구멍이 뚫려 남비를 올려놓을 수 있게 한 전골상, 신선로상이 있다.

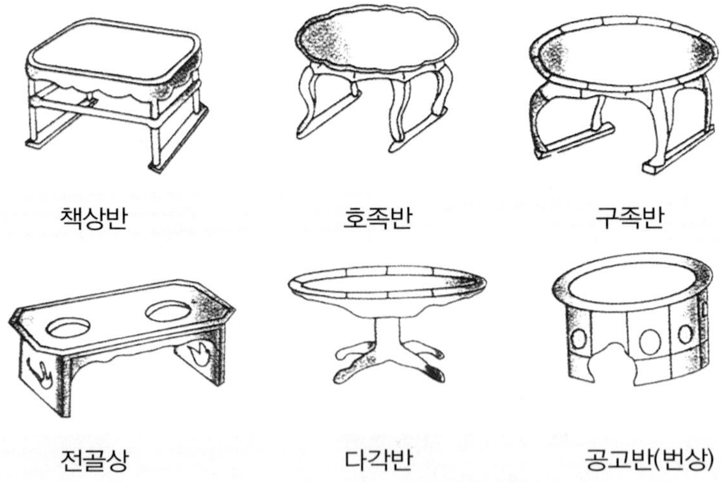

그림 3-18 여러 종류의 소반

5. 향토음식

향토 음식은 자연 환경과 역사적 환경에 영향을 받으며 정착된 그 지역의 고유한 토착 음식이다. 즉, 그 고장에서 생산되는 산물을 재료로 하여 나름대로의 고유한 조리법을 이용해 만든 음식을 말한다.

우리나라는 기후구와 지형이 다양하여 향토음식이 잘 발달 할 수 있었다. 지형적으로 볼 때 남북으로 길게 뻗어 있어 지역별로 기후 차이가 클 뿐 아니라 동쪽, 남쪽, 서쪽의 삼면이 바다로 둘러 쌓여있는 반도 국가이다. 그러므로 동서남북의 지세, 기후여건이 매우 달라 고장마다 나는 산물이 각각 특색이 있다. 북부와 동부지역은 산이 많아 밭작물의 생산이 많은 반면 서부와 남부지방은 쌀 생산이 많다. 음식의 맛도 서로 다른 특징을 보인다. 북부지방은 여름이 짧고 겨울이 길어서 음식이 싱겁고 매운 맛이 덜한 편인데 반해 남부 지방으로 갈수록 더운 날씨에 음식이 상하는 것을 막기 위해 음식의 간이 세고 매운맛도 강할 뿐 아니라 조미료와 젓갈을 많이 사용한다.

한편 역사적으로 삼국시대까지는 각각의 영토 경계가 확연하였고 고려, 조선에 이르러서는 역대 왕조가 교체되었으며 도읍의 발달이 지역적으로 다양하게 이루어져 그 지방의 맛과 멋을 대표하는 독특한 음식이 만들어지게 되었다. 특히 조선시대에는 향리에 기반을 둔 유림문화가 신장되면서 향토음식의 발달을 가져왔다.

이와 같이 그 지역의 기후적인 특성과 생산물, 주민들의 적응양식, 역사적 사회특성과 더불어 '신토불이'라는 말에서도 알 수 있듯이 예로부터 풍토에 순응하는 식생활이 건강에 기여한다는 의식 등으로 지방마다 특색 있는 향토음식이 생겨나게 되었다.

오늘날은 교통이 편리해지고 교류가 활발하여 한 지방의 산물이나 식품이 전국 곳곳으로 퍼지고 조리법도 알려져 지역성의 차이가 없어지고 있지만 아직도 지방마다 특색 있는 음식들이 많이 전승되고 있다. 또한 생활수준이 향상되고 외국과의 교류도 빈번하여 서구적인 음식의 맛에 길들어져 있긴 하나 우리의 고유한 음식도 별미로 많이 찾고 있으며 각 지방마다 향토 음식 전문점이 많이 늘고 있는 추세여서 향토음식은 관광자원으로서의 의의도 커지고 있다.

1) 서울음식

서울에서 나오는 특색 있는 산물은 많지 않으나 전국 각지의 식재료가 모여 다양하고 화려한 음식이 발달하였다. 특히 서울은 500여 년 간 조선왕조의 수도로서 왕족과 양반계급이 많이 살고 있었고 외국사신도 많이 맞이하였기 때문에 격식이 복잡하고 의례를 존중하는 관습이 음식에 잘 나타나 있다. 음식에 넣는 양념류는 곱게 다져 사용하고 음식의 분량은 적지만 가짓수를 많이 하였다. 음식의 모양에 맵시를 강조하고 한 입 크기로 작게 만들었기 때문에 손이 많이 가는 음식들이 많다.

대표음식

- 주식류 : 설렁탕, 잣죽, 떡국, 장국밥, 비빔국수, 편수, 메밀만두, 꿩만두
- 부식류 : 육개장, 신선로, 갑회, 육포, 어포, 족편, 떡찜, 너비아니구이, 구절판, 숙깍두기, 도미찜, 갈비찜
- 떡 · 과정류 : 각색편, 각색단자, 약식, 느티떡, 상추떡, 매작과, 약과, 각색전과

• 설렁탕

설렁탕의 유래는 선농단의 행사를 마친 후 소를 잡아 가마솥에 넣어 국을 끓여 먹은 데서 '선농탕'이라 불리었다. 설렁탕은 쇠고기의 잡육, 내장 부위를 뼈 째 넣고 하루쯤 곤 것으로 곰국보다 뼈가 많이 들어가 국물이 뽀얗다.

• 육개장

구장(개장국)을 꺼리는 사람들이 개장국처럼 끓여서 먹던 것으로 이것을 '육개장' 이라 불렀다. 쇠고기의 양지머리, 사태를 푹 삶아 얇게 썰어 간장, 파, 마늘, 고춧가루, 후추 등으로 양념하여 끓여 먹었다.

• 갑회

소의 내장류를 회로 만든 것이다. 소의 양과 천엽을 소금으로 잘 문질러 씻은 후 잣가루를 뿌려 돌돌 말아 만든 것으로 초고추장이나 겨자에 찍어 먹는다.

• 개피떡

쌀가루를 쪄서 절구에 찧어 만든 떡을 얇게 밀어 녹두소나 팥소를 둥글게 빚어 넣고 반달 모양으로 만든다. 일명 '바람떡'이라고도 불린다.

• 너비아니

쇠고기를 너붓너붓하게 손질하여 배즙을 넣은 양념장을 만든 후 고기에 간이 배게 주물러 구이 판에 구워낸다.

2) 경기도 음식

경기도는 우리나라 중부에 위치하고 있으며, 고려의 도읍지였던 개성을 포함하여 서울과 인접해 있고 서해안쪽은 해산물이 풍부한 동시에 넓은 평야를 갖고 있어 농산물도 많이 생산되는 지역이다. 간은 세지도 약하지도 않은 서울음식의 간과 비슷한 정도이나 양념을 많이 쓰지 않는 것이 특징이다. 개성지방은 그 당시의 음식솜씨가 남아 서울, 전주와 더불어 음식이 가장 호화스럽고 궁중요리에 비길 만큼 사치스러우나 이 외의 지역은 대체로 수수하고 소박한 것이 특징이다.

강원도, 충청도, 황해도와 접해 있어 이 지역과 공통점이 많으며 음식 종류도 같은 것이 많다. 특산물로 화성군 남양의 석굴, 용문산의 산채, 이천의 쌀, 김포, 고양의 웅어, 가평의 잣 등이 유명하다.

대표음식

- 주식류 : 개성편수, 조랭이떡국, 제물칼국수, 팥오곡밥, 수제비, 냉콩국수,
- 부식류 : 삼계탕, 갈비탕, 개성닭젓국, 아욱토장국, 민어탕 감동젓찌개, 홍해삼, 용인외지, 개성보쌈김치, 개성순대, 배추꼬치볶음, 메밀묵무침
- 떡·과정류 : 개성경단, 우메기떡, 수수도가니, 개떡, 여주산병, 개성약과
- 음청류 : 모과청화채, 오미자화채

• 조랭이떡국

흰떡을 대나무 칼로 밀어 누에고치 모양으로 만든 다음 사골을 끓인 육수에 넣어 먹는 정월 음식이다. 누에는 정월의 길(吉)함을 표시하고 조롱의 모양이 악귀를 막는다는 뜻도 있다.

• 제물칼국수

밀가루을 반죽하여 밀대로 얇게 민 다음 썰어서 멸치나 쇠고기로 만든 장국에 넣어 끓인 국수이다. 다른 지방의 칼국수와는 달리 장국에 칼국수를 넣어 끓이

므로 국물이 걸쭉하고 구수하다. 지금부터 200년 전쯤 햇밀이 생산되면 농가에서 방아를 찧어 낸 다음 국수를 만들어 제물로 끓였다는 기록이 있다.

• 개성닭젓국

닭을 깨끗이 씻어 먹기 좋은 크기로 토막을 낸 후 양념 맛이 배도록 한 후 달군 팬에 참기름 두르고 닭을 볶다가 물을 붓고 끓인다. 잘 익으면 새우젓을 넣고 다시 한 번 끓여 낸다.

• 우메기

찹쌀가루와 멥쌀가루를 섞고 막걸리와 설탕을 넣어 끓는 물로 반죽하여 둥글납작하게 반죽하여 빚어낸다. 그 안에 건포도를 2개씩 넣은 후, 팬에 기름을 둘러 지져 식힌 다음 끓인 설탕물에 담갔다가 꿀로 옷을 입힌 것으로 쉽게 굳지 않게 만든 떡이다.

• 여주산병

쌀가루로 흰떡을 만들어 쳐서 밀방망이로 얇게 민다. 개피떡을 만드는 것처럼 팥소를 넣고 맞덮은 큰 보시기와 작은 보시기로 크기를 다르게 찍어낸다. 크게 말은 떡을 구부리고 안에다 작게 말은 떡도 구부려 넣어 네 끝을 모아 붙여 만든 것으로 특이한 모양의 떡이다.

경기도 여주 지방은 권력과 재력이 있는 민씨네가 많이 모여 살던 곳으로, 옛날 경기도 지방에서는 큰잔치 때 여주산병을 만들어 먹었다.

3) 강원도 음식

강원도는 우리나라의 척추라 불리는 태백산맥이 있어 영동지방과 영서지방에서 나는 산물이 크게 다르고 동해바다에 면하고 있어 산악지방과 해안지방에서 나는 산물도 크게 다르다. 고원지대에서는 찰옥수수, 메밀, 감자가 많이 생산되고 해안에서는 오징어, 명태, 해초 등이 나오며 젓갈류가 많아 이를 이용하여 해물김치를 담기도 한다. 산악지대에서는 향기로운 산채와 석청 등 다양한 음식재료가 생산되어 비교적 다양한 식생활을 할 수 있는 지역이다. 음식은 서울처럼 사치스럽지 않고 극히 소박하며 먹음직하다. 특히 감자, 옥수수, 메밀, 도토리 등을 이용한 음식이 다른 지방보다 많으며 감자의 생산량은 전국에서 가장 높아 이를 이용한 식생활이 발달되었다.

대표음식

- 주식류 : 강냉이밥, 감자밥, 감자수제비, 강냉이수제비, 메밀막국수, 강냉이범벅, 어죽, 강릉방풍죽, 토장아욱죽
- 부식류 : 삼숙이탕, 쏘가리탕, 오징어순대, 동태순대, 올챙이묵, 미역쌈, 송이볶음, 섞이나물, 산초장아찌, 주문진정어리찜, 다시마튀각, 능이버섯회, 가자미식해
- 떡 · 과정류 : 감자송편, 메밀총떡, 감자경단, 방울증편, 무소송편, 과줄, 강릉산자, 약과, 평창옥수수엿, 팥소흑임자

- 메밀막국수

춘천의 유명한 음식으로 메밀가루를 반죽하여 만든 국수이다. 고춧가루, 파, 마늘, 참기름, 무생채나 동치미 썬 것, 돼지고기 편육을 국수 위에 얹어서 먹는 음식이다.

- 삼숙이탕

삼숙이(삼세기)는 겨울철 동해안의 대진항과 주문진항 사이에서 많이 잡히는 어종으로 껍질을 벗겨 야채를 조금 넣고 얼큰하게 끓인 매운탕으로 담백한 맛이 있다. 살이 쫄깃쫄깃 하여 입속에서 씹히는 맛 때문에 삼숙이 매운탕을 즐기는 사람이 많으며 음주 후 해장국으로 좋다.

- 가자미식해

가자미를 넓게 썰어 소금에 절여 하루쯤 두었다가 보자기에 싸서 눌러 둔다. 메좁쌀 밥과 마늘, 생강, 고춧가루, 소금을 섞어 버무린 후 가자미를 한 켜 담고 버무린 조밥을 덮은 뒤 이를 번갈아 행하고 무거운 돌로 눌러 삭힌다.

- 무송편

무생채에 고춧가루를 넣고 양념하여 송편의 소로 이용한 것으로 속이 맵고 시원하여 사람들의 술안주로 애용되었다.

- 팥소흑임자

찹쌀을 불려 쌀알이 퍼지도록 찧고, 팥을 삶아 앙금을 낸 뒤 설탕과 섞어 소를 준비하고 흑임자를 볶아서 가루를 낸다. 친 떡을 한 조각씩 떼어 팥소를 넣고

흑임자가루에 굴려 만든다.

• 오징어순대

오징어다리 삶은 것과 두부, 숙주나 버섯 따위를 양념하여 생오징어의 몸통에 채워 넣고 찜통에 쪄낸 후 가지런히 잘라 낸 것이다.

4) 충청도 음식

충청도는 한반도의 중앙에 위치한 지역으로 기후가 온난하고, 강수량도 적당할 뿐 아니라 토질도 기름져 농사짓기에 적합하여 쌀, 보리, 고구마, 무, 배추가 많이 생산된다.

충북의 내륙에서는 좋은 산버섯, 산채 등이 많으며 이 지역은 바다를 끼고 있지 않아 수산물은 찾기 어려우나 산 속을 흐르는 물이 많아 물새우, 민물장어, 메기, 올갱이, 쏘가리 등이 명산물이며 충남의 해안지방에서는 굴, 새우, 갈치, 숭어, 가오리, 조기, 꽃게 등이 많이 생산된다. 이 지역은 예로부터 금강을 끼고 있는 논산평야가 있어 쌀이 많이 생산되어 예부터 흰밥을 으뜸으로 이용하였고 대중적으로는 보리밥을 많이 먹었다.

충청도 음식은 맵거나 사치스럽지 않고 양념도 많이 쓰지 않는다. 또한 담백하고 구수하며 소박한 것이 특징이고 굴이나 조갯살을 이용해 국물을 내어 떡국이나 칼국수를 끓여 먹으며 인심을 반영하듯 음식의 양은 많은 편이다.

대표음식

• 주식류 : 보리밥, 찰밥, 칼국수, 호박범벅, 녹두죽, 팥죽, 보리죽, 공주장국밥

• 부식류 : 굴냉국, 넙치아욱국, 청포묵국, 시래기국, 장떡, 홍어어시육, 찌엄장, 충주내장탕, 새뱅이지짐이, 어리굴젓, 말린묵조림

• 떡·과정류 : 쇠머리떡, 꽃산병, 약편, 곤떡, 수삼정과, 무엿

• 다슬기국

된장과 고추장을 푼 물에 다슬기와 아욱을 넣고 끓인 국으로 충주 지방의 다슬기가 잘 알려져 있다.

• 굴냉국

굴이 많이 나는 서산지역에서 많이 만들던 음식으로 굴을 깨끗이 씻은 다음 파, 마늘, 묽은 장으로 생굴을 무친 후 동치미국물을 부어 식초와 고춧가루로 간을 맞춘 냉국이다.

- 말린 묵조림

도토리묵을 손가락 크기로 썰어 말려 두었다가 다시 불려서 볶듯이 양념에 조려 낸 음식으로 꼬들꼬들하고 맛이 있다.

- 곤떡

곤떡은 찹쌀전병의 하나로 색이 고운 떡으로 분홍색 물을 곱게 들여 주는 지추라는 야생식물을 이용한다. 이 지추의 약명은 자근이라 하며 한약재로 쓰인다. 지추를 기름에 넣고 끓이면 기름이 자주빛이 되며 이 기름으로 반죽하여 지지면 말 그대로 아름다운 곤떡이 만들어진다.

- 호박범벅

호박과 고구마 팥, 강낭콩, 차조 등을 넣어 푹 익힌 음식으로 간식으로도 충분한 영양가를 담고 있으며 맛 또한 좋다.

5) 전라도 음식

한반도의 서남쪽에 자리 잡은 전라도는 서해와 남해를 끼고 있으며 기름진 호남평야가 펼쳐져 있어 곡물 산출, 수산물, 산채 과일 등이 매우 풍부한 지역이다. 노령산맥과 소백산맥 사이에 있는 고원과 분지에서 인삼, 고추, 고랭지 채소가 많이 생산되며 당귀, 산수유, 오미자 등의 약초와 산나물, 버섯류가 다양하게 생산된다. 바다를 끼고 있는 전남은 굴, 미역, 김 등 해조류의 양식이 성행하고 있다.

이 지역은 조선왕조 이씨의 본관이 되는 전주를 비롯하여 전라도에서 부유한 토반들이 대를 이어 좋은 음식을 전수하고 있어 어느 지방과 비교할 수 없는 풍류와 멋을 간직하고 있다. 음식의 사치스럽기가 개성과 맞먹는다. 고추장과 술맛이 좋고 상차림의 가지 수도 전국에서 제일 낳아 상위에 가득 올리는 것을 즐겨 타지 사람들을 놀라게 하며 혼인 이바지 음식이 화려하게 발달했다.

또한 기후가 비교적 온난하여 음식의 간은 센 편이며 매운 맛과 자극적인 맛이 두드러진다. 김치에는 찹쌀풀과 고춧가루를 많이 사용하여 국물 없는 김치를 담그는 것이 특징이다.

특히 전주는 콩나물 기르는 법이 독특하여 콩나물국밥, 전주비빔밥, 콩나물밥 등이 뛰어난 향토음식이다.

대표음식

- 주식류 : 전주비빔밥, 콩나물국밥, 깨죽, 오누이죽, 대합죽, 대추죽, 피문어죽, 냉국수, 고동칼국수
- 부식류 : 추어탕, 용봉탕, 토란탕, 홍어회, 고들빼기김치, 고추잎자반, 머우깨국
- 떡 · 과정류 : 감고지떡, 감인절미, 전주경단, 나복병, 수리취떡, 차조기떡, 동아정과, 연근정과, 광주백당, 장성수수엿

- 전주비빔밥

전라도 음식 가운데에서 전국에 가장 널리 알려진 음식이다. 전주의 콩나물은 전국 제일의 맛을 자랑하는데 전주의 남천과 서천의 맛있는 물맛에 연유한다. 비빔밥의 유래에 관해서는 여러 설이 있지만 농번기에 하루에 여러 번의 음식을 매번 구색을 맞춰 상차림을 준비하기가 어렵고 또한 식기를 충분히 가져가기도 어려웠으므로 그릇 하나에 갖은 음식을 섞어 먹었던 것이 시초로 보인다. 전주비빔밥은 육수로 밥을 짓고 철에 따라 나물을 얹고 황포묵과 육회도 넣어 만든다.

- 피문어죽

피문어를 불렸다가 솥에 문어를 통째로 넣고 푹 삶은 후 불린 찹쌀을 넣고 대추 한쪽을 넣어 만들고 죽만 그릇에 뜨고 설탕과 같이 상에 내었다.

- 머우깨국

머우는 삶아서 굵은 것을 쪼개어 간과 양념을 하여 기름에 볶고 불려둔 쌀과 날 들깨를 갈아서 섞은 후 끓여 만든다.

- 우찌지

찹쌀가루를 익반죽하여 동그랗게 빚어 밤소를 넣고 반은 접어 고명을 얹은 부꾸미의 일종이다. 갖가지 떡 위에 웃기를 만들어 얹어 모양을 내어 만든다.

• 애저찜

조선시대 중엽에 시작된 애저 조리는 전라도의 명물이다. 새끼돼지를 통째로 푹 무르도록 삶은 다음, 한 곳에 놓고 뜯어서 양념장을 찍어 먹는다.

• 나주집장

누룩을 빻아 고운 체에 쳐 찐 찹쌀과 섞어서 하룻밤 삭힌다. 고춧가루, 소금, 간장으로 간을 하고 소금에 절인 고춧잎이나 오이, 무청, 가지와 함께 항아리에 담아 뚜껑을 덮고 두엄 속이나 아랫목에 묻어 익혀서 먹는다.

6) 경상도 음식

경상도는 한반도의 동남부에 위치하고 있으며 동해와 남해 등 좋은 어장을 끼고 있어 해산물이 풍부하다. 경상도의 중남부 지역은 낙동강을 중심으로 기름진 평야가 펼쳐져 있어 보리, 쌀 등의 농업 생산성을 높여주고 있다. 이곳에서는 생선회를 즐겨 먹으며 음식의 맛은 대체로 맵고 간은 세지만 멋을 내거나 사치스럽지 않으며 싱싱한 바닷고기에 소금 간을 싱겁게 해서 국을 끓이는 음식이 많으며 곡물음식으로는 국수를 가장 즐긴다. 밀가루에 날콩가루를 넣어 반죽하여 얇게 밀어서 만드는 칼국수가 으뜸이다. 장국의 국물은 멸치나 조개를 많이 이용한다.

대표음식

- 주식류 : 무밥, 갱식, 애호박죽, 건진국수, 통영비빔밥
- 부식류 : 대구육개장, 재첩국, 대구탕, 깨집국, 아구찜, 미더덕찜, 동래파전, 해파리회, 장어조림, 고추부각, 골곰짠지, 콩가루배추국, 삼계탕, 우엉김치, 통영돔찜
- 떡·과정류 : 모시잎송편, 만경떡, 쑥굴레, 칡떡, 잡과편, 진주유과, 부편
- 음청류 : 안동식혜, 수정과, 유자화채, 잡곡미숫가루, 찹쌀식혜

• 갱식

겨울 배추김치를 숭숭 썰어 넣고 끓인 국에 찬밥을 넣고 밥알이 퍼지도록 끓여서 만든다.

• 애호박죽

바지락을 곱게 다져 참기름에 볶다가 쌀 뜬 물을 넣어 쌀알이 퍼지도록 끓여 다 퍼지면 간장으로 간을 맞추고 국을 불에서 내리기 전 호박을 은행잎 모양으로 썰어 파랗게 익으면 그릇에 담아낸다.

• 부편

찹쌀가루를 익반죽하여 꿀과 계피가루로 만든 소를 넣고 경단 모양으로 빚은 후, 찐 다음 겉에 곶감 채를 묻혀 만든다.

• 동래파전

멸치국물에 계란을 풀어 밀가루와 쌀가루를 넣어 잘 혼합한다. 여기에 파, 미나리, 부추, 생굴, 조갯살, 홍합을 넣고 팬에 지져 만든다.

• 미더덕찜

미더덕을 여러 가지 채소와 함께 끓여 찹쌀가루를 풀어 되직하게 만든 매운 찜 요리이다.

• 안동식혜

보통식혜와 달리 찹쌀을 쪄서 엿기름을 물에 삭힐 때 고춧가루 물을 들이고 무를 채 썰어 넣어 만든 독특한 식혜이다.

7) 제주도 음식

제주도는 한반도 서남쪽에 자리 잡은 우리나라에서 제일 큰 섬이다. 농지가 적어 쌀은 거의 생산하지 못하고 조, 피, 보리, 메밀, 고구마 등 잡곡의 생산이 많다. 또 삼국시대부터 재배한 감귤과 전복은 특산물로 유명하고 소, 말 등 목축이 성하다. 수산 자원이 풍족하여 채소와 된장, 해조류가 찬물의 주재료가 되고 돼지고기와 닭고기, 생선을 이용하는 음식이 일찍부터 발달하였다.

제주도음식은 양념을 많이 넣지 않아 소박하며 음식을 많이 차리지도 않는다. 조리를 할 때에는 재료가 가지고 있는 자연의 맛을 그대로 살리기 위해 노력하며 날씨가 더워 음식을 상하지 않도록 하기 위해 간은 세게 하는 것이 특징이다.

대표음식

- 주식류 : 전복죽, 옥돔죽, 돼지새끼죽, 조기죽, 닭죽, 미역새죽, 생선국수, 메밀만두, 메밀국수, 메밀저배기, 곤떡국
- 부식류 : 고사리국, 지리물회, 톳냉국, 멈국, 옥돔국, 싱어지짐, 양애무침, 초기적, 물망회, 전복소라회, 게우젓, 다시마쌈
- 떡 · 과정류 : 오메기떡, 빙떡, 차좁쌀떡, 상애떡, 닭엿, 보리엿, 꿩엿
- 음청류 : 밀감화채, 차굴차, 소엽차

- 전복죽

생전복을 깨끗이 씻어 얇게 저며 참기름으로 잘 볶고 불린 쌀을 넣고 은근한 불에 퍼지도록 죽을 쑤고 소금으로 간하여 만든다.

- 고사리국

날고사리는 삶아 우려내고, 돼지고기에 물을 부어 고기가 푹 삶아지도록 끓인다. 고사리와 돼지고기를 곱게 다져 섞고 다진 파, 마늘 같은 양념을 넣어 다시 한 번 끓여주고 잘 갠 밀가루를 넣고 국이 걸쭉하게 되면 청장으로 간을 맞춘다.

- 톳냉국

말린 톳을 씻어 불렸다가 된장양념 넣어 무친 후 풋고추, 파를 넣고 냉수를 부어 만든 냉국에 식초로 간을 하여 만든다.

- 빙떡

메밀가루를 묽게 반죽하여 밀전병 부치듯이 둥글고 얇게 부친다. 소는 삶은 무채를 양념하여 가운데에 길게 놓고 끝부터 말아서 만든다.

- 닭엿

좁쌀밥에 엿기름을 부어 삭힌 다음 닭을 넣고 달인다. 닭이 익으면 꺼내고 물은 계속 달여 엿이 다 되어 가면 다시 닭을 넣고 엿이 될 때까지 달인다.

8) 황해도 음식

황해도는 우리나라의 중서부에 위치하며 연백평야와 재령평야에서 품질 좋은 쌀과 잡곡을 많이 생산하고 있다. 사과, 배, 복숭아, 밤 등의 과일도 많이 재배되고 예부터 후한 인심이 유명하며 음식의 양이 많고 무엇이든지 큼직하게 만

들며 맛이 구수하면서도 소박한 것이 특징이다.

차진 조를 넣은 잡곡밥을 즐기며 집집마다 기르는 닭의 고기 맛이 좋아 어느 음식이나 닭고기를 많이 이용한다. 김치에는 독특한 맛을 내는 고수(향초)를 사용하며 국물을 넉넉하게 만들고 동치미를 즐겨 담았다.

대표음식

- 주식류 : 김치밥, 비지밥, 밀낭화, 수수죽, 밀범벅, 밀다갈범벅, 호박만두, 남매죽, 냉콩국, 씻긴국수
- 부식류 : 되비지탕, 김치국, 조기국, 행적, 고기전, 김치순두부, 잡곡전, 연안식해, 묵장떼묵, 순대, 된장떡
- 떡 · 과정류 : 녹두고물시루떡, 오쟁이떡, 우메기, 잡곡부치기, 닥알떡, 무정과

- 김치밥

겨울철 배추김치와 돼지고기를 잘게 썰어 양념하여 볶다가 물을 붓고 끓인다. 김치가 잘 끓고 있을 때 쌀을 넣어 밥을 짓는다. 뜸을 잘 들인 후 고루 섞어서 밥그릇에 담고 양념장과 함께 내어 비벼 먹는다.

- 되비지탕

고기를 잘게 썰고 배추는 데쳐서 잘게 썬 후 볶는다. 돼지고기나 뼈를 갈아 넣고, 불린 콩 간 것을 넣고 끓이다가 새우젓으로 간을 맞춘다. 노랗게 꺼풀이 앉을 때까지 끓이고, 양념장을 곁들여 먹는다. 구수하고 푸짐한 맛 때문에 평안도, 함경도 같은 이북 지방에서 즐기는 음식이다.

- 냉콩국

삶은 콩을 곱게 갈아 걸러 소금으로 간을 한 후 차게 보관한다. 다른 지방은 주로 밀국수를 삶아서 건더기로 이용하지만 황해도는 찰수수가루를 익반죽하여 경단을 빚어서 끓는 물에 삶아 낸 것을 건더기로 쓴다.

- 잡곡전

콩을 갈아 쌀가루에 섞어서 반죽한다. 이것을 기름에 지질 때 돼지고기와 김치를 위에 올려놓는다.

• 연안식해

밥에 엿기름가루, 조갯살, 대추, 잣을 섞고 소금 고춧가루, 참기름을 섞어 항아리에 봉한 후 사나흘 정도 발효시킨 다음 먹는다.

9) 평안도 음식

평안도는 우리나라의 북서부에 위치하고 있으며 남한에서 전라도 음식을 꼽는다면 북한에서는 평안도 음식을 일품으로 꼽는다. 해산물과 농산물이 풍부하고 예로부터 중국과 교류가 많아 성품이 진취적이고 대륙적이어서 음식을 큼직하고 푸짐하게 만든다. 날씨가 추워 기름진 육류 음식을 즐기며 콩과 녹두 등으로 만든 음식이 많다. 음식의 간은 대체로 싱겁고 기교를 부리지 않으며 소담스럽게 많이 만들어 먹는 것이 특징이다.

대표음식

- 주식류 : 온반, 김치말이, 평양냉면, 생치냉면, 어복쟁반, 온면, 만둣국, 닭죽, 어죽, 가량국수, 굴만두, 비지밥
- 부식류 : 내포중탕, 전어된장국, 무청곰, 녹두지짐, 순대, 더풀장, 가지김치, 도라지산적, 오리토장국
- 떡 · 과정류 : 꼬장떡, 노티, 뽕떡, 골미떡, 개피떡, 조개송편, 찰부꾸미 과줄, 엿, 태석

• 평양냉면

냉면국물은 꿩을 삶은 육수를 사용하였으나 보통 쇠고기의 사골 뼈를 푹 삶아 끓이다가 사태육을 넣고 끓인다. 차게 식힌 육수에 동치미국을 섞어 소금, 묽은 장, 식초로 간을 맞춘다. 국수는 질 좋은 메밀가루와 녹말을 섞어서 익반죽하여 국수틀에 눌러 만들고 국수 위에는 편육과 동치미 무 썬 것, 오이생채와 배, 삶은 달걀 등을 얹는다.

• 어복쟁반

무릎도가니와 쇠고기를 삶아서 편육처럼 얇게 저며 놓고 국수는 냉면사리처럼 눌러 놓는다. 계란은 완숙을 하여 반을 갈라놓고 배와 버섯을 큼직하게 채 썬다. 큼직한 놋 쟁반에 각종 편육을 돌려 담고 가운데 초장 그릇을 놓고 버섯, 배, 계란, 잣 등을 곁들여 담고, 간을 맞춘 뜨거운 육수를 부어 먹는다. 먹을

때 편육은 초장과 다대기에 찍어먹고 메밀사리를 넣어 말아먹는다.

• 돼지순대

돼지창자에 돼지고기 선지, 두부, 찹쌀밥을 섞어 파, 마늘, 생강, 후춧가루, 소금으로 양념한 것을 소로 채워 넣고 충분히 삶아 썰어서 양념소금을 찍어 먹는 음식이다.

• 노티

주로 명절 때 음식상에 놓던 떡으로 기장과 찰수수 가루를 넣고 엿기름가루에 삭혀서 만든 평양 특유의 떡이다. 엿기름의 작용에 의해 달고 향기로우며 쫄깃쫄깃하고 끈기가 있다. 잘 굳지 않아 평안도 사람들은 노티를 만들어 단지에 넣어 두고 1년 내내 간식으로 두고 먹었다.

10) 함경도 음식

함경도는 우리나라의 가장 북쪽에 위치하고 있어 날씨가 가장 추운 산간 벽지로 지리적 여건이 험악한 산악지대여서 잡곡 중심의 빈약한 농경이 이루어지고 있다. 잡곡의 생산이 많아 주식은 기장밥, 조밥과 같은 잡곡밥을 많이 이용한다. 동해와 접하고 있어 생선이 풍부한데 청어, 대구, 명태, 연어, 정어리, 넙치 등이 유명하다. 평안도와 같이 중국과 접해 있어 음식에서도 대륙적인 기질을 보인다. 음식의 생김새가 큼직하고 기교가 없이 소박하며 간은 짜지 않고 담백하나 고추와 마늘 같은 양념을 써서 강한 맛을 즐기는 것이 특징이다.

대표음식

- 주식류 : 잡곡밥, 닭비빔밥, 찐 조밥, 가릿국, 회냉면, 감자국수, 옥수수죽, 감자막가리만두, 얼린 콩죽, 섭죽
- 부식류 : 동태매운탕, 동태순대, 북어전, 가자미식해, 원산해물잡채, 채칼김치, 다시마냉국, 이면수구이, 갓김치, 영계찜, 두부회, 콩부침
- 떡 · 과정류 : 오그랑떡, 가랍떡, 언감자떡, 꼬장떡, 달떡, 괴명떡, 과줄, 들깨엿강정

• 회냉면

고원지방에서 생산되는 감자녹말을 반죽해 만든 면으로 냉면을 만든다. 함흥

지방에서는 손바닥만한 크기의 가자미 날것을 매운 고추장으로 무쳐서 면에 얹어 먹었다. 지금은 홍어를 초에 재웠다가 맵게 무쳐서 얹어 먹기도 한다.

- 닭비빔밥

닭을 통째로 삶아 고기만 뜯고 가늘게 찢어 맵게 닭고기 살을 양념하고, 콩나물은 살짝 데쳐 갖은 양념을 한다. 더운밥에 고기와 나물을 얹고 닭 국물은 조금씩 따로 그릇에 떠놓는다.

- 다시마냉국

다시마를 우려 낸 국물에 오이와 다시마를 넣고 간을 맞춘 냉국이다.

- 괴명떡

찹쌀가루를 소금으로 간하며 반죽을 쳐서 아기 주먹보다 크게 동그랗게 빚는다. 빚은 떡을 미지근하게 데운 무쇠 솥에 넣어 굽다가 부풀어 오르면 꺼내어 심심한 소금물에 5분 정도 담갔다가 참깨기름을 발라 만든다.

- 콩부침

콩 간 것과 쌀가루, 돼지고기를 넣어 간을 맞추고 고추, 파와 함께 잘 섞은 후 기름을 두르고 한 국자씩 떠서 노릿하게 지진다.

- 가자미식해

식해는 내장을 제거한 생선 전체를 먹을 수 있도록 가공, 저장한 식품이다. 싱싱한 가자미에 소금을 뿌려 절인 후 굵게 채 썰어 절인 무, 좁쌀밥을 잘 섞어 고춧가루, 파, 마늘, 생강 같은 양념과 엿기름가루를 한데 버무려 사나흘 삭힌다.

6. 세시(歲時) 풍속과 음식문화

우리 민족은 일찍이 농경문화를 형성하여 농업을 생업수단으로 삼아 생활을 영위하는 동안 천지의 흐름에 따라 1년 춘하추동 사계절의 변화를 표현한 24절기와 명절을 중심으로 매년 반복하여 행해지는 민속으로 세시풍속이 있다. 세시풍속은 일정한 여건하의 생활권에서 토착적인 관습으로 집단의 공감에 의해 이루어진 생활양식으로 사회성을 갖고 있다.

절기와 명절에는 각 계절에 지역에서 생산되는 식품으로 음식을 만들어 조상에게 천신하고 먹음으로써 몸을 보양하고 계절의 감각을 느끼면서 정서를 순화하고자 하였다.

절식풍속은 동국세시기, 열양세시기, 경도잡지 등과 같은 세시기에 자세히 기록되어 있다.

1) 설날

설은 음력 1월 1일이다. 일 년의 시작이라는 뜻으로 원단(元旦)·세수(歲首)·년수(年首)·신일(愼日)이라고 하며, 또 삼원지일(三元之日 : 일 년의 첫날, 달의 첫날, 날의 첫날)이기 때문에 원조(元朝)라고도 한다. 조상에게 차례를 지내고 어른들에게 새해인사의 절인 세배를 한다.

설의 참 뜻은 확실하지 않으나 '삼가하다', '설다', '선다' 등으로 근신하여 경거망동을 삼가 한다는 뜻을 내재하고 있으며, 고대의 설은 정월 초하루 설날에서부터 대보름까지 계속하였다. 혈연 중심의 종적인 놀이행사를 많이 한다.

설날에는 차례상과 세배 손님 대접을 위해 떡국·세주·족편·각종 전유어·각종 과정류·식혜 수정과·햇김치 등 여러 가지 세찬을 정성을 다하여 만든다. 떡국은 새해를 시작함으로써 천지만물의 부활신생을 의미한다고 한다. 정월 떡국에는 만두를 곁들이기도 한다. 만두는 대체로 중부 이북 지역에서 성행하였으며, 꿩고기와 두부·숙주나물·버섯·김치 등으로 속을 만든다.

고종 31년(1819)부터 양력 1월 1일을 양력설 신정이라 하고, 음력 1월 1일을 음력설 구정이라는 말로 통용하고 있었으나 1989년부터 음력 설날을 국정공휴일로 정함에 따라 설날의 풍속과 예절이 복원되었으며 이중과세가 아닌 명절로 축제일이다.

2) 상원

음력으로 1월 15일은 정월대보름으로, 한가로운 상원(上元)을 일컬으며 중원(中元, 7월 보름·백중일), 하원(下元, 10월 보름)의 삼원 가운데 으뜸이다. 농경민족으로서 달이 차지하는 비중은 대단히 컸으므로 일 년 중 첫 보름달이 뜨는 이날에 중요한 의미를 부여하였고, 이웃끼리 화합하는 동제 등 횡적인 공동체 의식을 다지는 행사를 한다.

보름은 24절기에는 들지 않았지만 한해의 복과 풍년을 기원하고 액을 떨치기 위해 일 년 중 어느 때보다 다양한 민속놀이와 세시풍속을 즐기는 명절이다. 재앙을 물리치고 풍년을 기원하는 민속놀이로 달집태우기·쥐불놀이·다리

밟기 · 복조리 돌리기 등이 있으며, 또 살아있는 물고기와 짐승을 방생하는데 이것은 자신의 복을 구하기 전에 먼저 베푸는 마음가짐으로 생각할 수 있다.

대보름날 아침에는 날밤 · 호두 · 은행 · 땅콩 등 딱딱한 열매를 깨물면, 1년 12달 동안 무사태평하고 종기나 부스럼이 나지 않고, 이도 단단해진다고 부럼을 하는 풍습이 있다.

보름음식으로는 오곡밥 · 약식 · 복쌈 · 묵은나물(陳菜 · 上元菜) · 귀밝이술(耳明酒) 등이 있다.

오곡밥은 찹쌀 · 팥 · 찰수수 · 차조 · 콩 등 다섯 가지 이상의 곡식을 섞어 지은 밥으로 새해에도 모든 곡식이 잘되기를 바란다는 뜻이 담겨 있다. 특히 대보름날은 다른 성(性)을 가진 세 집 이상의 밥을 먹어야 그 해의 운이 좋아진다고 하여 여러 집의 오곡밥을 서로 나누어 먹었으며 또 하루 동안에 아홉 번 밥을 먹어야 좋다고 하여 여러 차례 나누어 먹었다.

약식은 신라의 풍속으로 삼국유사의 사금갑에서의 유래가 그 기원이다. 동국세시기에 "찹쌀을 쪄서 대추 · 밤 · 참기름 · 꿀 · 간장 등을 섞어 함께 찌고 잣 박은 것을 약밥이라고 한다. 이것은 대보름날의 음식이다. 이는 신라의 옛 풍속이다."라고 기록되어 있다.

복쌈은 참취나물 · 배춧잎 · 김 등에 밥을 싸서 먹는 것으로 그릇에 볏단 쌓듯이 높이 쌓아서 성주신에게 올린 다음 먹으면 복이 온다고 하였다. 볏단 쌓듯이 하는 이유는 풍년들기를 바라는 뜻이 담겨 있다.

묵은 나물은 가지 · 버섯 · 고사리 · 고비 · 시래기 · 호박 등 갖은 나물을 말려두었다가 아홉 가지 나물을 조리하였다.

귀밝이술은 보름날 아침 가족이 모여 찬술 한 잔씩 나누어 마시면 귀가 밝아진다는 것으로, 찬술을 마시면 정신이 맑아지고 1년 동안 귓병이 생기지 않으며 한 해 동안 기쁜 소식을 듣게 된다고 한다. 그러므로 귀밝이술은 설날 영춘(迎春)의 뜻으로 마시는 도소주와 함께 제화초복(除禍招福)의 뜻을 가진다.

3) 입춘(立春)

한 해를 24절기로 나눈 첫 번째 절기로 모든 생활이 이날부터 시작됨을 의미한다. 봄이 시작되는 날이므로 농사를 권장하고 풍년을 축원하기 위하여 여러 가지 행사를 한다. 입춘 전날 밤을 넘기면서 콩을 방이나 문간에 뿌려서 마귀를 쫓았다. 입춘 날에는 도시나 농촌이나 할 것 없이 대문 기둥이나 대들보 천정 등에 좋은 뜻의 글귀를 붙이었는데 이를 춘축(春祝)이라 한다. 양력 2월 4일경이 된다.

입춘문(立春文)은 입춘대길(立春大吉), 건양다경(建陽多慶), 국태민안(國泰民安), 가급입족(家給入足), 소지황금출(掃地黃金出), 개문만복래(開門萬福來) 등으로 인생의 영달, 가정의 번창, 나라의 발전, 겨레의 번영과 행복을 기원하고 축복하는 뜻과 정성이 담겨져 있다.

세시음식으로는 눈 밑에서 갓 돋아나는 푸성귀로 오신반을 만든다. 오신반(五辛盤)은 움파, 멧갓, 승검초(당귀), 무 등을 초장에 무쳐 먹는 신선한 채소음식으로 새봄의 미각을 돋우게 한다.

4) 우수(雨水)

초목이 싹이 튼다는 우수는 입춘으로부터 15일이 지난 후로 양력 2월 19일경이다. 보름간의 우기에 해당되며 문자 그대로 봄비가 내릴 때가 많으며 봄기운이 완연하다. 시냇가의 버들가지가 노랗게 부풀어 오르기 시작하는 시기이다.

5) 경칩(驚蟄)

양력 3월 5일경이 되며, 대동강도 풀린다는 경칩일은 날씨가 따뜻해서 겨울잠을 자던 짐승이나 벌레들이 잠을 깨어 땅 속에서 나온다고 한다. 이날 농촌에서는 논이나 물이 괴인 곳을 찾아가서 허리 아픈 병, 해수병, 나병 그리고 양기에 좋다고 하여 개구리 알을 건져서 먹는다. 보통 말하기를'경칩 먹는다' 또는'용알 먹는다'라고 한다. 용알과 관련된 세시풍속으로 물이 가득 고인 우물에 용이 알을 낳는데 용알물을 떠가면 그 해에 행운이 있다고 해서 용알물을 떠다가 하얀 대접에 담아 장독, 부뚜막에 놓는데 이것이 정화수이다. 새해 들어 정월 첫 진일(辰日)을 용날이라고 한다. 이 날 새벽 남들이 아직 길어가지 않은 우물에 가서 물을 긷는다. 용알물을 떠가는 사람은 우물에 짚 푸라기 하나 넣어두고 간다. 이미 용알물을 떠갔다는 표시이다. 또 이날 단풍나무나 고루쇠 나무의 수액을 마시면 위장병 또는 성병에 효과가 있다고 해서 약으로 먹기도 한다.

6) 중화절(中和節)

음력 2월 초하루로 농사철의 시작을 기념하는 날이다. 이 날을 노비일(奴婢日), 머슴날 등으로 불렀으며, 그 해의 풍년을 빈다는 뜻으로 마당에 세웠던 화간(禾竿・벼가릿대)을 이른 아침에 거두어 철거하는데 이 볏가리에서 훑은 벼를 빻아 떡을 빚고 그 볏짚으로 찐다고 한다. 양력 3월 10일경이 된다.

이날 떡은 크게는 손바닥만하게, 적게는 계란만하게 빚어 농사일에 수고 할 일꾼들에게 먹이고 위로하는 풍습으로 농경민족답게 사람을 거두고 격려할 줄 알았다.

이 날 각 가정에서는 노래기 나오는 것을 막기 위해 "노락각씨 천리속거"라고 쓴 부적으로 기둥이나 벽, 석가래 같은 곳에 거꾸로 붙인 다음 대청소를 하였으며, 콩을 볶아 나누어 먹는데 콩을 볶을 때 "새알 볶아라 쥐알 볶아라"하면 새와 쥐가 없어져서 청결하여지고, 곡식을 축내는 일이 없도록 기원하는 의도가 있다. 아침 일찍 새 바가지에 물을 담아 장독대, 광, 부엌 등에 놓고 풍년과 가내의 태평을 기원하는 풍년제도 지낸다.

7) 춘분(春分)

춘분은 양력 3월 21일경으로 낮과 밤의 길이가 같다. 농가월령가를 보면 울타리도 새로 하고 담도 수축하는 등 이때부터 본격적으로 땀 흘리는 농사가 시작된다.

8) 청명(淸明)

춘분을 지나 입하로 향하는 한식 하루 전이 청명으로 농가에서는 봄 일이 시작된다. 다음날이 큰 명절인 한식이 있기 때문에 특별한 세시행사는 전하지 않는다. 양력 4월 5일 경이 된다.

9) 한식(寒食)

한식은 동지 후 105일째 되는 날로 음력으로는 2월 하순이나 3월 초이며, 양력으로는 4월 5일이나 6일로 청명과 겹치거나 한다. 이날은 불을 쓰지 않고 모든 음식을 차게 먹는 날이라는 의미이나, 술・과일・포・식혜・떡・국수・탕・적 등의 음식으로 제사를 지내며 나무와 풀이 잘 사는 계절이라 조상묘지를 수축하고 잔디를 돌보는 묘지사초(墓地沙草)를 한다.

10) 삼짇날

음력 3월 초 사흗날을 삼짇날이라고 하며, 상사(上巳), 중삼(重三) 또는 상제(上除)라고도 한다. 또 답청절(踏青節)이라고도 하는데 이날 들판에 나가 꽃놀이를 하고, 새 풀을 밟으며 봄을 즐기기 때문에 붙여진 이름이다. 이날은 양(陽)이 겹치는 생동의 봄철이므로 풍류를 즐기던 풍속이 있다.

명절음식은 진달래 꽃잎으로 만든 화전(두견화전)과 화채 그리고 녹두가루를 반죽하여 가늘게 썰어 익힌 것을 오미자(五味子) 물에 띄운 화면(花麵) 등으로 봄 내음이 가득한 시적인 음식들이다. 또 강남 갔던 제비가 오는 날이기도 하다. 양력 4월 10일경이 된다.

11) 곡우(穀雨)

24절기의 여섯 번째이며 양력 4월 20~21일경이다. 곡우 무렵은 나무에 물이 가장 많이 오르는 시기이다. 곡우물은 산다래, 자작나무, 박달나무 등의 수액으로 몸에 좋아 양수로 마신다. 경칩무렵의 고로쇠물은 여자물이라 하여 남자에게 더 좋고, 곡우물은 남자물이라 하여 여자들에게 더 애용되고 있다. 곡우날에 올리는 지리산 약제는 통일신라 때부터 이어졌던 나라제사로 지리산 신령에게 다래차를 올리며 나라의 평안함과 그 해 농사의 풍년을 기원하였다. 이때에 황해에서 조기가 많이 잡히는데 특별히 "곡우사리"라고 한다.

곡우전에 차나무의 어린순이나 잎을 채취하여 만든 녹차가 우전차이다.

12) 입하(立夏)

입하는 여름을 알리는 절기로 대개 양력 5월 6일경이다. 태양이 신록을 재촉하며 농작물은 푸르게 자라고 그에 따라 각종 해충도 번성하므로 옛날에는 해충을 잡고 잡초를 제거하는 행사를 하였다고 한다.

13) 등석(燈夕)

등석은 4월 초파일로 석가모니 부처님(BC 544년)의 탄생일이다. 이날을 욕불일(浴佛日)이라고도 한다. 신라 때부터의 유습으로 이날 절을 찾아가 재(齋)를 올리고 다양한 모양의 관등을 밝힌다. 양력 5월 14일경이 된다.

음식은 느티나무의 연한 잎으로 만든 느티떡(楡葉餠), 볶은콩, 파강회, 증편, 어채 등이 있다.

14) 소만(小滿)

소만은 입하를 지난 15일 후로 양력 5월 21일경이다. 여름기운이 느껴지고 모내기가 한창인 때로, 만물이 점차로 생장하여 가득 찬다는 뜻이다. 농가는 망종까지 모내기, 밭 김매기, 보리 베기 등 가장 바쁜 때를 맞는다. “발 등에 오줌 싼다”는 말이 나올 정도로 일손이 바쁘다. 또 가뭄이 가장 심한 때가 이때이기도 한다.

15) 망종(芒種)

망종은 여름에 들어가기 바로 전에 맞이하는 세시로 양력 6월 6일경이다. 망종이 이르고 늦는 것으로 그 해 농사의 풍흉을 예측하는 “망종보기”가 있다. 음력 4월에 망종이 들면 보리농사가 잘돼 빨리 거둘 수 있으나 음력 5월에 들면 보리농사 수확이 늦어 벼농사에 차질을 빚어 좋지 않다는 것이다. 이날 천동이 요란하면 농사가 시원치 않다는 속설이 있다. 옛날에는 망종 15일간을 5일씩 끊어서 3후(候)라 했다. 초 후에는 사마귀가 생기고 중후에는 오서가리가 울기 시작하며 말 후에는 지빠귀가 울음을 멈춘다고 하였다.

16) 단오(端午)

단오는 음력 5월 5일로 큰 명절이다. 24절기에 들어 있지 않지만 초오(初午)라는 뜻으로 음력 5월의 처음 말(午)의 날로 일 년 중에서 가장 양기(陽氣)가 왕성한 날이다. 그래서 이날을 단오, 술의(戌衣), 천중절(天中節), 중오절(中午節), 단양(端陽), 수릿날 등의 이름으로 불리어진다. 파종을 끝낸 5월 농경의 풍작을 기원하는 기풍계절로 수리취떡 등 음식을 마련하며, 여자는 그네를 뛰며 남자는 씨름 등의 놀이로 하루를 즐긴다. 양력 6월 11일경이 된다.

그러나 이때는 비가 자주 오는 계절로 병을 예방하고 나쁜 귀신을 쫓는다는 뜻에서 여자들은 단오빔이라 하여 창포 삶은 물로 머리를 감고 창포뿌리로 붉은 물을 들인 비녀를 만들어 꽂았으며, 붉고 푸른 새 옷을 만들어 입었다. 조선조에는 설날・추석과 함께 3대 명절로 정한적도 있었다. 또 쑥, 익모초 등 약초도 캐고 창포를 문에 꽂기도 하며, 쑥으로 인형이나 호랑이를 만들어 문에 걸기도 하였다. 이는 약초, 창포 등의 강한 향기와 약성이 액을 물리친다고 생각했기 때문이다.

음식으로는 수리취떡 외에 여름에 더위를 이기고 보신하기 위해 마시던 청량음료의 하나로 제호탕과 앵두편 그리고 앵두화채 등이 있다.

17) 하지(夏至)

하지는 양력 6월 21일경으로 일 년 중 낮이 가장 길고 밤이 가장 짧은 때이며, 무더운 여름이 시작된다. 비가 오지 않으면 기우제를 지내고 비 오기를 빌었으며, 첫 감자를 캐서 그 해 감자 농사를 살피는데 이를 "감자 밑을 헤친다"고 하며 헤쳐야만 감자가 잘 영근다고 한다.

18) 소서(小暑)

소서는 양력 7월 7·8일경으로 보통 이때부터 장마철에 들어간다. 하지가 지나면서 더워진 대지를 많은 비로 식히는 자연의 자정작용(自淨作用)으로 멋진 조화가 아닐 수 없다.

19) 대서(大暑)

양력 7월 23~24일경으로 더위가 가장 기성을 부리는 때이나 소서와 마찬가지로 장마철을 이루는 경우가 많다. 이 시기는 대개 중복(中伏)과 겹치는데 장마가 일찍 지나가면 혹서가 시작된다. 옛날에는 이 시기에 썩은 풀이 화하여 반딧불이 되고 흙이 습해 무더워지면 큰비가 내린다고 하였다.

20) 유두(流頭)

유두날은 음력 6월 15일로 유두란 "동유두목욕(東流頭沐浴)"이란 말의 준말이다. 유두날에는 상서롭지 못한 것을 쫓고 여름에 더위를 먹지 않기 위해 맑은 개울물에 나가 목욕하고 머리를 감으며 하루를 즐기는 풍습이다. 유두의 풍속은 신라 때에도 있었으며 동쪽으로 흐르는 물로 머리를 감는 것은 동방은 청(靑)이라 양기가 가장 왕성한 곳이라 믿었기 때문이다. 유두 무렵에는 새 과일이 나기 시작하므로 수박·참외 등을 따고 국수와 떡을 준비하여 사당에 올려 제사를 지내는 유두천신(流頭薦新)이 있었다. 옛날에는 새로운 과일이 나도 자기가 먼저 먹지 않고 조상에 올린 다음에 먹는 것은 조상의 은혜를 잊지 않을 뿐만 아니라 조상의 덕으로 생각하는 지극한 효성을 드린다는 성실한 마음의 표현이다. 또 유두날이면 잡귀의 출입을 막고 액을 쫓기 위하여 밀가루에 오색의 물을 들인 밀가루 반죽을 구슬처럼 세 개를 만들어 색실로 끼워서 허리에 차거나 대문 위에 걸어두는 민속도 있었다. 또한 유두날에 국수를 먹으면 장수한다는 말이 전해지고 있다.

음식으로는 수단(水團), 건단(乾團), 유두면, 보리수단 등이 있다. 양력 7월 20일경이 된다.

21) 삼복(三伏)

삼복은 음력 6월 7월 사이에 들어 있는 초복, 중복, 말복 등 세 번의 절기를 말한다. 초복(初伏)은 하지 후 세 번째 경일(庚日), 중복(中伏)은 네 번째 경일(庚日), 말복은 입추 후 첫 번째 경일(庚日)이다. 보통 양력 7월 중순에서 8월 중순 사이에 있다.

복날은 열흘 간격으로 오기 때문에 초복과 말복까지 20일이 된다. 그러나 해에 따라서 중복과 말복사이가 20일 간격으로 되기도 한다. 삼복기간은 여름철 중에서 가장 더운 시기로 몹시 더운 날씨를 가리켜 "삼복더위"라고 하는 것은 여기에서 연유한다. 복중에 더위를 막고 보신을 위해 먹는 음식으로는 삼계탕 · 개장국 · 육개장 · 민어탕 · 임자수탕 · 증편 등이 있다. 개를 복중에 먹는 이유는 음양오행설(陰陽五行說)에서 개고기는 화(火)에 해당하여 복의 금기(金氣)를 화기(火氣) 로 억누름으로써 더위에 허약해진 몸을 회복시켜 준다고 생각하였다. 또 복날에 팥죽이 사악(邪惡)한 악귀를 물리친다는 주술적인 의미를 가진 음식이라고 먹는 곳도 있다.

지봉유설(芝峰類設: 1613)에서는 복날은 양기에 눌려 음기가 엎드려 있는 날이라고 하였다. 이때는 모든 사람이 더위에 지쳐 있을 때이기도 하다.

22) 입추(立秋)

가을의 문턱인 입추는 양력 8월 8일경으로 어느새 이슬이 짙어진 것을 느낄 수 있다. 입추부터 입동인 양력 11월 9일까지를 가을로 친다.

23) 칠석(七夕)

칠석은 음력 7월 7일이며 그 날 저녁에 견우(牽牛)와 직녀(織女)가 까마귀 · 까치들이 머리를 맞대어 만들어 놓은 오작교에서 1년에 한 번씩 만나는 날로 남녀의 사랑이 얽힌 전설이 있다. 우리나라 고전소설에서도 춘향과 이 도령의 가약을 맺어주던 다리도 칠석날의 오작교였다. 시기적으로 매년 7월 7일이 되면 두별이 은하수를 가운데 두고 그 위치가 매우 가까워지는 것에 연유하여 "칠월칠석"의 설화가 생긴 것이다. 우리 선조들은 이날 여름장마로 축축해진 옷을 말리고 책도 햇볕에 말리는 석서라는 풍습이 있었다. 이날에 칠석 차례라고 하여 올벼를 사당에 천신도 하며 샘을 깨끗이 치우고 떡을 해놓고 샘 고사도 지냈다. 음식으로는 밀전병과 밀국수를 만든다. 양력 8월 11일경이 된다.

24) 백중(白中)

음력 7월 보름을 백중이라고 하며 백종(白種), 중원(中元), 망혼일(亡魂日) 등으로 부른다. 백종은 이 무렵에 과일과 채소가 많이 나와 '일백 가지 곡식의 씨앗을 갖추어 놓았다'하여 유래된 명칭으로 백과(百果)를 가리킨 것이다.

불교에서는 조상의 혼을 천도하는 우란분공(盂蘭盆供)이 이날 행해진다. 지방에 따라서는 차례도 지내고 산소의 벌초도 했으며 씨름대회를 열기도 하였다. 백중음식은 갖가지 과일류와 오이, 산채나물, 다시마, 튀각 등의 각종 부각, 묵 등 사찰음식으로 차렸다. 양력 8월 20일경이 된다.

25) 처서(處暑)

더위가 물러간다는 처서는 양력 8월 23일 전후가 되며 벼가 익어 노란 물이 들기 시작한다. 처서날 비가 오면 "십리(十里)천석을 줄인다."라는 말이 있어 처서의 비는 농사에 좋지 않게 생각하고 있다. 백중날과 처서 날이 잔잔하면 해산물이나 농작물이 풍성해지고, 아침 이슬을 받아먹으면 속병에 좋고 이슬을 적시면 각기병이 치료된다고 하는데 이를 "이슬먹기"라고 하였다.

26) 백로(白露)

양력 9월 8일경이며 24절기 열다섯 번째로 처서와 추분 사이에 있다.

27) 추분(秋分)

추분은 양력 9월 23일경으로 춘분과 함께 밤낮의 길이가 같은 때이다. 조상의 묘를 찾아가서 봄 한식 때 손질한 묘가 장마와 여름 내내 자란 풀들로 이상이 없는지 살피고 벌초를 한다. 잡초가 우거지고 허물어진 묘는 보기에 흉할 뿐 아니라 자손들의 수치로 여겨지고 있다. 조상을 기리는 우리의 아름다운 풍속이다. 가지, 호박 등 묵은 나물을 준비한다.

28) 추석(秋夕)

우리의 명절 중 가장 풍성한 추석은 음력 8월 15일로 가베일(嘉俳日), 중추절(仲秋節), 가위, 한가위라고도 하며 신라 3대 유리왕(32년) 때부터 우리민족의 큰 명절 중의 하나이다. 농경민족이었던 우리 선인들은 봄부터 여름동안 가꾼 곡식과 과일들을 수확할 계절에, 1년 중 가장 큰 만월 날을 맞이하여 나를 있게 해 준 조상과 자연에 감사하는 보본반시(報本反始)로 조상께 차례를 지내고 산소에 가서 성묘를 하며 농공감사제(農功感謝祭)를 지낸다. 추석은 대보름과 함께 보름달을 상징으로 삼는 우리의 큰 고유명절이다. 음식은 오려송편(햅쌀로 만든 송편), 토란탕, 닭찜, 화양적, 밤단자 등이 있다. 세시풍속 중에서 한가위는 오곡백과가 무르익어서 풍성하고 농사가 끝나 한가하며 춥지도 덥지도 않아 살기에 가장 알맞은 계절이라 하여 옛날부터 "더도 말고 덜도 말고 한가위만 같아라"라고 했다.

29) 중구(重九)

음력 9월 9일을 중구, 중광(重光), 중양(重陽)이라 하며 양수가 겹쳤다는 뜻이다. 가을이 깊어 가는 계절로 각 가정에서는 국화전, 유자 화채를 먹거나 국화주를 마시며 단풍놀이를 하였다. 이 날 제비가 강남으로 돌아가고 뱀이 돌에 입을 닦고 땅속에 들어가 동면하였다. 그리고 중양절에는 혼례나 회갑잔치를 하지 않았다고 한다. 연유는 그렇게 좋은날이 한 사람만을 위한 날이 되어서는 안 된다는, 즉 공동의 이익을 더 중요시하는 공동체의식 때문이라 전한다. 양력 10월 4일경이 된다.

30) 한로(寒露)

더위가 물러간다는 한로는 아침이면 밤사이에 맺힌 찬이슬이 영롱하게 풀잎에 달린다. 산과 들이 아름답게 물들고 추수를 본격적으로 하는 때이다. 우리 조상들은 제를 올리거나 겨울 준비하는 일로 보냈다. 양력 10월 9일경이 되며 중구절과 비슷한 시기이다.

31) 상강(霜降)

상강이 되면 서리가 내린다. 하얗게 서리가 내리면 겨울잠을 자는 벌레들이 땅속에 들어간다고 한다. 엄숙한 계절의 변화에 순응하는 것이다. 양력 10월 24일경이 된다. 유자화채, 유자차가 있다.

32) 소설(小雪)

첫눈이 내리고 겨울의 느낌이 더욱 깊어지는 절기로 가끔씩 나타나던 무지개도 자취를 감춘다. 양력 11월 3일경이 된다.

33) 입동(立冬)

입동은 가을이 가고 겨울로 접어드는 절기로 추수가 끝난 대지에는 낙엽이 쌓이고 찬바람이 살 속 깊이 스며든다. 사람들은 김장과 겨울준비에 바빠진다. 옛 시골에서는 월동에 필요한 땔감 나무들을 특별히 과동시(過冬柴)라 하였다. 보통 동양에서는 입동에서부터 대한까지를 겨울로 치는데 서양에서는 동지부터 겨울로 친다. 양력 11월 8일경이며 한 해의 마무리를 준비하는 시기이다.

34) 시월 상달(上月)

우리 민족은 10월을 상달이라 하여 한 해 농사를 추수하고 햇곡식으로 제상을 차려 감사하였다. 10월 상달이 되면 어느 가정에서든지 말날이나 길일을 택해서 성주에게 제사를 지냈다. 성주신을 가내의 안녕을 관장하는 신이라고 생각했으므로 정성을 들여 햇곡식으로 술과 떡을 하고, 갖가지 과일을 준비하여 성주제를 지내며 가족의 평안을 기원하였다. 그밖에 조상께 지내는 시제(時祭)를 가문마다 택일해서 지내고 겨울준비로 김장하는 시기이다.

가을 추수와 가내 평안을 기원하는 뜻으로 행하는 고사에 쓰이는 고사떡은 팥무시루떡으로 하는데 붉은 팥을 쓰는 이유는 귀신이 붉은 색을 기피한다는 주술적인 의미에서 연유하였다. 시루채 장독, 대청, 대문, 외양간 등에 놓아 고사를 지내고는 동네 사람들과 골고루 나누어 먹었다.

35) 대설(大雪)

대설은 태양이 온기를 잃어버리는 겨울 중에서도 눈이 가장 많이 온다는 절기로 삶의 의미를 갖게 하는 계절이다. 양력 12월 7일경이 된다.

36) 동지(冬至)

양력으로 12월 22일경이 된다. 동짓날은 하지(夏至)부터 짧아진 낮이 극한에 이르러 밤이 가장 길고 낮이 가장 짧은 날이다. 음력 11월을 가리켜 "동짓달"이라고 할 만큼 이 달의 동지는 유명하다. 또한 동지를 아세(亞歲) 혹은 "작은 설"이라고 하였는데 이날은 다음 해가 되는 날이라는 뜻이다. 그래서 동짓날에 새해농사는 물론 연중행사도 설계하였다. 동지부터 낮이 길어지기 때문에 고대인들은 태양이 죽음으로부터 부활한다고 여기고 축제를 벌여 태양신에 대한 제사를 올렸다.

동지음식으로 새알 모양의 떡 새알심을 넣은 팥죽을 쑤어 사당에 차례를 지내고 대문간이나 울타리에 뿌리면 액을 물리친다고 전한다. 새알은 자기 나이 수대로 넣어 먹는 습관이 있다.

37) 소한(小寒)

24절기 중 스물셋째 절후로 동지와 대한 사이에 들어있으며 양력 1월 6일경이 된다. 소한 때는 추운 법이라는 뜻으로 '소한 추위는 꾸어다가라도 한다'는 말이 있다. '소한 무렵이 대한 때보다도 더 추움'을 이르는 말로 대한이 소한 집에 가서 얼어 죽는다는 말도 있다.

38) 대한(大寒)

24절기의 마지막 절후로 양력 1월 20~21일경이 된다. '대한 끝에 양춘이 있다'는 말이 있다. 겨울이 가면 봄이 오듯 고생 끝에 낙이 온다는 뜻이다.

39) 섣달그믐

섣달은 납월(臘月)이라 하며 섣달그믐을 제석(除夕), 세제(歲除), 세진(歲盡), 작은설이라고도 한다. 1년을 마지막 보내는 날로 다음날 새해 준비와 지난 한 해의 끝맺음을 하는 분주한 날로서 조상의 산소에 성묘도 하고 집안 어른과 일가를 찾아 묵은세배를 한다.

또한 방, 뜰, 부엌, 문, 변소 등의 집안 구석구석에 밤새도록 불을 밝히고 자지 않았다. 이는 잠을 자지 않고 밤을 지세야 잡귀의 출입을 막고 복을 받는다는 풍속에서 나온 수세(守歲)이다.

한편 먹던 음식과 바느질하던 것은 해를 넘기지 않는다고 하여 저녁밥을 남기지 않고 다 먹었으며 바느질하던 것도 끝을 내야 하는 풍습도 있었다.

음식은 골동반(骨童飯)으로 비빔밥을 말한다. 섣달 그믐날 저녁에는 남은 음식이 해를 넘기지 않도록 비빔밥을 만들어 먹었다.

7. 통과의례(通過儀禮)와 음식문화

통과의례(通過儀禮, Rites of passage)는 벨기에 태생의 불란서 인류학자인 Amold van Gennep에 의하여 처음 사용되었으며 민속학에서 쓰이는 말이다. 인간이 출생하여 생의 과정을 마칠 때까지, 즉 한평생 사는 동안 여러 가지 고비를 지날 때 치르게 되는 의식이나 의례를 일컫는다.

의례의 형식이나 내용은 시대, 민족, 나라에 따라 다르며 우리나라의 전통적인 통과의례는 출생 · 삼칠일 · 백일 · 첫돌 · 관례 · 혼례 · 회갑례 · 회연례 · 회혼례 · 상례 · 제례가 있으며 그밖에 생일축하, 책례축하 등이 있다.

통과의례는 삶의 진전과정에서 그 이전과 다른 지위로 옮겨 갈 때 새로운 지위에 개인을 통합하여 정상적인 생활을 이루기 위한 방도로서 발전된 것으로 의례마다 각각 일정한 격식과 기원, 기복, 존대 등 의례의 의미를 상징하는 식품과 음식이 있다.

의례구조는 새로운 집단으로의 전이(轉移)를 위한 의례, 새로운 집단으로의 통합(統合)을 위한 의례, 이전에 속했던 집단으로부터의 분리(分離)를 위한 의례의 3가지 의식단계로 생각해 볼 수 있다.

통과의례는 새로운 지위 집단에서의 생활의 균형과 회복의 촉진 그리고 집단적 규범유지, 궁극적으로 그 사회의 질서를 유지하는 사회적 기능을 하고 있으며, 연령, 사회적 지위, 문화, 직업, 종교, 거주지 등에 따라 차이가 있다.

1) 출생(出生)

산월 전에 시부모나 남편은 산미(產米)와 산곽(產藿)을 마련해 두었다가 산기가 있으면 삼신상(三神床 · 產神床)을 준비한다. 산실 윗목을 정리 하고, 소반에 백미를 소복이 담아놓고 정화수 한 사발을 떠올린 후 해산 시중을 들게 될 시어머니나 친정어머니가 산곽을 쌀 위에 걸쳐놓고 산신께 순산하기를 빈다.

아기가 태어나면 아기의 탄생과 순산을 감사드리는 의미에서 쌀밥을 지어 사발에 고봉으로 푼 쌀밥 세 그릇과, 산곽으로 끓인 소미역국 세 그릇을 떠서 삼신상을 차린다. 밥을 세 그릇 놓는 까닭은 3이란 수를 많다는 의미로 생각하는 한국민속에서 비롯한 것이다.

이때 산모에게도 똑같은 상차림으로 "첫국밥"을 먹이는데 첫국밥을 지을 쌀은 9번 씻고, 미역은 긴장과(긴미역)를 접거나 끊지 않고 끓인다.

출산 전

출산 후

그림 3-19 삼신상

2) 삼칠일(三七日)

출생 후 21일째 되는 삼칠일에는 대문에 달았던 금줄을 떼고 외부의 출입을 허락한다. 음식으로는 쌀밥, 미역국, 나물류로 간소하게 차린다. 음식은 대문 밖으로 내보내지 않고 집안에 모인 가족끼리 나누며 축하한다. 이러한 관행은 출생 시부터 삼칠일까지는 아기와 산모를 속계에 섞지 않은 채 신의 가호 아래 두려는 의미에서 비롯되었다. 여유가 있으면 첫이레, 두이레, 세이레마다 수수팥경단을 많이 만들어 길 가는 사람에게도 나누어주었다고 한다. 이는 수수가 붉은 빛을 띠어 '잡기를 물리친다'는 의미에서 연유된다.

3) 백일(百日)

출생 후 백일이 되는 날을 축하하는 날이다. "백(百)"이라는 숫자에는 완전, 성숙 등의 관념이 있다.

태어나서 백일이 되면 백설기와 여러 음식을 차려 친척과 이웃에게 대접한다. 최남선의 「조선상식문답」에서는 백일을 경축하는 의미를 "백일이 되면 사망률이 가장 많은 시기를 넘어설 뿐만 아니라 한편으로 갓난아기가 사람을 반겨 방실방실 거릴 줄 알아 경사스런 마음이 더 클 수밖에 없는 것입니다."라 하여 백일에 대한 축하의 마음이 표현되어 있다. 차리는 음식은 쌀밥, 미역국, 백설기, 붉은 팥고물을 묻힌 찰수수 경단, 5색의 송편, 인절미 등을 마련하는데 붉은 팥고물을 묻힌 찰수수 경단은 액을 면하기를 기원하는 의미가 있으며, 5색의 송편은 五行 · 五德 · 五味와 같이 "만물의 조화"를 의미하는 것이고, 또한 백설기는 백설과 같은 순수 무결한 순결을 의미한다.

백일 떡은 100집에 나누어주어야 아기가 길하다는 생각에서 여러 집에 나누어주었으며, 떡을 받게 되면 그릇을 씻지 않고 그냥 돌려주어야 아이에게 좋다고 하여 씻지 않고 그대로 실이나 돈을 담아 답례로 주었다. 여기서 실과 돈은 장수와 부귀를 기원하는 의미이다.

4) 돌

생후 일 주년이 되는 날을 첫돌이라 하며 돌상을 차려 축하한다. 돌상에 차리는 음식과 물건은 모두 아기의 '수명장수'와 '다재다복'을 바라는 마음으로 준비한다.

돌상에는 쌀밥, 미역국, 미나리 같은 긴 청채나물, 백설기, 오색송편, 인절미, 찰수수경단, 생실과 쌀, 국수 삶은 것, 대추, 흰 타래실, 청홍비단실, 붓, 먹, 벼루, 천자문, 활과 화살, 돈 등을 놓으며 여아에게는 활과 화살 대신에 색지, 실패, 자 등을 놓는다.

또한 남아에게는 색동저고리, 풍차바지에 복건을 씌우며 여아에게는 색동저고리, 다홍치마에 조바위를 씌워 성장을 시키고 무명필을 접어서 만든 방석에 아기를 돌상 앞에 앉힌 후 돌쟁이로 하여금 마음대로 집도록 하는 의식이 행하여진다. 이를 "돌잡이 한다"라고 한다. 아기가 잡는 것에 따라 책을 잡으면 글을 잘하게 되고, 활을 잡으면 장군, 자를 잡는 여아는 바늘 질에 뛰어나다는 등 아기의 장래를 점치기도 하였다.

돌상에 놓는 물건과 그 의미를 보면 쌀은 식복, 국수와 흰 타래실은 장수, 대추는 자손의 번영, 청·홍색 타래실은 장수와 금실, 붓·먹·벼루·책은 문운, 활은 무운 그리고 돈은 부귀와 영화를 기원하는 것이다.

그림 3-20 돌상

5) 관례(冠禮)와 계례(笄禮)

성년례로서 남자는 16, 18, 20세가 되는 해에 어른의 복식을 입히고 상투를 틀고 갓을 씌우는 관례를 행하고, 여자는 15세에 성인 복식을 하고 땋아 내렸던 머리를 올려 쪽을 짓고 비녀를 꽂는 계례를 행하였다. 이것은 성인이 되었음을 사회적으로 인정하는 절차로 미혼일 경우라도 관례를 행하면 성인대접을 받았다. 관례와 계례의 거행 날짜는 의식을 행할 나이가 되는 해의 정월 중에 좋은 날을 택하고 정한 날의 3일 전에 사당에 차 또는 술·포를 올리며, 당일의 절차가 끝나면 여러 가지 음식과 떡·조과·생과·식혜·수정과 등을 차리고 술과 국수를 준비하여 축하한다.

성년례는 성인으로서의 책임과 의무를 일깨워주는 의례이다.

6) 혼인례(婚姻禮)

혼례는 한 쌍의 남녀가 혼인이라는 절차를 통해서 가정이라는 사회적 조직체를 형성하는 의례이다. 우리나라 혼인례는 고유의 혼인 풍습으로, 관습적으로 행하여진 혼담·사주·택일·납폐·대례·우귀의 육례 절차를 밟는다.

(1) 고례(古禮)의 혼례(婚禮)

① 혼례의 의미

옛날에는 남자와 여자가 짝을 지어 부부가 되는 일을 양(陽)과 음(陰)이 만나는 것이므로 그 의식의 시간도 양(陽)인 낮과 음(陰)인 밤이 만나는 날이 저무는 시간에 거행했기 때문에 날 저물 혼(昏)자를 써서 혼례(昏禮)라 했다.

그림 3-21 신랑 신부 연석

② 혼인(婚姻)과 결혼(結婚)

남녀가 만나 부부가 되는 것을 혼인(婚姻)이라 한다. 따라서 장가들 혼(婚), 시집갈 인(姻)자를 써서 혼인(婚姻)이라 한다. 결혼(結婚)은 남자가 장가든다는 뜻만 있어 남존여비 사회에서 쓰는 말이므로 혼인이라고 말해야 바른 것이다.

③ 혼인(婚姻)의 정신

혼인예식에는 세 가지 정신이 구현되어야 한다.

㉠ 삼서정신(三誓情神)

· 서부모정신 : 자기를 존재하게 한 조상과 부모께 서약한다.

· 서천지정신 : 천지 신명께 서약한다.

· 서배우정신 : 배우자 상호간 서약한다.

㉡ 평등정신(平等情神)

혼인(婚姻)이란 남자와 여자가 몸을 합하는데 참뜻이 있다. 남자와 여자가 몸을 합해서 부부가 되면 남편이 높으면 여자도 높고 남편이 낮으면 아내도 낮다(婚姻男女合禮之, 男女合禮)라고 했다.

따라서 남녀가 부부가 되면 신분과 나이 등에 관계없이 평등하므로, 부부는 상호 존대 말을 쓰고, 상호 맞절을 하게 된다.

④ 혼례의 과정

㉠ 주육례(周六禮)

육례는 지금부터 약 3천 년 전 중국 주(周)나라 때의 혼인절차이다.

· 납채(納采) : 여자 측에 아내 삼기로 했다는 것이다.
· 문명(問名) : 규수의 어머니가 누구인가를 묻는 것이다.
· 납길(納吉) : 여자 측에 혼인하자는 통지이다.
· 납징(納徵) : 여자 측에 물건을 보내는 것이다.
· 청기(請期) : 여자 측에 혼인 날짜를 요청하는 것이다.
· 친영(親迎) : 규수를 데려다 예식을 올리는 절차이다.

㉡ 주자사례(朱子 四禮)

지금부터 약 8백 년 전 중국 송나라 때 학자 주자(朱子)가 육례는 복잡하다하여 사례로 조정한 것이다.

· 의혼(議婚) : 혼인할 것을 의논하는 절차이다.
· 납채(納采) : 며느리 삼기로 했음을 알리는 절차이다.
· 납폐(納幣) : 여자 측에 예물을 보내는 절차이다.
· 친영(親迎) : 규수를 데려다 예식을 올리는 절차이다.

㉢ 전통혼인례(傳統婚姻禮)

우리나라에 주자의 혼례 사례도 전하여졌지만 왕가(王家)나 사대부와 같이 지체가 높은 계층에서만 행해지고 서민대중은 행하지 않고, 우리의 전통 육례를 행하였다. 중국의 혼례와 우리나라의 전통혼례가 크게 다른 점은 친영(親迎)과 우귀로 혼인예식의 거행방법이다. 중국의 "친영"은 신랑이 신부의 집에 가서 친히 신부를 맞아다가 신랑의 집에서 혼인예식을 거행하지만 우리나라의 우귀는 신랑이 신부집에서 예식을 거행한다.

- 혼담(婚談) : 청혼과 허혼의 절차이다.
- 납채(納采) : 혼인을 정하고 나서 신랑의 사주(四柱)를 보내는 절차이다.
- 납기(納期) : 여자 측에서 혼인날을 택일해서 보내는 절차이다.
- 납폐(納幣) : 여자 측에 예물을 보내는 절차이다.
- 대례(大禮) : 여자 집에서 혼인식을 올리는 절차이다.
- 우귀(于歸) : 신부가 시댁으로 들어오는 절차이다.

⑤ 혼례절차에 관계되는 음식

㉠ 봉채떡

봉채떡은 봉치떡이라고도 하며 신부 집에서 혼인날의 전날 저녁 해질 무렵에 신랑 집에서 가져오는 납폐함을 받기 위하여 만든 음식으로 찹쌀 3되, 붉은 팥 1되로 두 켜의 시루떡을 찐다. 이 떡시루를 대청에 남향으로 자리를 펴고 상을 놓은 다음 붉은 색의 보로 덮고 위에 놓는다. 봉치떡은 반드시 찰편으로 두 켜로 하는 것은 두 사람이 찰떡처럼 다정하게 의합하여 살기를 기원하는 의미이다. 떡의 윗켜 중심으로는 대추 7개를 놓고 찌기도 하는데 이는 아들자손을 기원하는 의미와 장수의 뜻을 가지고 있다.

서울지역과 개성에서는 봉치떡을 신랑, 신부집 모두 준비하는 것으로 보이며 경상도에서는 신랑 집에서만, 전라도에서는 신부 집에서만 준비하는 것으로 보인다.

㉡ 동뢰상(同牢床)

동뢰상은 혼인례를 행하는 의례상으로 붉은 칠을 한 고족상(高足床)이다. 동뢰상에 차리는 음식으로는 맨 앞줄에 대추・밤・조과를 각 2그릇씩 배설한다. 다음 줄에 달떡 2개씩 두 그릇, 황색대두와 팥을 각각 2그릇씩 배설하고 절편에 각색 물을 들인 색 편으로 수탉과 암탉의 모양을 만들어 수탉을 동쪽으로 암탉은 서쪽으로 나누어 좌우로 놓는다. 근배(합환주잔)와 숟가락 끝에 작은 둥근 모양이 장식으로 달린 꼭지숟가락을 놓는다.

달떡은 둥글게 빚은 흰 절편으로 보름달처럼 밝게 비추이며 꽉 채우고 잘 살도록 기원하는 의미이다.

의례상에 놓인 음식의 모양(용떡 · 달떡)과 색깔(붉은 색), 그리고 대추, 밤 등은 영속 · 제액 · 다산 · 풍요 · 장수 · 자손번창 등 기원의 뜻이 담겨있다.

ⓒ 幣帛(폐백)

혼인의 예를 올린 다음 시부모님께 처음 인사드리는 현구고례를 행할 때 올리는 음식으로 신부 집에서 준비한다. 폐백음식은 대추와 밤, 육포나 편포, 닭 등의 고기가 대부분으로 지방이나 가문의 전통 · 형편에 따라 약간씩 차이가 있다.

대추는 실에 길게 꿴 다음 대추를 둘러쌓아 만드는 대표적인 음식이다.

육포는 쇠고기의 우둔살을 얄팍하게 저며 양념장에 재었다가 말린 다음 구워 내는 것으로, 청 · 홍색 종이로 띠를 두른다.

편포는 쇠고기를 곱게 다져 갖은 양념을 한 다음 손으로 반죽하여 타원형으로 동글 넓적하게 빚어 찜통에 쪄 낸 음식으로 청 · 홍색 띠를 두른다.

닭 폐백은 큼직한 닭을 손질하여 조린 후에 황색지단, 석이, 실고추, 은행, 잣, 대추 등으로 장식한다.

폐백으로 시아버지에게는 대추와 밤을 올리고 시어머니에게는 육포, 편포, 닭, 비단 등을 올린다. 폐백을 올리는 것은 자기 스스로 삼가 한결같이 공경과 정성을 다하여 모시겠다는 뜻으로 시가와의 합체 의례를 강조하는 의미의 예물이다.

시아버지에게 대추를 올리는 것은 신선의 선물로 장수를 뜻하며, 시아버지가 며느리에게 주는 대추는 자손 번창의 의미를 나타내고, 밤은 의지를 나타낸다.

시어머니에게 고기와 비단을 드리는 것은 먹을 것, 입을 것 부족하지 않게 정성을 다하여 모시겠다는 뜻이다. 시어머니가 육포를 어루만지는 것은 신부의 흉허물을 덮어 준다는 의미를 갖고 있다.

폐백음식은 시부모에게만 올리는 것이며 대추를 며느리에게 주는 것도 시아버지만 생남을 기원하며 행하는 것이다.

이상에서 살펴 본 바와 같이 혼인례의 의식에 따르는 의례음식은 제례나 회갑연 등의 음식과는 달리 향응의 음식이라기보다는 다분히 기복의 의미를 담고 있음을 알 수 있다.

그림 3-22 폐백음식
(대추폐백, 육포폐백, 편포폐백, 마른 구절판)

㉣ 큰상

큰상은 여러 가지 생과 · 조과 · 견과 · 떡 · 편육 · 전 · 포 등을 30~70cm 높이의 원통형이 되게 고인 음식을 배설하고 그 안 편으로 찜 · 전 · 냉채 · 잡채 · 조과 · 약식 · 신선로와 같은 술안주 음식과 국수장국으로 장국상을 주빈 앞으로 놓은 상차림으로 초례를 행한 신랑에게 신부 집에서, 현구고례(見舅姑禮)를 행한 신부에게 각각 축하의 뜻으로 차려 대접한다.

이렇게 차린 큰상은 주빈이 앞에 차린 음식을 먹고 의식이 끝나면 헐어서 여러 사람에게 나누게 되므로 흔히 망상(望床)이라고도 한다. 큰상에 차리는 음식은 다음과 같다.

· 편 : 백편, 꿀편, 찰편, 주악, 팥시루떡 등

· 건과 : 대추, 호도, 은행, 곶감 등

· 한과 : 유과, 약과, 강정, 잣강정, 계피강정, 참깨, 산자, 매작과 등

· 당속류 : 어포, 육포, 문어포 등

· 전과 : 도라지, 당근(주황색), 연근(고등색), 유자(노랑색), 청매(연초록) 등

· 적류 : 쇠고기적 등

· 홍합초, 전복초, 수육, 편육 등이다.

혼인기념일 명칭

혼인 기념일에 따른 각각의 명칭이 있다.

· 1 주년 : 지혼 (The Paper Wedding)

· 10 주년 : 주석혼 (The Tin Wedding)

· 20 주년 : 도자기혼 (The China Wedding)

· 25 주년 : 은혼 (The Silver Wedding)

· 30 주년 : 진주혼 (The Ivory Wedding or Pearl Wedding)

· 35 주년 : 녹옥혼 (The Emerald Wedding)

· 40 주년 : 홍옥혼(The Woolen Wedding or Ruby Wedding)

· 50 주년 : 금혼 (The Golden Sapphire Wedding)

· 60 주년 : 회혼 (The Diamond Wedding)

7) 회갑례

만 60세가 되면 회갑이라 하여 성대한 연회를 차린다. 회갑은 자기가 태어난 해로 돌아 왔다는 뜻으로 환갑이라고도 한다. 혼인례처럼 고배상(高排床)을 차린다. 어른 앞에 큰상을 차려 놓고 자손들이 부모에게 술잔을 올리고 절을 하면서 축수를 한다. 회갑상에 차리는 음식은 다음과 같다.

① 유밀과(油蜜果) : 약과, 만두과, 매작과, 다식과 등

② 강정(羌訂) : 강정, 세반강정, 매화강정, 실백강정 등

③ 다식(茶食) : 흑임자다식, 송화다식, 밤다식, 녹말다식, 콩다식 등

④ 당속(糖屬) : 옥춘, 팔보당, 온당 등

⑤ 생실과(生實果) : 사과, 배, 감, 귤, 생률(밤) 등
⑥ 건과(乾果) : 대추, 호도, 은행, 실백, 곶감, 황률 등
⑦ 정과(煎果) : 연근정과, 생강정과, 인삼정과, 산사정과, 청매실정과, 모과정과, 도라지정과, 밤초, 대추초 등
⑧ 편(片) : 백편, 꿀편, 승검초편, 단자, 주악, 화전 등
⑨ 어물(魚物) : 문어오림, 어포, 육포, 건전복 등
⑩ 편육(片肉) : 양지머리 편육, 제육, 족편 등
⑪ 초 : 홍합초, 전복초 등
⑫ 적(炙) : 육적, 어적, 봉적 등이다.

연령에 따른 생일의 명칭

우리나라의 경우 연령에 따라 생일의 명칭이 달라진다.

- 20세 : 弱冠 (약관)
- 30세 : 而立 (이립)
- 40세 : 不惑 (불혹)
- 50세 : 知名 (지명)
- 60세 : 六旬 (육순), 耳順 (이순)
- 61세 : 回甲 (회갑), 還甲 (환갑)
- 62세 : 進甲 (진갑)
- 66세 : 美壽 (미수)
- 70세 : 古稀 (고희), 稀壽 (희수), 七旬 (칠순)
- 71세 : 望八 (망팔) –人生七十古來稀
- 77세 : 喜壽 (희수)
- 80세 : 八旬 (팔순)
- 81세 : 望九 (망구)
- 88세 : 米壽 (미수)
- 90세 : 卒壽 (졸수), 九旬 (구순)
- 91세 : 望百 (망백)
- 99세 : 白壽 (백수)
- 100세 : 百壽 (백수), 鶴壽 (학수)
- 108세 : 茶壽 (차수)

8) 회혼례 (回婚禮)

부부가 혼인하여 만 60년을 해로한 날로 회근례(回巹禮)라고도 한다. 자손들은 헌주하고 잔치를 베푸는데, 이 때 부모는 신랑 신부의 복장을 하고 자손들의 축하를 받는다.

그림 3-23 회혼례

9) 상례(喪禮)

사람의 주검을 맞고 주검을 갈무리하여 치장을 할 때까지 근신으로 하는 기간의 의식절차이다. 상례는 죽음을 슬퍼하고 근신하는 마음으로 엄숙하고 경건하게 하여야 한다.

(1) 초종(初終)

사람의 죽음을 맞는 데서부터 죽음을 알리고, 부고(訃告)를 보내기까지의 절차이다.

(2) 습(襲)

죽은 이를 목욕시키고 수의를 입히는 절차이다.

(3) 성복(成服)

상복을 입는 절차이다.

(4) 우제(虞祭)

죽은 이를 묘지에 매장한 날에 초우(初虞)제, 그 다음날에 재우(再虞)제, 재우 다음 날 삼우(三虞)제로 모두 세 번을 지낸다.

10) 제례(祭禮)

제례는 고인을 추모하여 올리는 의례로서 조상을 제사 지내는 의식절차이다. 돌아가신 조상을 살아 계신 듯 섬기는 일로 보본의식(報本儀式)이다. 제사상의 형식은 소상(小祥), 대상(大祥), 기제사(忌祭祀), 절사(節祀) 등 가문의 전통과 가세에 따라 조금씩 차이를 둔다. 제사는 고인의 기일 전날 지낸다.

제기는 나무, 유기, 사기로 되어 있고 그릇에 굽이 있는데 이것은 높이 숭상한다는 뜻이 내포되어 있다.

(1) 제의 음식

제사음식은 화려하기보다는 차분하고 정갈한 것이 그 특징이며, 음식수를 홀수로 맞춘다.

① 반・메(飯) : 흰쌀밥으로 주발에 소복하게 담고 뚜껑을 덮는다.

② 갱 : 쇠고기, 무, 다시마, 두부적을 넣고 끓인 국으로 국물과 함께 탕기에 담는다.

③ 삼탕 : 3탕에서 5탕으로 하는데 삼탕은 육탕(쇠고기), 어탕(북어・다시마・무), 소탕(채소)이며, 봉탕(닭)과 잡탕(무・다시마・버섯)을 더하여 5탕이다. 3탕을 따로 따로 담으면 단탕이라 하여 한 가지만 담으며 건지만을 건져 담는다.

④ 적(炙) : 단적, 삼적, 오적일 경우가 있는데 육적, 어적(숭어・ 도미・조기), 봉적, 소적(두부적), 잡적, 채소적이 있는데 따로 따로 담기도 하고, 하나의 적 틀에 어, 육, 봉의 순으로 올리기도 한다.

⑤ 간납 : 전(煎)을 말하며 생선전, 육전, 간전, 처녑전 등으로 만든다. 또 채소들을 길이대로 하여 고기와 같이 적을 끼워 기름에 지진 누르미도 있다.

⑥ 포(脯) : 육포, 어포, 북어포, 암치포, 상어포, 건문어 등을 쓰는데 여러 개를 포개어 놓기도 하고 한가지만으로도 한다.

⑦ 숙채 : 백채(도라지・무), 청채(시금치・배추), 갈채(고사리)를 삼색으로 나물을 하여 한 그릇에 소복하게 담는다.

⑧ 침채 : 고춧가루와 젓갈을 쓰지 않고 무・배추로 나박김치를 담는다.

⑨ 편 : 시루편을 얇게 하여 편틀에 괴고, 화전・주악 등을 웃기떡으로 하여

장식한다.

⑩ 혜(醯) : 식혜로 밥만을 소복이 담고 대추를 위에 얹는다.

⑪ 해(醢) : 생선(조기)젓갈을 놓는다.

⑫ 기타 : 강정, 다식, 전과, 약과와 과일은 밤, 대추, 곶감, 사과, 배를 놓는다. 복숭아는 놓지 않는다. 종지에 간장, 초, 꿀을 각각 담고 대접에 시접을 놓는다.

(2) 제수진설법(眞設法)

제수(祭羞)는 조리된 음식을 말하며, 제수(祭需)는 금품 등 제사 차리는 전부를 가리킨다.

국조오례의(國朝五禮儀), 율곡의 제의초(祭儀鈔), 사계의 가례집람(家禮輯覽), 도암의 사례편람(四禮便覽)에 공통적으로 나타난 진설법을 기준으로 하였다.

① 고비합설 : 고례는 고비각설이었으나 현대는 고비합설로 내외분 상을 함께 차린다.

② 시접거중 : 수저는 그릇에 담아 신위의 중앙에 놓는다.

③ 잔서초동 : 술잔은 서쪽에, 초장은 동쪽에 놓는다.

④ 반서갱동 : 메(밥)는 서쪽에, 국은 동쪽에 놓는다. 산사람의 경우와 반대이다.

⑤ 적접거중 : 구이(적)는 중앙에 놓는다.

⑥ 어동육서 : 생선은 동쪽에, 고기는 서쪽에 놓는다.

⑦ 면서병동 : 국수는 서쪽에, 떡은 동쪽에 놓는다.

⑧ 서포우혜 · 해 : 포는 서쪽에, 식혜(醯) 또는 생선젓갈(醢)은 동쪽에 놓는다.

⑨ 숙서생동 : 나물은 서쪽에, 김치는 동쪽에 놓는다.

⑩ 동두서미 : 생선의 머리는 동쪽에 , 꼬리는 서쪽에 놓는다.

⑪ 홍동백서 : 대추 · 붉은색 과일은 동쪽에, 밤 · 배 등 흰색은 서쪽에 놓는다.

⑫ 동조서율 : 대추는 동쪽에, 밤은 서쪽에 놓는다.

⑬ 천산양수지산음수(天産陽數地産 陰數) : 하늘에서 나는 것은 홀수로 놓

고, 땅에서 나는 것은 짝수로 놓는다.

(3) 제수진설의 순서

원칙적으로 빈 그릇과 차게 먹을 수 있는 제수를 먼저 올리고 뜨겁게 먹는 음식은 나중에 올린다.

① 제1열에 시접, 고위·비위잔반, 초첩 순으로 차린다.

② 제5열에 과일을 바깥쪽에서 안쪽으로 서·동, 서·동의 순서로 차린다.

③ 제4열에 포, 젓갈, 나물, 김치, 간장의 순서로 차린다.

④ 제3열의 서쪽에 고기부침 초장, 고기회는 서쪽에, 동쪽에 생선부침, 생선회, 겨자는 동쪽에 차린다.

⑤ 제2열의 동쪽에 떡, 설탕을 놓고, 서쪽에 국수를 놓은 다음, 고위 밥과 비위 밥을 놓고 밥의 왼쪽에 각각 고위국·비위 국을 올린다.

⑥ 탕을 바깥쪽에서 안쪽으로 서·동, 서·동의 순서로 올린다.

⑦ 유식순서인 합문, 계문 후에 고위국, 비위국을 내리고 고위숭늉, 비위숭늉을 올린다.

이외에 古稀(고희), 喜壽(희수), 米壽(미수), 白壽(백수) 등이 있다. 우리나라의 음식문화는 통과의례와 깊은 상관관계를 가진다. 산전의례의 삼신상에서부터 혼례 때의 봉치떡·동뢰상·폐백, 회갑상, 제의례 상차림에 이르기까지 다양한 의례 음식 하나하나에는 의미가 담겨있고, 그 의식 하나 하나에 우리의 기원이 담겨 있다. 우리의 통과의례음식은 선조들의 삶의 정신과 문화, 역사가 담긴 우리 고유의 전통으로서의 가치를 부여하고 있다.

의례에서의 동서남북

제의례에서의 동서남북 방위는 자연의 동서남북이 아니고, 제의대상인 신위를 모신 곳을 북쪽으로 하여 신위의 앞 정면이 남쪽이고 왼쪽이 동쪽이며 오른쪽은 서쪽이다. 제의례에서 좌우는 신위의 좌우를 가리킨다.

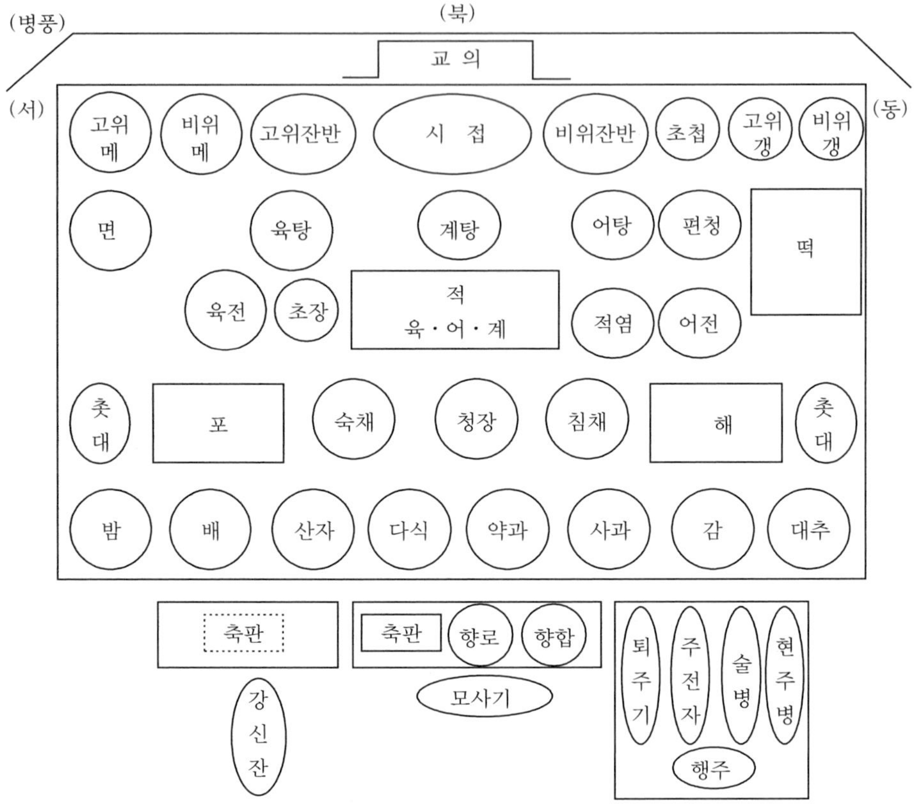

그림 3-24 제수진설도

(김득중 · 유송옥 · 황혜성, 우리의 전통예절, 한국문화제보호재단, 1994)

8. 식사예절(食事禮節) 문화

모든 생물이 먹이를 먹어서 생존을 유지하고 건강을 지키지만 그 중에서 유독 인간만은 음식을 혼자 식사하기보다 누군가하고 함께하기를 원하고, 함께 나누어 먹기를 좋아 한다. 식사 예절은 이처럼 동물과 같이 개식(個食)을 하지 않고 공식(共食)을 하는 식사 습관에 뿌리를 두고 있다.

중국의 고전 「예기(禮記)」에 모든 "예(禮)"의 시초는 음식에서 비롯된다고 하였다. 식사예절이 예의범적의 기본이 됨을 알 수 있다. 또 음식남녀(飮食男女)라는 고사성어가 있다. 음식남녀는 인간의 가장 원초적인 욕구를 표현하는 말로, '음식을 먹고 마시는 일과 남녀사이의 성욕을 생명을 유지하고 종족을 번식시키려는 인간의 가장 기본적인 본능이지만 자기 절제가 절대적으로 필요한 것이다'라는 의미를 내재하고 있다.

여럿이 함께 자리를 하여 식사를 할 때에 서로가 마음 편하고 흐뭇할 수 있도록 마음 씀이 바탕이 되어 식사예절 등 여러 규범이 생기게 된다. 기본적이고 필요한 예절을 지키면서 공식을 하는 동안에 인간 상호간에 친밀감과 신뢰감이 두터워지고 이러한 인간관계가 가족과 사회 여러 집단의 힘이 되어 소속감을 키우고 상호부조의 연대감을 다지게 된다.

우리 민족은 일찍부터 입고 먹고사는 데에 일정한 질서를 세우고 살아온 민족이다.

조선시대는 정치는 물론 사회 규범이 유교의 가르침을 바탕으로 이루어졌으므로 음식의 예절도 엄격하게 지켜 왔다. 사람에게 먹고 마시는 일은 필수적으로 중요한 일이다. 태어나서 제일 먼저 배우는 것이 식사 예절이므로 그 사람이 식사하는 모습을 보면 그 집안의 법도와 생활태도를 미루어 짐작할 수 있다.

조선시대 이덕무(1741~1793)의 『청장관전서』에 선비의 식사예절, 부녀자의 식사예절, 어린이의 식사예절에 관련된 내용이 수록되어 있다.

조선시대 빙허각 이씨가 쓴 가정의 백과사전인 『규합총서』(1869)의 사대부(士大夫) 식시오관(食時五觀)에는 사대부가 음식을 먹을 때에 다음의 다섯 가지를 생각해 보라고 한 구절이 있다.

첫째, 공들인 것의 다소를 헤아리고 그것이 어디에서 왔는지 생각하여 보아야 한다.

둘째, 큰 덕을 헤아려 섬기기를 다할 것이다.

셋째, 마음에 지나치게 탐내는 것을 막아야 한다.

넷째, 좋은 약으로 알아서 형상의 괴로운 것을 고치게 한다.

다섯째, 도업(道業)을 이루어 놓고서야 이 음식을 받아먹을 것이다.

따라서 식사예절은 어떠한 형식보다 여럿이 함께하는 식사에서 감사할 줄 알고 겸허하게 함께 하는 마음가짐이 소양이 되어 나타나도록 식사예절을 익히면 된다.

1) 상을 받으면 가볍게 감사의 인사를 한다.

2) 식사를 할 때에는 자세를 바르게 하여 의젓하면서도 자연스럽게 식사한다.
3) 수저 소리, 국물 마시는 소리, 음식 씹는 소리는 내지 말아야 한다.
4) 숟가락은 밥과 함께 국, 찌개 같은 국물이 있는 반찬을 떠먹고 젓가락으로 국물 없는 반찬을 집어 먹는다. 식사 중에는 숟가락을 밥그릇이나 국그릇에 놓는다. 숟가락을 밥상에 놓으면 식사가 끝났다는 뜻이다.
5) 두 사람 이상이 같이 식사를 할 때에는 자기가 필요한 만큼 덜어 먹을 수 있도록 각 접시를 놓도록 한다.
6) 국에다 밥을 말아서 식사를 하는 것은 식사 예법의 원칙에 어긋나는 것이므로 되도록이면 떠서 먹도록 한다.
7) 식사 중에 젓가락과 수저를 동시에 한 손에 쥐고 있는 것은 보기 좋지 않으므로 주의해야 한다.
8) 김치 국물, 동치미 국물 등을 떠먹을 때는 그릇 채 들어 마시는 일은 없도록 한다.
9) 그릇을 들 때는 손가락 사이를 벌리지 말고, 엄지손가락 이외의 네 손가락은 되도록 움직이지 않도록 한다.
10) 어른이나 친구와 겸상 또는 셋겸상 등의 식사를 같이 할 때는 먼저 어른이나 손님인 친구가 수저를 들어서 식사를 시작하면 그때 시작한다.
11) 식사를 끝낼 때도 같이 식사하시는 분이 끝나기 전에는 끝내지 말아야 한다. 만일 부득이 먼저 끝이 났으면 수저를 반기 또는 탕기, 숭늉 그릇 등에 담아 놓았다가 상대방의 식사가 다 끝나면 수저를 내려놓는다.
12) 식사 중에 음식에서 돌이나 기타 먹지 못할 것을 발견했을 땐 옆 사람이 눈치 채지 않도록 조용히 휴지나 손가락에 뱉어서 상 밑에 두었다가 나중에 버린다.
13) 식사 도중에는 누구나 자리를 떠서는 안 된다. 아주 급한 일이 있어서 부득이한 경우에는 할 수 없지만, 다소 바쁘더라도 식사가 끝날 때를 기다려서 폐가 되지 않도록 하는 것이 좋다.
14) 식사가 끝나고 후식(後食) 시간이 되면 서로 환담을 나누어 가며 부드러운 분위기에서 즐거운 시간을 갖도록 한다.

15) 식사가 끝나면 수저를 정돈하여 수저 끝이 상밖에 나오지 않게 놓는다.

16) 뚜껑은 여는 순서와 반대로 덮으며 다 먹은 그릇의 뚜껑은 뒤집어 덮고, 음식이 남은 그릇의 뚜껑은 본래대로 덮어놓는다.

17) 식사가 끝나면 잘 먹었다는 인사를 정식으로 하여야 한다.

18) 이외에 식사를 할 때 허리를 굽혀서 온 몸을 웅크리고 먹는 버릇, 수저에 붙은 밥 티나 반찬 찌꺼기를 빠는 버릇, 밥을 한 번 뜬 후, 이 반찬 저 반찬을 뒤척이며 머뭇거리는 버릇, 음식을 흘리며 떠먹는 버릇, 손등을 위로 해서 주먹을 쥐듯이 수저를 잡는 버릇 등이 있는 사람은 주의를 기울여서 고치도록 한다.

9. 한국의 주요 식품과 음식문화

우리나라의 식품 문화구조는 식량생산 기술의 구조적 차원에서 기후와 지역적 특성으로 역사시대 이전에 농경문화를 형성하여 5곡의 곡류문화를 정착하였다. 곡식을 주종으로 한 음식문화는 곡물음식을 주식으로 중요하게 여겼으며 밥, 떡, 과정류 및 두장 등 곡물류의 가공 저장법이 다양하게 발달해왔다.

1) 곡물음식 문화

(1) 밥

우리나라에 쌀농사가 시작된 시기는 기원전 10-15세기경으로 보고 있으며, 쌀은 우리의 식생활에서 주식으로 이용하는 가장 중요한 곡류이다.

쌀농사는 고온다습한 생육 조건이 잘 충족되어 있는 특히 남부지역에서 이루어졌으며 쌀의 품종에는 인디카(indica)종과 자포니카(japonica)종이 있다. 인디카종 쌀은 입자가 길고 점성이 없으며 열대지역에서 생산되며, 자포니카종 쌀은 입자가 둥글고 점성이 있으며 우리나라를 비롯한 온대지역에서 재배된다.

쌀의 품종에 대한 기호는 조리법과 관련이 있다. 고기・채소・향신료 등을 넣고 기름에 볶아서 주로 먹는 지역의 주민은 인디카종 쌀을 좋아하고, 밥 그대로 순수한 밥을 먹는 지역사람들은 자포니카종 쌀을 좋아한다.

쌀에는 멥쌀과 찹쌀이 있으며 모두 전분을 75% 이상 함유하고 있다. 멥쌀의 전분은 종류에 따라 다르나 보통 아밀로스와 아밀로펙틴이 약 2:8의 비율로 존재하며 찹쌀 전분은 아밀로펙틴만으로 이루어져 있다.

밥맛은 쌀 전분의 구성성분인 아밀로스의 함량에 따라 크게 좌우되어 일반적으로 아밀로스 함량이 적고 아밀로펙틴 함량이 많을수록 좋다. 아밀로스의 양은 쌀의 품종에 따라 7~34%에 이른다. 아밀로스의 함량이 적은 쌀밥은 점성이 있으며 부드럽고 윤기가 있으나, 아밀로스의 함량이 많은 쌀밥은 푸석푸석하고 윤기도 없다.

우리나라에서 밥이 주식이 된 것은 벼농사를 짓게 되면서부터이며 곡류가 주식으로, 육류·채소류·해조류·어패류가 부식으로 자리 잡아 주·부식 분리의 식사구성이 창출되었다. 밥 짓기가 일반화 되어 진 삼국시대 후반기부터 일상식으로 주·부식의 식사체계가 정착되었다.

밥 짓기의 발달과정은 죽-찐 밥-끓여 짓는 밥의 형태로 보고 있다. 곡물조리의 개발과정은 죽요리를 원초형으로 하고, 다음의 개발단계는 시루에서 찌는 방법이었으며 증숙이 오래 계속되다가 솥에서 끓여 짓는 밥짓기가 개발되었다.

제일 먼저 죽의 형태로 먹었다고 생각하는 것은 신석기시대의 빗살무늬토기 출현으로 식품을 끓이게 됨으로써 죽과 같은 형태의 음식이 되었기 때문이다.

토기의 밑 부분 모양은 주로 뾰족하였으며, 손잡이가 없는 것이 특징으로 해안지방에서 많이 이용했던 것으로 생각할 수 있다.

다음 단계는 찐 밥의 형태로 부족국가시대에 곡물을 부수거나 가루로 만드는 용구인 확돌과 갈돌, 그리고 시루가 그 증거가 되고 있다. 빗살무늬토기는 그다지 높지 않은 온도에서 구운 토기이기 때문에 죽을 끓일 때 물과 같이 끓이면 토기의 냄새가 음식에 용출되어 맛이 없게 되지만, 시루는 밑에서 물을 끓여 증기로서 음식을 만들기 때문에 토기 성분의 혼합이 적어 맛이 더 좋았을 것이다.

지금과 같은 밥 짓기 법은 삼국시대 고분에서 출토된 대형의 쇠솥과 쌀 생산량이 많아 보편화가 이루어지면서 발달되었다. 쌀, 보리, 조 등을 끓여서 밥을 주식으로 하고 장, 포, 혜 등을 찬물로 하는 일상식의 기본구조를 형성하였다고 본다. 밥이 일상 주식의 위치로 자리를 잡게 되자 떡은 의례음식으로 발달되었다.

밥 짓는 방법에는 크게 간취법(干炊法)과 탕취법(湯炊法)이 있다.

간취법은 쌀의 양에 대하여 일정양의 물을 부어 센 불로 가열하여, 끓으면 중간 불, 약한 불로 차차 줄이고 호정화 과정까지 거치면서 태우지 않고 수분을 쌀의 내부에 완전히 흡수시켜 밥을 짓는 방법으로 끈기가 있다.

탕취법은 많은 물에 쌀을 넣고 가열하여 끓으면 밥물을 버리고 쪄서 짓는 방법으로 끈기가 없고 시간이 많이 걸린다. 그러나 많은 밥을 지을 때는 물의 양을 조절하는 어려움이 없고 골고루 익히기 쉬운 유리한 방법이다. 동남아시아지역과 같은 열대지방에서 이용한다.

(2) 떡류

떡은 우리나라 고유한 전통음식의 대표로서 제례, 빈례를 위시한 대·소 향연에 빠지지 않는 필수적인 음식이며 우리 민족에게 별식으로 '밥 위에 떡'이라는 속담도 있다.

떡의 기원은 낟알을 가는 돌확과 찌는 기구인 시루를 사용했던 청동기와 철기문화 시대인 원시 농경 시대부터 만들어졌다.

우리나라는 일찍부터 농경중심의 국가로 기복, 기풍, 추수감사 등의 제천의식, 자연숭배신앙(animism)의 우주관에 입각한 신에 대한 신앙의식에 바탕을 둔 영고·무천·동맹·시월제 등 제천의식이 발달하였다. 이때 공물로 바쳐진 음식 중의 하나로 떡이 있었을 것이며, 이러한 전통은 지금 까지 계승되어 무속이나 고사 행위 또는 통과의례 등에서 시루떡을 시루 째 놓고 제를 지내는 풍습으로 알 수 있다.

떡은 삼국시대의 고분에서 시루가 출토되었고, 고구려 안악 3호분 고분벽화와 시루와 디딜방아의 모습, 그리고 삼국사기, 삼국유사 등에 떡에 관한 기록으로 미루어 벼농사가 활발해 지면서 더욱 발전하였다.

또한 삼국시대에 이르러 밥과 반찬으로 차리는 주·부식 분리의 일상식 식사구조가 형성되어 밥이 주식이 되면서 떡은 삼칠일·백일·생일·관례·혼례·회갑·상례·제례의 통과의례와 농·공·상·어업의 생업 그리고 공동체의 기복, 기풍의 기원 등 대소사에 꼭 쓰이는 의미가 내재된 의례음식 또는 시절과 절후에 따라 별미음식으로 다양하게 발달하여 전통성과 토착성을 담고 있다.

의례음식에서 쓰이는 떡은 종교적인 의미를 가진다. 예를 들면 백설기는 흰색은 신성관념의 상징적 재물의 의미로 '희다'는 해(태양)라고 하는 명사에서 온 것으로 우리 민족의 흰색 숭배사상인 태양 숭배 사상에서 연유된 것이며, 고물로 많이 쓰이는 팥고물의 붉은 색은 잡귀를 쫓아내고, 액을 면하게 한다는 뜻이며, 송편 등의 오색은 만물의 조화를 뜻하고 있다.

떡은 멥쌀과 찹쌀을 주재료로 하여 부재료와 고물이 다양하여 200여 종류에 이르며, 만드는 방법에 따라 찐 떡, 친 떡, 삶는 떡, 지진 떡 등으로 분류할 수 있다.

① 찐 떡(蒸餠)

가장 전통적인 떡으로 떡의 기본이다. 멥쌀이나 찹쌀을 가루로 만들어 시루에서 김을 올려 익힌 것으로 보통 시루떡이라고도 한다.

멥쌀 떡은 백설기 · 쑥설기 · 팥설기 · 무시루떡 · 석탄병 · 꿀편 · 색편 · 잡과병 · 증편 등이 있으며, 찹쌀은 팥시루떡 · 쇠머리떡 · 두텁떡 · 콩찰편 등으로 많이 있다.

증편은 쌀가루에 탁주를 넣고 발효시킨 뒤 틀에 넣고 고명을 얹어 찐 떡으로 기주떡 · 술떡이라고도 한다. 술에서 발생한 탄산가스로 부풀린 떡으로 pH가 낮아 곰팡이 번식에 대한 저항성이 강하여 저장성이 다른 떡보다 좋아 주로 여름철에 상용한다.

② 치는 떡(搗餠)

쌀가루나 곡물을 찐 다음 안반에 놓고 매로 쳐서 만드는 것이다. 찹쌀로 만드는 인절미 와 멥쌀의 수리취 절편 · 개피떡 · 골무떡 · 절편 등이 있다.

③ 삶은 떡(瓊團)

찹쌀가루를 익반죽하여 둥글게 모양을 내어 끓는 물에 삶아 건져 고물을 묻힌 떡으로 경단이 있다. 수수경단 · 찹쌀 경단 등이 있다.

④ 지지는 떡(煎餠)

찹쌀가루를 익반죽하여 모양을 만들어 기름에 지진 떡으로 화전, 부꾸미, 주악 등이 있다. 화전은 익반죽한 찹쌀가루를 둥글넓적하게 만든 뒤, 진달래 · 국화 등 꽃잎을 붙여 기름에 지진 것이고, 부꾸미는 찹쌀, 차수수, 녹두 등을 불렸다가 갈아서 익반죽하여 깨, 곶감, 유자청건지 등으로 만든 소를 넣어 빚어 기름에 지진 떡이다. 주악은 기름에 지지는 떡의 하나로 조악(造岳)이라고도 한다.

우리 민족은 예로부터 혼인 등의 잔치나 의례에서 늘 많은 양의 떡을 넉넉하게 만들어서 먼저 천지신명과 조상께 올리고, 이웃과 친척 간에 서로 나누어 먹었으며, 잔치 때에는 손님들이 돌아갈 때 떡을 싸서 보내는 선량한 식생활 풍속으로 정을 나누는 음식으로써 중요한 위치를 차지하였다.

표 3-3 조선시대의 떡 종류

<table>
<tr><td rowspan="5">찐떡</td><td>메떡</td><td>석이병(떡), 백설기(고), 꿀설기, 승검초편(설기), 잡과병(식과병),무떡, 녹두편, 팥떡, 거피팥떡(편), 석탕병, 쑥떡(애고), 밤떡(육고병), 호박떡(물호박떡), 느티떡(유엽병), 복령병, 백편, 콩떡(두고), 깨떡(임자메시루떡), 녹두떡, 시루떡, 흰물이, 개떡(낙개떡), 귤병떡, 도행병(행병도병법), 신감채설기, 석이꿀절기, 석이설기, 막우설기, 각색메시루떡, 거피팥・녹두메시루떡, 녹말메시루떡, 백미병, 삭병, 환병, 설병, 복떡, 귀이리떡, 백합떡, 서속떡, 토련병, 생치떡, 약고, 유고, 모해병, 송기떡, 외랑병, 봉고방, 상자병, 왼석이편, 기단가오, 메꿀떡, 잡과꿀설기, 당귀병, 옥수수떡</td></tr>
<tr><td>찰떡</td><td>감자병법, 감떡, 혼돈병, 거피팥차시루떡, 꿀차시루떡, 찰떡, 녹두차시루떡, 임자차시루떡, 신감채차시루떡, 볶은팥시루떡, 흑태차시루떡, 각색차시루떡, 점미병, 호박찰떡, 시율나병, 상실편, 쇠머리떡, 고려율고, 노찰병, 속증방, 짐과점병, 도고방, 함밀방, 깨편, 밀개떡, 옥수수떡, 신선부귀병</td></tr>
<tr><td>송편</td><td>송편, 재증병, 쑥송편(법), 송기송편, 각색송병, 이맥송병, 꿀송편</td></tr>
<tr><td>증편</td><td>증병(법)증편, 방울증편, 상화(병)</td></tr>
<tr><td>후병</td><td>후병(두텁떡), 합병</td></tr>
<tr><td rowspan="6">친떡</td><td>절편</td><td>전편, 골무편, 수리취절편, 쑥절편, 송피절편, 어름소편</td></tr>
<tr><td>절병</td><td>각색절병, 임자절병, 대질병, 세절병, 은절병, 양색절병</td></tr>
<tr><td>흰떡</td><td>흰떡(설병)</td></tr>
<tr><td>가피떡</td><td>산병(곱장떡), 가피떡(갑피병), 송기떡, 각색산병, 수란떡</td></tr>
<tr><td>인절미</td><td>동부인절미, 쑥인절미, 깨인절미, 대추인절미, 조인절미, 인절미(인병)</td></tr>
<tr><td>단자</td><td>석이단자, 밤단자, 쑥단자, 신감초단자, 유자단자, 생강단자, 잡과병(잡과편), 각색단자, 율무단자, 도행단자, 귤병단자, 국엽단자, 토련단자, 잣단자, 대추단자, 송이단자, 팥단자, 수단, 단자병, 마단자, 건시단자, 은행편</td></tr>
</table>

지진떡	조악	대추조악, 조악(조각병), 밤조악, 각색조악, 황조악(치자조악), 감태조악, 양색조악, 삼색조악, 건시조악병
	유전병	두견화전(유전병), 토란병(우병), 차전병(전병), 소병, 밀전병, 국화전, 수수전병, 산승, 장미화전, 산삼(산삼병), 돈전병, 식류병, 산약병, 소고병, 삼병, 사삼병, 목맥병, 감태산산, 연산삼, 조약전, 겸전병, 접괴여전, 각색사증병, 권점병(송풍병), 시여항병, 총떡, 부꾸미, 일총, 대추전병, 송기떡
삶은떡	삶은떡	쑥경단, 콩경단, 수수경단, 팥경단, 경단(경단병), 찰경단, 밤경단, 쇄백자, 잡과병, 청매경단, 감자경단, 깨경단, 율무경단, 대추경단

(김기숙 · 한경선, 음식과 식생활문화, 대한 교과서, 175쪽 1997)

떡은 재료배합과 조리방법이 합리적이고 과학적이다. 멥쌀이나 찹쌀만을 재료로 하는 것이 아니라 깨 · 콩 · 팥 · 밤 · 대추 등 여러 재료를 섞어 맛과 영양, 색의 조화를 이루어 영양성, 기호성을 만족시키며 조리방법 또한 합리적이다.

또한 떡에도 약식동원(藥食同源)의 개념이 내재되어 약성이 있는 백복령 · 연자 · 산약 · 검인 등 한약제를 배합하여 약이 되게 만든 복령조화고(伏苓造花糕)와 같은 약선(藥膳) 떡이 많다.

(3) 과정류

우리나라의 전통적인 과자류로, 외래의 과자와 구별하여 한과류라고도 한다. 과정류의 주재료는 곡물, 꿀과 기름이다.

역사는 삼국시대 이후 불교가 융성했던 통일신라시대에 과정류가 차 마시는 풍속과 함께 차의 곁들이 음식이 되면서 더욱 발달하였다.

고려시대에는 불교행사인 연등회, 팔관회 등 국가적인 행사나 크고 작은 연회, 제향의 고임상에 올려졌으나, 그 사치와 낭비가 심하여 사용을 금하기도 하였다.

조선시대에 과정류는 임금이 받는 상을 비롯하여 통과의례 등 의례상 차림의 대표적인 음식이 되었다. 평상시의 기호품으로도 각광을 받아 왕실을 중심으로 귀족과 반가에서 널리 쓰였다.

과정류는 재료와 제조방법에 따라 유밀과류, 강정류, 다식류, 숙실과류, 과편류, 엿류로 분류한다.

① 유밀과(油蜜菓)

밀가루나 메밀가루에 참기름・꿀・술 등을 넣고 반죽하여 모양을 만들어 기름에 튀긴 후 꿀에 담가 건진 것으로 약과, 연약과, 매작과, 계강과, 차수과 등이 있다.

약과는 밀가루에 참기름, 술, 꿀 등을 넣고 반죽하여 약과 판에 박아 기름에 지져 익힌 후 꿀에 담갔다 꺼낸 것으로 유밀과의 대표적인 것이다.

약과는 약이 되는 과일이라는 뜻으로, 『지봉유설』에 "약과의 재료인 밀은 춘하추동을 거쳐서 익기 때문에 사시의 기운을 얻어 정(情)이 되고, 꿀은 백약의 으뜸이며, 기름은 살충하고 해독한다."라고 설명하고 있다.

② 유과(油菓)

유과는 찹쌀을 물에 충분히 담갔다가 가루로 만든 뒤 술을 넣어 반죽하여 시루에 쪄서 꽈리가 일도록 찧어서 얇게 밀어 여러 가지 모양으로 썰어 말렸다가 기름에 튀겨내어 꿀이나 조청을 발라 깨・콩・잣・쌀튀밥 등 갖가지 고물을 묻힌 과자이다. 유과의 종류는 매우 다양하며 모양과 고물에 따라 강정・산자・빙사과 등이 있다.

강정은 찐 찹쌀 반죽을 얇게 펴서 갸름하게 썰어 말렸다가 기름에 튀겨 고물을 묻힌 것이다. 고물에 따라 깨강정・콩강정・송화강정・계피강정・잣강정・세반강정 등이 있다.

산자는 찹쌀가루 반죽을 펴서 네모로 편편하게 썰어 말렸다가 튀긴 것으로 고물에 착색한 쌀 나락의 색깔에 따라 백산자・홍산자・매화산자 등이 있다.

③ 다식(茶食)

곡식가루, 한약재, 꽃가루, 녹말가루 등에 꿀과 조청을 넣고 반죽하여 다식판에 박아낸 것이다. 다식(茶食)은 주재료에 따라 흑임자다식・콩다식・진말다식・갈분다식・녹말다식・승검초다식・송화다식・용안육다식 등이 있다.

④ 전과(煎菓)

정과라고도 하며, 비교적 수분이 적은 식물의 뿌리나 줄기 또는 열매를 설탕물과 조청에 넣고 오랫동안 조린 것으로, 촉촉하게 물기가 있게 만드는 진정과와 조린 후 설탕을 묻혀 말린 건정과가 있다.

정과류에는 동아 · 금귤 · 박고지 · 사과 · 도라지 · 인삼 · 무, 우엉 · 연근 · 당근, 밀감 · 생강 정과 등이 있다.

⑤ 과편류(果片類)

신맛이 나는 과일을 삶아 체에 걸러서 얻은 즙에 꿀이나 설탕, 녹말을 넣고 조린 다음 굳힌 음식이다. 새콤달콤한 맛, 과일의 색과 향이 좋은 음식이다.

과편은 계절적인 과일을 이용하여 앵두편 · 산사편 · 살구편 · 녹말편 · 모과편 등이 있다.

⑥ 숙실과류

밤이나 대추를 익혀 꿀에 조린 것으로 초(炒)류와 난(卵)류가 있다.

㉠ 초류

밤이나 대추를 통째로 익혀 그대로 형태가 유지되도록 설탕물에 조린 것으로 밤으로 만든 밤초와 대추로 만든 대추초가 있다.

㉡ 란류

밤이나 대추를 익힌 뒤, 으깨거나 곱게 갈아서 설탕이나 꿀을 넣고 다시 본래의 형태와 비슷하게 빚은 것으로 대추로 만든 조란, 밤으로 만든 율란이 있다.

⑦ 엿

찹쌀 · 멥쌀 · 좁쌀 · 수수 등의 곡물로 밥을 지어서 엿기름으로 당화시킨 다음 뭉근하게 오래 조려 둥글게 빚거나 길게 늘인 것이다. 곡물의 종류에 따라 쌀엿 · 수수엿 등이 있으며, 섞는 재료에 따라 호박엿 · 호두엿 · 고구마엿 · 잣엿, 대추엿, 깨엿 등이 있다. 갱엿은 엿을 조려서 그대로 검게 굳힌 것이고, 백당(흰엿)은 공기가 들어가도록 잡아 늘려서 희게 만든 것이다.

조청(造淸)은 찹쌀엿을 고아 꿀처럼 만든 것으로 꿀 대신 사용하였다.

⑧ 엿강정류

고소한 맛을 지닌 볶은 흑임자 · 들깨 · 참깨나 콩 · 잣 · 호두 · 땅콩 등에 뜨겁게 한 엿이나 설탕시럽 또는 꿀을 넣고 버무려서 서로 엉기면 밀어서 굳힌 과자이다.

2) 발효음식문화

우리나라는 거의 모든 식재료를 삭히고 곯임으로써, 맛과 냄새(향)를 극대화하여 음식을 즐겼다. 콩을 삶아 삭힌 것이 간장·된장이 되었으며 채소를 삭힌 것이 김치가 되었고, 수산물을 삭힌 것이 젓갈류가 되었다. 여기서 삭힌다는 것은 발효를 의미하며, 미생물에 의해 모든 식품이 발효되면 맛의 구성성분인 아미노산, 핵산, 유기산, 펩티드, 단당류, 방향성분 등이 생성되어 맛의 조화를 이룬다. 따라서 기다림의 긴 발효 과정에서 창출된 다양한 조화된 복잡한 맛이 발효음식 맛의 본질이라 할 수 있다.

중국, 일본 동양 3국의 식문화를 비교할 때 민족성의 차이는 더욱 극명하게 나타난다. 중국은 수질이 나쁘고, 전쟁이 많았던 탓에 음식을 삶고 튀기는 조리법이 발달했다. 이러한 식습관에서 끈질긴 생존력과 해학적인 민족성을 형성하였다. 일본 역시 잦은 전쟁으로 짧은 시간에 자연의 식품 소재를 있는 그대로 즐기는 신선하고 담백한 맛의 문화를 창출하였다. 따라서 맛이 색과 조화를 이루는 "눈으로 먹는 음식문화"를 만든 것이다. 이러한 식문화는 차가움에서 오는 이지적이며, 탐미적인 민족성을 형성하게 하였다.

같은 동양권이면서도 중국과 일본은 우리에 비해 발효음식이 일반화되지 못했으나, 우리나라는 독특하게도 동남아의 어장문화(魚醬文化)와 동북아의 장류문화(醬類文化)를 모두 가지고 있으며 삼국형성기에 완성함으로써 저장성 발효음식 문화권의 발상지가 되었다.

중국의 삼국지, 위지동이전에 보면 고구려(BC 37-668 AD)인은 장양(醬釀)을 잘한다고 기록이 되어 있다. 우리나라의 발효식품에는 김치, 장류(된장·간장·청국장·고추장 등), 젓갈류 등이 있다. 김치와 된장, 간장은 한국인의 식생활에서 기본적인 반찬류이며, 밑 맛을 좌우하는 기본 조미료이다. 서양에는 우유발효식품으로 요구르트, 치즈 등이 있고, 발효채소 식품으로는 독일의 사우어크라우트, 오이·올리브 피클, 그리고 발효소세지, 발효빵, 포도주 등이 있다. 콩 발효식품으로는 인도네시아의 템페, 일본의 미소(된장)·쇼유(간장)·나토(청국장), 중국의 수후(콩치즈) 등이 잘 알려져 있다.

발효는 식품 내에 우리 몸에 유용한 균이 생육하여 큰 분자의 영양소를 분해하여 소화되기 쉬운 식품으로 만들어 주고, 음식의 영양소를 이용하여 맛 성분, 생리 활성성분, 특히 산을 생성하여 부패균의 생육을 억제함으로써 음식물의 보존 기간을 길게 한다. 최근에는 이런 발효에 관여한 균을 프로바이오틱(probiotic)이라 하여 생균제로 우리 대장의 건강에 유리하게 작용함을 확인하였다. 김치내의 젖산균, 된장・청국장 등의 바실러스균, 장내의 비피더스균들은 생균제로서 정장작용 등을 하는 건강에 좋은 균들이다.

(1) 콩 발효 음식

간장, 된장, 고추장, 청국장을 포함하는 장류(醬類, fermented soybean foods)는 콩을 이용한 우리나라 전통 발효식품으로, 일찍이 원삼국시대에 형성되어 독특한 음식맛과 밑맛을 좌우하는 조미품으로 독특한 두장문화를 이루었다.

① 간장

늦가을(음력10월)에 콩을 쑤어 겨우내 정성들여 띄운 메주에 소금을 부어 40일 정도 발효시킨 다음 메주덩어리는 건져내고 얻은 액체이다. 간장의 변질을 막고, 간장을 맑게 하며 검은 색소를 증진시키기 위해 달이는 과정을 거친다.

㉠ 간장의 종류

㉮ 농도에 따른 분류

- 진간장

담근 햇수가 5년 이상 되어 맛이 달고 색이 진하여 약식, 전복초 등을 만드는 데 쓰인다.

- 중간장

담근 햇수가 3~4년 정 된 장으로 찌개나 나물을 무치는 데 쓰인다.

- 묽은 간장

담근 햇수가 1~2년 정도 되어 맑고 색이 연하여 국 끓이는 데 쓰인다.

㉯ 원료에 따른 분류

- 일본간장

콩과 전분질을 원료로 혼합사용하며, 주로 고초균(*Bacillus subtilis*) 단독의 작용으로 발효된다.

- 조선간장

콩만을 원료로 하고 전분질을 사용치 않으며 주로 고초균(*Bacillus subtilis*), 효모, 아스퍼질러스 오리제(*Aspergillus oryzae*)의 3가지 미생물이 관여한다.

㉰ 제조법에 따른 분류

- 재래간장(양조간장) ; 순 콩으로 간장을 만든다.
- 개량간장(양조간장) ; 콩, 밀로 제조하며 부산물인 된장을 만들지 않는다.
- 아미노산간장(화학식 간장) ; 산(염산)으로 단백질을 가수분해하여 짧은 시간에 제조할 수 있다. 발효기간에 비해 맛이나 향기가 좋지 않지만 값이 싼 장점이 있다.

② 된장

간장을 거르고 남은 건더기에 소금으로 간을 맞춘 다음 항아리에 담아 재워 숙성시켜 만든다.

우리나라 재래된장은 자연발효에 의해 제조되기 때문에 곰팡이독의 오염, 특히 강력한 발암물질인 aflatoxin 오염에 대한 우려가 있으나 Aflatoxin 생성균은 중온성균으로 여러 혼합 균주계에서는 경쟁력이 약하며, 콩단백질의 발효 생산물인 암모니아, 아미노산, 갈색 색소, pH의 증가, 햇볕, 숯의 첨가 등으로 인하여 파괴, 제거된다. 재래된장은 불포화지방산, trypsin, inhibitor, 비타민 E, 식이섬유소 등에 의해 다른 콩 발효제품(일본된장)보다 항돌연변이 활성이 높다. 된장의 암예방 효과는 된장을 끓인 후에도 있으며, 여러 종류의 발암원에 대한 항돌연변이 활성이 확인 되었다.

㉠ 된장의 종류

㉮ 막된장

간장을 빼고 난 부산물이 막된장이다.

㉯ 토장

막된장과 메주 및 염수를 혼합 숙성했거나, 메주만으로 담은 된장으로 상온에서 장기 숙성시킨다.

㉰ 막장

메주로 토장과 마찬가지로 담거나, 수분을 좀 많이 하고 햇볕이나 따뜻한 곳에서 숙성을 촉진시킨다. 일종의 속성 된장이라고 할 수 있으며, 보리, 밀을 띄워 담근다. 콩보다 단맛이 많으며, 보리 생산이 많은 남부지방에서 주로 만든다.

㉣ 담북장

볶은 콩으로 메주를 쑤어 띄워 고춧가루, 마늘, 소금 등을 넣어 익힌다. 단기간에 만들어 먹을 수 있으며 된장보다 맛이 담백하다.

㉤ 즙장(汁醬)

수분이 많고 무나 고추, 배춧잎을 넣고 숙성시킨 것으로, 산미가 약간 있다. 밀과 콩으로 쑨 메주를 띄워 초가을 채소를 많이 넣어 담근 것으로 막장과 비슷하다.

㉥ 생황장

삼복중에 콩과 누룩을 섞어 띄워서 담근 것으로, 누룩의 다목적 이용과 발효원리를 최대한 이용한 장이다.

㉦ 청태장

마르지 않은 생콩을 시루에 쪄서 떡 모양으로 만들어 콩잎을 덮어서 띄운다. 콩잎을 덮는 이유는 균주가 붙어서 분해를 용이하게 하기 위함이다.

㉧ 팥장

팥을 삶아 뭉쳐 띄워 콩에 섞어 담근다.

㉨ 청국장

콩을 쑤어 볏짚을 덮어 40℃의 온도에서 2~3일 띄운다. 고추·마늘·생강·소금을 넣고 절구에 찧어 이용한다.

㉩ 집장

여름에 먹는 장의 일종이다.

㉪ 두부장(豆腐醬)

사찰음식의 하나로, 물기를 뺀 두부를 으깨어 간을 세게 하여 항아리에 넣었다가 꺼내어 깨소금·참기름·고춧가루로 양념하여 베자루에 담아 다시 한 번 묻어 둔다. 한 달 후에 노란 빛이 나고 매우 맛이 있으며 대흥사의 것이 유명하다.

㉲ 지례장

'지름장', '찌엄장'이라고도 하며, 메주를 빻아 보통 김치 국물을 넣어 익힌 것이다. 이 지례장은 삼삼하게 쩌서 밥반찬으로 하며, '우선 지례 먹는 장'이라 하여 지례장이라 하는 것이다.

㉳ 생치장(生稚醬)

꿩으로 만든 장의 일종으로, 암꿩 3-4마리를 깨끗이 씻어서 삶아 껍질과 뼈는 버리고 살코기만 취하여 잘 다져 찧은 다음 초피가루, 생강즙, 장으로 간을 하여 볶아서 만든다.

㉴ 비지장(批之醬)

두유를 짜고 남은 콩비지로 담근 장이다.

③ 고추장

고춧가루가 도입되면서부터 만들어진 한국의 또 다른 장류이다. 고추는 조선시대 임진왜란을 전후하여 일본에서 전래되었다.

고추장은 콩을 주원료로 한 고추장 메주와 쌀 등 전분질 원료, 엿기름, 그리고 고춧가루를 넣고 발효시킨 것으로 세계에서 하나밖에 없는 독특한 조미료이다. 고추장은 고추에서 나온 매운 맛과 전분질이 엿기름으로 당화되어 나온 단맛, 콩 단백질로부터 생성된 아미노산의 감칠맛이 잘 조화된 복합 향신료이다.

고추장은 간장이나 된장에 못지않게 영양면에서 매우 우수하다. 고추장에는 단백질, 지방, 비타민 B_2, 비타민 C, 카로틴 등 우리 몸에 유익한 성분이 많이 함유되어 있다. 체중감소와 지질감소효과, 항비만 효과 등이 확인되었다.

고추장은 민족적 음식(ethnic food)으로 우리 음식문화 트렌드로 자리잡고 있다.

㉠ 고추

가지과의 1년생 초, 남아메리카 원산으로 열대에서 온대에 걸쳐 널리 재배된다. 고추의 매운맛 성분은 캡사이신(capsaicin)이라고 하는 염기이며 붉은 색소는 주로 캡산틴이다. 고추의 전래는 담배와 거의 같은 시기에 들어왔다고 보고 있으며, 임진왜란 때 왜군이 한국인에게 해를 가하려고 가져온 것이었는데 우리 민족이 즐기게 된 것이라고 한다. 캡사이신(capsaicin)은 자극하다는 말의 그리스어인 "kapto"에서 유래되었다.

④ 청국장

청국장은 콩 발효식품 중에서 가장 짧은 기간(2~3일)에 발효가 완성되며 특이한 풍미와 우수한 영양을 포함하는 고유 전통발효식품이다.

중보산림경제의 청국장 제법에 관한 부분에서 "대두를 잘 씻어 삶아서 볏짚에 싸서 따뜻하게 3일간을 두면 생진이 난다."고 하였다. 이는 전시 때 단시간에 제조하였던 이유에서 비롯되었다고 하기도 하고, 또는 청나라로부터 전래되었다는 의미로 청국장이라고 말하기도 한다.

청국장은 쌀을 주식으로 하는 동양과 동남아시아 및 아프리카 등에서 중요한 단백질의 급원으로 발전해 왔다. 한국의 청국장은 콩과 볏짚에 붙어있는 야생 *Bacillus subtilis*를 이용하여 만든 것으로 독특한 향기와 감칠맛을 낸다. 그 종류는 한국의 청국장, 일본의 낫또, 타이의 thuanano, 인도의 kenima, 나이지리아의 ugba 등이 있다.

우리의 청국장은 고초균(*Bacillus subtilis*)을 주로 이용하며, 일본의 natto는 *Bacillus subtilis* var.를 순수하게 배양한 종균을 이용하지만 발효과정은 유사하다.

청국장은 발효 숙성과정 중에 *Bacillus subtilis*류가 생산하는 다양한 효소의 작용으로 소화성이 좋으며, 대두의 단백질이 분해되어 가용성 질소화합물인 펩티드, 아미노산 등과 끈끈한 점질물이 생성되어 특유의 구수한 감칠맛과 독특한 방향을 낸다.

청국장을 날로 먹는 것은 살아있는 각종 효소들과 섬유질을 포함한 여러 유용성분들의 섭취로 변비해소와 정장작용의 효과를 기대할 수 있다.

(2) 수산 발효음식

① 젓갈

채소발효, 장류발효, 식초발효 제품과 함께 4대 발효식품이다.

우리나라의 대표적인 염장식품으로서 어패류의 육, 내장 및 생식소 등에 비교적 다량의 식염을 첨가하여 발효 숙성시킨 전통 수산발효식품이다.

현재 젓갈의 종류는 30여종이며 우리나라 식생활에서 중요한 부식으로 위치를 차지하고 있으며, 김치제조에 없어서는 안 될 중요한 조미식품이다.

젓갈은 어패류의 단백질이 생체 내에 들어있는 효소와 미생물의 작용으로 펩티드, 젖산, 아미노산 등으로 분해되어 독특한 풍미와 짠맛·감칠맛을 낸다.

젓갈의 유래는 삼국사기에 신라에서는 궁중 의례음식으로 "해"가 사용되었다고 한다. 우리나라 젓갈의 최고 기록인 "해"란 오늘날의 젓갈을 의미하는 것으로 신라 신문왕 3년에 신문왕은 왕비를 맞이하기 위한 폐백음식으로 "해"를 사용했다고 한다.

고려시대의 젓갈은 크게 젓갈류와 식해류로 구분할 수 있다. 식해류는 물고기에 소금과 곡류를 혼합해 젖산 발효시키는 방법이다. 향약구급방(1236~1251)에 그 방법이 전한다.

㉠ 젓갈의 분류

우리나라의 수산발효기술을 종합하면 염해법, 주국어법, 식해법으로 구분된다.

- 염해법

어패류에 소금만을 가하여 발효시키는 것으로 청어, 조개류, 굴, 새우에 물을 가하지 않고 소금을 사이사이에 넉넉히 뿌려 밀봉한 것이다.

- 주국어법

생선에 소금, 술, 곡분, 식물성 기름과 양념을 가하여 발효시키는 것이다.

- 어육장법

머리, 지느러미를 제거한 생선에 소금과 누룩을 가하여 발효시키는 것으로 일반적으로 어간장 제조법과 유사하다.

- 식해법

어패류에 소금과 엿기름가루, 찹쌀밥을 넣고 발효시키는 것이다. 일반 젓갈류에 비해 적은 양의 소금을 사용하며 첨가된 곡류는 젖산균의 영양원으로 젖산 발효를 유발한다.

(3) 채소 발효식품

① 김치류

김치는 한국을 대표하는 전통발효식품으로서 매우 과학적인 저장성 채소 조리법이다.

채소류에는 당성분과 유산균이 존재하고 있으며, 채소를 소금에 절이는 동안 부패균은 사멸되고 소금에 잘 견디는 유산균이 채소의 당 성분을 이용하여 젖산(lactic acid)균을 비롯한 여러 가지 유기산・탄산가스・알콜 등을 생성하여 상큼한 신맛과 깔끔한 맛을 낸다. 김치의 맛과 영양가는 대체로 2~7℃에서 2~3주간 옹기에서 자연적으로 숙성시킨 상태가 가장 맛있고 비타민C와 젖산균의 함량이 가장 높다.

그림 3-25 김치

㉠ 김치의 유래

김치를 뜻하는 말로 지금으로부터 약 3천 년 전의 중국 문헌 '시경'에 오이를 이용한 채소 절임을 뜻하는 것으로 추정되는 '저(菹)'라는 글자가 나온다. 우리나라에서는 『고려사』에서 '저(菹)'가 처음 등장하며 고려시대에 김치 무리를 '지'라고 하였는데 '지(漬)'로부터 비롯된 것으로 추정된다. 그러나 '저' 나 '지' 와는 관계없이 우리말에 '디히'라는 말이 있었다. 15세기 후반 당나라 두보의 시를 우리말로 옮긴 두시언해에 원문의 '저(菹)'가 '디히'로 번역되어 우리 고유의 말이라고 주장하고 있다. 지금도 김치를 '지'라고 부르고 있으며 서울말에도 오이지, 석박지, 싱건지, 젓국지, 짠지 등의 지는 '디히'의 전통을 이어받은 것이고 아직 구개음화가 일어나지 않는 평안도 방언에서는 '오이디, 잔디' 라고 하고 있다.

1600년대 『주방』에서는 가지 등을 간장 및 양념을 하여 담근 것을 '침채'라는 말로 등장하고 있다. 침채는 우리나라에서만 사용하고 있는 용어로 소금에 절인 채소류가 국물이 나와 그 속에 잠기게 되는 방법이다. 이것을 15세기의 『내훈』에서 '저'를 침채라 하였고, 『훈몽자회』에는 '저'를 일컬어 '딤채 저' 라 하였는데 이것은 '팀채'가 '딤채'로 다시 구개음화 되어 '김채'가 되고 '김치' 로 바뀌었을 것이라고 한다. 우리나라에서 김치 담그는 것을 '염지'라 하였다. 담근다는 옛말을 '담그다'이고 그 뜻은 그릇에 넣은 소금물에 오래 담아 두어 익힌다는 뜻을 갖고 있다. 즉 김치, 젓갈, 술 등을 숙성시키는 뜻으로 쓰인 것이다.

독이나 항아리에 물과 같이 담아 무, 배추 등을 잠겨놓고 일정한 시간 익힌다는 한자어는 '침지(沈漬)'가 되거나 '침장'(沈藏)이 될 것이다. 특히 '침장(沈藏)' 즉 김장김치를 담그는 것은 김치를 겨울의 여러 달을 저장해야 하기 때문이다. 고려 말경 채소의 저장 창고를 '침장고'라 하였다. 이곳에서 김장김치의 저장도 했을 것이라고 최남선이 추정하였으며, 침장고는 김장고이며 위에 언급된 대로 '김장'이라는 말은 침장에서 유래되었을 것이라고 한다.

김치의 종류는 계절별로 보면 봄・여름에는 가지소박이, 나박김치, 부추김치, 오이소박이, 깻잎김치, 미나리김치, 우엉김치, 열무김치, 쑥갓김치가 대표적이며 가을에는 배추김치, 보쌈김치, 오징어채김치, 구중젓국지, 깍두기, 파김치, 갓김치, 호박김치, 겨울에는 동치미 골곤짠지, 채깍두기, 명태서리깍두기, 명태무섞박지, 총각김치 등 많이 있다.

㉡ 마늘

마늘의 어원은 몽고어"manggir"에서 유래되었으며 우리나라 단군신화에도 나오는 오랜 향신 조미식품으로 김치를 비롯한 우리나라의 모든 음식에 사용된다. 서구에서도 4,500년 전에 축조된 이집트 피라밋 안에서 마늘에 대한 최초의 기록이 발견되었다.

마늘에는 함유 황화합물, 아미노산, 게르마니움 그리고 비타민 B_1과 C가 함유되어 있다.

특히 매운맛 성분인 알리신(allicin)은 황을 함유한 물질로 강한 살균력과 병에 대한 저항력이 있으며 항 혈전작용, 혈압강화, 항암 등 성인병에 좋다.

또한 비타민 B_1의 체내이용・흡수를 좋게 하는 생리적 특성이 있다.

마늘은 마늘구가 육쪽으로 크고 굵은 육쪽마늘이 좋으며 껍질은 자주색을 띠는 것이 좋다.

3) 전통 음청류 문화

우리나라의 전통음료는 종류와 형태, 조리방법과 사용하는 재료가 매우 다양하며 일상생활에서는 물론 절식, 제례, 대소 연회 등에 사용되어 온 뿌리 깊은 전통음식의 하나로 후식으로 음용되어 왔다. 또 약식동원의 개념이 음료 문화에도 적극 도입되면서 몸에 약이 되는 약이성 음료가 크게 발달하였다. 특히 조선시대에는 숭유 억불정책(崇儒抑佛政策)으로 불교의 쇠퇴와 함께 음차문화가 사라지면서 대신에 화채, 밀수, 식혜, 수정과 등의 음청류가 발달하게 되었다.

음료재료의 가공 방법이나 음청류의 제조 방법 그리고 재료의 종류 등에 따라 차류(茶), 화채류(花菜類), 밀수(蜜水), 식혜(食醯), 수정과(水正果), 탕(湯), 장(漿), 장수(漿水), 갈수(渴水), 숙수(熟水) 등으로 분류할 수 있다.

(1) 차(茶)

우리나라에서는 차(茶)가 들어가지 않아도 차라고 칭하고 있다. 각종 식물의 꽃 · 뿌리 · 줄기 · 종자 · 열매 또는 과일 등을 건조하여 가루내거나 또는 얇게 썰어 꿀이나 설탕에 재웠다가 끓는 물에 타거나 직접 물에 끓여 마시는 것이다. 감미료는 꿀, 설탕이며, 고명은 잣, 대추, 호도, 밤, 석류, 귤피, 찹쌀경단, 배, 계피가루를 이용한다.

종류는 구기자차, 유자차, 모과차, 생강차, 포도차, 국화차, 결명자차, 계피차, 매화차, 오매차, 오과차, 오미자차, 강귤차, 청천백석차, 기국차, 녹두차, 당귀차, 박차, 산사차, 자소차, 형개차, 귤피차, 꿀차, 강죽차, 대추차, 백엽차, 호도차, 노미차, 석류피차, 오가피차, 옥수수차, 율무차, 곡차, 귤화차, 계화차, 강순차, 뇌차, 누영춘차, 다시마차, 두향차, 밀감즙차,보림차, 봉수차, 보리차, 사과차, 소엽차, 석류차, 쌍화차, 족미차, 지화차, 회향차, 해아차 등이 있으며 사용하는 재료가 매우 다양하다.

재료는 사향 · 회향 · 자소 · 인삼 · 감초 · 천궁 · 숙지황 · 백작약 · 백단 · 축사인 · 당귀 · 여지육 · 천초 · 죽력 · 계피 · 계지 · 오매 · 오가피 · 생강 등의 한약제, 구기자, 대추 · 결명자 · 귤 · 밤 · 호도 · 포도 · 모과, 밀감 · 오미자 · 사과 · 산사 · 석류 · 곶감 · 은행 · 배 · 유자 등 과일 및 견과류, 참깨 · 옥수수 · 보리 · 콩 · 녹두 · 쌀 · 찹쌀 · 조 · 밀가루 등의 곡류 그리고 들국화 · 매화 · 계화 · 귤화 · 지화 · 박잎 · 소엽초 · 구절초 등, 꽃과 잎이 매우 다양하며, 해조류의 다시마도 이용되었다.

(2) 화채(花菜)

여러 종류의 과일과 꽃을 여러 형태로 썰어서 꿀이나 설탕에 재웠다가 또는 그대로 오미자 물이나 설탕·꿀물에 넣어 마시는 것이다.

종류는 배숙, 복숭아화채, 배화채, 앵도화채, 딸기화채, 귤화채, 수박화채, 유자화채, 진달래화채, 오미자화채, 순채화채, 장미화채, 복분자화채, 오렌지화채, 파인애플화채, 포도화채, 모듬화채, 무실채, 모과청과화채, 바나나화채, 산딸기화채, 사과화채, 산사화채, 생강탕화채, 수박화채, 토마토화채, 참외화채 등이 있다.

재료는 귤, 딸기, 배, 레몬, 사과, 복숭아, 포도, 체리, 참외, 모과, 바나나, 복분자, 산딸기, 수박, 파인애플, 앵두, 오렌지, 유자, 곶감, 행인, 밤, 대추 등 계절적인 과일이 많이 이용된다.

그림 3-26 화채

(3) 밀수(蜜水)

재료를 꿀물에 타거나 띄워서 마시는 것이다.
종류는 떡수단, 보리수단, 원소병, 송화밀수, 옥수수수단 등이 있다.

(4) 식혜(食醯)

엿기름물에 찹쌀 또는 멥쌀의 지에밥을 넣고, 65℃ 정도 온도로 유지하면서 일정시간 당화시킨 단맛이 많은 음료로서 국물과 밥알을 함께 마신다. 종류는 연엽식혜, 안동식혜가 있다.

① 연엽식혜

연잎에 찹쌀밥 한 주먹을 담고 정종, 설탕을 섞은 엿기름물을 한 국자 붓고, 연잎을 잘 오므려서 끈으로 동여 맨 후 오지그릇에 담고 엿기름물을 부어 따뜻한 곳에서 하룻밤 발효시킨다.

② 안동식혜

안동을 중심으로 경북 지방에서 발달하였으며 찹쌀, 멥쌀, 차조, 조, 수수 등으로 지은 밥에 무를 썰어서 넣고 생강즙과 함께 버무려서 엿기름물에서 발효시킨 것이다.

그림 3-27 안동식혜

(5) 수정과(水正果)

생강과 계피를 다린 물에 설탕을 넣어 달게 한 다음 곶감을 넣어서 무르면 먹는 것으로 계피와 생강 맛이 독특하다. 식혜와 더불어 즐겨 마시는 음료이다. 종류는 곶감수정과, 배숙, 향설고 등이 있다.

① 배숙

배를 6~8등분하여 통후추를 박아 생강 물에 넣고 끓여서 차게 식혀서 마시는 음료로 배 수정과라고도 한다.

향설고는 작은 배를 통째로 후추를 박아 끓인 것이다.

그림 3-28 배숙

(6) 탕(湯)

국화 등 꽃 말린 것, 과일이나 한약재 등 여러 가지 향약을 섞어 달인 음료이다. 또 과일이나 한약재를 꿀과 함께 끓여 졸여서 고(膏)를 만들어 저장했다가 물에 타서 마시기도 한다. 탕류는 기호보다는 건강을 위한 약이성 음료이다.

종류는 국화탕, 건모과탕, 금분탕, 경소탕, 녹운탕, 무록탕, 두구탕, 봉수탕, 백탕, 옥설탕, 선술탕, 수문탕, 숙매탕, 수지탕, 오미탕, 여지탕, 온조탕, 자소탕, 제호탕 등이 있다.

그림 3-29 온조탕

① 제호탕

조선시대 궁중에서 단오날에 내의원에서 만들어 궁중에 올리면 임금은 신하들에게 나누어주는 하사품이었다. 「동의보감」에 백청을 끓이면서 고운가루로 만든 오매육, 백단향, 축사, 초과를 넣고 졸여서 백자항아리에 담아 저장해 두었다가 찬물에 한 숟갈씩 타서 마시는 한방음료로 기록되어 있다.

(7) 장(漿)

향약, 과일, 채소, 외무리 등을 꿀, 설탕, 녹말을 풀은 물에 담아서 숙성시켜서 약간 신맛이 나도록 하여 마시는 음료이다. 또는 향약재, 과일 등을 꿀이나 설탕을 넣고 졸인 것을 물에 타서 마시는 것이다.
종류에는 제수, 계장, 여지장, 모과장, 유자장, 매장 등이 있다.

(8) 장수(漿水)

곡물을 발효시켜 만든 신맛이 나는 음료이다. 「삼국사기」 열전 김유신조에 처음으로 장수에 대한 기록이 있다. 출정도상의 김유신 장군은 사람을 시켜 집에 가서 떠온 장수를 마시고는 우리 집 장수의 맛이 유구하구나 하였다는 것이다.

(9) 갈수(渴水)

능금, 포도 등의 과일즙에 한약재 가루를 섞어서 마시거나, 한약재와 곡물, 누룩을 꿀물에 달여서 마시는 것이다.
종류에는 어방갈수, 임금갈수, 포도갈수, 향당갈수, 모과갈수, 오미갈수 등이 있다.

① 어방갈수

정향, 계화, 백두구, 축사인, 누룩, 보리쌀을 가루로 하여 섞어 꿀에 재어서 밀봉해 두었다가 복용하는 것이다.

② 모과갈수

모과에 꿀을 넣고 오래 끓인 후 냉각시켜 저장하였다가 마시는 것이다.

(10) 숙수(熟水)

끓는 물에 꽃이나 향약제 등을 넣고 향을 우려내어 마시는 것으로, 한약재가루, 꿀, 물을 섞어 밀봉하였다가 마시거나 물에 꽃을 담가 꽃의 향기를 우려내어 마시는 것이다. 조선시대부터는 숭늉을 숙수라고 하였다.

종류에는 양간숙수, 자소숙수, 두구숙수, 침향숙수, 향화숙수, 율추숙수가 있다.

① 자소숙수

자소엽으로 만든 음료이다.

그림 3-30 자소숙수

② 정향숙수

정향과 죽엽을 이용한 음료이다.

4) 전통 차 문화

다반사(茶飯事)란 말이 있다. 차를 마시는 것처럼 어렵지 않고 흔한 일이란 뜻이다. 또 설·추석 같은 명절날 조상의 은덕에 감사하는 의례를 일컬어 차례(茶禮)라고 하고 있다. 이처럼 우리 조상들은 예부터 차를 즐기면서 생활하였다.

차(茶)는 차나무의 어린잎을 이용하여 만든 것으로 맛과 색깔 그리고 향이 다른 녹차, 홍차, 우롱차 등이 있다. 일반적으로 구기자차·쑥차·인삼차 등 약차나 건강차 또는 허브차 등도 차라고 하고 있지만, 엄밀하게는 차나무의 잎으로만 만든 것을 차(茶)라고 할 수 있다.

차나무는 토양·기후 등 자연환경에 가장 지배적이고 광범위한 분포와 오랜 기간을 통하여 품종 내에서 형태적 또는 생태적으로 특유한 형질변이를 일으키는 것으로 알려지고 있다. 따라서 차는 생산지의 재배환경에 따라 유전적 특징으로 구성하는 화학성분의 조성비율이 크게 다르게 나타나 각 나라마다 지역종의 특성을 살린 차 제조법을 개발하여 각각 풍미가 다른 독특한 차를 만들고 있으며 또한 각각 다른 차 문화를 가지고 있다.

(1) 차(茶)의 기원

차는 세계 최초로 약용식물에 대해 기술한 「신농본초」에 의하면 기원전 2737

년, 지금으로부터 약 5000년 전에 고대 중국의 의약·농업의 왕인 신농(神農)씨가 자연계에 존재하는 초근목피(草根木皮)를 직접 먹어 보면서 식용 가능성을 가려내다가 72가지의 독이 온몸에 베어 사경을 헤매고 있었는데 우연히 찻잎이 떨어진 물을 마시고 해독되어 살아났다는 기록이 전하여지므로 인류의 역사와 더불어 이용되었음을 알 수 있다.

우리나라에서의 차의 유래는 자생설, 수로왕비 전래설, 대렴 전래설 등이 있다. 이중 널리 알려진 설은 대렴 전래설로 「삼국사기」에 "흥덕왕 3년(828년)에 당나라 사신으로 갔던 대렴이 당의 문종으로부터 기증 받은 차씨를 가져와 왕명으로 지리산에 심었다"고 씌어 있으며 "차는 선덕여왕(632~646)때부터 있었다"라고 덧붙여 있다. 또 수로 왕비설은 「삼국유사」에 48년 가야국의 김수로왕 부인인 허황옥이 인도 아유타국에서 차씨를 봉채로 가지고 왔다는 기록으로 미루어 우리나라 차의 오랜 역사를 알 수 있다.

차가 처음에는 의약이나 보건음료, 식용으로 또는 조상의 제의례나 신에 대한 의식용으로 오랜 기간 동안 이용되다가 점차 커피·코코아와 함께 카페인을 함유한 세계 3대 비알코올성 기호음료로 자리 매김 하게 되었다.

최근에는 차가 일상생활의 예절 등 사회문화 및 정신건강에 미치는 측면에서 차문화 중요성을 재인식하고 있으며, 또한 생체 내에서의 항산화성 등 여러 가지 복잡한 생명활동을 조절하는 생리활성이 첨단과학으로 구명됨에 따라 기능성 식품으로서 재평가하고 있다.

(2) 차의 분류

세계적으로 차를 생산하는 나라는 많다. 차는 차나무의 품종, 차를 만드는 시기, 방법 그리고 형상 등에 따라 풍미가 각각 다른 다양한 제품으로 생산되고 있다. 따라서 분류방법도 다양하여 제조시기에 따른 분류, 발효정도에 따른 분류, 색상에 따른 분류 그리고 제조방법에 따른 분류 등이 있다.

① 제조(채엽)시기에 따른 분류

찻잎은 차나무 품종, 재배지의 기후조건 등에 따라 채취 시기가 달라진다. 우리나라의 제조시기에 따른 차의 분류는 찻잎을 따는 시기에 따라 하는 방법으로 차나무 품종에 차이가 있다.

지리산 지역에서 생육하고 있는 중국 소엽종인 재래종은 4월 초부터 찻잎을 채취하여 차를 제조하고 있다. 재래종은 개량종에 비하여 잎의 크기가 작고, 찻잎의 채취시기가 4월 초순에서부터 5월 중순으로 간격과 기간이 비교적 짧다.

㉠ 우전(雨前) ; 곡우(4월 20일경) 전에 찻잎을 따서 만든 최고급 녹차이다.

㉡ 세작(細雀) ; 4월 중순~하순에 찻잎을 따서 만든 녹차이다.

㉢ 중작(中雀) ; 5월 초순에 찻잎을 따서 만든 녹차이다.

㉣ 대작(大雀) ; 5월 중순에 찻잎을 따서 만든 녹차이다. 하작(下雀)이라고도 한다.

중국 소엽종의 개량종(주로 일본계 품종인 야부기타)인 경우는 찻잎 채취시기가 늦어져 대개 4월 중순에서부터 10월 초순까지 잎을 채취하여 차를 제조하고 있다.

㉠ 첫물차 : 4월 중순에서부터 5월 초순에 찻잎을 따서 만든 녹차이다.

㉡ 두물차 : 6월 중순에서부터 6월 하순에 찻잎을 따서 만든 녹차이다.

㉢ 세물차 : 8월 초순에서부터 8월 중순에 찻잎을 따서 만든 녹차로, 하차(夏茶)라고도 한다.

㉣ 네물차 : 9월 하순에서부터 10월 초순에 찻잎을 따서 만든 녹차로, 추차(秋茶)라고도 한다.

제조(찻잎을 따는)시기가 빠른 차일수록 차의 맛이 부드럽고 감칠맛이 있으며, 향이 좋아 가격이 비싸다.

차는 지역에 따라 생산시기가 서로 다르다. 호주나 뉴질랜드에서는 12월에 첫물차를 제조하며, 인도나 스리랑카와 같이 홍차를 생산하는 나라에서는 1~3월이 첫물차, 4월 중순에서 6월까지 두물차, 7월에서부터 9월까지 세물차, 9월 말에서부터 10월 중순까지 네물차 그리고 11월 중순부터 12월까지 45일간이 다섯물차로 우리나라와는 다르게 1년 연중 차 제품을 생산하고 있다.

② 발효정도에 따른 분류

차를 제조할 때 찻잎의 발효유무, 발효정도, 발효시기에 따라 구분하는 일반적인 방법이다.

발효는 찻잎 중에 함유량이 가장 많고 떫은맛을 내는 주성분인 폴리페놀 카테킨류가 찻잎에 존재하는 산화효소(酸化酵素)의 작용으로 산화되어 황색이나 홍색을 띄는 테아플라빈이나 테아루비긴 성분으로 바뀌면서 색깔과 맛, 향이 변화하는 과정이다.

㉠ 불발효차(0% 발효)

녹차와 같이 찻잎을 열처리하여 산화효소를 파괴하여 산화시키지 않고, 녹색과 차의 성분이 그대로 유지하도록 만든 차다. 우리나라, 중국, 일본, 베트남에서 주로 생산하고 있으며 우리나라 녹차의 대명사는 작설차이다. 찻잎의 열처리 방법에 따라 두 종류로 구분된다.

- 증제차(찐차)

증기로 쪄서 만든 녹차이다.

- 부초차(덖음차)

가마솥에서 덖어 만든 녹차이다.

㉡ 반발효차(10～65% 발효)

중국의 우롱차와 같이 햇볕과 실내에서 시들이기와 교반의 과정에서 산화효소의 작용으로 10～65% 정도 발효시켜 만든 차이다. 중국과 타이완이 주요 생산국이다. 발효정도에 따라 다시 세 가지 종류로 구분 한다.

- 백차(10% 발효)

자연적으로 건조시키면서 약간 발효시켜 만든 은백색으로 찻물이 엷은 황금색인 차이다.

- 포종차(20～30% 발효)

찻잎의 색상을 녹갈색이 되게 발효시켜 만든 찻물의 색깔이 황갈색인 차이다.

- 우롱차(50～65% 발효)

찻잎을 햇볕이나 실내에서 시들이기와 교반을 통해 발효가 일어나도록 하여 독특한 향과 맛, 색이 나도록 만든 차이다. 우롱차는 오룡차(烏龍茶)의 중국 발음이다.

㉢ 발효차(85% 발효)

홍차와 같이 시들이기와 발효공정을 거쳐 85% 이상 발표시켜 만든 차로, 떫은 맛이 강하고 찻물의 색깔은 홍색이다. 주요 생산국인 인도, 케냐, 스리랑카, 인도네시아가 세계 차 생산량의 70% 이상을 차지하고 있다. 주요 소비는 영국 및 영 연방국에서 이루어진다. 인도의 다질링, 스리랑카의 우바, 중국의 기문 홍차가 세계 3대 홍차로 꼽히고 있다. 홍차 찻잎의 형태에 따라 두 종류로 구분하고 있다.

– 잎차형 홍차

녹차와 같이 잎차 형태이다.

– 파쇄형 홍차이다.

티백용 홍차원료이다.

㉣ 후발효차

녹차의 제조법과 같이 덖거나 쪄서 효소를 파괴시킨 다음 찻잎을 퇴적하여 공기 중에 있는 미생물의 번식을 통해 나중에 발효가 일어나게 만든 차로 색상에 따라 두 가지로 다시 구분하고 있다.

– 황차

찻잎의 색상, 찻물의 색깔이 황색을 띠는 차로 떫은맛이 감소하여 맛이 순한 편이다.

– 흑차

찻잎은 흑갈색이고 찻물의 색깔은 갈홍색에서 검은 홍색을 띠며 떫은맛이 약하고 부드럽다.

(3) 차의 화학성분과 효능

차의 성분은 품종, 토양, 계절, 찻잎 따는 시기, 제다 방법 그리고, 우려내는 방법 등에 의해 성분 함량과 조성 비율이 달라진다. 주요 성분은 카테킨 · 카페인 · 단백질 · 유리 아미노산 · 섬유소 · 펙틴 · 엽록소 · 플라보놀 유도체 · 비타민 · 무기질 등이며, 35~40%가 물에 녹는 수용성 성분이다.

다른 식물에 비해 카테킨과 카페인을 비롯하여 아미노산류, 칼륨, 불소, 아연, 망간, 비타민 C, 비타민 E, 엽록소 등을 다량 함유하고 있는 것이 특징적이다.

차가 중요한 기호음료로서 발전해 온 가장 큰 원동력은 바로 차가 가지는 화학성분의 기능성 때문이라고 할 수 있다. 차는 일찍부터 머리를 맑게 해 주고(利腦), 귀를 밝게 해주고(明耳), 눈을 밝게 해주고(明眼), 밥맛을 돋우고 소화를 촉진시켜 주며(口味助長), 술을 깨게 해 주고(醒酒), 잠을 적게 해 주고(小眠), 갈증을 멈춰 주고 (止渴), 피로를 풀어 주고(解勞), 추위나 더위를 막아 주는(防寒防暑) 생체 기능이 인정되어 차가 베푸는 9가지 큰덕(九德)이라 하였다.

표 3-4 차의 기능성 성분과 효능

	성분	함량	주요 특징
불용성성분	섬유소	30%	성인병 예방
	단백질	24%	영양소
	β-carotene	13~29mg%	항산화, 항암, 면역증강 효과
	비타민 E	25~70mg%	항산화, 항암, 항당뇨, 백내장 예방, 항불임, 면역증강 효과
	클로로필	0.6~1.0%	암 예방
	무기질(불용성)	2~3%	
수용성성분	Catechin류	10~18%	항산화, 항암, 항순환기계질환, 항당뇨병, 항균, 항바이러스, 소취, 충치 예방, 항궤양
	flavonol류	0.6~0.7%	항산화, 항암, 심질환 예방, 혈관벽 저항성 항진, 소취
	caffeine	3~4%	강심, 이뇨, 항천식, 대사항진
	다당류	0.6%	혈당상승 억제(항당뇨)
	비타민 C	150~250mg%	항산화, 항괴혈병, 감기 예방, 백내장 예방, 면역기능 유지
	theanine	1.6~2%	혈압강하, 뇌/신경기능 조절
	GABA (ɣ-aminobutyric acid)	0.1~0.2%	혈압강화, 억제성 신경전달물질
	saponin	약 0.1%	항천식, 항균, 항염증
	무기질(수용성)	3~4%	F-충치 예방, Zn, Mn, Cu, Se-항산화성, 암예방
	향기성분	12mg%	aromatherapy 효과

(4) 茶具의 명칭

차를 우려낼 때 사용하는 도구이다.

- 차로 - 찻물을 끓이는 화로
- 탕관 - 찻물을 끓이는 주전자

· 차정 – 찻물을 끓이는 솥(석정 : 곱돌, 쇠솥 : 금속제)
· 차관 – 차를 우려내는 주전자형의 도자기. 다관이라고도 함.
· 차통 – 차를 보관하는 그릇. 차호 또는 다호라고도 함.
· 찻잔 – 하얀 자기가 으뜸임.
· 물식힘 그릇(숙우) – 끓인 물을 떠서 알맞은 온도로 식히는 그릇
· 찻숟가락 – 금속, 대추나무로 만들음. 차시라고도 함.
· 잔받침 – 차탁이라고도 하며 목기, 유기, 칠기, 도자기 등으로 만듦.
· 차수건 – 삼베로 만든 것이 으뜸임. 다건이라고도 함.
· 퇴수기 – 찻그릇을 헹군 물을 버리는 그릇
· 차반 – 찻그릇을 담아두는 나무 쟁반
· 수조 – 차 달일 물을 담아두는 항아리로 도자기가 좋음.
· 물바가지 – 탕관의 물을 떠서 물식힘 그릇이나 차관에 옮기는 도구

(5) 다구의 배열과 명칭

다구의 배열은 차 우려내기에 편하도록 배치하면 된다.

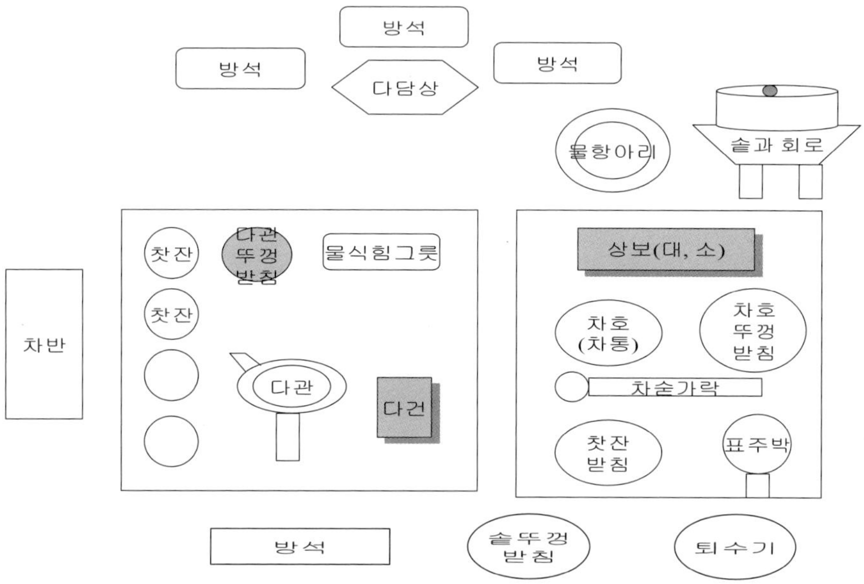

그림 3-31 다구의 배열과 명칭(한국차문화 협회)

(6) 차 우려내는 순서

① 다관과 찻잔에 충분히 잘 끓인 물을 부어 따뜻하게 예열한다.

② 물식힘 그릇에 물을 따르고 차의 종류에 따라 차이가 있지만 60~70℃로

식으면 다관에 차를 손님 수에 따라 적당량 넣는다. (보통 1인분 2g, 3인분 5g 정도)

③ 물을 붓고 2~3분간 우린다. 약 2분 후면 찻잎이 80% 정도 퍼지면서 차향이 가장 좋다.

④ 찻잔의 물을 퇴수기에 버린다.

⑤ 먼저 자기 찻잔에 조금만 따라 빛깔을 본 후에 3회 왕복하며 찻잔에 따른다.

⑥ 차탁에 찻잔을 올린 뒤 손님에게 드린다.

⑦ 두 번째 차를 준비한다. 두 번째 우릴 때는 물을 식히지 않고 바로 다관에 부었다가 20초 정도 지나서 처음과 같이 따른다. 첫 우림은 차향으로, 두 번째 우림은 맛으로 마신다.

⑧ 재탕을 우리는 동안 손님에게 다식을 권한다. 두 번째 차가 우려지면 다시 차를 권하고 담소를 나눈다.

⑨ 차는 일반적으로 삼탕으로 끝을 맺는다.

(7) 차 마시는 법

① 주인은 자기 잔을 들어 맛 본 후 손님에게 권한다.

② 손님은 감사의 뜻을 나타낸다.

③ 찻잔을 잡을 때는 오른손으로 찻잔을 들고, 왼손으로 찻잔 밑을 받친다.

④ 어른이 먼저 차를 마시기 시작하면 차를 마신다.

⑤ 차를 마실 때는 차의 색·향·맛을 음미하면서 세 번에 나누어 마신다.

우리 조상들이 차를 즐겨 마신 큰 이유는 건강에 이롭고, 일상 또는 의례에서의 차 생활을 통해서 얻는 정서적 안정감, 정신 작용에 의한 자기구현욕구의 성취인 차의 정신과 일정한 법도에 따라 과학적으로 차를 우려내는 제반의 행다(行茶)과정이 사람이 지닌 도덕성을 발양케 하였기 때문이다. 예의범절은 꼭 차에 있어서 뿐만 아니라 그것을 행하는 사람의 심신에 고루 갖추어져 있어야 할 당연한 골격으로 우리 모두의 삶에 있어서 가장 중요한 바탕으로 작용하도록 하여야 한다.

10. 궁중의 음식 문화

궁중음식은 한국음식의 정수(精秀)라고 할 수 있다. 궁중은 계급사회인 왕권국가의 부와 권력이 집중되어 있는 곳으로 뛰어난 조리 기술을 가진 주방 상궁과 대령숙수들이 각 고을에서 올라온 진상품을 가지고 식품의 배합·조리방법·상차림 등을 훌륭하게 발달시킨 음식이기 때문이다. 또 한국 고유의 전통음식은 건국이념을 유교로 한 조선시대에 정립되어 발달하였다.

1) 궁중의 일상식

궁중의 평일에는 대전·중전·대비전 등에 이른 아침의 초조반상과 조반·석반 두 번의 수라상(水喇床) 그리고 점심에 차리는 낮것상으로 하루에 네 번의 식사를 올리지만 야참을 하면 다섯 번이 되기도 한다.

「영조실록」에 "대궐에서 왕족의 식사는 고래로 하루에 다섯 번이다."라고 적혀 있으나 왕의 가치관에 따라 사치스럽게, 또는 검약하게 차리기도 하였으므로 영조는 줄여 하루 3식을 하였다고 한다.

초조반은 탕약이 없는 날에 아침 7시 전, 아침 수라는 10시 경, 저녁 수라는 오후 5시경에 각각 올린다.

(1) 수라상

수라상은 진짓상을 말하며 모든 것이 다 갖추어 져 완전하다는 12첩 반상차림으로 하며 차림과 식사예법은 매우 까다롭다. "수라"라는 말은 고려 말에 전해진 몽고어이다. 수라를 드시는 것을 '수라를 젓수신다'라고 높여서 말한다.

① 상과 기명

㉮ 수라상의 기명은 겨울에는 은반상기, 여름에는 사기반상기를 쓰며 수저는 1년 내내 은수저를 사용한다.

㉯ 모든 그릇들은 모두 같은 문양과 같은 재질로 된 것을 사용한다.

㉰ 상은 붉은 색의 주칠을 한 대원반과 소원반, 책상반 세 개의 상을 동시에 함께 차린다.

㉱ 전골은 화로와 전골틀을 준비하여 끓인다.

② 반배법

㉮ 대원반 맨 앞줄의 오른쪽에 국, 왼쪽에 수라를 놓는다. 곁상에 놓은 붉은 팥 찰밥인 홍밥과 곰국은 왕이 원하면 백반과 곽탕(미역국)을 내리고 바꾸어 놓는다.

㉯ 대원반의 오른쪽에 수저를 두 벌 놓는데, 국을 내리고 숭늉을 올릴 때에 한 벌을 내린다. 곁반의 수저 세벌은 기미 상궁이 기미하거나 음식을 빈 그릇에 덜 때 쓰고 책상반의 수저는 전골을 끓일 때 사용한다.

㉰ 청장 · 초고추장 · 겨자집 등은 밥과 국의 바로 앞줄에 놓는다.

㉱ 따뜻한 음식 · 회 · 김구이 또는 국물이 있는 국 · 찌개 · 물김치 등은 오른편에 놓는다.

㉲ 곁상에 있는 찜 · 구이 · 회 · 수란은 적절한 때에 대원반에 올린다.

㉳ 젓갈 · 밑반찬은 왼편에 놓는다.

㉴ 토구는 비아통이라고도 한다. 뚜껑이 달린 오목한 그릇으로 뼈나 가시 등을 넣는 것으로, 대원반 왼편 끝에 놓는다.

③ 수라상의 예법

㉮ 수라상이 다 차려지면 왕이나 왕비를 납시게 한다. 각각 독상으로 올린다.

㉯ 수라상궁은 쟁첩의 뚜껑을 두 손으로 차례로 벗겨서 겹쳐서 소원반에 내려놓고, 그릇에 음식을 덜어 기미(검식)한 후 '젓수십시오'라는 말을 드린다.

㉰ 음식을 드시기 전에 휘건을 두르고 협자로 고정시킨다. 휘건은 얇은 연분홍 모시나 흰 무명 수건으로 사방 60㎝정도의 크기로 만든 것으로 냅킨과 같다.

㉱ 전골은 뜨겁게 하여 공기에 덜어서 드린다.

수라상은 세 명의 상궁이 올린다. 가장 나이가 많은 상궁을 기미(氣味)상궁이라 하며 검식을 하고, 또 한명은 그릇의 뚜껑을 열고 덮는 시중을 하며, 나머지 한 명의 상궁은 전골을 끓이는 일을 맡는다.

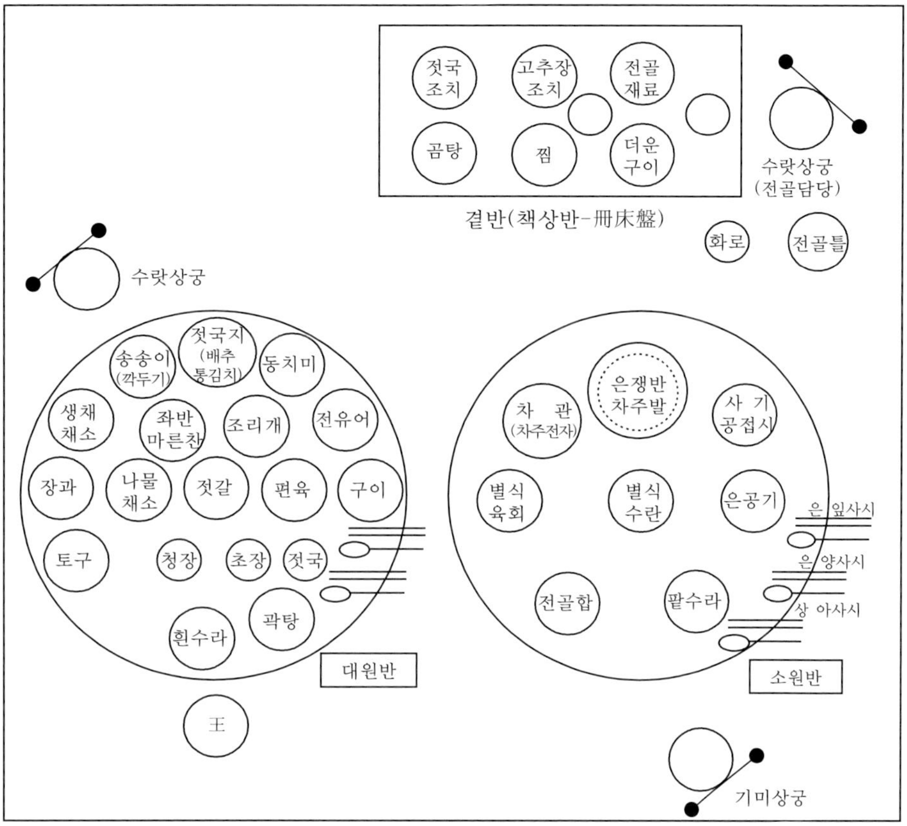

그림 3-32 수라상 반배도(고종황제의 수라상)
(염초애 · 장명숙 · 윤숙자, 한국음식, 효일출판사, 1993)

표 3-5 수라상의 찬품단자와 기명

궁중의 음식명		일반의 음식명	기명
*기본 음식 : 밥과 탕, 그리고 기본 찬			
① 수라	흰밥, 팥밥 두 가지	밥 · 진지	수라상 · 주발
② 탕	미역국, 곰탕 두가지	국	탕기 · 갱기
③ 조치	토장조치, 젓국조치 두가지	찌개	조치보 · 뚝배기
④ 찜	육류, 생선, 채소의 찜이나 선	찜	조반기 · 합
⑤ 전골	화로와 전골틀을 준비하여 결반에서 만들어 대접함.	전골	전골틀 · 합 · 종지 · 화로
⑥ 김치	젓국지 · 송송이 · 동치미 또는 나박김치의 세 가지 김치	배추김치 · 깍두기 · 동치미 물치미	김치보
⑦ 장류	청장 · 초장 · 겨자집	장 · 초장 · 초고추장	종지

찬품 :12가지 찬품			
① 더운구이	육류 · 어류의 구이나 적	구이 · 산적 · 누름적	쟁첩
② 찬구이	김 · 더덕 등 채소의 구이	구이	쟁첩
③ 전유화	육류 · 어류 · 채소의 전	전유어 · 저냐 · 전	쟁첩
④ 숙육	삶은 육류를 얇게 썬 것	편육	쟁첩
⑤ 숙채	익혀서 조리한 채소 음식	나물	쟁첩
⑥ 생채	날로 무친 채소 음식	생채	쟁첩
⑦ 조리개	육류 · 어류 · 채소류의 조림	조림	쟁첩
⑧ 장과	채소류의 장아찌나 갑장과	장아찌	쟁첩
⑨ 젓갈	어패류의 젓갈	젓갈	쟁첩
⑩ 마른찬	포 · 자반 · 튀각 등의 마른 찬	포 · 튀각 · 자반	쟁첩
⑪ 회	육회 · 어패류의 생회 · 숙회	회	쟁첩
⑫ 별찬	수란 또는 다른 별찬		쟁첩
⑬ 차수	차수	숭늉	다관 · 쟁첩

(황혜성. 한국전통음식, 교문사, 1995)

(2) 초조반상

궁중에서 아침 수라가 10시경이기 때문에, 이른 아침 7시 전, 탕약이 없는 날에 죽 · 응이 · 미음 등의 유동식으로 간단한 죽상을 차리며, 자릿조반이라고도 한다.

(3) 낮것상

점심상으로 국수장국이나 다과상을 차린다.

2) 궁중의 연회식

궁중에서 차리는 상차림은 정월, 단오, 추석, 동지 등의 명절과 왕 · 왕비 · 대비의 탄일 · 회갑 · 세자 책봉 등 경사 시에 차리는 진연상, 외국 사신을 접대하는 영접 진연상, 가례 때에 차리는 고배상 그리고 제의례 때 차리는 제례상 등이 있다.

궁중의 잔치는 진연도감이라는 전담관이 의식 전반을 계획하고 실시한다. 잔치의 규모나 의식 절차에 대하여 기록한 책을 의례라 하며, 『진연의례』, 『진찬의례』, 『진작의례』 등이 남아 있다.

진연음식은 따로 가가(假家)를 마련한 숙설소(熟設所)에서 준비한다. 소주방에서는 수라만 담당한다.

(1) 음식발기(찬품단자)

찬품단자는 일상식 · 잔치음식 · 제사음식에 이르기까지 사용되는 모든 품목과 수량을 기록한다. 한 상에 차리거나 한 번에 차리는 음식의 전 품목 또는 한 끼에 대접하는 음식 모두를 두루마리 종이에 적은 것이다. 좋은 한지에 궁체의 필사체로 쓰며, 상을 받는 분은 종이의 색으로 구분하여 발기를 적는다. 대왕대비전은 황색, 대전은 홍색, 궁중전은 청색, 대원군은 보라색, 세자는 주황색, 세자빈은 녹색을 쓴다. 음식발기는 두 치 정도의 폭으로 접어서 같은 색의 봉투에 넣고 겉봉에 받으실 분의 이름을 써서 주칠함에 담아 올린다.

(2) 진어상(어상)

진연 때 임금님께 올리는 상을 어상이라 한다. 현종 14년(1848년) 대왕 대비전에 올린 정일진찬에 차린 음식은 아래와 같다.

① 각색병(거피팥메시루떡, 녹두메시루떡, 깨찰시루떡, 백설기 등)

② 각색주악, 화전, 단자병 ③ 약반

④ 국수 ⑤대약과 ⑥ 다식과

⑦ 만두과 ⑧ 각색다식 ⑨ 삼색 매화강정

⑩ 삼색 매화연사과 ⑪ 양색 세건반강정, 오색강정

⑫ 양색 세건반 연사과 ⑬ 삼색 각사과

⑭ 삼색한과 ⑮ 양색 요화과 ⑯ 각색당

⑰ 용안 ⑱ 예지 ⑲ 조란, 율란, 강란

⑳ 녹말병, 전약 ㉑ 유자, 감자 ㉒ 석류

㉓ 생이(배) ㉔ 준시(감) ㉕ 생률(밤)

㉖ 황률 ㉗ 대추 ㉘ 잣, 호두

㉙ 각색정과 ㉚ 화채 ㉛ 금중탕

㉜ 열구자탕(신선로)

㉝ 각색절육(편포, 오징어, 전복, 꿩, 황대구, 문어 등)

㉞ 편육 ㉟ 삼색 전유화, 족편

㊱ 전복초, 해삼전	㊲ 각색 화양적	㊳ 어만두, 어채
㊴ 연저증(軟猪蒸)	㊵ 수란	㊶ 각색갑회
㊷ 꿀	㊸ 겨자 (芥子)	㊹ 초장

궁중의 조리는 궁중의 살림을 총괄하는 중전이 각궁에 상궁을 배치하고 각 처소에 분담하여 수행하게 한다.

나인 중에서 소주방과 생과방 나인이 음식을 담당한다. 나인은 13세전에 입궁하여 10년이 되면 날을 받아 계례를 치르고 어른이 되었으므로 첩지머리에 쪽을 지고 살게 된다. 그로부터 10년이 지나면 상궁 봉접을 임금으로부터 받아 벼슬을 하게 된다.

수라간은 소주방이라고도 하며, 안 소주방과 밖 소주방으로 나눈다. 안 소주방은 왕과 왕비의 아침 수라상을 관장하며 주식에 따르는 각종 찬품을 준비한다. 밖 소주방은 왕자의 백일 , 탄일음식 등 소규모 잔치 음식을 준비하는 곳으로 차례 · 고사도 담당한다. 생과방에서 간식 · 낮것 · 야참 등을 준비한다.

11. 사찰의 음식문화

사찰음식은 불교를 수행하는 스님들이 사는 곳인 절에서 만들어진 음식이다.

불교에서 "食"은 범어의 번역으로서 "끌어당기다", "기르다", "보존해 간다"라는 뜻을 가지고 있다. 불교에서 음식의 의미는 진리를 추구하여 가는 수행인의 육체를 최소한 지탱하기 위한 좋은 약으로 생각하는 것으로, 맛을 탐착하거나 즐기기 위한 대상물이 아니다.

따라서 사찰음식은 선식(禪食), "참선하는 자세로 대하는 음식이다" 밥을 지을 때도, 먹을 때도 그러한 자세가 흐트러져서는 안 된다. 음식을 만드는 일도 수행의 하나로 생각하여, 음식을 만드는 일에서부터 음식을 먹는 일 까지 과정 하나하나가 다 지혜를 얻는 수행인 것이다.

1) 사찰음식의 특징

사찰음식은 대승경전에 의해 오계의 불살생계의 중시, 인과응보사상, 신선도의 양생사상 등이 결합된 철저한 채식주의로 소식(素食)이 확립되었다.

따라서 사찰에서는 우유를 제외한 일체의 동물성 식품과 매운맛이 있는 파・마늘・달래・부추・흥거(미나리과의 일종으로 중세 이란어로 아위・augu・augwa이며 한국과 일본에 없는 식물)의 오신채(五辛菜)는 먹지 않는다. 이외에 술도 금하고 있다.

육식을 금하는 이유는 불자가 받는 기본계인 5계중의 제일 첫 번째 계율이 불살 생계로 부정한 것이라고 하는 관념이 내포되어 있으며, 육식은 반드시 살생을 동반해야 하므로 고기를 먹는 것은 큰 자비를 끊는 것이라 하여 육식을 하지 않게 되는 것이다.

오신채는 익혀서 먹으면 음란한 마음을 일으키고, 생것으로 먹으면 성내는 마음을 더하게 하여 수행에 방해가 된다고 하여 금하고 있다.

술을 금하는 이유는 술에 취하는 것이 모든 죄의 원인이 되고, 지혜의 종자를 끊기 때문이라고 하여 금하고 있다.

사찰음식은 넓은 의미의 약으로 「마하승기율」에 시약, 시분약, 칠일약, 진형수약으로 표현하였다.

(1) 시약

오전 중에 먹는 스님들의 정식식사를 말한다. 시약은"모든 뿌리와 모든 곡식 그리고 모든 열매"라고 정의하고 있으며, 단단한 정도에 따라 구타니식, 포사니식, 사식의 세 종류로 나눈다.

① 구타니식

건식으로 씹어 먹는 뿌리나 줄기, 잎, 갈아먹는 곡류와 열매이다.

② 포사니식

연식으로 먹기 쉽고 부드러운 음식이다.

③ 사식

잡식으로 죽・좁쌀・보리기울・밀기울・강아지풀이나 피・보리가루이다.

(2) 시분약

정식으로 식사가 허락되지 않는 오후부터 밤까지의 시간에 마시는 과즙류이다.

(3) 칠일약

환자용 음식으로 병이 나면 칠일동안만 먹는 것이 허락되는 음식으로 연유·꿀·기름·석밀(石蜜)·생버터 등이다.

(4) 진형 수약

죽을 때 까지 먹을 수 있는 것으로 약용의 과일즙·후추·생강·소금 등이다. 정식식사인 시약만 단단한 음식이고 나머지는 유동식이거나 과즙 등임을 알 수 있다.

또한 예로부터 불교의 선가에서는 음식에 세 가지 덕이 갖추어져야 한다고 하는데 세 가지 덕이란 그 첫째는 경연 즉 시약인 섬유질이 많은 단단한 음식을 어떻게 부드럽고 입에 맞게 조리할 것인가를 연구하는 것이고, 둘째는 음식을 정갈하게, 깨끗하게 만드는 것을 말하며 셋째는 여법작으로 불법에 의거하여 음식을 만드는 것을 뜻한다.

불교는 원래 탁발에 의해 식사를 하였으나 중국으로 전파되면서 절에서 자급자족하는 형태로 식생활이 변하게 되었으며 우리나라도 함께 일하며 수행하는 법도에 준하여 식생활이 지켜지고 있다. 죽이나 밥을 먹을 때에 자리 잡는 위치는 법랍(출가 수계 이후의 년 수)이 많은 순서에 의하거나 선방에 들어온 순서에 의한다. 식사회수는 원래 하루 한 끼를 원칙으로 하고 있다. 아침과 저녁은 먹지 않고 점심식사가 정식이다. 그러나 요즈음에는 하루 세끼 식사를 하고 있으며 이 전통은 그리 오래된 것은 아니다. 사찰음식의 재료는 사찰 주변에서 간단히 구할 수 있는 재료로 산나물, 들풀, 제철의 채소 등이다.

2) 직책과 조리

직책에 따라 각각 음식을 준비하는 업무가 다르다.

(1) 별좌

부엌에서 먹는 것을 담당하는 직책으로 모든 음식을 다루는데 정성과 청결을 강조하면서 부엌을 다스린다.

(2) 공양주

향을 올리고 밥과 죽을 먼저 부처님께 올린 다음 각 당으로 나눈다.

(3) 채루(채공)

반찬 만드는 스님으로 별좌의 지시를 받는다.

(4) 화대

불을 지피는 일을 한다.

(5) 수두

부엌과 차 마시는 방과 각 당에서 쓰는 물을 관리한다.

(6) 마두

알곡식을 갈아 가루로 만드는 일을 한다. 두부 만드는 일도 한다.

(7) 잡무

식당의 통을 청소하고 법당에 공양 올리는 통을 청소한다. 별좌의 지시를 받으며 부엌의 여러 일을 돕는다.

(8) 향등

주방 안팎을 청소하고 차를 올리고 정진하는 대중에게 법당에 올라가 의식을 행할 것을 알린다.

(9) 고사(庫司)

식재료, 돈, 기타, 창고의 열쇠를 관리한다.
음식은 수행하는 마음으로 조심스럽게 변변치 않는 음식재료도 정성을 다해서 음식을 준비하여야 하고, 또한 대중의 사람 수를 정확히 파악하여 과부족이 없도록 하여야 한다.

3) 발우공양

불가의 발우공양은 청빈과 검소를 생활의 원칙으로 삼아 본래무일물(本來無一物)의 사상 속에서 이어져 왔다. 발우는 스님들이 공양하는 그릇을 가리키며, 수행을 위해 몸을 유지하여 남을 돕고 이롭게 하기 위하여 꼭 필요한 적당한 양을 담는 그릇이고, 공양은 정성이 담긴 사람의 먹을거리란 의미를 갖고 있다. "발우"라는 식기는 모두 네 부분으로 이루어진다. 밥그릇, 국그릇, 찬그릇, 그리고 물그릇이 그것인데, 같은 모양에 그릇의 크기만 달라서 차례로 포개면 하나가 된다.

각 그릇에 음식을 받은 뒤 김치 한 조각을 국에 씻어 찬그릇 옆면에 놓아둔다. 식사를 마치고 밥그릇에 숭늉을 따르면 이때 김치를 젓가락으로 꼭 집고 숭늉에 담가 발우 속을 싹싹 씻는다. 그릇을 씻고 난 숭늉과 백김치는 모두 먹음으로써 자신이 먹고 난 흔적을 남기지 않아야 식사가 끝난다. 철저한 위생적 청결공양이며, 조금도 낭비가 없는 절약공약이고, 공동체의 단결과 화합을 고양하는 공동공양인 것이다.

발우공양은 중생의 노고와 은혜에 감사하고 하루의 수행에 대해 반성하고 발원하는 마음을 점검하여 모든 중생과 함께 평등하게 나누어 먹는 자비의 마음이 담겨 있다. 특히 오관계는 이 음식이 나오기까지 수많은 생명과 사람들의 노고와 고마움을 생각하여 보고, 과연 내가 이 음식을 받을 자격이 있는지를 조심스럽게 생각해 보면서 음식을 맛에 탐닉해서 먹는 것이 아니라 수행과 보살행을 하기위한 약으로 먹는 것이다. 모든 것과 연관되지 않은 것이 없는 이치를 깨달아 은혜에 보답하고자 하는 것이다.

> 이음식이 어디서 왔는고
> 내 덕행으로는 받기가 부끄럽네
> 마음의 온갖 욕심 버리고
> 몸을 지탱하는 약으로 알아
> 도업을 이루고자 이 공양을 받습니다.
>
> -식사 전에 외는 오관계-

4) 사찰음식의 종류

(1) 주식

① 밥 종류

현미밥, 쌀밥, 찰밥, 율무 · 팥 · 콩 · 수수 · 조 · 보리 등의 잡곡밥, 콩나물밥, 산채나물밥, 버섯밥, 유부밥연잎밥, 톳나물밥 등이 있다.

② 죽류

아침에 많이 이용하며 콩죽, 녹두죽, 호두죽, 율무죽, 잣죽, 깨죽, 콩나물죽, 아욱죽, 연근죽, 시금치죽, 호박죽, 우유죽, 두부죽, 완두콩죽, 밤죽, 율무죽, 조죽, 오미자 죽, 감자죽, 들깨죽, 고구마죽, 무죽, 삼합죽(쌀 · 조 · 차수수)죽, 미역죽, 땅콩죽, 개암죽, 애호박죽, 건포도죽 등이 있다.

③ 떡국

정월에 많이 먹으며, 국물은 표고버섯이나 느타리버섯, 다시마로 맛을 낸다. 시금치, 미나리, 당근 볶은 것, 김 가루와 두부를 기름에 지져 얹는다. 그 외 미역국에 찹쌀 옹심이를 넣어 끓이거나 삶은 새알심에 콩국을 부어 먹는데 이것은 주로 스님들이 일할 때 먹는다.

(2) 부식

① 국류

국물의 간은 간장, 된장, 고추장 등으로 토장국을 끓인다.

콩나물국, 미역국, 무국, 시래기국, 우거지국, 근대국, 아욱국, 시금치국, 냉이국, 감자국, 토란국, 양배추국, 햇고사리국, 표고버섯국, 호박잎국, 청포묵국, 두부냉국, 들깨냉국, 양하국, 거프국, 김치국, 냉이국, 쑥국 등이 있다. 국이나 찌개에 향이 강한 방아잎이나 산초잎, 옥잠화 꽃봉오리를 넣기도 한다.

② 나물

나물은 절에서 매우 중요한 음식이다. 기타 생채도 종류가 다양하게 이용되며 나물의 양념은 주로 간장, 깨소금, 참기름 또는 들기름과 생강으로 하며 다른 음식에 비해 참기름이나 들기름을 많이 쓴다. 산나물은 고추장과 된장으로 간을 하기도 한다.

비름나물, 배추잎무침, 죽순채무침, 물미역겨자무침, 김무침, 두부채소무침,

가지나물, 깻잎무무침, 담비나물무침, 고수무침, 노각생채, 가죽나물, 두릅무침, 쑥갓나물, 상추겉절이 등이 있다.

③ 조림류

감자조림, 우엉조림, 연근조림, 채소조림, 무조림, 두부조림, 늙은 호박조림, 고구마 물엿조림, 송이장조림, 두부유부조림, 콩조림, 곤약조림, 표고버섯조림, 밤장조림 등이 있다.

④ 볶음류

감자볶음, 채소볶음, 버섯볶음, 머우볶음, 깻잎볶음, 토란볶음, 미역줄기볶음, 도라지볶음, 오이볶음, 우거지볶음, 고구마순볶음, 죽순볶음, 두부볶음 등이 있다.

⑤ 찜과 부침류

가지찜, 두부찜, 배추찜, 죽순찜, 깻잎찜, 두부부침, 김치부침, 버섯호박부침, 미나리부침, 녹두부침, 표고전, 당근부침, 깻잎전 옥잠화, 꽃봉오리전 등이 있다. 전은 밀가루 반죽이나 들깨 반죽을 이용하며 계란은 사용하지 않는다.

⑥ 튀김과 구이류

버섯튀김, 감자튀김, 당근잎튀김, 깻잎튀김, 고구마튀김, 호박튀김 김튀김 들깨송이튀김, 아카시아꽃튀김, 산동백잎부각, 늦싸리튀김, 다시마튀김, 감자부각 김부각, 연근튀김, 더덕구이, 우엉구이, 느타리구이, 송이구이, 가지구이, 마구이, 당근구이 등이 있다.

⑦ 장아찌류

산초장아찌, 절인고추, 콩장, 무말랭이, 짠 배추, 무, 오이, 감장아찌 등 장아찌는 부각과 함께 절에서 상비음식으로 중요한 저장식품이다.

⑧ 김치류

파·마늘·젓갈은 사용하지 않지만 그 맛의 담백함은 일미이다. 가정에서 담그는 각종 김치를 담고 있으며 지역에 따라 잣죽, 들깨죽, 홍시, 늙은 호박죽, 보리밥죽 등을 써서 담근다. 사찰에서는 파·마늘 대신 재피를 넣는다. 고들빼기김치. 식혜김치, 미나리김치, 백김치 등 아주 많이 있다.

⑨ 떡과 차

큰 재가 있는 날, 등석절, 추석, 설날 등에는 인절미, 절편, 화전, 증편, 풋고추 장떡, 호박 찰시떡, 물호박떡, 쑥떡, 감자송편, 메밀 떡, 장떡재피, 도토리 떡 등이 마련되며, 다식류, 유밀과, 강정, 유과 등도 다양하게 만들어지고 있다.

차는 녹차가 으뜸이고 구기자차, 느릅나무차, 옥수수차, 호밀차, 결명자차, 쑥차, 솔잎차, 매실차 등을 마신다. 식혜나 수정과를 비롯한 음청류도 있다.

(3) 조미료

조미료와 향신료는 천연 자연 그대로의 것을 사용한다. 짠맛은 간장·된장·고추장·소금 등으로 내며, 간장은 검정콩·다시마·표고·물엿 등을 넣어 만든 진간장으로 만들어 이용한다. 단맛은 설탕·꿀·물엿 등을 이용한다. 매운맛은 생강, 고춧가루, 풋고추, 붉은 고추, 후추, 겨자, 산초, 재피 등을 이용하며, 신맛은 식초, 유자, 레몬 등이다. 자극성이 강한 향신료는 적게 쓰는 편이고, 기름은 참기름, 들기름, 식용유 등을 쓰며, 음식 맛은 표고버섯가루, 다시마가루, 깨소금, 솔잎가루, 방아잎 말린 것, 들깨가루. 날콩가루, 은행가루 등을 이용한다.

사찰음식은 우리 전통음식들과 크게 다르지 않음을 알 수 있다. 굳이 특이한 점을 찾고자 한다면 독특한 조리법이 각 사찰마다 다르게 발달하고 산야초를 음식 재료로 하며 그리고 육식과 오신채 및 인공조미료를 전혀 넣지 않을 뿐만 아니라 음식 만드는 과정을 오로지 또 다른 수행의 한 방법으로 여긴다는 점이다.

제 4 장

각 국의 식생활문화

1. 중국

1) 중국의 자연 환경

중국은 수 천 년의 역사와 문화를 지니고 있을 뿐 아니라 국토가 방대하여 자원이 풍부하고 지역마다 기후, 풍토, 생활습관이 달라 생산되는 식품도 매우 다양하다. 한족이 90%를 차지하고 있으며 그 외 55개의 소수민족이 모여 살며 국토 면적의 50~60%가 소수민족에 의하여 점령되었으며 예로부터 중국 음식 전통의 중요한 부분을 구성하는 작물이나 조리법이 전해졌다. 즉, 중앙아시아 방면에서는 밀과 분식 문화에 따른 제분기술이나 오븐식의 화덕, 양요리기술이 전래되고 동남아시아와 일련의 지대인 서남 중국의 소수민족 지역에서는 벼농사와 차 등이 전해져 다양한 식생활 문화를 형성하는데 기여했다. 또한 광대한 국토에 비하여 해안선이 짧은 전형적인 대륙 국가로 해수어보다는 담수어의 이용이 많은 편이다.

기후를 보면 3가지 유형과 7가지 기후로 나뉘는데 3가지 유형은 습윤, 건조, 그리고 고산의 유형이고 7가지 기후는 열대 다우, 온대 습윤과 온대 몬순, 초원, 사막, 냉대하계 습윤, 그리고 고산 기후로 나뉜다. 이는 중국의 영토가 방대하여 이에 따른 다양한 기후와 지역성을 나타내는 각 지방 특유의 식문화가 형성되는 계기가 되었다고 할 수 있다.

2) 중국 음식의 역사

(1) 앙소, 용산 문화시대(B.C 5000~1800년)

중국의 신석기 문화 중에는 앙소문화 또는 용산문화가 대표적이며 이는 뒤의 은대 문화의 기반이 되었다. 이 시대는 화전 경작으로 수수, 조, 채소 등을 재배하고 일부 저지대에서는 벼농사를 지었으며 가축으로는 개, 돼지, 소, 양 등을 사육하였다.

(2) 은 시대(B.C 1550~1122년)

황화 종류와 하류에서 집단적으로 농경을 하였으며 수수, 밀, 조, 쌀 등을 지었다. 가축으로는 개, 소, 물소, 양, 닭, 말, 돼지가 길러졌고, 사슴, 여우, 산양 등이 다량으로 사냥되었으며 이는 중요한 경제 수단으로 이용되었다.

(3) 주 시대(B.C 1122~770년)와 전한시대(B.C 202~A.D 24년)

철의 발견과 사용으로 호미와 낫 등 철제 농기구의 사용이 본격화 되었고 소를 이용한 농경의 시작으로 경지가 확장되면서 농업의 현저한 발전을 가져왔다. 서방에서는 파, 마늘, 참깨, 포도가 유입되었고 남장에서는 가지, 토란이 들어와서 식생활의 풍요로움을 가져왔다.

(4) 후한시대(A.D 25~220년)

중농 정책의 실시 등으로 농업생산이 현저하게 증가되었고, 화중 지방에서는 벼의 재배가 크게 증가하였다. 직파법과 이식법도 도입되었고, 식해가 널리 이용되었다. 이 시대에 농업, 음식 관계를 집대성한 제민요술이 집필되었는데 이 저서에서는 술, 식초, 장, 누룩 등의 제법을 구체적으로 기록하고 있어 오늘날까지 음식 문화연구에 귀중한 자료가 되고 있다.

(5) 수나라와 당나라 시대(581~907년)

수는 남북을 통일하여 인구증가와 더불어 경제적으로 번영을 누리던 시대였으며 당나라는 화북의 조, 옥수수, 보리, 기장 등의 농업과 함께 강남의 벼농사가 발달하였다. 또한 사탕수수, 차, 목화가 처음 양자강 하류에서 재배됨으로써 생활필수품으로 보급되었고, 인도와의 교역이 이루어지면서 이때 음식 문화도 함께 유입되었으며 실크로드를 통하여 유럽에서 온 양배추도 같이 유입되었다. 이렇듯 당대에는 주변국가와의 활발한 교역으로 당의 음식 문화를 비롯한 식생활에 많은 영향을 미치게 되었다.

(6) 송나라 시대(960~1279년)

송대에는 강남지역이 농업 생산의 중심지가 되었고 이모작이 가능해졌으며 차의 재배가 사천, 복건, 강서에 확대되어 정부는 차를 전매품으로 이용하여 큰 이익을 얻기도 하였다. 또한 이 때 음식의 세계가 고대에서서 근대, 근대에서 현대로 접어드는 분기점의 시대로 음식에 관계되는 책이 많이 간행되었고, 음식의 명칭도 오늘날의 음식명과 비슷한 용어가 많이 보인다.

(7) 명나라 시대(1368~1668년), 청나라 시대(1643~1912년)

명대에는 벼의 품종 개량과 농업기술의 발전으로 벼의 이모작이 이루어졌으며 명나라 말기에는 고구마, 감자, 옥수수, 땅콩, 해바라기, 담배 등의 외래 작물의 보급으로 청대에는 이들 작물이 중요한 농작물이 되었다.

3) 중국 음식문화의 특징

중국인들은 매우 다양한 음식을 먹는데 그 이유는 반복되는 자연재해로 식량부족을 겪으면서 그들 나름대로 식용 가능한 재료(곤충, 제비집)를 구황식품으로 많이 개발하여 매우 다양한 식재료를 음식조리에 이용한다. 또한 광대한 영토를 가지고 있어 각 지방마다 독특한 음식문화를 형성하고 있다.

(1) 일반적인 특징

① 재료의 다양성

음식에 사용하는 재료의 종류가 매우 다양하고 식용 가능한 모든 동식물이 그 대상이 된다. 특히 상어지느러미, 제비집, 오리피, 생선내장, 돼지껍질 등을 이용한 요리가 있으며 그 종류도 매우 다양하고 풍부하다. 특히 일 년 내내 건조식품을 많이 사용하여 그 풍부함을 더하고 있다.

② 기름의 사용

중국요리는 거의 모든 요리에 기름을 사용하는데 이것이 중국요리 특유의 맛을 내는데 크게 기여한다. 따라서 기름에서 거의 연기가 날 정도로 고온 단시간 조리하고 이러한 기름에 파, 마늘, 생강 등의 향신료를 넣어 독특한 맛을 가미한다.

③ 숙식위주의 식습관

반드시 불이나 뜨거운 물을 사용하여 익혀먹는 조리법이 중국요리의 기본이다. 이 전통은 오래전부터 이어져 오고 있으며 현재에도 생식은 거의 하지 않고, 반드시 익혀서 먹는 식습관이 자리 잡고 있다.

④ 세련되고 다양한 조미료와 향신료의 사용

중국 요리에 쓰이는 조미료와 향신료는 매우 다양하다. 또한 간장, 된장을 독특하게 사용하는데 예를 들면 가열된 냄비에 간장을 둘러 카라멜화하는 향미를 재료에 스며들게 함으로써 독특한 맛을 내게 한다. 튀김을 할 때도 재료에 간장을 넣어 조미하여 튀기면 높은 기름 온도로 간장 중의 당분이 변화하여 보기 좋은 색깔과 맛을 지니게 한다. 그 외 독특한 향신료를 많이 사용하여 중국요리 특유의 맛을 내고 있다.

⑤ 용이하고 간단한 조리기구의 사용

비교적 조리 기구의 가짓수가 적고 사용법도 간단한데 예를 들면 중국 냄비, 중국 프라이팬, 찜통, 그물국자 등을 들 수 있다.

⑥ 풍요롭고 화려한 외양

밥과 국 이외에 부식은 한 그릇에 한 가지 요리를 수북이 담아 개개인이 이러한 한 그릇의 요리를 나누어 먹으면서 친숙한 분위기 조성과 함께 풍성한 느낌을 갖게 하며 장식도 화려한 편이다.

⑦ 음식과 보신

주례에 식의가 등장한 것으로도 알 수 있듯이 음식 각각에서 식재료 특유의 약효를 구했으며 식사를 통하여 건강의 유지와 증진 사상이 강한 편이다. 여기에 음양오행설 등이 결합되어 도교적 음식관이 형성되었다.

(2) 지역별 요리 특징

① 북경요리(베이징 요리)

일명 경채(京菜)라고도 하는 북경요리는 지리적으로 한랭한 지역에 위치하여 칼로리가 높은 음식이 요구되기 때문에 육류를 중심으로 짧은 시간에 조리하는 튀김 요리와 볶음요리가 특징이다. 또한 궁중요리의 영향으로 신선로를 이용한 조리법을 쓰기도 하며 화북평야에서 생산되는 밀을 이용한 면류, 만두, 떡 등의 가루음식이 발달하였다. 대표적인 북경요리로는 오리통구이를 들 수 있는데 이는 음식이 신선하고 부드러우며 짜거나 시거나 달지 않은 담백한 맛을 지닌 점이 특징이다.

② 사천요리

천채라고도 하며 양쯔강 상류지방에 발달한 요리를 말하며 더위와 추위가 심한 지방으로 악천후를 견뎌내기 위해 향신료를 많이 쓰는 점이 특징이다. 따라서 조미료가 복잡하고 다양하며 고추, 산초, 후추, 파, 마늘, 두반장 등을 사용한 자극적인 음식이 많다. 습관적으로 삼초(후추, 고추, 산초)라 하여 이를 많이 사용함으로써 맛이 진하고 기름기가 많다. 한편 산악지대에서 나오는 암염은 소금절이에 밑받침이 되었으며 이에 따라 식품의 보존법도 발달되었다. 두부와 다진 고기를 이용한 마파두부와 새우 고추장 볶음요리인 간사오밍샤 등이 유명하다.

③ 상해요리

상해요리는 중국 중부의 양쯔강 하류지방에서 발달한 요리로 해산물 요리가 가장 큰 특징이다. 상해는 그 기후가 따뜻하고 농산물이 풍부하며 갖은 해산물의 집산지로 다양한 요리가 발달하게 되었으며 특히 이 지방 특산물인 장류를 사용하여 만드는 요리는 매우 독특하다. 간장과 설탕을 써서 달콤하게 맛을 내고 기름기가 많고, 맛이 진한 것이 특징이라 할 수 있다. 화려한 장식은 거의 하지 않고 모양보다 깊은 맛에 중점을 두도록 한다. 대표적인 요리로는 꽃모양의 빵인 화쥐안(花卷)과 만두의 일종인 탕바오, 돼지고기에 진간장을 넣어 만든 요리 및 한 마리 생선을 가지고 머리에서 꼬리까지 조리법과 양념을 달리해서 맛을 내는 생선요리가 있다. 상하이의 예원거리에 있는 남상만두집(딤섬 80년 역사를 가진 집)의 만두는 즙이 많아 특히 맛이 좋으며 상해노반점은 260여년 된 역사를 가진 음식점으로 게, 해삼, 장어요리가 일품이다.

④ 광동요리

광동요리는 아열대이고 남방계 중국요리의 대표로 예로부터 외국과의 상업 무역이 발달하고 교류도 빈번한 곳으로 중국 어느 지역보다도 외국의 영향을 많이 받은 곳이다. 또한 외국에서는 중국요리라면 광동요리라 할 정도로 많이 알려져 있다. 광동요리는 타 지역의 요리에 비해 담백한 양념으로 맛이 부드럽고 느끼하지 않은 것이 특징이다. 특히 서구요리의 영향을 받아 쇠고기, 서양야채, 토마토케첩, 우스터소스 등 서양요리의 재료와 조미료를 받아들임으로써 서구풍의 중국 음식으로 발전시킨 면모를 볼 수 있다. 광동요리의 대표적인 것으로는 구운 돼지고기, 어린 통돼지구이, 상어지느러미 요리 등이 있고 그 외 뱀이나 개구리, 개, 살쾡이 등도 요리의 재료로 쓰이기도 한다.

4) 중국 음식의 식단 및 대표 음식

(1) 식단(菜單)

식단을 중국어로는 차이딴 또는 차이푸라 하는데'차이'란 종합적인 통일성과 합리적인 체계가 갖추어진 식사의 사전계획을 의미한다. 중국 요리의 개념으로는 한 가지 요리를'몇 사람 분의 요리'로 해석하지 않고 그냥'한 접시의 몫'이라고 생각한다. 따라서 중국 요리의 가짓수는 식탁에 앉을 인원수에 의해 결정되는데 정식으로 차릴 경우 인원수만큼 내거나 그 보다 한 가지 정도 많이 내는 것이 통례이다. 또한 한 사람이 더 초대되었을 경우에는 한 사람분의 양을 늘리는 것이 아니라 음식의 가짓수를 추가하게 된다.

(2) 식단의 구성

① 대상의 파악 : 식사 할 사람의 연령을 미리 파악하여 젊은 사람과 노년층을 구분하여 그 연령층에 알맞은 재료나 조리법, 음식의 간을 선택하여 식단을 구성한다.

② 재료와 구성 : 육류, 조류, 어패류, 두부, 계란, 채소 등이 주류를 이루며 같은 재료가 중복되지 않도록 구성한다. 또한 튀김, 볶음, 조림, 찜, 무침 등의 조리법 중 하나만을 쓰는 일은 없도록 해야 한다. 맛은 연한 것, 진한 것, 신 것, 짠 것 등으로 변화를 주어 같은 맛의 요리가 중복되지 않도록 한다.

(3) 중국 음식의 식단 구성

중국에서는 음식을 차이(菜)와 덴신(點心)으로 구분하고 그 중 차이는 전채와 주요 음식인 따차이(大菜)로 구분하며 덴신은 일품으로 가볍게 식사를 대신할 수 있는 것이거나 과자 또는 과자를 대신하는 단맛의 것을 말한다.

- ＊ 치엔차이(前菜)
  - 렁훈(찬 전채)
  - 렁펀(따뜻한 전채)
- ＊ 따차이(大菜)
  - 탕차이(탕)
  - 자차이(튀김)
  - 차오차이(볶음)
  - 웨이차이(조림)
  - 정차이(찜)
  - 류차이(소스 얹은 요리)
  - 카오차이(구이)
  - 꿔쯔(끓임)
  - 옌차이(절임)
  - 반차이(무침이나 초나물 음식)
- ＊ 덴신(點心)
  - 텐미(단맛이 나는 요리, 과자 등)
  - 센미(짠맛의 것, 국수, 밥, 가루 음식 등)

〈중국음식의 식단 구성〉

① 치엔차이(前菜)

전채에는 찬 전채와 더운 전채 등이 있으나 일반적으로 냉채가 많이 이용된다. 렁훈이나 렁펀과 같은 전채를 식단으로 구성하여 식탁에 낼 때는 먼저 렁훈을 내고 다음 렁펀을 내 놓는 것이 순서이다. 렁훈은 처음에 나오는 찬 음식으로 주로 술안주로써 보기에 아름답고 종류도 풍부하여 맛의 변화와 조화를 갖게 하는 것이 중요하다. 따라서 전채요리의 종류에 따라서 그날 나오게 되는 음식을 짐작할 수 있게 된다. 렁훈의 경우 국물이 많은 것, 볶은 것, 소스를 얹은 것 이외 많은 조리법이 사용되고 피딴이나 햄 등의 가공품도 쓰이며 품수는 간단한 경우 2종류에서 보통은 4가지 정도를 큰 접시 또는 작은 접시에 보기 좋게 담아낸다. 렁펀의 경우에는 재료에 상관없이 볶음이나 튀긴 것이 많고 분량은 주요 음식인 따차이 보다 적으며 그릇은 렁훈 보다 조금 큰 것을 사용한다.

② 따차이(大菜)

따차이는 전채 다음에 나오는 주요 음식으로 식단 중에서 가장 대표가 되는 음식이 처음에 나오는데 그 연회에서 가장 대표적인 음식의 재료에 따라서 음식 전체의 등급이 정해진다. 대표 음식에 이어서 나오는 음식의 품수도 등급의 정도에 맞게 대접되는데 재료나 조리법에 변화를 주어야 한다. 즉 국물이 있는 것과 없는 것, 맛이 담백한 것과 농후한 것 등을 잘 맞추고 제일 나중에는 탕으로 마무리 한다. 그러나 제비집이나 상어 지느러미탕이 대표 음식일 경우에는 맨 처음부터 내 놓는 경우도 있다.

③ 덴신(點心)

덴신에는 짠맛의 간이 있는 것과 단맛의 것으로 구분된다. 짠맛의 것은 주로 면류나 교자, 볶은 밥 등의 일품요리로 가벼운 식사 대신이 되는 것이고, 단맛의 것은 과자 또는 과자 대신의 것들이 속한다. 이러한 덴신은 보통 한 가지 또는 두 가지를 대접하며 한 가지인 경우에는 단맛의 것을, 두 가지인 경우에는 단맛과 짠맛의 것으로 대접한다. 맨 나중에는 밥 또는 죽을 옌차이(절임음식)와 함께 내어 놓기도 하는데 음식의 수가 많을 경우에는 생략하기도 한다.

④ 찡꾸어(京果)

전채요리 전에 내어놓는 마른 안주류를 말하며 식단에 품수에는 포함시키지 않는다.

(4) 대표음식

① 해파리 냉채

해파리와 오이를 주재료로 하고 여기에 여러 가지 재료를 넣어 만든 요리로 소스는 육수, 마늘 다진 것, 겨자, 간장, 설탕, 식초, 참기름을 넣어서 만든다.

② 양장피 잡채

해물, 야채, 쇠고기 등 갖가지 재료들을 가지고 만든 요리로 모양이 화려하다.

③ 광동식 탕수육

탕수육은 한국에서도 잘 알려진 중국의 대표적인 요리 중 하나로 설탕과 식초가 들어가 새콤달콤한 맛을 낸다.

④ 깐풍기

튀긴 닭고기에 매콤한 소스를 끼얹어 먹는 요리로 느끼하지 않고 밥반찬으로 좋은 요리이다.

⑤ 제비집 맑은 국

제비집을 모양이 부서지지 않게 준비하여 뜨거운 물에 담갔다가 물기를 빼고 햄과 오이는 골패모양으로 썰어 물을 붓고 끓이며 이렇게 준비된 탕국물 준비한 제비집에 부어낸 요리이다.

⑥ 누룽지탕

별미로 먹는 유명한 요리로 볶은 해산물과 야채를 넣은 다음 뜨거운 육수를 붓고 끓이다가 물에 풀어 놓은 녹말가루를 넣어 걸쭉해지면 참기름을 넣는다. 이렇게 준비한 국물을 튀겨 놓은 찹쌀 누룽지에 부어낸 요리이다.

⑦ 팔모밥

오목한 그릇에 돼지기름을 바르고 찹쌀밥을 펴 담은 뒤 한가운데에는 팥앙금을 넣고 여기에 밤, 은행, 대추, 연밥(연의 열매), 건포도를 넣어 동그랗게 담아 찐 요리이다.

⑧ 연밥탕

연밥(연의 열매)을 하루 정도 물에 담가 아린맛을 없앤 후 중탕을 하여 얼음, 설탕을 넣어 조리한 요리이다.

⑨ 연뿌리 경단

연뿌리를 갈아 변색하기 전에 닭고기와 섞어 경단을 만들어 중불로 노릇하게 구운 요리로 이는 주로 간식으로 먹는다.

(5) 중국 음식의 특수 재료

① 죽순

중국에서는 건조된 죽순을 많이 사용하는데 사용할 때에는 물에 불려서 쓴다. 불리는 방법은 쌀뜨물이나 쌀겨를 탄 물에 1~2주일 동안 불린다. 생죽순은 길이가 짧고 통통하며 껍질에 흰잔털이 많고 광택이 좋은 것을 삶아서 사용하고 말린 죽순은 깐순(天筍)이라고 한다.

② 제비집

바다제비의 둥지를 말린 것으로 해초가 섞여 있는데 조류나 뱀의 침범을 피하기 위해 섬의 절벽에 둥지를 만들기 때문에 위험을 무릅쓰고 채집해야 하므로 예로부터 진귀하고 비싼 식품으로 알려져 있다. 제비집을 이용한 요리가 나오는 식탁을 유이지시(鸗席)라고 하며 최고의 식탁을 뜻한다. 색이 희고 광택이 있으며 모양이 부스러지지 않은 것을 최상품으로 여긴다.

③ 상어지느러미

상어의 종류나 부위에 따라 맛에 차이가 있고 취급법도 달라진다. 부위로는 등, 꼬리, 가슴, 지느러미가 있는데 맛은 등 부위가 가장 좋고 다음으로 꼬리, 가슴의 순이다. 품질은 12월에서 그 다음해 3월까지 원양어선의 선상에서 로프에 걸어 건조시킨 것을 최상품으로 치고 냉동 건조시킨 것이나 전기 건조품은 그 맛이 떨어진다. 불리는 방법은 먼저 지느러미의 끝부분에 잔주름이 있는데 그 사이에 모래가 끼어 있으므로 가위로 1cm 정도 잘라 버린 후 뜨거운 물에 담가 식혔다가 사용한다.

④ 해삼

광동 지방에서 생산되지만 우리나라에서 생산되는 것을 더 우수하게 취급하며 색이 검으며 가시에 흠이 없는 것을 상품으로 여긴다.

⑤ 패주

말린 패주를 많이 사용하며 물에 깨끗이 씻어 그릇에 담고 뜨거운 물을 부어 물이 식도록 놓아두었다가 부드럽게 불으면 조리한다.

⑥ 피딴

오리알을 독특한 진흙과 겨를 발라 저장하여 자연히 알이 변질되게 만든 오리알을 독특한 진흙과 겨를 발라 저장하여 자연히 알이 변질되게 만든 것으로 쑹화딴이라고도 한다. 진흙을 털어내고 껍질을 벗겨서 사용하는 흰자는 청회색, 노른자는 젤리같이 응고되어 있다. 흰 송화 무늬가 난 것이 상품으로 독특한 향기와 맛이 있어 그냥 썰어 치엔차이로 사용하기도 한다.

(ㄱ) 피딴

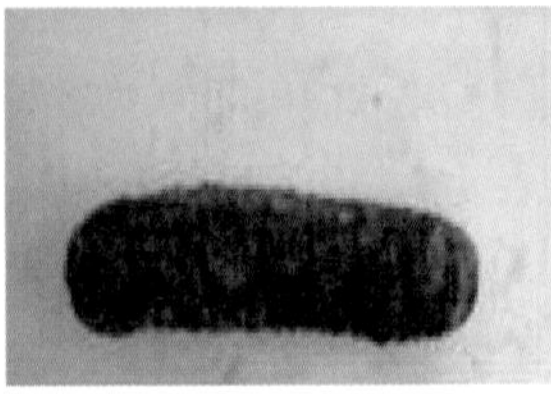

(ㄴ) 해삼

그림 4-1 중국음식의 특수 재료

⑦ 왕유

돼지의 내장을 둘러싸고 있는 레이스와 같은 모양의 그물 기름을 말하는데 주성분은 단백질이며 뜨거운 온도에서 조리를 해도 용해되지 않는 특성을 갖고 있다. 여러 가지 재료를 싸서 쪄 내거나 기름에 튀기는 요리에 많이 쓰인다.

5) 중국의 명절과 음식문화

(1) 춘절(음력 1월 1일, 우리의 설날과 같음)

다른 어느 나라보다도 풍성한 음식을 준비하는 중국은 수세라 하여 12월 31일 밤 온 가족이 모여 음식 가득한 상을 앞에 두고 새해를 맞이하는데 1월 1일의 새해를 알리는 종이 울리면 폭죽과 불꽃놀이로 분위기를 돋우면서 액운을 띄워 보내고 풍년을 기원한다.

정월 초하룻날 아침에는 중국의 북쪽지방은 만두를 먹는데 이는 자손의 번영과 재수가 좋아 지라는 의미를 지니며 만두소로는 대추, 두부, 사탕, 찹쌀떡 등을 넣는다. 때로 동전을 넣기도 하는데 이는 먹지는 못하나 한 해 동안의 금전운을 의미하고, 대추는 많은 자식을, 사탕은 달콤한 생활, 찹쌀떡은 승진의 의미가 있다고 한다. 춘절 다음날 아침에는 제신에게 제를 올리고 만둣국을 먹는 습관이 있는데 이에 반해 남방의 광동지방에서는 설에 떡을 먹고 특히 무, 깐새우, 표고버섯 등을 찹쌀가루에 넣어 찐 무떡을 만들어서 이웃과 나누어 먹는 풍습이 있다. 그 외 두부나 전병, 유각(튀긴과자) 등의 설음식이 있다.

(2) 원소절

음력 정월 보름을 원소절이라 하며 백옥경단을 먹는다. 경단 속의 소는 지역에 따라 차이가 있다.

(3) 단오절

음력 5월 5일 단오절에는 쭝쯔(떡의 일종)를 만들어 먹는데 이 떡은 상하이식과 광동식 등 지방에 따라 약간의 차이가 있으나 여러 가지 재료를 넣고 조린 대잎에 싸서 실로 묶어 삶은 떡을 말한다.

(4) 중추절

음력 8월 15일 중추절에 남쪽의 광동지방에서는 월병과 감자, 유자, 과일 등을 달을 향해 차려 놓는 풍습이 있다. 이 중 월병은 밀가루와 달걀을 버무린 반죽 안에 팥이나 호두, 땅콩 등의 견과류를 넣어 구운 보름달 모양의 둥근 중국 전통과자를 말하며 조상을 기리는 마음을 담아 먹는 중요한 음식 중의 하나이다. 또한 유에랑이 음식을 먹은 뒤에 화장을 한다고 하여 연지도 놓는 풍습이 있다.

6) 중국의 상차림 및 식사예절

(1) 상차림

중국 음식은 큰 접시에 담아 순서대로 한 가지씩 식탁에 내어 놓는데 먹을 때에는 가운데 회전 원탁을 돌려가면서 개인 접시에 덜어 먹는다. 식탁은 각탁과 원탁의 두 종류가 있으며 한 식탁에는 6~8명 정도가 앉는데 근래에는 인원수의 증감과 이에 맞추기 쉬운 원탁을 많이 사용한다. 좌석은 입구에서 먼 쪽을 주빈의 좌석으로 하고 주인은 주빈의 맞은편(출입구쪽)에 앉도록 한다. 상차림은 한 사람 앞에 개인 접시 2~3개와 탕그릇 1개, 중국식 숟가락과 젓가락, 술잔 등을 놓는다. 식탁 중앙에는 조미료와 향신료, 술 등을 올려놓으며 각자 사용하기 쉽도록 돌려가며 사용한다.

그림 4-2 중국의 상차림

(2) 식탁에서의 예절

① 지정된 시간 5분전에 도착하도록 한다.

② 식탁에서는 서양요리와 같이 덜어 담는 접시를 자주 바꾸지 않고 두세 가지 요리를 한 개인의 접시로 먹는 경우도 있다.

③ 밥이나 국수는 젓가락을 사용하고 수저는 탕에만 사용한다.

④ 식탁 중앙에 있는 회전대를 돌리면서 개인 접시에 덜어 담는데 요리의 분량은 조금 적은 정도로 담아 남기거나 너무 많이 먹어서 다음 요리를 먹지 못하는 일이 없도록 한다. 어느 정도 인원수에 대한 할당량을 짐작해서 음식을 덜어 담는 것이 좋다.

⑤ 술은 손님 모두가 자리에 앉으면 주인이 술 주전자를 주객부터 차례로 손님 오른쪽으로 돌면서 따라 주고 그런 다음에 건배를 하는데 술을 즐기지 않더라도 처음부터 사양하는 것은 실례이므로 처음 잔은 받아서 입술에만 살짝 대는 것이 좋다. 그 후에는 "마시지 못 합니다"라고 가볍게 사양하는 것이 예의이다.

⑥ 모든 요리가 끝난 후 차나 과일이 나오는데 때로는 자리를 옮겨서 별실에서 차를 마시는 경우도 있다. 중국식 찻잔(뚜껑이 있는 찻잔)으로 마실 경우에는 찻잔에 1인분의 찻잎을 넣고 끓는 물을 부어 향기가 달아나지 않도록 뚜껑을 덮어서 손님에게 권하며 손님도 오른손으로 받아 뚜껑을 열어 놓은 채로 마시는데 더 청할 경우에는 뚜껑을 열어 두어 끓는 물을 다시 부어주도록 한다.

2. 일본

1) 일본의 자연 환경

일본 열도는 북위 30°이남에 위치한 오키나와로부터 북위 45°의 홋카이도에 이르기까지 남북으로 길게 위치하고 있으며 기후는 전체적으로 온대몬순 기후를 보이나 지역 간의 차이가 매우 크며 여름에는 고온다습하고 동북지역 이북은 겨울에 매우 춥다. 또한 4개의 섬으로 이루어져 있고 남지나해를 거쳐 대한해협을 통해 동해로 흘러 들어오는 쿠로시오 난류와 북쪽으로부터 남서쪽으로 흘러 내려오는 크릴해류가 일본 근해에서 만나 세계최대의 어장을 형성하고 있으며 나라 전체가 어장으로 둘러싸여 있어 사계절 내내 신선한 어류를 풍부하게 즐길 수 있다. 우리나라와도 유사한 계절적 특징을 보여 쌀농사에 적합한 기후 조건을 가지고 있다.

우리나라와 중국으로부터 전파 된 문화의 영향으로 대륙 음식문화의 흔적이 일본 요리에서도 보이나 한편으로는 섬나라라는 특성상 그들 고유의 식문화를 발전시켜왔다.

2) 일본 음식의 역사와 문화

(1) 죠몬 토기시대(BC 700~BC 3세기 경)

석기를 사용하고 조개무지 속의 유물을 통하여 오늘날과 같은 짐승, 새, 물고기들이 있었음이 전해지고 있고 이들 대부분은 식용이 가능했을 것으로 보고 있다. 그러나 주로 생식이 많았으며 토기와 불을 쓸 줄 알았으나 많이 이용하지는 않았을 것으로 보고 있다.

(2) 야요이 시대(BC 3세기~6세기 경)

벼농사가 시작되었으나 조나 피가 주를 이루었고 주로 죽을 이용한 것으로 보고 있다. 이 시대에 청동이 들어오고 이어서 철이 들어왔으며 농경의 발달로 물고기 등의 사냥은 종속산업이 되어 생식보다 국의 형태가 많아지기 시작하였다.

(3) 나라 시대(710~794년)

천왕의 통치체제가 굳어지고 일본이라는 국호가 처음 사용되었으며 귀족과 서민의 생활에도 차이가 생기게 되었다. 특히 술빚기가 다양화되었고 식품을 말리거나 소금에 절이는 형태로 음식을 보존하였으며 중국에서 당과자를 들여오는 등 중국 당나라의 양식을 모방하기도 하였고 콩엿이나 팥떡도 만들어 먹었다.

(4) 헤이안 시대(794~1185년)

794년에 동경으로 수도를 옮기고 약 400년간 궁정귀족의 시대가 이어지는 시기로 이때 신라와 당나라의 교류가 활발하여 여러 가지 조리법이 발달함으로써 일본 식생활의 형성기라 할 수 있다. 밀가루를 이용한 만두나 전병과 같은 당과자를 만들기도 하였으며 깨를 짜서 만든 기름을 사용하여 재료를 튀기는 등의 여러 가지 조리법이 발달하였다. 음력 5월 5일의 단고(단오), 9월 9일의 조요(重陽) 등은 연중행사로써 조정에서는 연회를 치루기도 하였다.

(5) 가마쿠라 시대(1192~1333년)

미나모로 요리모토가 귀족층을 멸망시키고 무가지배의 중세 봉건제로 접어든 시기로 약 150년간 무인이 실권을 잡은 기간이다. 대개 무사들은 서민출신으로 농사에 종사하기 때문에 간소한 생활을 하였으며 요리도 소박한 맛을 즐겼다. 특히 무사들의 식사는 평상시에 아침, 저녁 2회였으나 전쟁터에서는 아침, 점심, 저녁 3식이 되었고 이것이 일본인의 3식제의 기원이 되었다고 볼 수 있다. 이 시기에는 불교의 영향으로 쇼오진요리(정진요리)가 사원을 중심으로 발달하였고 두부가 수입되고 송나라의 차가 전해져 재배하기 시작하였다.

〈쇼오진 요리(정진요리)〉

비린내 나는 것을 피하고 패소류, 건물(버섯류), 두부, 해초류 등 식물성 식품만을 재료로 하는 사원을 중심을 발달한 요리이다. 불교의 종파에 따라서 요리의 경향도 다르지만 육식을 금하는 것을 원칙으로 하며 소금으로만 간을 하고 설탕을 쓰지 않았으며 다도가 보급되기 전후에 서민에게 보급된 거친 요리이다. 식단은 1즙 3채, 1즙 5채, 2즙 5채, 3즙 7채 등의 기본에 따라 구성되며 맛과 빛깔을 계절감에 맞추어 구성한다.

(6) 무로마치 시대(1388~1573년)

동경 무로마치의 막부 시대로 무사의 예법과 함께 가지각색의 형식이나 유파가 발생하였던 시대로 이 시대에 정식 향응요리로써 혼젠요리(本膳料理)가 확립되었다.

〈혼젠요리(本膳料理)〉

주로 관혼상제 때 쓰인 정식식단으로써 차리기가 매우 복잡하나 일본 음식의 기초적인 식단이다. 특히 격식을 차려야할 중요한 연회나 혼례 때 외에는 별로 사용하지 않으나 현재까지 그 상차림법은 전해져 오고 있다. 이러한 혼젠 요리에서는 혼젠(기본상), 니노젠(두 번째 상), 산노젠(세 번째 상), 요노젠(곁상), 고노젠(다섯번째상)의 상차림을 최고로 하고 있다. 젠이라는 것은 상을 의미하는데 젠의 수가 식단의 즙과 채의 수에 따라 결정된다. 따라서 2즙 7채, 3즙 9채, 3즙 11채 등 수가 많은 것도 있으나 현재는 도구도 갖추기 어려워 산노젠 정도까지 하고 있다.

(7) 야츠치, 모모야마 시대(16세기 후반 ~ 16세기 말)

호화로움과 한적한 생활, 검소한 취향과 사치로운 취향을 동시에 갖춘 문화를 가졌던 무사의 시대이다. 특히 이 시대에 다도에서 차를 내오기 전에 나오는 간단한 요리인 카이세키요리(懷石料理)가 확립되었고 파와 쇠고기, 닭고기, 생선 등을 섞어 조리는 남반요리의 도래가 일본의 요리를 발전시켰다고 할 수 있다.

〈카이세키요리(懷石料理)〉

카이세키란 불교의 일파인 선종에서 기인된 말로 다석을 위한 요리를 말한다. 선승이 수업 중 단식의 좌선 때문에 공복감을 막기 위하여 돌을 뜨겁게 하여 헝겊에 싸서 품속에 넣은 것이 유래가 되었다고 하며 이 선상이 지도한 카이세키가 후에 다도에서 차리는 요리의 총칭이 되었다. 이와 같이 카이세키는 차 마시는 과정의 한 부분이며 차를 대접하기 전에 내는 요리이므로 그 질이나 맛, 분량 및 식단에 세심한 주의를 필요로 했다. 따라서 검소하고 버리지 않는 식물성 요리로서 검약이 원칙이었으나 시대의 변천에 따라 생선도 이용하고 다소 호화스러운 요리로 변하였다. 식단의 형태는 1즙 3채가 보통이며 질을 중요시하여 재료 자체 자연의 모습을 최대한 살리는 것이 특징이다.

〈남반요리〉

남반 요리는 파를 쇠고기와 닭고기, 생선 등을 섞어서 조린 음식으로 무로마치 말기부터 야츠치, 모모야마 시대에 걸쳐서 서양인(주로 스페인과 포르투칼인)이 도래하여 유럽풍의 문화를 전하였는데 그 대표적인 것이 덴뿌라이다.

(8) 에도 시대(1603~1867년)

무사가 지배권을 쥐고 있었던 시기로 약 260년간 계속된 시대이다. 이 때 각 시대의 여러 가지를 흡수, 소화하고 이를 발전시킨 일본요리가 대성한 시기이며 서민이나 도시의 일반사람들의 문화적인 영향이 크게 작용하여 일본식의 완성기라고도 할 수 있다.

〈카이세키요리(會席料理)〉

혼젠요리 형식에 카이세키(會席)요리 형식을 가미한 것으로 회합의 음식으로 에도 시대에 엔가의 좌석에서 식사를 즐긴 것에서 유래되었다. 따라서 보아서 아름답고, 향기로우며 먹어서 맛있는 요리라 할 수 있다. 우리가 반상의 경우 반찬의 가짓수를 첩으로 나타내듯이 상에 차려지는 음식의 가짓수는 품(品)으로 나타낸다. 가장 간단한 것이 3품이고, 5품, 7품, 9품, 11품이 있지만 가정에서는 5품, 7품 정도가 만들어 먹기에 가장 적당하다. 이 때 밥과 김치는 품수에 들어가지 않으며 식탁상차림은 꽃꽂이와 작은 등, 여러 종류의 식기를 준비하여 보기에 아름답도록 신경을 써서 차린다. 음식을 내는 순서는 술과 전채→맑은 국→생선회→구이→조림→초회(여름에는 찜, 겨울에는 튀김)→밥이나 면류→후식의 순이다.

(9) 메이지 이후(1868~현대)

메이지 유신과 더불어 일본은 문명개화의 슬로건 아래 구미의 문화를 받아들여 근대적 제반 개혁을 이룬 시기로써 서양요리가 급속하게 전해져 식생활의 큰 변화를 가져왔으며 쇠고기, 우유, 유제품의 이용이 점차 증가한 시기이다.

3) 일본요리의 지역적 분류

(1) 관동요리

관동요리는 무인 및 사회적 지위가 높은 사람들에게 제공하기 위한 의례요리가 발달한 것으로 설탕을 많이 쓰며 맛이 진하며 달고 짠 것이 특징이다. 동경을 중심으로 발달한 요리로 깊은 바다에서 나는 단단하고 살이 많은 양질의 생선을 이용하며 농후한 맛을 즐기는 것이 특징이다.

(2) 관서요리

관동요리에 비해 맛이 연하고 부드러우며 설탕을 많이 쓰지 않고 재료 자체의 맛을 살려 조리는 것이 특징이다. 교토와 오사카를 중심으로 발달하였으며 조정관리의 요리로써 양질의 두부, 야채, 밀기울, 말린 청어, 대구포 등을 사용한 요리가 많다. 특히 오사카요리는 상인들의 요리로써 양질의 생선이나 조개류를 이용한 요리가 많다.

〈오키나와의 장수촌 요리〉

미국 하버드 의대 노화학을 연구하는 브레들리 윌룩스 박사팀은 장수촌으로 유명한 오키나와 식단을 토대로 퓨전요리를 개발하였는데 그 중 몇 가지를 다음과 같이 소개한다.

ⓐ 바나나 스무디 : 바나나를 잘게 썰어 얼린 후 버터, 두부, 쵸콜릿시럽, 탈지유를 넣고 갈아 만든 요리로 특히 아침에 먹으면 좋다.

ⓑ 연어 주먹밥 : 현미로 밥을 고슬고슬하게 지은 후 연어를 소금에 뿌려 노릇하게 석쇠에 구워 기름기를 빼고 이것을 손바닥에 놓고 지어 놓은 밥을 올려 돌려 싼 후 불에 살짝 구운 김을 다시 감싸는데 점심에 간단히 먹을 수 있는 요리이다.

ⓒ 미역소바국수 : 가다랭이 국물을 3분간 끓인 후 삶은 메밀 국수 위에 준비한 재료를 얹어서 만든 요리로 점심에 주로 먹는다.

4) 일본 음식 문화의 특징

일본은 육류보다는 주로 생선을 많이 먹는 것이 우리나라와 중국의 음식문화와는 큰 차이이다. 이는 불교의 영향과 일본 천황이 서기 687년에 소, 말, 개, 닭고기 등을 먹지 못하도록 한 영향이 크다.

(1) 조리를 하지 않은 음식

전통적인 일본 음식문화 사상은 식품에 가능하면 조리를 하지 않는 것이 최상의 조리라는 생각을 가지고 있으며 대표적인 것이 바로 생선회이다. 밥 위에 생선회를 얹어먹는 스시도 와사비 간장만 찍어먹는 단순한 조리법이다. 따라서 소재 자체의 맛을 그대로 살리려는 특징을 가지고 있다.

(2) 계절감과 색채감을 살린 조리법

4계절의 변화에 따라 다양한 채소가 재배되고 생산되어 여러 가지 식품을 먹는 것이 가능하며 식품자체가 계절을 상징한다. 즉 가다랑어가 식탁에 오르면 초여름이 오고 있음을 알게 되고 꽁치는 가을을 상징한다. 과일과 야채도 계절에 따라 많이 섭취하며 특히 밀감을 즐겨 먹는다. 또한 일본인은 입으로 먹기 전에 먼저 눈과 코로 먹는다고 할 정도로 음식은 물론이고 그릇과 음식의 색채와 조화 및 기타, 다른 그릇과의 조화까지 고려하여 상차림을 종합예술의 경지까지 끌고 가려는 노력을 기울인다.

(3) 가장 중요한 식재료인 쌀과 술

죠몬 시대 말 벼농사가 전파된 이래 쌀은 일본인의 식탁에서 매우 중요한 식재료이다. 일본의 쌀은 우리나라 쌀과 같이 끈기가 있으며 그대로 밥을 해서 먹기도 하나 식초를 넣은 초밥이나 생선회를 얇게 저며 얹어 먹는다. 또한 쌀을 원료로 빚은 일본 술은 정식으로 술만을 마시는 일이 없이 여러 가지 음식을 먹으면서 술을 마신다. 일본인들은 밥과 술을 동질적인 식품으로 생각하여 호환성이 있다고 보고 있다.

(4) 대두와 조미료

고기를 많이 먹지 않는 대신 대두를 단백질 급원으로 많이 이용하는데 두부튀김이나 미소(일본된장), 낫토 등이 대표적인 일본요리이다. 특히 두부에 간 생강과 잘게 썬 파 등의 양념에 간장을 끼얹어 먹는 단순한 두부 요리를 주로 즐겨 먹는다. 일본도 중국이나 한국과 같이 대두를 이용한 발효성 조미료를 만들어 먹는데 미소는 우리의 된장에 비해 맛이 가벼운 편이며 간장 등도 다양한 만능 조미료로 이용되고 있다. 낫토는 우리나라의 청국장과 같은데 우리와 다른 점은 생것을 그대로 먹는다는 점이다. 근래에 와서 일본요리는 된장의 중후한 맛으로부터 보다 가벼운 간장의 맛으로 이행하고 있으며 간장은 만능 조미료로 사용되어 음식을 직접 찍어 먹기도 하며 식초, 술, 겨자와 함께 소스로도 이용한다.

(5) 육식과 유제품의 이용 부족

6세기 불교가 일본에 전래되면서 살생을 금하는 불교 사상에 기인하여 육식을 금하게 되었으며 7세기 후반부터는 약 100년 사이에 역대의 천왕들이 동물을 죽이는 것을 금하였다. 그러나 불교를 받아들인 중국에서는 승려만이 육식과 어패류를 금하고 일반 서민들은 육식을 허용하였으나 일본의 경우에는 오키나와 사람들을 제외하고 대부분 오랫동안 육식을 하지 않았으며 동남아시아의 여러 민족과 같이 가축의 젖을 먹지 않은 관계로 버터나 치즈, 요쿠르트 등의 유제품의 식용이 부족한 편이다.

(6) 칼 기술의 특수화

재료 자체의 자연이 지니는 맛에 의존하는 경향이 강한 일본요리는 가능한 단순한 조리법이 중시되고 맛은 간장과 된장에 전적으로 의존하는 경향이다. 따라서 조리기법은 자르거나 담는 기술에 관심을 갖게 되어 식품을 이쁘게 자르고 담는 기술이 요구되었다. 특히 일본의 칼은 단날(片刀)로 이루어져 식품을 자르게 되면 절단면이 깨끗하게 보이고 모양 있게 담을 수가 있어 일본 음식은 먹는 음식이 아니라 눈으로 즐기는 음식으로 발전하게 되었다.

(7) 녹차의 음용

차는 선불교의 의식에서 사용되던 것이 오늘날까지 전해져 일본인들의 삶 속에 중요한 위치를 차지하고 있다. 차는 잎을 주로 마시며 차 마시는 습관은 자연과 조화를 이루려는 일본인들의 정신이라고 볼 수 있다.

5) 일본의 대표 음식

(1) 스시(초밥)

생선을 썰어서 소금을 뿌리고 뜨거운 밥을 섞어서 발효시킨 음식을 스시라고 하며, 15세기 무렵부터 일본의 스시는 독자적인 발전을 하기 시작하였다. 따라서 완전히 몇 개월 발효되기를 기다리기보다 날 생선에 가까운 상태로 먹기 시작하여 1~2주 만에 먹었는데 이것을 나마나레라 한다. 이 상태에서는 밥이 아직 분해되지 않아 생선과 밥을 함께 먹을 수 있었기 때문에 주식과 부식이 합쳐진 스넥 식품으로 변하였고, 여기에 스시를 만드는 시간을 단축하기 위해 유산발효로 생기는 신맛대신에 식초를 곁들여 초산의 신맛을 나게 하였으며 18~19세기에 들어와서는 더욱 간단해지면서 주로 밥에 신맛을 내게 하고 생선을 날것으로 사용하게 된 것이 오늘날의 스시의 형태라 할 수 있다. 그 후 18세기 말부터는 신맛을 낸 밥에 와사비를 바른 생선회를 올려 만든 니기리스시와 생선 대신 유부나 김을 사용한 유부스시, 김말이 스시로도 발전하게 되었다. 또한 붕어스시와 같이 장기간 숙성시킨 후 먹는 스시도 있으며 그 종류는 매우 다양하다. 근래에는 도미나 광어, 농어, 참치, 연어, 전복, 소라, 전갱이, 고등어 등을 많이 사용하는데 생선초밥은 밥이 적고 위에 얹는 생선이 클수록 맛이 있다.

(2) 사시미(회)

우리말로 생선회인 사시미는 일본의 대표적인 요리로 싱싱한 생선 자체의 맛을 즐기는 것을 말한다. 일본 특유의 단칼로 모양 있게 썰어 부재료로 무, 당근, 오이 등을 얇게 채 썰거나 얇게 벗겨 사용하고 와사비를 곁들인 양념간장을 함께 낸다. 여러 가지 생선이 있을 때는 흰 살 생선과 기름지지 않은 것부터 먹고 그 다음에 기름이 많은 것과 붉은 살 생선을 먹으면 맛의 조화가 잘 어우러진다.

(3) 소바와 우동

메밀을 뜻하는 소바는 점성이 없어 쉽게 끊어지므로 밀가루를 섞어 끈기 있게 만든다. 우동은 밀가루를 반죽하여 얇게 밀어 썬 것을 가쓰오부시나 멸치 다시마 국물에 넣어 끓여 먹는 국수의 한 종류이다. 맛은 면보다는 국물의 맛에 의하며 국물의 맛은 지역 차가 있으나 소바의 국물은 일반적으로 맛이 진하며 때로 와사비를 넣어 맛을 돋워 먹기도 하고 우동 국물은 맛이 연한 편이다.

(4) 술

청주는 쌀로 만든 일본의 대표적인 술로 곰팡이를 이용하여 만든 양조주인데 일본의 독자적인 양조 기술로 증류를 하지 않고 만든 것이 특징이다. 특히 도수가 높아 알코올 함유량이 20%에 달하는 기술을 개발하였다. 이러한 술은 제사에 올리며 신사에서도 재물로 바쳐진다. 신에게 바쳐진 술을 제사에 모인 사람들이 마시고 같은 신을 모시는 사람들끼리의 연대감을 높이는데 좋은 역할을 한다. 술은 보통 식사 전에 마시고 술을 마시는 동안에는 밥을 먹지 않으며 오른손으로 술잔을 들고 왼손으로 술잔을 바쳐서 마시도록 한다.

(5) 녹차

일본인들이 주로 마시는 차는 연한 차 잎을 따서 살짝 쪄서 말린 녹차로 일본인들의 생활 속에 깊숙이 자리 잡고 있는 문화이다. 일본의 다도는 격식을 갖춘 차문화로 손님이 오면 반드시 차를 대접하는데, 직장에서도 오후 3시경에 티타임을 갖는다. 식사를 하고 난 후에도 차로 마무리 하는 경우가 많고 특히 혼슈의 시즈오카 차가 유명하다.

(ㄱ) 사시미

(ㄴ) 니모노

(ㄷ) 낫또

(ㄹ) 우메보시

그림 4-3 일본의 대표음식 및 특수재료

6) 일본의 시절과 명절

(1) 정월(1월 1일)

일본은 아시아 한자문화권의 나라들 중 유일하게 음력을 사용하지 않는 나라로 양력으로 1월 1일부터 3일까지 연휴를 갖는다. 이때는 새해를 맞이하여 모찌라는 찹쌀떡을 준비하는데 찹쌀가루를 쪄서 동글납작하게 만들어 나뭇가지 위에 켜켜로 걸어 놓았다가 1~2주 지난 다음에 불에 구워 부드럽게 녹인 후에 조니라는 일본식 떡국을 끓여 먹는다. 우리나라의 떡국과 같이 이 조니를 먹어야만 한 살을 더 먹는다는 의미가 있다. 이 조니는 '여러 가지 것들을 모아 넣어 끓인 것'이란 의미로 채소, 생선, 조류의 고기 등을 떡국처럼 끓인 음식으로 지역이나 집집마다 차이가 있으나 된장을 풀어 넣어 맛을 내고 가가미모찌를 넣는 것은 어느 지역이나 같다. 가가미모찌는 새해에 먹는 모찌로 둥근 찐빵처럼 만들고 보통 나무로 만든 제기위에 흰 종이를 깔고 각기 크기가 다른 두 세 개의 가가미모찌를 얹고 맨 위에 곶감, 다시마, 밀감 등으로 장식한다. 또한 명절에 멸치, 청어알, 연근, 새우, 검은콩을 조려서 찬합에 단정하게 담아두었다가 새해 첫날부터 3일간 친지와 손님들에게 대접하게 되는데 청어알은 자손번창을, 연근은 지혜를, 콩은 성실과 노력을 의미한다고 한다.

(2) 모모(挑)의 節句(3월 3일)

이 날은 여아의 날이라 하며 특히 여아를 위한 날로 인형을 꺼내놓고 예쁜 옷을 입혀 사진도 찍어주면서 축하하는 날이다.

(3) 단오의 날(5월 5일)

이 날은 남아(남자)의 날이라 하며 일본 특유의 일본식 씨름인 스모를 구경하거나 직접 씨름을 하면서 하루를 즐긴다.

(4) 하지(土用)

일 년 중 낮이 제일 긴 날로 일본에서는 장어를 먹는다.

(5) 중추절(月見, 8월 15일)

우리나라의 추석과 같이 오곡백과를 준비하고 하루를 즐긴다. 특히 교토의 떡이 유명하며 경과자라 부르는데 우리나라에서는 화과자로 알려져 있다. 한편 궁중에서는 그 해에 수확한 햇곡식을 천황이 신에게 바치고 그것을 먹는 신상제라는 행사가 행해지고 있다.

(6) 동지(11월 21일)

일 년 중 밤이 제일 긴 날로 유자를 띄운 물에 목욕을 하고 유자를 즐겨 먹기도 한다.

(7) 제야(12월 31일)

한해의 나쁜 일은 모두 버리고 새해를 맞이한다는 의미로 오사카에서는 우동을 먹고 동경지방에서는 메밀국수를 즐겨 먹는다.

7) 일본의 식사예절

식사 시 숟가락을 사용하지 않고 젓가락만으로 식사를 하며, 식사 전에 반드시 잘 먹겠다는 인사를 하는 것이 일본의 식사예절이다.

① 우선 밥상을 받으면 밥그릇, 국그릇, 조림 그릇의 순으로 뚜껑을 여는데 왼손으로 뚜껑을 쥐고 오른손을 대어 물기가 떨어지지 않도록 위로 향하여 상 왼

쪽 다다미 위에 조용히 내려놓는다.

② 양손으로 밥공기를 들어 왼손 위에 놓고 오른손으로 젓가락을 집어 왼손 가운데 손가락에 끼운 다음 다시 오른손으로 사용하기 편하게 잡는다. 그 다음 젓가락 끝을 국에 넣어 조금 축인 후 밥을 한 입에 먹는데 잔치나 좋은 일의 경사에는 밥을 먼저 먹고 초상이나 흉사에는 국부터 마시도록 한다.

③ 젓가락을 사용한 후에는 처음과 같이 상의 제자리에 놓고 두 손으로 밥그릇을 놓는다.

④ 국그릇을 두 손으로 들어 젓가락으로 먼저 건더기를 건져 먹은 후 국을 한 모금 마시며 국물을 마실 때에는 젓가락으로 건더기를 누르면서 마시도록 한다.

⑤ 국을 마신 후에 밥이나 조림을 먹으며 조림은 국물이 있을 경우 그릇째로 들고 먹어도 좋고 국물이 없으면 뚜껑에 덜어서 먹는다.

⑥ 회는 접시의 가장자리부터 차례로 작은 접시에 덜어 와사비를 넣은 간장에 찍어 먹는다.

⑦ 차를 마실 때에는 찻잔을 두 손으로 들어 왼손으로는 찻잔 밑에 받치고 오른손으로는 찻잔을 쥐고 마시며 다 마신 후에는 뚜껑을 다시 덮어 놓는다.

⑧ 식사가 다 끝난 후에는 그릇에 뚜껑이 있는 경우 다시 덮어두고 젓가락은 처음에 놓여있던 자리에 가지런히 놓는다.

⑨ 식사 때는 똑바로 앉도록 하고 그릇을 입에 가까이 대고 먹음으로써 음식을 흘리지 않도록 주의한다.

그림 4-4 일본의 상차림

3. 인도

1) 인도의 지리적 배경

인도는 히말라야 산지에 이어진 나라로 인도의 계절은 겨울(건기)과 몬순(우기), 여름(혹서기)로 나눌 수 있는데 우기는 해마다 조금씩 다르나 보통 6~9월에 해당한다. 이때에는 습기를 머금은 계절풍이 불어오는데 인도 대부분 지역에 비를 뿌리고 6~9월 사이에 남동 지방을 제외한 전 지역에 집중적으로 내린다. 우기 이외의 기간은 건기로 대부분 지역의 날씨는 쾌청하며 11월에서 그 다음해 2월까지는 겨울에 해당하여 북인도는 매우 추운 반면 남부는 춥지 않아 지내기가 비교적 적당하다. 그 다음 4~6월은 혹서기로 매우 더운 여름 날씨가 이어지는데 이러한 지형과 기후의 다양성으로 농산물이 다양하게 생산되며 음식의 종류도 지역이나 종교에 따라 매우 다양하고 음식의 색과 맛, 그리고 질감이 조화를 이룬다.

2) 인도 음식 문화의 특징

기원전 2천 년경 아리안(Aryan)족이 침입하여 인도의 지배계층을 이루면서 인도의 식생활문화에 많은 영향을 미치게 되었고, 특히 이들이 가지고 온 소와 유제품은 인도 토착민의 식문화에 큰 영향을 주었다. 쇠고기를 먹지 않는 힌두교인이 많은 남부 인도에서는 요리에 향신료를 강하게 첨가하여 칠리(chilli: 고추의 일종)를 많이 사용하였고, 또한 코코넛 밀크와 크림을 많이 이용하게 되었다. 그러나 북부 인도에서는 돼지고기를 먹지 않는 이슬람교도가 많고 외부 식문화의 영향을 받아 약학 조미한 음식과 요구르트 및 다른 혼합물을 많이 사용하는 특징을 갖고 있다.

(1) 쌀이 주식

인도는 우리나라와 같이 쌀이 주식으로 응유나 계피, 카르다몬(cardamon), 메이스(mace) 등과 함께 먹으며 또는 버터기름의 일종인 기이(ghi)와 망고주스를 첨가하거나 풋콩으로 만든 소스를 곁들여 먹기도 한다. 또한 우리의 볶음밥과 비슷한 풀라우(pulau)라는 향신료를 적당힌 섞어서 지은 밥이며 레몬으로 산뜻한 맛을 낸 레몬 라이스 등도 즐겨 먹는다.

(2) 하루 2끼의 식사

인도의 식사패턴은 지역과 계급에 따라 다른데 보통 스낵류와 함께 충분한 두 끼의 식사로 이루어지는 것이 전통적이다. 따라서 이른 아침에 우유와 설탕을 넣은 커피와 차를 마시는데 그 양이 많은 편이며, 보통의 아침식사는 9~11시 사이에 먹는데 쌀밥 또는 로티(roti)와 과일피클 또는 야채피클 그리고 사슴스튜 또는 해조류 스튜를 먹는다. 그런 다음 오후 4시 또는 5시에 두 번째 식사로써 아침식사의 내용과 비슷한 음식을 커피나 차와 함께 먹는다.

(3) 국민의 80%가 채식주의자

인도는 불교와 자이나교로 채식에 종교적 신성을 부여함과 동시에 소의 도살을 금하였다. 따라서 인도인의 대부분은 채식을 상식으로 하고 있으며 인도 남부의 채소 요리는 오늘날까지 세계적으로 그 명성을 이어오고 있다.

(4) 콩과 유제품의 섭취

인도인이 즐겨먹는 음식 중 하나가 콩껍질을 벗겨 반으로 쪼갠 달(dahl)이라는 콩소스인데 이는 상점에서 판매한다. 이 달을 바탕으로 갖가지 종류의 요리가 있으며 신분의 귀천이나 채식자, 육식자를 불문하고 모두 즐겨 먹는 요리이다. 콩 다음으로 많이 먹는 우유는 생우유로 사용하지만 통밀이나 구운 보릿가루로 죽을 쑬 때에도 넣어서 끓인다. 음식 중에 가장 기호도가 높은 응유는 더운 기후에 맞는 시큼한 맛을 가지고 있는데 이러한 응고과정에 흔히 푸티가(putika)로 불리는 식물기름이나 파라스(palas) 나무껍질을 넣어 만들게 된다. 이것을 걸쭉한 요구르트로 만들어 그대로 밥 위에 뿌려서 먹거나 라이타라고 일컬어지는 요구르트 샐러드 등을 만들어 먹지만, 총 우유 생산량의 대부분이 기이(ghi)라는 버터기름을 만드는데 이용되어 식용유로 쓰이고 있다. 이러한 기이는 신성한 의미로 신을 위한 등유로 쓰일 뿐만 아니라 고급 요리나 과자를 만드는데 없어서는 안 되는 중요한 식재료라 할 수 있다.

(5) 다양한 향신료와 카레의 사용

우리나라 요리는 양념이 요리의 생명이고 프랑스 요리는 소스가 생명이라고 한다면 인도 요리는 향신료가 생명이라 할 수 있다. 나무열매나 풀의 씨앗과 뿌리, 잎, 나무껍질, 수액 등과 여러 가지 향료를 합치면 인도 향신료의 수는 100 여종이 넘으며 일반가정에서도 항상 20~30 종류의 향신료는 상비하고 있다. 이들을 요리의 재료와 취향에 따라 그 때마다 적당히 섞어서 맷돌에 갈아 쓰는데 이것이 맛을 좌우하는 결정적인 요소가 된다. 따라서 인도인들은 집 등을 지을 때 아무리 작은 집의 부엌이라도 의례 맷돌을 준비하는 것이 전통이라 할 수 있다.

(6) 카스트제도와 금기식품

힌두식 생활방식과 종교에 내포되어 있는 인도의 카스트 제도는 고대부터 출생성분에 따라 사회적으로 사람을 구분하는 신분제도로 브라만 크샤트리아, 바이스야, 수드라의 4계급이 있다. 특히 브라만 카스트에 속하는 계급은 철저한 채식주의를 원칙을 하고 있으며 다른 카스트에 속하는 사람들은 쇠고기 이외에 고기를 먹기도 하나 계급 순위가 높아질수록 고기를 먹지 않는 경향이다. 그러나 물고기는 힌두교들이 식용하기도 하는데 특히 벵갈지역의 사람들은 물고기를 먹는다. 고기 중에서도 쇠고기만이 카스트 계급에게 금지된 것은 아니었는데 힌두의 성서 중 마누장정에는 가금, 양파, 마늘, 순무, 버섯 및 소금에 절인 돼지고기가 금기식품에 포함되어 있다.

3) 인도의 식사예절

힌두교도는 식사 시 낮은 의자를 사용하며 식사 시 좌석 배치는 오른쪽에 주인이 앉고 그곳에서부터 왼쪽 방향으로 가면서 연령순으로 앉는다. 노인과 소년 및 소녀는 조금 떨어져 앉으며 성인이 되면 여자는 남자와 함께 식사 할 수 없고 옆에서 남자의 시중을 들게 된다. 인도의 상류계급은 식사를 하루에 두 번 먹는데 정오 때 먹고 또 한 번은 오후 늦게 먹으며 음식은 작은 그릇에 담아 각자 제공된다. 원래 정통 힌두교인들은 신앙심이 두터워 정오까지 어떠한 음식이나 음료를 먹지 않는 것이 전통이나 최근에는 커피나 케익 조각 등을 가볍게 먹기 시작하였다.

식사가 나오기 전에 부인이 가져온 물로 양손을 씻은 후 식사를 하며 식사 때에는 왼손의 사용을 금하고 커다란 바나나 잎에 음식을 올려놓고 오른손으로만 식사를 한다. 입안 가득히 음식을 넣고 이야기하면 안 되며 아침, 저녁 식사 후에는 물로 양치를 한 후 물은 뱉어버린다. 힌두교인들은 물을 마실 때 컵을 입에 대고 먹지 않도록 하여 컵 안의 물을 입안에 부어 넣는 식으로 마시고 식사 중에는 담소나 이야기 등을 삼간다. 인도인들이 주로 마시는 음료는 북쪽지방의 경우 홍차를 마시고 남쪽지방의 경우에는 커피를 주로 마시며 식사 중 남은 음식은 보통 개나 새에게 던져 준다.

그림 4-5 인도의 식사예절

4) 인도의 대표음식

(1) 풀라우(pulau)

향신료를 섞어서 지은 밥으로 우리의 볶음밥과 비슷하고 쌀을 버터에 볶다가 야채나 고기 등을 넣고 끝으로 향신료를 넣어 짓는 음식이다.

(2) 난(nan)

정제한 하얀 밀가루를 발효시켜 구운 빵을 말한다. 밀가루에 버터, 우유, 달걀, 효모, 팽창제를 섞어 잘 치대어 반죽한 후 이러한 반죽을 탄두르(진흙화덕) 안쪽 벽면에 넓은 잎사귀 모양으로 얇게 늘려 붙여서 구워낸다.

(3) 차파티(chapati)

밀기울이 든 밀가루를 물로 개어 얇게 반죽을 밀어 철판에 구운 것으로, 난과 비슷하며 갓 구운 차파티일수록 맛이 담백하다. 밀가루 대신 쌀가루를 반죽하여 얇게 밀어 굽기도 하는데 2cm 정도의 두꺼운 차파티는 로티라고 하며 여기에 콩소스인 달과 같이 곁들이면 이것만으로도 훌륭한 식사가 된다.

(4) 카레(curry)

카레는 인도의 대표적인 요리로서 밥이나 차파티에 풍미를 더하기 위해 고안한 소스로 인도인들의 밥상에 풍미를 더하는 요리이다. 카레의 그 종류만도 수십 종에 달하며 계피나 정향, 육두구(nutmeg), 파프리카 등 15~16종의 향신료를 사용하는 것이 특징이다. 향신료는 재료의 종류에 따라 다르므로 각 가정마다 독특한 맛이 있으며 식욕 촉진이나 소화 증진 및 방부제 등의 구실뿐만 아니라 비타민 C가 풍부한 파프리카나 후추 비롯한 다량의 비타민 함유로 미용에도 효과가 있다고 보고되고 있다. 특히 머튼(Muton) 카레는 자른 양고기에 향신료를 가미하여 삶아 만든 정통적인 고기 요리로 야채는 넣지 않고 각종 향신료를 넣어 걸쭉하게 만든 전통 카레 요리이다. 우리의 카레보다 매운 맛이 훨씬 강하고 자극적이지만 버터를 많이 사용하여 깊은 맛을 낸다.

(5) 탄두리 치킨(Tandoori chicken)

원래는 큰 항아리처럼 생긴 진흙화덕을 탄두리라 하며 향신료와 요구르트를 섞어 프렌치 드레싱에 담근 후 이러한 진흙화덕에서 요리하는 북부인도 지방의 대표적인 요리를 통틀어 탄두리라 한다. 그 중에서도 탄두리 치킨은 닭을 요구르트와 여러 가지 향신료에 재웠다가 쇠꼬챙이에 꿰어서 탄두리에 넣어 구운 요리로 향신료가 속까지 스며들어 맛이 아주 향기롭고 독특하다.

(6) 도사(doas)

쌀은 5~6시간 물에 불려 절구로 찧어 반죽을 하고 여기에 물에 불린 콩을 4:1의 비율로 넣고 반죽한 후 하룻밤을 재워 땅콩기름으로 바른 철판에 얇게 구워 내는데 이것을 도사라고 한다. 크레이프라고도 하며 가벼운 식사로 즐겨 먹는 음식 중 하나이다.

(7) 마살라도사(masala dosa)

쌀 대신 삶은 감자를 넣어 반죽한 후 철판에 구운 것으로 코코넛 소스를 곁들여 먹는 남인도의 음식이다.

(ㄱ) 탄두리

(ㄴ) 머튼카레

(ㄷ) 카레

그림 4-6 인도의 대표음식

4. 태국

1) 태국의 지리적 배경

태국은 인도차이나 반도의 중앙부에 위치한 나라로 동쪽은 라오스, 캄보디아 서쪽은 미얀마, 그리고 북쪽은 중국 고원지대가 각각 접하고 있다. 국토의 면적은 한반도의 2.3배 정도이며 약 5500만 명의 인구가 살고 있다. 기후는 몬순의 영향으로 우계(5~10월)와 건계(11~4월)로 나뉘며 연 강수량은 1000~1500mm인 지역이 많고 더욱 많이 오는 곳은 2500mm 이상 오는 곳도 있으며 1,000mm 정도의 지역차이를 보인다.

2) 태국 음식문화의 특징

태국음식은 프랑스 및 중국과 더불어 세계의 맛있는 음식으로 꼽히고 있는데, 이는 중국과 인도 및 포르투갈의 영향을 받아 독특한 음식문화를 발달 시켰으며 고기는 육식을 금하지는 않으나 보통 고기의 본래 형태를 알아볼 수 없도록 토막을 내어 판매하는 것이 전통이다. 또한 코코넛 열매의 달콤한 향기와 마늘 생강 잎 등의 향신료를 듬뿍 사용하여 독특한 향기와 매운 맛을 내게 하고 음식의 단맛은 거의 없으나 음식과 같이 먹는 음료수가 매우 강한 단맛을 내는 것이 특징이다.

(1) 중국의 영향

태국은 중국 남부인 광동성이나 복진성 주변에서 대량으로 이주해온 중국인들로 중국 문화와 관계가 밀접하며 이러한 중국 음식 문화의 영향을 많이 받았다. 그 중에서도 중국식 냄비와 면류 및 장류를 들 수 있는데 특히 면류 요리가 많다. 또한 젓가락 사용법을 익힌 사람들이 많아 중국, 한국, 일본, 베트남에 이어 젓가락을 많이 사용하는 나라 중 하나이다.

(2) 불교와 식생활

불교신자가 많은 태국은 예전에 살생을 금하였으나 불교의 또 다른 이면에서는 종교적인 희생의 형식으로 살생이 허락되었는데 예를 들어 신의 이름으로 살생된 고기는 식용으로 이용이 가능하였다. 현재 태국인들에게 육식의 금기는 별로 없지만 한 달에 4일 간은 소, 돼지고기를 시장에서 팔지 않아 주로 닭고기나 어패류, 조류, 개고기 등을 먹고 있다.

(3) 외국음식의 태국화

태국사람들은 다른 지역의 요리와 식사습관을 무조건 받아들이는 것이 아니라 태국화시키고 발전시키는 경향이 강하여 맛이 강하고 텁텁한 카레를 코코넛크림을 사용하여 깔끔하고 향이 나는 새로운 맛을 창출하였으며 강항 향신료는 레몬잎과 갈란가(galanga)와 같은 신선한 풀의 맛을 살리는 조리법을 개발하였다. 또한 포르투칼에서 들어온 칠리도 음식에 적절히 사용함으로써 독특한 식문화를 발전시켰다.

3) 태국의 대표적인 음식

풍부한 해산물과 열대 과일에 독특한 향의 향신료와 양념을 사용하여 만든 태국 음식은 자극적이고 화려한 맛이 그 특징이다.

(1) 카오팟(볶음밥)

부재료로 새우, 오징어, 닭고기, 돼지고기, 달걀 등과 여러 가지 채소가 사용되고 생선을 소금에 절여 우려낸 즙으로 우리나라의 간장처럼 사용하는 남프라(nampla)로 맛을 낸다. 그릇에 담을 때 오이나 양파, 실파 등을 곁들이고 위에 고수나 고추, 달걀지단, 다진 땅콩을 함께 뿌려 낸다.

(2) 쌀국수

쌀로 만든 국수로 기름에 튀기거나 볶거나 국물에 말아서 즐겨 먹는데 태국에서는 주로 납작하게 칼국수처럼 만들어 먹는 것을 즐긴다.

(3) 톰얌(tom yum)

태국어로 물을 '남'이라 하는데 '남'이라는 말은 물이라는 의미뿐 아니라 국이나 액체, 수프, 주스와 같은 유동식 액체 전반의 의미가 포함되어 있다. 그 중에서도 태국의 스프를 톰얌이라 하여 새우나 생선, 닭고기 등을 넣어 끓이고 여기에 라임과 레님 그라스 등의 열대 향신 채소를 듬뿍 넣어 조리한다. 따라서 새우를 넣은 스프는 톰얌꿍, 닭고기를 넣어 끓인 스프는 톰얌키라고 하는데 톰얌꿍은 태국에서 가장 인기 있는 스프로 중국의 상어지느러미 스프와 프랑스의 생선 스프의 일종인 부야베스와 함께 세계 3대 스프로 꼽힌다.

(4) 타피오카 디저트

코코낫 밀크에 타피오카라는 경단을 넣은 것으로 고소하면서도 쫄깃한 맛을 즐길 수 있다.

(ㄱ) 똠얌꿍

(ㄴ) 똠양키

그림 4-7 태국의 대표음식

5. 필리핀

1) 필리핀 지리적 배경

필리핀은 700여개의 섬으로 이루어져 있는 섬나라로서 국토의 총면적은 일본보다 작고 영국보다는 크다. 약 4,700만 명의 인구가 11개의 큰 섬에 집중되어 살고 있으며 북쪽의 루손섬과 남쪽의 민다나오섬 두 곳에 인구의 65%가 거주하고 있다. 또한 여러 종류의 언어 사용으로 식생활 문화에 있어서도 지역에 따라 요리법이 다양한데 그 중에서도 중국요리를 변형한 가정요리가 많고 인구의 90%가 로마 가톨릭 신자로 돼지고기를 즐겨먹고 있으며 미국 문화에 영향을 많이 받아 미국식 패스트푸드점이 많은 편이다.

2) 필리핀 음식문화의 특징

필리핀 사람들은 하루에 3번 식사를 하고 아침식사로 계란이나 구운 생선, 소시지, 고기와 마늘을 넣어 볶은 볶음밥을 먹고 커피나 뜨거운 초콜릿을 마신다. 점심과 저녁은 규모나 구성 내용이 비슷하여 스프나 생선 또는 고기와 쌀밥, 야채를 먹고 후식으로 신선한 과일 등을 먹는다.

(1) 쌀과 풍부한 어류의 식용

필리핀의 농사형태는 타로감자와 바나나를 재배하는 근재 작물을 경작하고 그 위에 밭벼나 조, 수수 등의 잡곡을 재배한 화전 농업을 하고 다시 그 논에서 벼농사를 짓는 형태이다. 따라서 우리나라와 같이 쌀밥이 주식이 되었고 그 외 반찬으로 구성된 식단의 형태를 갖고 있다. 고기는 돼지고기를 으뜸으로 치고 있으나 역시 섬나라라는 지리적 특성으로 가장 중요한 식재료는 생선이라 할 수 있다. 생선은 주로 굽거나 튀겨서 먹고 해안선 근처에 거주하는 사람들은 신선한 생선을 날것으로 먹기도 하지만 생선의 약 90%는 소금에 절여 말려 가공한 것을 주로 이용한다. 또한 동남아시아 나라들처럼 향신료가 많이 들어가지 않고 비교적 맛이 순하며 중국 이민자가 많아 조미료로 도요(toyo)라는 중국 간장을 쓰고 있으며 북부섬에서 가장 중요하게 사용하는 조미료는 파티스(patis)라는 젓갈이다. 우리나라의 젓갈과 유사한 파티스는 여러 종류의 생선을 넣고 으깬 것으로 작은 새우에 3:1의 비율로 소금을 섞은 것을 큰 통에 담아 우려낸 맑은 국물을 말하며 좋은 품질의 파티스는 1년에서 2년 정도 숙성시킨 것을 말한다.

사우사왕(sawsawan)은 중국 간장인 도요에 발효시킨 니파 야자의 수액과 식초 및 마늘을 넣어 섞은 것으로 구운 돼지고기 요리와 잘 어울린다. 또한 아침식사로 거리에서 사먹는 따오는 순두부에 소스와 작은 인절미 조각을 섞은 요리이며 점심식사로 보라색 인절미 같은 떡을 바나나 껍질에 싸서 먹는 뜨뜨봄봉이나 오리알을 부화시키기 전에 삶은 발룻 등도 필리핀 요리의 별미라 할 수 있다.

(2) 스페인과 중국 문화의 영향

필리핀은 16세기부터 19세기 말까지 스페인의 통치하에 있던 식민지로써 카톨릭 종교와 식생활 문화에 스페인의 영향을 많이 받았으나 열대 나라에서 얻기 쉬운 재료들을 이용하여 그들의 입맛에 맞추어 변형되어 정착되기 시작하였고 그 외 중국인들이 이민하여 중국식으로 변형된 필리핀 요리가 수 없이 개발되었다. 스페인 풍의 요리는 최상층의 필리핀 가정에 보급되어 부활절이나 크리스마스, 수호성인의 축하 등을 성대하게 치르기도 하는데 다양한 축제에 준비하는 요리는 돼지를 숯불에서 통째로 구운 레촌(lechon)이 유명하다. 이에 반해 중국요리는 서민의 가정에 보급되어 노점이나 간이식당에 많이 정착되었다.

(3) 미국의 영향과 관대화 경향

필리핀은 1808년부터 세계 2차 대전까지 미국의 통치 하에 있었는데 스페인이나 중국만큼은 영향을 주지 못하였으나 마요네즈를 사용한 감자와 닭고기 샐러드 요리 등의 미국 음식이 유입되었다. 그 밖에도 셀프서비스의 패스트푸드점이나 햄버거 집이 상업 중이며 콜라나 청량음료 등의 기호 식품이 자리 잡고 있다.

3) 필리핀의 대표음식

(1) 아드보

돼지고기를 크게 토막 내어 냄비에 기름을 두른 후 볶다가 월계수 잎, 소금, 후추, 설탕과 간장을 넣어 푹 조려낸다.

(2) 룸피아

얇은 밀전병을 부쳐 고기와 야채를 채 썰어 넣고 돌돌 말아서 기름에 튀긴 후 간장과 함께 곁들여 먹는다.

6. 말레이시아

1) 말레이시아의 지리적 배경

말레이시아는 말레이 반도의 정중앙을 차지하고 있으며 다민족국가로 외국 여러 나라의 지배를 받아 토속음식 문화에 각 나라의 음식문화가 독특한 형태로 어우러져 형성되어있다. 약 1,800만 명의 국민 중 47%가 말레인이고 34%가 중국계, 9%가 인도계로 이루어져 있다. 기후를 보면 고온다습한 열대 우림 기후로 평균 27℃의 여름 날씨가 계속되며 낮과 밤의 길이가 같고 평균기온과 강수량이 거의 일정하다. 연중 짧은 건기가 3개월 정도 있고 나머지는 우기이며 건기에는 열대 과일과 바나나, 파인애플, 파파야 등이 많이 열린다. 말레이시아의 국교는 이슬람교이나 중국인은 불교를, 인도인은 힌두교를 믿는다.

2) 말레이시아의 음식문화의 특징

말레이시아는 다양한 문화와 전통을 가진 나라로 음식문화가 다채로워 13개의 각주 마다 독특한 요리가 발달되어 있는데 이러한 각 주의 개성이 다른 음식문화를 가진 민족들을 서로 융합시키고 동화시켜 지금의 독특한 말레이시아 고유의 음식문화를 형성하게 되었다.

이슬람교에서는 라마단(Ramadan)이란 단식월이 있어 낮 동안에 음식을 먹어서는 안 되며 금지된 음식을 하람(haram)이라 하여 돼지고기나 개구리, 집오리, 호랑이, 곰, 독수리, 뱀, 도마뱀 등을 먹지 않는다. 또한 술도 원칙적으로 금하고 있다.

한편 힌두교나 시크교도는 쇠고기를 먹는 것을 금하고 금요일은 정진을 지키는 날로 채식주의자를 위한 레스토랑에서 식사를 해야 하는 풍습이 있다. 중국인들도 쇠고기는 별로 좋아하지 않으며 따라서 다민족 국가에서는 사람을 초대할 때 사람들의 종교를 알아보고 주의해야 한다.

3) 말레이시아의 대표 음식

(1) 딤섬과 삭스핀 요리

딤섬은 고기와 야채로 속을 넣어 만든 만두로 한입에 들어가도록 만들고 만두피가 얇고 모양이 예뻐서 그 맛을 더하며 점심시간이나 일요일의 별식으로 즐겨 먹는다. 삭스핀은 상어지느러미를 넣고 끓인 스프로 중국식의 요리를 말한다.

(2) 치킨라이스

말레이시아 전역을 통해 가장 널리 알려진 요리인데 익힌 닭고기와 닭고기 육수에 삶은 밥을 넣어 만든 것으로 저민 오이와 함께 먹으며 간장과 칠리소스를 곁들이면 한층 더욱 맛을 낼 수 있다.

(3) 나시레막

튀긴 멸치류에 코코넛 밀크와 밥, 땅콩, 카레 등을 곁들여 먹는 요리이다.

(4) 쿠이파이

싱싱한 야채로 만든 짭짤하면서도 바삭바삭거리는 파이로 그 위에 칠리소스를 얹어 먹기도 하며 주로 아침 식사 후 먹는다.

(5) 망고스틴

과일의 여왕이라고 불리는 망고스틴은 열대 과일 중 가장 맛있는 과일로 검은 자주 빛이 나는 껍질을 까면 마늘 모양의 반투명 과육 조각이 들어있으며 달고 맛이 좋은 과일이다.

(6) 코코넛

두껍고 딱딱한 껍질을 잘라내면 그 안에 나무껍질 같은 것으로 뒤덮인 열매가 나오는데 이것을 칼로 잘라내면 우유빛 과즙이 들어 있어 이것을 음료수 대용으로 많이 마신다.

(7) 샤떼

닭고기를 썰어 꼬치에 꿰어 소스를 발라서 소금물에서 잘 자라는 맹그로브 나무로 만든 맹그로브 숯에 구워낸 것으로 그 맛이 독특하다.

7. 영국

1) 영국의 지리적 배경

영국은 유럽대륙의 북서쪽에 위치하고 있는 섬나라로 북서쪽에는 대서양, 동쪽에는 북해와 접해있고 남동쪽으로는 도버해협을 사이에 두고 프랑스와 마주하고 있다. 영국은 우리나라 남북한의 총면적보다 약간 크며 이 가운데 잉글랜드가 전 국토의 반을 차지하고 있으며 그 다음으로 스코틀랜드, 웨일즈, 북아일랜드 순이다. 잉글랜드는 완만한 평원지대로 녹색의 전원풍경과 집이 매우 아름다운 고풍스러운 나라이다. 그 밖의 지역도 대부분 구릉지대이며, 우리나라보다 북쪽에 있음에도 대체로 온난한 기후이며 흐리고 비가 내리는 날이 많아 습도가 높은 특징이 있다. 봄에는 비가 적으며 겨울철에는 안개가 많다.

영국은 북대서양 해류와 서안해양성 기후의 영향으로 겨울에도 춥지 않고 여름에도 비교적 덥지 않아 전국이 축산농업을 하기에 적합한 기후를 갖고 있다. 또한 세계 2대 어장인 북동 대서양 어장이 가까이 위치하여 생선이 풍부하고 밀과 품질이 우수한 각종 곡물과 채소가 풍부하다.

2) 영국 음식문화의 특징

영국음식의 조리법은 굽거나 찌는 소박한 조리법이 많고 보수적이면서도 유연성을 갖고 있는데 근대에 와서 대영 제국으로써 5대양을 지배하게 되면서 인도의 카레와 실론의 홍차가 들어오고 열대의 각종 양념들이 유입되어 음식의 종류가 다양해지기 시작하였다.

영국인들은 보통 하루에 아침, 점심, 차, 저녁으로 네 번의 식사를 하는데 차를 식사로 생각할 만큼 차를 마시는 식습관이 뚜렷하다. 먼저 영국인들의 아침식사를 English breakfast라 하여 베이컨과 달걀 또는 소시지와 달걀에 토마토를 구운 것에 씨리얼이나 오트밀, 훈제 청어와 토마토, 체다치즈, 토스트, 핫도그, 요쿠르트와 과일, 양파 피클을 먹고 음료수로써 우유, 커피, 홍차 등을 마심으로써 매우 실속 있고 거창한 아침식사를 한다.

점심 식사는 주로 두 코스로 진행되며 메인코스와 후식으로 구성되는데 주중에는 비교적 간단한 식사를 하여 베이킹으로 부풀린 빵을 주로 먹고 오트밀도 점심식사로 많이 먹는다. 후식으로는 주로 푸딩의 종류나 타르트(tart)를 먹고 그 외 으깬 감자나 감자파이 등도 즐겨 먹으며 타르트의 경우에는 단맛이 강하여 스위트라고도 부른다. 특히 영국은 과일이 비싸기 때문에 후식으로 타르트나 푸딩을 즐겨 먹는 특징이 있다.

세 번째 식사로 여기는 차는 에프터눈 티(afternoon tea)와 하이티(high tea)가 있는데 에프터눈 티는 보통 오후 3시에서 4시 사이에 마시는 차를 말하며 이때 비스킷 또는 케익과 같은 간단한 간식과 함께 차를 마신다. 하이티는 5시에서 6시 사이에 마시는 차로 대표적인 영국의 식사라고 할 수 있다. 하이티는 차를 곁들인 저녁 식사를 일컫는데 에프터눈 티는 달리 조리한 뜨거운 음식이 함께 나온다.

네 번째 식사는 디너(dinner) 또는 서퍼(supper)로 점심을 가볍게 먹은 경우에는 만찬인 디너로 하고 점심을 정찬으로 먹은 경우에는 서퍼로 가볍게 먹는다. 주로 고기와 생선, 감자, 쌀요리, 야채 등으로 구성되며 음료로는 차, 맥주, 위스키를 주로 마시는데 스코틀랜드 위스키는 세계적으로 유명할 만큼 널리 알려져 있다.

3) 영국의 대표적인 음식

(1) 로스트비프(roast beef)와 요쿠셔푸딩(yorkshire pudding)

영국식 정찬 때 전통적이고 대표적인 음식으로는 로스트비프와 요쿠셔푸딩을 제일 먼저 꼽는다. 로스트비프는 가장 연한 안심을 통째로 오븐에 구운 음식으로 가정에서는 주말에 온 가족이 모였을 때나 손님을 청했을 때 주로 대접한다. 요크셔푸딩은 밀가루와 물, 소금, 달걀, 우유로 묽게 반죽하여 오븐에 익혀서 고기와 곁들이는 것으로 다른 후식용 푸딩과는 달리 달지 않은 것이 특징이다. 쇠고기 이외에도 닭고기 구이, 돼지고기 구이, 양고기 구이 등을 즐겨 먹는다.

(2) 생선프라이와 감자튀김

아주 영국적인 요리로 간단한 런치로 먹거나 하이티로 먹을 수 있으며 막노동하는 일꾼들이 휴식 시간을 이용하여 간식으로 사먹기도 한다. 값도 싸고 실속 있는 음식은 어느 식당가에서나 쉽게 찾을 수 있는 감자튀김이 있는데 이 음식은 밖에서 사먹을 때는 신문지에 싼 후 식초나 케첩을 끼얹어 손에 들고 뜨거운 것을 불어 가며 먹는 것이 보통이다. 영국인이 흔히 즐겨 먹는 생선은 대구, 명태, 연어, 청어, 가자미, 고등어 등이 있다.

(3) 스코치 에그(scotch egg)

스코틀랜드에서 즐겨먹는 음식으로 푹 익힌 달걀의 겉껍질을 벗기고 통째로 반죽한 소시지 고기로 다시 싸서 빵가루를 입혀 기름에 튀겨 낸 것을 말한다. '퍼블릭 바(public bar)'라 하여 식사도 할 수 있는 분위기가 좋은 술집을 말하는데 여기서 단단한 점심 식사(pub lunch)로 아주 인기가 좋으며 맥주 한잔에 스코치 에그 하나면 실속 있고 저렴한 한 끼 식사로 대용할 수 있다.

(4) 헤기스(haggis)

스코틀랜드의 또 하나 전통 음식으로 양이나 송아지의 염통, 허파, 간 등을 슈잇(suet)이라는 쇠기름과 오트밀을 섞어 소금, 후추, 양파 등으로 양념하여 그 동물의 위장 속에 다시 넣어 커다란 소시지처럼 삶아 낸 요리이다. 이 요리는 18세기까지 잉글랜드에서 즐겼으나 이제는 전형적인 스코틀랜드의 요리로 취급하고 있다.

(5) 라이스푸딩(rice pudding)

전통적인 영국 식사의 후식으로 우리가 밥 짓는 쌀을 영국에서는 푸딩라이스라고 하며 쌀을 불려 우유에 설탕을 넣고 오븐에 익힌 것을 말하는데 우리의 흰 쌀죽과 비슷하나 그 맛이 달다. 상류 사회에서는 단맛의 후식 후에 치즈를 비스킷과 곁들여 먹는데 영국의 유명한 치즈로는 체더, 스틸톤, 체셔, 더비, 웬즈리 데일 치즈 등이 있다.

4) 영국의 홍차 문화

영국에서 차가 최초로 성행하기 시작한 것은 찰스 2세의 포르투칼 태생 왕비인 캐서린에 의해서이다. 그 후 100년간 영국 사회에 차 마시는 풍습을 정착시켰는데 특히 19세기 초 빅토리아 여왕이 신사의 나라를 만드는 일환으로 차 문화를 고급문화로 발전시켜 정착시켰다. 영국인들이 주로 마시는 홍차는 인도산과 실론산으로 이것은 찻잎을 건조하기 전에 발효시켜 그 색이 짙다. 중상류층은 아삼이나 다르질링(Darjeeling) 등의 인도산 차와 딤불라(Dimbula) 지방의 실론차 또는 키문(Keemun) 우롱차 등의 고급 중국차를 주로 마시나 보통의 영국 일반인은 섞어 차를 즐겨 마신다. 인도산이나 실론차 등 블랙라인에는 우유를 타서 마시고 중국차를 마실 때에는 레몬 조각을 띄워 마신다.

① Early morning(bed tea) : 아침 일찍 새벽 5시에 마시는 차를 말하며 이때는 예외 없이 남편이 주방에서 차를 끓여 쟁반에 받쳐 아내에게 바치고 아내는 좋은 기분으로 차를 마신 후 거동을 시작한다.

② Breakfast : 아침 식사 중에 마시는 차를 말한다.

③ Elevens : 11시경에 tea lady가 차를 서빙하는데 근래에는 거의 없어진 풍습이다.

④ Lunch : 점심식사 중에 마시는 차를 말한다.

⑤ Afternoon tea : 오후 3시에서 4시 사이에 주로 먹는 식사와 마시는 차를 말하며 주로 간단히 차 한 잔과 비스킷 한 두 조각을 먹는 가정에서부터 케이크, 샌드위치, 머핀, 스콘, 토스트, 그럼핏 등을 버터와 잼, 마멀레이드, 꿀과 곁들여서 같이 먹는 등 지방과 계급에 따라 음식의 격차가 심한 편이다. 사교적인 손님 접대로서의 afternoon tea는 주로 집안에 경조사가 있을 때에 행해

지며 날씨가 좋으면 정원에서 가든파티를 연다. 이처럼 afternoon tea는 별로 큰 수고를 하지 않고도 간단하면서도 효율적으로 손님을 접대할 수 있는 장점을 지니고 있으므로 영국인은 물론 외국인에게도 가장 인상 깊은 식사 시간이 될 수 있다.

⑥ High tea(Dark afternoon tea) : 오후 5시에서 6시 사이 차와 곁들여 먹는 저녁 식사를 말하며 어린이의 저녁 식사는 주로 하이티로 끝난다. 이러한 하이티에는 육류나 생선 등 조리한 따뜻한 음식이 나오는데 햄, 소시지와 달걀을 프라이한 것, 튀긴 생선과 감자튀김, 포크파이, 스테이크와 키드니파이 등도 이때 먹을 수 있다. 또한 햄 샌드위치, 비프스테이크 샌드위치, 치즈와 토마토 샌드위치, 오이 샌드위치 등의 다양한 샌드위치가 식탁에 오른다.

5) 영국의 축제 음식

(1) 크리스마스

크리스마스 축제는 크리스마스부터 시작하여 12일째가 되는 1월 6일까지 계속되는데 축제 음식인 크리스마스 디너는 특별히 준비한다. 우선 칠면조나 거위를 통째로 오븐에 구운 것과 브레드 소스(bread sauce)는 빠져서는 안 되는 음식이다. 칠면조나 거위의 내장을 꺼내고 그 뱃속에 소시지와 밤을 삶아 으깬 것을 넣어 굽는다. 여기에 푸른색의 싹눈 양배추와 양방풍나물뿌리를 삶거나 쪄서 같이 먹으며 오븐에 구운 감자 역시 빠져서는 안 되는 음식이다. 따라서 크리스마스 날 아침식사로는 오렌지 주스, 버터를 바른 따뜻한 빵과 체리 잼을 먹고 오찬으로는 오븐 구이 칠면조, 프라이한 소시지와 브레드 소스, 크랜베리 소스, 오븐에 구운 감자와 양방풍나물뿌리, 싹눈 양배추, 크리스마스 푸딩과 브랜디를 섞은 버터를 먹는다. 오후 tea time에는 버터를 바른 빵, 살구를 넣은 빵, 크리스마스 케이크와 비스킷을 먹으며 마지막 저녁식사로는 맑은 수프와 햄, 군밤, 신선한 과일, 민스파이 등을 먹는다.

이처럼 겨울 축제인 크리스마스 풍성하게 잘 먹어두는 이유는 육식의 금지와 속죄의 계절인 사순절을 앞두고 부패하기 쉬운 음식을 많이 소비하기 위해서이며, 신선한 음식과 비타민이 충분한 음식을 이때 미리 섭취하여 영양을 보충함으로써 3, 4월의 춘궁기를 잘 견디기 위해서이다.

(2) 부활절

부활절에는 크리스마스만큼 성대하게 축제를 지내지 않으나 음식은 크리스마스 음식과 비슷하다. 그러나 특이한 것은 예수의 부활을 상징하는 부활절 달걀(Easter eggs)이 있다는 점인데, 삶은 달걀에 여러 가지 밝은 색으로 장식하여 친구에게 선물을 하며 혹은 달걀 모양의 초콜릿을 선물하기도 한다.

8. 스페인

1) 스페인의 지리적 배경

프랑스와 국경을 마주하고 있는 북쪽의 피레네산맥은 스페인을 서유럽과 차단하는 역할을 하며 전국토의 2/3에 해당하는 땅이 해발 600~1000m의 광대한 고원 지대의 중심부를 차지하고 있다. 기후를 보면 여름에는 건조한 지중해식 기후대에 속하나 지역차가 매우 심하여 북서부의 갈리시아 지방은 여름에도 강우량이 꽤 많고 삼림도 있으나 내륙은 매우 건조하고 겨울에는 매우 추우며 남부해안 지대나 지중해의 발레아레스제도는 겨울에도 따뜻하여 동계 휴양지로 알려져 있다.

2) 스페인 음식문화의 특징

스페인 인구의 2/3가 농업에 종사하는데 스페인의 거친 지형은 양, 산양, 소, 돼지와 올리브, 포도 등의 작물이 자라기에 적합하여 세계 최대 올리브 생산 국가이기도 하다. 마늘, 토마토, 올리브 오일이 스페인 요리에 가장 많이 이용되며 매콤하면서도 달콤하고 또 자극적인 맛과 후추, 프로스트 햄의 일종인 세라노 햄을 좋아하여 사프란 향료를 넣은 파에라(paella)라는 요리가 유명하다. 이것은 장작불위에 두꺼운 팬을 얹고 닭고기를 넣고 익히다가 불린 쌀을 넣고 홍합, 새우, 소시지, 토마토, 콩을 넣은 후 향신료의 일종인 사프란을 넣어 만든 노란색의 독특한 색과 맛이 있는 밥 요리이다.

한편 로마와 아랍인들에 의해 이들의 음식 문화가 들어와 본래의 스페인 음식문화가 어울려 독특한 음식문화를 형성하게 되었는데 로마에서 들어온 올리브 열매와 마늘은 우리의 김치나 된장과 같은 비중을 차지하고 있다. 또한 아랍인들에 의해 들어온 새콤달콤한 맛은 또 다른 맛을 알게 해주는 계기가 되었고, 사프란 꽃의 꽃술인 아사프란(azafran)이라는 노란 천연색소는 요리나 스페인 특유의 파에라 요리에 빼놓을 수 없는 재료이다.

스페인의 생활방식은 미국과 완전히 다른데 전형적인 아침식사는 커피와 초콜릿으로 8시에 가볍게 먹고 11시경에 중간 아침 식사(midmorning breakfast)를 먹으며 이때는 소시지, 오징어 튀김, 토마토를 곁들이 빵 또는 오믈렛을 먹는다. 오후 1시경에 가벼운 스넥류를 점심 먹기 전에 먹고 다시 오후 2시에서 3시까지 스프와 야채 샐러드, 생선 또는 고기와 후식으로 점심을 먹으며 후식으로는 과일과 치즈를 자주 먹는다. 그리고 다시 오후 5시에서 6시 사이에는 차와 페스트리를 먹고 8시경에 타파(Tapasi) 요리를 먹으며 다시 10시경에 스프나 오믈렛, 과일 등을 먹도록 한다. 주식사에 해당하는 점심과 저녁, 두 끼의 식사는 여러 차례 행하는 간식으로 인해 소홀한 식사가 될 것 같으나 의외로 아주 풍성하게 준비한다. 한편 식사가 끝난 후에는'시에스타(siesta)'라 하여 낮잠을 자도록 하는데 요즘의 도시 생활에서는 이러한 전통적인 식습관이 많이 변하여 점점 간단하게 먹는 쪽으로 바뀌고 있다.

본질적으로 스페인 음식은 비교적 준비가 간단한 가족 요리라 할 수 있는데 육류나 가금류, 사냥에서 잡은 동물, 생선 외에도 쌀, 달걀, 채소를 이용하여 요리하기도 한다. 회교도들이나 힌두교도들처럼 특정한 음식을 선호하거나 거부하지도 않으며 다양한 종류의 타파도 하루에 여러 차례 들게 되면 충분히 식사대용이 된다. 일반적으로 스페인 음식은 자극적이지도 뜨겁지도 않은데 전형적인 스페인 음식이라 하면 타파, 수프, 고기 요리, 쌀을 이용한 요리 및 후식으로 이루어져 있다.

3) 스페인의 대표적인 음식

(1) 포도주

지중해성 기후와 토양을 가진 스페인은 포도 재배의 최상의 조건을 갖추고 있어 지중해에 위치한 프랑스나 포르투갈, 이탈리아 등과 더불어 유럽의 대표적인 포도주 생산국이라 할 수 있다. 따라서 포도는 올리브, 밀과 함께 대표적인 농산물이며 포도주는 크게 식사와 함께 상용하는 일반 포도주와 고급 포도주로 나눌 수 있고, 색깔에 따라 분류하기도 한다. 색깔에 따라 포도주를 분류하면 알코올 도수가 11.5~13.5정도로 맛이 좋으며 숙성연도는 최소한 2년 정도의 적포도주인 틴토(tinto)가 있고 알코올 도수가 10~12도로 황금색의 백포도주인 블랑코(blanco)가 있으며 알코올 도수가 11~13.5도로 맑고 투명하며 약간의 신맛을 내는 잡색포도주인 로사(rosa)가 있다. 그 외에도 백포도주와 적포도주를 섞어 만든 담홍색의 클라리테(clarete)가 있다.

한편 축제 때나 각종 행사 때마다 마시는'상그리아(Sangri)'라는 스페인의 일반 술집이라면 흔히 접할 수 있는 대중적인 희석 포도주이다. 상그리아는 적포도주와 탄산수, 설탕, 얼음, 오렌지와 레몬 조각 등을 넣어 만드는 술로 보통 가정에서는 먹다 남은 적포도주에 사이다와 얼음을 넣고 잘 섞은 다음 오렌지와 레몬 조각을 띄워 과일 향을 우려내어 마신다.

끝으로 스페인의 유명 포도주 생산 지방인 안달루시아 지방에서는'헤네스(Jerez)'라 하여 셰리주라고도 불리는 독특한 포도주가 생산되는데 이것은 아무것도 섞지 않은 순수한 백포도주로 매우 품질이 좋으며 15~16도 사이의 약간 높은 알코올 도수를 갖는다. 특히 헤네스는 일반 포도주처럼 어느 한 해에 수확된 특정한 포도로 만드는 것이 아니라 서로 다른 해에 수확된 포도를 한데 혼합해서 만드는 특징이 있다.

(2) 햄과 소시지

스페인에서 햄은 간식이나 술안주, 식사에 이르기까지 다양하게 이용되는데 가장 특징적인 햄으로'하몬 세라노(jamón serrano)'를 들 수 있다. 이것은 돼지의 넓적다리를 통째로 숙성시켜 약간의 푸른곰팡이가 나게 한 것으로, 건조하기에 씹으면 종이 같은 질감이 나며 오랫동안 씹을수록 부드럽고 독특한 맛이 나는 스페인 특유의 햄이다. 하몬 세라노 이외'하몬 이베리코(jamón ibérico)'라는 햄이 있는데 하몬 세라노에 비해 훨씬 비쌀 뿐 아니라 훨씬 조직이 부드러워 입에 넣으면 살살 녹는 치즈와 같은 촉감을 가지고 있다. 이외에도 '초리소(chorizo)'와 '살치차(salchicha)' 같은 돼지고기 소시지가 있다. 초리소는 다진 돼지고기, 소금, 빨간 피망 다진 것을 순대와 같이 채워 넣어 만들며 경우에 따라서는 후추를 첨가하기도 한다. 살치차는 초리소와 약간 비슷한데 햄과 돼지비계에다 후추 열매를 섞어 창자에 채워 넣어 만드는 것으로 소금에 어느 정도 올려놓아 간이 배게 한 다음 건조시키기 위해 야외에 그냥 놔두거나 연기에 쏘여 보관한다. 통상 스페인의 햄은 짜다기 보다 달다고 할 수 있어 우리들의 입맛에는 익숙치 않아 조금은 이상하게 느껴지나 초리소와 살치차는 향기나 육질감이 매우 좋아 국제적인 음식으로 손상이 없을 정도이다.

(3) 생선요리와 고기요리

스페인 모든 지역의 음식점에서는 바다에서 나는 여러 종류의 생선을 이용한 타파가 있는데 예를 들면 오징어 일 튀김, 멸치류 튀김, 조그만 가자미인 서대, 프라이팬에 기름을 두르고 구운 모듬 새우 등이 있다. 또한 송아지 안심 스테이크, 양고기, 갈빗살 스테이크 등을 쉽게 먹을 수 있으며 이들의 특징은 고기에 양념을 거의 사용하지 않고 고기 맛을 그대로 즐기려는 특징이 있다.

(4) 스페인의 아침식사

스페인 음식문화 중 가장 색다른 것은 '스페인의 아침 식사'로 아침에는 '초콜릿을 입힌 추로(churro con chocolate: 밀가루에 베이킹파우더를 넣어 반죽하고 막대 모양으로 튀겨낸 음식)'를 커피와 함께 먹는다.

9. 이탈리아

1) 이탈리아의 지리적 배경

이탈리아는 여성들이 신는 장화모양의 반도로 산이 많으며 북쪽의 알프스산맥을 경계로 프랑스, 스위스, 오스트리아, 유고슬라비아와 국경을 접하고 있다. 이탈리아는 북위 36~47°에 걸쳐 있으나 비교적 기온차가 적고 내내 온난한 지중해성 기후로 농사에 적합하며 7, 8월에는 햇빛이 매우 강렬하고 더우며 비도 거의 오지 않는다. 주민의 대부분은 라틴계의 이탈리아인이며 국민성은 낙천적이고 외향적인 성격을 보이고 총인구는 약 7,500만 명 정도이고 수도 로마에 300만 명, 밀라노에 약 170만 명, 나폴리에 약 150만 명 정도 살고 있다.

2) 이탈리아 음식문화의 특징

이탈리아는 토양이 비옥하여 과일, 야채와 각종 농산물이 풍부하게 생산되고 어류가 풍부하다. 선진 문화 지역들에서 오랫동안 수많은 자치 도시들과 지역 국가로 분열되어 있었던 이탈리아는 바로 이 같은 복잡한 역사적 현실과 자연환경 때문에 다양한 음식문화를 꽃피울 수 있었다. 이탈리아는 선진 문화 지역들에서 공통적으로 찾아볼 수 있는 뜨거운 음식들을 중심으로 육류와 빵으로 대표되는 동물성과 식물성 재료들의 이상적인 결합에 기초한 음식문화의 전통을 가지고 있다.

또한 이탈리아의 음식문화는 역사적인 영향 이외에도 반도로서의 지리적 특성과 지중해성 기후의 혜택, 그리고 기독교의 보다 직접적인 지배를 통해 성숙되었다. 따라서 이탈리아는 지방에 따라 특색을 갖고 있어 북쪽지방에서는 버터를 많이 이용하여 조리하고 밀가루와 쌀의 생산이 풍부한 관계로 면류의 일종인 파스타가 발달되어 스파게티와 마카로니가 세계적으로 유명하다. 반면 남쪽지방에서는 올리브유를 버터 대신 많이 이용하여 조리하고, 향신료로 마늘을 많이 쓰며 토마토가 풍부하여 요리에 많이 이용된다.

(1) 이탈리아인의 식생활

이탈리아인들은 주로 집이나 직장 근처의 바에서 아침식사를 해결하는데 주로 에스프레소라는 맛이 진한 커피나 카푸치노를 마시는 경우가 많고 이때 빵은 거의 먹지 않는다. 거의 모든 사람들이 겨드랑이에 신문을 끼고 나타나는 바에서는 아침 인사와 함께 농담을 주고 받으며, 잼이나 크림이 들어있거나 또는 속이 비어 있는 부리오시(briosi), 트라메지노(tramezzino) 또는 코르네토(corn etto)와 같이 작은 빵을 커피 또는 레몬이나 우유를 넣은 홍차와 함께 먹기도 한다. 이탈리아인들은 아침 식사가 부실한 만큼 특히 아침에 일어나 커피만을 마신 사람들의 경우에는 오전 11시를 전후해서 다시 한 번 커피와 간단한 빵을 먹기도 하는데 이를 스푼티노(spuntino)라고 한다. 대개 1시를 전후해서 끝나는 오전 일과 후에는 대개의 사람들이 집으로 돌아가 집에서 점심식사를 한다. 대도시에서는 직장 근처의 단골 바에서 점심을 토스트나 샌드위치의 일종인 파니노(panino)와 같은 가벼운 식사를 하며 입맛이 없을 때에는 샐러드에 참치를 넣고 올리브, 레몬, 소금으로 양념한 후 빵과 함께 먹기도 한다. 식사 후에는 대부분의 사람들이 커피를 마시며 1시간 정도의 낮잠과 휴식을 즐기기도 한다. 오후의 일과는 보통 7시 반을 전후해서 끝나며 8시에서 9시 정도까지 저녁식사를 한다. 온 가족이 모이는 저녁식사는 특별한 이유가 없으면 반드시 참석해야 하며 이 시간은 가족 간의 유대 관계와 가정교육이 이루어지는 중요한 순간이기도 하다. 집에서 저녁 식사를 마친 후에는 가벼운 산책을 하며 그날의 일과를 마감하는 정겨운 대화를 나누고 종종 아이스크림을 먹기도 하고 때에 따라서 자정을 전후해서 피자와 맥주를 즐기기도 한다.

(2) 지역별 특징

이탈리아는 통일되기 전까지 1870년 동안 여러 나라로 분할되어 있었기 때문에 각 지역마다 그 지역의 특산물을 중심으로 한 특유의 음식들이 만들어 졌다.

① 베네치아

베네치아는 동쪽 해안의 위치한 아름다운 물의 도시로 유명한 세계적인 관광 도시인 동시에 생선 요리가 유명한데 이 중 스캄피(scampi)는 기름과 마늘, 파슬리, 레몬즙으로 양념한 대하 요리로 베네치아의 대표적인 요리이다. 그 밖에도 게나 새우, 문어, 오징어 등과 같은 해산물 요리가 많이 발달하였다.

② 피렌체

피렌체는 토스카나 지방의 수도로 역사가 오래된 곳이며 음식이 담백하고 올리브 기름을 사용한 산뜻하고 부드러운 맛이 특징이다. 피렌체식 스테이크는 2.5cm 두께의 쇠고기를 두드리지 않고 나무나 석탄불에서 달군 석쇠에 굽는데 겉은 익히고 속은 부드럽게 핏기가 있을 정도로 재빨리 구워내는 것이 요령이다.

③ 밀라노

밀라노는 롬바르디아 지방의 중심도시로 포강유역에서 생산되는 쌀과 육류를 섞은 후 샤프란 이란 향신료를 넣고 끓인 리조또(risotto)와 옥수수로 만든 폴렌타가 유명하다. 전통적으로 사용되는 주재료는 쇠고기, 쌀, 치즈, 버터, 생크림, 돼지고기, 칠면조, 우유 등이며 포도주를 마시면서 파스타를 먹는 것이 이 지방 특유의 식생활 풍습이라 할 수 있다.

④ 나폴리

남부 이탈리아의 수도로 여겨질 만큼 해변이 아름다워 세계적으로 유명한 3대 미항중 하나로 손꼽히는 도시이다. 이탈리아의 피자와 스파게티의 발생지이기도 하며 포도주가 유명하고 토마토를 즐겨 먹고 생선요리와 새우요리, 모짜렐라 치즈가 특히 유명하다. 파스타는 올리브기름과 마늘 또는 콩을 혼합하여 비교적 간단하게 만든다. 나폴리식 피자는 도우가 얇고 토마토와 치즈, 약간의 향풀만을 이용하여 토핑을 간단하게 얹으며 맛이 담백한 것이 특징이다.

3) 이탈리아의 대표적인 음식

(1) 파스타(pasta)

파스타란 밀가루를 반죽한 것을 말하며 파스타를 원료로 하여 만든 음식의 총칭으로도 쓰인다. 이탈리아에 파스타가 소개된 것은 11세기로 추측되는데 베네치아, 피렌체, 제노바의 무역활동에서 파스타가 중요한 상품으로 거래되면서 식탁에 자주 등장하게 되었다. 초기의 파스타는 우리나라의 칼국수처럼 손으로 반죽하여 즉석에서 만들어 먹었던 것으로 보이나 파스타가 상품으로 거래되면서 밀가루의 변질로 인해 건조 파스타가 등장하게 되었다. 그러면서 점차 파스타의 반죽에 비트즙(빨강), 시금치즙(녹색), 당근즙(주황), 달걀노른자(노랑) 등을 섞어 다양한 색깔의 파스타가 발달하기 시작하였다. 또한 파스타에 곁들이는 소스는 파스타의 종류만큼이나 다양하여 북부에서는 버터와 마늘을, 남부에서는 토마토를 주로 사용하는 경향이다. 소스를 만들 때 들어가는 기본재료는 올리브기름과 버터, 강한 향기와 쌉쌀한 맛이 특징인 오레가노와 너트메그, 토마토 통조림, 월계수 잎 등이 있다.

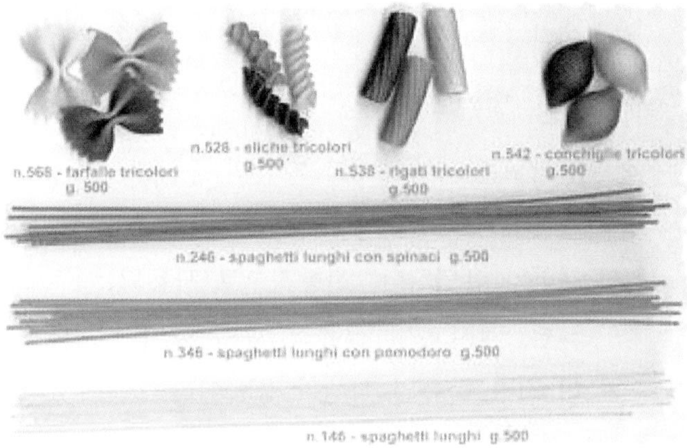

그림 4-8 이탈리안 파스타의 종류

(2) 스파게티

스파게티는 여러 종류의 파스타 중의 하나로 미트소스를 친 볼로냐식, 토마토소스를 친 나폴리식, 달걀노른자와 베이컨, 팔마산 치즈를 사용한 까르보나라, 모시조개를 사용한 봉골레 등 그 종류도 매우 다양하다. 스파게티는 그 모양 또한 매우 다양하여 길고 얇은 막대 모양, 고기나 치즈를 속에 넣어 만두처럼 싼 모양, 조개껍데기 모양, 활모양, 나비 모양 등이 있다.

(3) 피자(pizza)

기본적으로 붉은 색의 토마토소스가 바탕이 되는 오늘날의 피자가 등장한 시기는 미국으로부터 유럽에 토마토가 전해진 지 대략 150년이 지난 1700년대로 추측된다. 피자가 오늘날 세계적인 요리로 자리 매김한 것은 제 2차 세계대전 이후인데 피자는 밀가루 반죽을 넓게 펴고 이를 둥근 막대기나 손바닥으로 눌러서 둥글게 펴며 그 위에 생각나는 대로 재료들을 올려놓고 기름을 바른 다음 이를 불 위에 올려놓고 구워내는 것을 말한다. 19세기 초반에 가장 대중적이었던 피자는 올리브 피자, 라르도 피자, 수냐 피자, 치즈 피자, 토마토소스 피자, 페스콜리니 피자 등인데 피자의 가장 중요한 재료는 역시나 토마토라 할 수 있다.

(ㄱ) 까르보나라 스파게티

(ㄴ) 피자

그림 4-9 이탈리아의 대표음식

(4) 치즈

치즈는 오랫동안 이탈리아 음식에서 중요한 위치를 차지하여 오늘날에도 세계적으로 여러 종류의 치즈가 알려져 있다. 그 중 가장 대표적인 치즈는 모짜렐라(mozzarella) 치즈로, 이는 연질 치즈에 해당하는데 들소의 젖으로 만든 특유의 치즈이다. 남부지방이 원산지이며 손을 이용해 잘라낸 것에서 그 이름이 유래되었다고 한다. 이는 수분 유지를 위해 물통 속에 담가 두는데 매우 부드럽고 탄력이 있으나 차츰 질겨지는 특성이 있다. 다음으로 파마산(parmasan) 치즈는 경질 치즈로 대형의 원주형 모양이며 지방 함량은 32%이며 숙성 기간은 2~3년 이상인데 풍미가 강하고 숙성시키지 않은 것은 그대로 먹고 충분히 숙성시킨 것은 굳기 때문에 조금씩 잘라서 먹도록 한다.

(5) 이탈리아 와인

포도 생산이 많아 북쪽에서 남쪽까지 지방특유의 포도주가 발달되어 있는데 대표적인 포두주로는 '칸도'라는 적포도주와 알코올 도수가 11도 정도 되는 베로나 지방의 '소아베'라는 백포도주, 시칠리아 지방의 '코르보'라는 백포도주 등이 있다.

10. 독일

1) 독일의 지리적 배경

독일은 서유럽과 동유럽의 중심부에 위치하며 지형적 특색은 북부의 평원과 저지대, 중부의 고지대, 그리고 알프스산맥의 세 부분으로 구분된다. 라인강이 스위스 국경에서 독일 국경으로 흐르고 있으며 온대 기후로써 봄은 서늘하고 비가 오고 여름은 덥고 건조하며 가을은 맑고 따뜻하고 겨울은 춥고 습한 것이 특징이다. 연평균 기온은 9℃정도이며 남쪽으로 갈수록 고도가 증가하고 남북 간의 기후차가 적은 특징을 지니고 있다.

2) 독일 음식문화의 특징

절대주의 이전의 시기에는 '원시적 야수성'을 속성으로 하는 식습관 문화로 짐승을 통째로 식탁에 올려놓고 먹었으며 특별한 손님을 초대하여 대접할 때에는 미리 잘게 썰어 제공하는 식문화였다. 이에 반해 권위를 그 속성으로 하는 절대주의 시대에 들어와서는 식습관 문화가 그 권위를 상징해 주는 수단으로 발전하였고 시민 혁명과 산업 혁명기의 음식은 인간 모두의 건강과 복지, 그리고 정신적 삶을 즐기기 위한 수단이라는 인식이 자리 잡는 시기라고 볼 수 있다.

식사도구로써 칼이 가장 중요하게 사용되고 그 다음으로 숟가락을 사용하였으며 공동의 그릇에서 칼로 고기를 집어 각자의 나무판위에 놓고 칼로 썰어서 손으로 먹는 것이 식사법이었다. 그 후 절대주의 시대에 오면서 손으로 고기를 먹던 식습관에서 벗어나 포크가 사용되기 시작하였는데 포크의 사용이 귀족과 평민을 구별해주는 결정적인 요소라 할 수 있었다. 이러한 과정을 통해 독일 귀족들의 궁정식(hof) 식사 예절이 정립되었으며 포크와 식탁보의 사용이 상류층의 필수적인 예절이 되었고 냅킨도 새롭게 이용되었다. 또한 프랑스의 식생활을 모방하여 독일의 호프식사는 사치스럽고 더욱 화려해지며 낭비가 심한 식사가 되었다. 그 후 산업혁명기를 거치고 커피와 차를 음료수로 선호하게 되면서 점심식사 시간이 길어지고 중요시되었으며 독일의 호프귀족들은 저녁 늦게까지 먹고 마시는 식생활을 즐겨 이튿날 아침에는 식욕을 잃게 됨으로써 아침에 커피를 마시는 습관이 펴져 나가는데 큰 원인이 되었다. 한편 스트레스를 많이 받는 산업노동자들은 맛이 단 음식을 섭취함으로써 스트레스 해소를 꾀하고자 하여 케이크나 과자, 과일과 잼 등을 많이 소비하였고 남부 독일의 농경 지역은 신 맛의 음식을 즐겨 먹었다.

한편 현대에 와서 맥주의 소비가 특히 증가하여 우리나라 소비의 10배가 넘지만 절대로 만취하지 않는 원칙을 잘 지키고 있으며 뮌헨의 맥주 축제는 가장 유명한 독일의 맥주 축제라 할 수 있다. 독일인들은 주로 가정에서 음식을 준비하고 쇠고기나 돼지고기 등의 고기 요리의 가공도 가정집에서 직접 만들어 먹는다.

독일에서는 빵과 밀가루 음식이 중요한 음식이었으나 가난한 사람은 브라이라 하여 감자나 과일을 으깨어 만든 음식과 스프를 먹었으며 과거에 부유한 사람들은 하루에도 5~6번 식사를 하기도 하였다. 일반적으로 독일인의 아침식사는 6시반경에 커피와 롤빵을 가볍게 먹고 아침과 점심 사이인 10시경에 mid morning이라 하여 두 번째 아침을 먹는데 이 때 커피와 페스트리, 빵, 과일 또는 작은 샌드위치를 먹는다. 점심은 하루 중 중심이 되는 식사로 스프나 생선요리, 한두 가지의 고기요리, 야채를 먹고 후식은 휘핑크림을 먹으며 간단히 먹는 경우에는 스튜 한 가지 또는 곡류요리 한 가지만으로 점심을 해결하기도 한다. 오후에는 커피타임이 있는데 커피와 케이크 또는 쿠키 등과 함께 커피를 마신다. 저녁식사는 가볍게 하는 경향으로 셀러드와 피클, 생선이나 훈제생선, 치즈, 햄, 소시지 등을 먹고 손님은 보통 저녁에 초대하지 않도록 한다.

3) 독일의 대표적인 음식

(1) 맥주

독일인 중에서 특히 남독일인의 맥주에 대한 기호는 세계적으로 유명하여 부녀자나 어린이까지 맥주를 마신다고 할 정도이다. 그러나 이들은 결코 만취하지 않으며 예의범절을 잘 지키도록 한다. 따라서 맥주의 종류도 매우 다양하여 그 중에서 필스(pils)가 대표적이며 검은색의 둥클레스(dunkles)도 즐겨 마신다. 독일인들은 맥주를 음료수처럼 마시는데 맥주 중에서는 생맥주가 가장 비싸고 캔이나 병맥주는 이보다 값이 저렴하다. 뮌휀의 옥토버페스트(October fest) 축제는 유명한 맥주 축제로 10월 첫 번째 일요일 이전의 10일 동안 밤새도록 맥주를 마시며 유쾌한 시간을 보내게 된다.

(2) 소시지와 햄

독일의 소시지와 햄은 그 종류도 다양하고 맛과 질도 세계 최고라 할 수 있다. 독일에서 햄과 소시지가 발달한 것은 독일의 자연환경 때문으로 비가 적어 논농사나 밭농사가 잘 안 되기 때문에 사육기간이 짧은 돼지의 사육이 늘게 되었고, 이 돼지를 잡아 소금에 절여두고 겨울 내내 먹었던 것이 오늘날의 독일을 대표하는 음식으로 다양한 소시지와 햄이 되었다. 각 가정마다 각각의 맛과 종류를 가진 소시지와 햄을 만들어 먹었으며 그 전통은 최근까지 이어져오고 있다. 그 종류도 200~300여 종이나 된다. 독일인들이 저녁에 주로 먹는 아우프쉬니츠는 햄과 소시지를 함께 담아낸 요리로 전형적인 독일 식사라 할 수 있는데 매일 종류가 다른 소시지 5~6가지를 놓고 훈제연어, 마요네즈를 버무린 새우나 통조림 등을 곁들여 먹는 것을 말한다.

그림 4-10 독일의 소시지와 햄

(3) 감자요리

독일인은 감자를 많이 먹는데 감자를 스프, 으깬 감자, 디저트 등에 다양하게 이용하여 독일인들의 주식과도 같은 음식이다. 가루로 만들어 요리에 쓰거나 매쉬트 포테이토나 크게 썰어 튀긴 감자, 혹은 삶은 후 버터를 많이 발라 굽거나 크네델이라는 야구공만한 덩어리로 만들어 고기요리와 함께 곁들여 먹기도 한다.

11. 프랑스

프랑스는 영국, 독일, 스위스, 이탈리아, 스페인, 벨기에, 룩셈부르크와 접하고 있으며 해양성, 대륙성, 지중해성 기후를 다양하게 갖고 있다. 기후는 온화

1) 프랑스의 지리적 배경

한 편이고 연평균 강수량이 600~2,000mm로 피레네 서부에 비가 많이 오며 피레네산맥을 제외하고는 비교적 완만한 국토로 국토의 2/3가 평야와 구릉지대에 속한다.

프랑스는 지중해와 대서양을 접하고 있어 기후가 온화하여 농산물, 축산물, 수산물이 풍부하며 세계 5위 수준의 밀과 그 외 보리, 귀리, 옥수수, 쌀, 담배 등이 많이 생산된다. 특히 포도는 북부를 제외한 전 지역에서 생산되어 질적으로나 양적으로 세계 제일의 포도를 자랑한다. 프랑스는 격조 높은 테이블 문화가 특징이라 할 수 있는데 이는 금은 세공, 도자기, 섬유 예술을 크게 발전시키는 계기가 되기도 하였으며 격식을 갖춘 식사 예절 매너도 프랑스 요리를 고급 요리로 만드는데 한 몫 하였다.

2) 프랑스 요리의 역사적 배경

온갖 재료와 특이하고 섬세한 요리법과 그 맛을 즐길 줄 아는 프랑스인들과 이러한 프랑스에 대해 우리는 '미식가들의 나라'라고 부른다. 그러나 중세 이전의 프랑스 음식의 기본은 흰 빵이나 거친 흑빵과 수프, 포도주 등이 대부분이었고 야채는 가난한 사람들만 먹었다. 이러한 프랑스 요리의 근대적 발달이 이루어진 원인은 1553년 오를레앙 공작이 이탈리아의 메디치 가문의 카트린과 결혼하면서 시작되었는데, 이 때 카트린 공주가 피렌체 출신의 조리사들을 데리고 오면서 프랑스 요리에 큰 변화를 가져오게 되었다. 당시 이탈리아 조리사에게 프랑스 궁중의 조리사가 요리를 배우게 되었고 그 후 파리에 좋은 요리학교가 생기게 되면서 서민에게도 알려지게 된 것이다. 특히 루이 14세는 태양왕이라 불릴 만큼 호화롭고 사치스런 생활을 즐겼는데 거의 매일 연회 등으로 많은 돈을 낭비하였고 개인용 접시의 사용이 시작되었다. 이러한 루이 14세의 통치 이후 프랑스 요리와 식사 예절은 매우 빠른 속도로 유럽에 퍼졌다. 한편 중세의 요리책들은 일반적으로 오로지 상류층의 식습관만을 반영하고 있었는데 다양한 사회 계층간의 음식문화에 대한 교류가 서서히 시작되면서 서민적인 요리의 모방과 중세적인 여러 가지 요리법의 쇠퇴 및 새로운 식생활 미학의 등장 등이 모습을 드러내기 시작하였다. 그 후 카렘은 프랑스 요리의 진정한 창시자라 할 만큼 프랑스 요리의 근대화를 꾀하였다.

3) 프랑스 음식문화의 특징

프랑스인은 하루에 세 번의 식사를 하는데 아침식사는 영국인과 같이 크로와상(croissant)이나 버터와 잼을 곁들인 프렌치 빵과 뜨거운 우유, 또는 뜨거운 쵸콜릿을 넣은 진한 커피로 간단한 아침을 먹는다. 이러한 프랑스식 아침 식사를 미국에서는 컨티넨탈 조식(continental breakfast)라 부른다.

(1) 프랑스 요리와 와인

각 지방마다 유명한 포도주가 생산되는데 산지에 따라 빛깔이나 맛, 향기 등이 다르고 그 종류 또한 굉장히 많다. 보르도는 세계가 인정하는 프랑스 최고의 적포도주 산지로 유명한 지방이며 부르고뉴는 보르도의 부드러운 맛에 비해 강한 맛이 나는 적포도주가 특색이라 할 수 있다. 따라서 레스토랑에서 와인을 주문할 경우에는 하우스 와인을 주문하면 별 무리가 없으며 보통 1/4 ℓ 단위로 주문하면 되는데 주문 시 프로필 항목을 참고로 가격을 고려하여 선택하면 된다. 보통 생선요리에는 백포주두가 육류 요리에는 적포도주가 어울리며 식사하는 사람의 수가 적으면 한 가지의 포도주를 끝까지 마시는 것도 좋은 방법이라 할 수 있다.

(2) 프랑스의 빵

프랑스의 식생활 문화 중 특징은 식사 때마다 근처에 있는 빵집에서 금방 구운 빵을 사다가 먹는 것이 생활이라 할 만큼 빵을 즐겨먹는데 레스토랑에 가면 아무리 저렴한 집이라 하더라도 빵은 무료로 얼마든지 먹을 수가 있다. 대표적인 프랑스빵을'바케트(baguette)'라 하여 길고 가느다라며 껍질이 바삭바삭한 상태로 연한 갈색의 구수한 맛을 내는 빵을 말한다. 프랑스 빵집에서는 하루 세 번 빵을 구워내는데 이는 바게트 빵이 금방 굳어져 맛이 떨어지기 때문이다. 따라서 빵 바구니는 매 식사 때 마다 준비하고 샐러드도 빵과 함께 먹으며 후식인 치즈도 빵과 함께 먹을 만큼 프랑스인들의 빵에 대한 사랑은 각별하다.

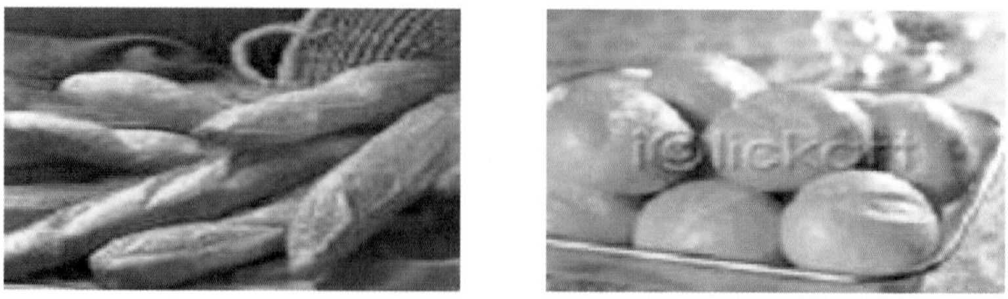

그림 4-11 프랑스의 빵 - 바게트

(3) 프랑스 요리를 풍부하게 만드는 향신료

중세 프랑스 요리의 특징이라 할 만큼 프랑스에서는 향신료를 유별나게 요리에 많이 사용하였는데 파슬리의 줄기, 후추, 샐러리, 너트매그, 샤프란 등은 대표적인 프랑스 요리에 첨가되는 향신료로써 이를 두서너 가지씩 혼합하여 사용하여 미묘한 맛을 창출한다. 또한 이를 소스에 첨가하여 다양한 소스의 개발을 꾀함으로써 프랑스 요리의 특유의 맛을 창출해 내고 있다.

(4) 프랑스 요리의 식단 구성

프랑스 식생활의 또 하나의 특징으로 격조 높은 요리의 내용만큼이나 그릇의 선택, 식탁의 조화를 찾는 테이블 문화가 크게 비중을 차지하고 있다. 따라서 프랑스 요리가 세계적으로 유명한 이유에는 좋은 요리의 맛 때문이기도 하지만 순서를 갖춘 격식 있는 식사 예절 및 매너가 한 몫을 차지하고 있기 때문이라 할 수 있을 것이다. 이러한 프랑스 요리는 일정한 순서대로 진행되는데 먼저 오드브리(전체요리)가 나오고 다음으로 스프–생선요리–육류요리–샐러드–치즈–디저트–커피–과일–음료의 순으로 제공되며 재료나 빛깔, 맛 등에 변화를 주면서 요리 전체의 균형을 맞추어 요리한다.

① 오드브리(전체요리)

전체요리는 적은 양으로 시각이나 후각 그리고 미각에 자극을 주어 입맛을 돋우는 음식이나 음료를 말한다. 따라서 먹기 좋고 주 요리에 균형이 잡히도록 선택하며 신맛 또는 짠맛의 요리는 위액의 분비를 촉진시키므로 이러한 맛의 조리법을 많이 이용한다.

② 스프와 빵

본격적인 식사는 스프로부터 시작되는데 모든 요리의 맛을 결정지을 만큼 중요하게 여긴다. 이러한 수프에는 맑게 끓인 콘소메(consommé)와 진하게 끓인 포타지(pottage)가 있으며 이때 같이 곁들여 먹는 빵은 특별한 주문을 하지 않는 한 하드롤이나 바게트 또는 크로와상 등이 제공된다.

③ 생선요리

스프 다음에 나오는 요리로 바다 생선, 담수어, 갑각류, 패류 등을 이용하여 조리하는데 때로는 생략되기도 한다.

④ 앙트레 요리(육류요리)

생선요리 다음에 나오는 것으로 디너 중간에 나오는 요리라는 의미에서 미들 코스라고도 한다. 일반적으로 많이 사용되는 것은 쇠고기, 송아지고기, 양고기, 돼지고기, 가금류 등으로 그 종류도 매우 다양하다.

⑤ 채소요리

샐러드는 생 것, 혹은 찬 요리로서 해터스(양상치), 엔디브(네덜란드의 꽃상치), 양배추, 오이, 토마토, 샐러드 등은 날 것으로 사용하고 감자 등은 삶아 익혀서 사용하며 마요네즈, 비네그레트 소스 등 여러 가지 드레싱을 함께 곁들인다.

⑥ 디저트

후식을 말하며 스위트아 치즈, 찬 후식, 더운 후식 등이 있다. 과일은 껍질을 벗기는 경우에는 과일용 칼과 과일용 포크를 내고 멜론 등은 식사용 스푼을 사용한다. 찬 후식으로는 아이스크림, 샤베트, 무스, 아이스 푸딩이 있고 더운 후식은 수플레, 체리수플레, 크레이프슈제트 등이 있다.

⑦ 음료

식후 마지막 코스로 보통 커피를 내거나 홍차, 코코아 등을 낸다.

(5) 프랑스 요리의 식사예절

① 예약문화

적어도 이틀 전에는 음식점에 예약을 해두는 것이 좋은데 이는 주방장이 재료 준비부터 음식을 준비하는 시간을 충분히 가질 수 있기 때문이다.

② 테이블 세팅의 원칙

일단 세팅된 식탁은 마음대로 움직이는 것이 아니며 포크와 나이프는 바깥부터 안쪽에 놓인 순서로 사용한다. 요리는 음식이 나오는 순서에 따라 적당히 양을 조절해가면서 먹도록 하는데 뜨거운 음식이 나오면 빨리 먹고 차가운 음식이 나오면 약간 천천히 먹으면 그 맛을 제대로 즐길 수 있다.

③ 식사 중 소음

포크와 나이프를 부딪치거나'후루룩'하는 소리를 내는 것은 매너에 어긋나는 행동이며 큰소리로 떠들거나 웃는 것 또한 삼가해야 한다. 따라서 대화도 조용하게 나누도록 한다.

④ 고급 레스토랑에서의 정장

고급 레스토랑에서는 분위기까지 즐기는 경향이 있으므로 옷차림에도 신경을 쓰는 것이 바람직하다.

4) 프랑스의 대표적인 음식

(1) 달팽이 요리

보르고뉴 특산의 달팽이를 데친 것에 마늘과 파슬리, 버터를 잔뜩 넣어 구운 음식으로 찬 백포도주와 함께 먹으면 별미라 할 수 있다. 4~10월은 달팽이가 많이 나는 제철이며 이러한 달팽이 요리는 보통 전채요리로써 먹게 된다.

그림 4-12 프랑스의 달팽이 요리

(2) 생굴요리

가을에 나오는 생굴을 상품으로 취급하며 한 접시에 보통 6개가 나오는데 레몬을 굴 위에 짜서 포크로 찍어 먹는다.

(3) 튀르플(송로 버섯)

세계 3대 요리 중 하나인 송로버섯은 식탁위의 다이아몬드라 할 만큼 떡갈나무 숲의 땅속에서 자라는데 숲과 흙의 그윽한 향이 배어 잇는 버섯이다. 이러한 송로버섯은 그 색이 가장 하얗수록 최고로 여긴다.

그림 4-13 튀르플 - 송로버섯

(4) 부야베스

부야베스란 지중해 연안 지방의 생선스프로 감자, 양파, 토마토, 마늘 등 각종 향신료를 넣어 1일 정도 재운 후 아구, 장어, 오징어 등 9가지 생선을 넣고 푹 끓인 스프를 말하며 서민적이면서도 특별한 별미를 자랑한다. 스프에 샤프란을 넣어 함께 넣고 끓이기도 하는데 이는 세계 3대 생선 요리 중 하나라 할 수 있다.

(5) 샤또브리앙

샤또브리앙은 소 한 마리 중 2% 밖에 안 되는 안심 중에서도 가장 부드러운 부분을 3cm 두께로 동그랗게 잘라 구워낸 스테이크 요리를 말한다. 가운데 부분을 자르면 육즙(피)이 흐를 정도로 겉 부분만 살짝 구워 내는데 프랑스 다종 지방의 매콤한 겨자와 함께 먹으면 그 맛이 한층 살아난다.

그림 4-14 샤또브리앙

(6) 크레이프

부르타뉴 지방의 음식으로 프랑스 전역에서 즐겨먹으며 서양식 부침이라 할 수 있다. 밀가루 반죽은 한 시간 가량 실내에서 숙성시킨 후 창호지처럼 얇게 부치며 그 길이는 12cm 정도가 되도록 한다. 여기에 치즈, 햄, 달걀, 그 밖에 다양한 재료들을 속에 넣어서 동그랗게 부쳐 말아 먹는다.

12. 미국

1) 미국의 지리적 배경

미국은 다민족이 혼합되어 각각 자기 조국의 식문화를 유지하려 하면서도 그곳에 바탕을 두었던 원주민의 식문화, 그 후 스페인과 프랑스의 영향을 받고 다시 강자로 부상한 앵글로색슨계의 영국 식문화가 그 기초를 이룬다.

미국의 동부 지역은 대서양 연안의 습윤한 온대계절풍 기후가 나타나지만 내륙으로 갈수록 대륙성 기후의 성격이 잘 나타나며 여름에는 상당히 더우나 겨울에는 영하로 내려가는 일이 많아 우리나라 보다 추운 편이다. 또한 동부는 정치, 경제, 사회, 문화 전반에 걸쳐 중심이 되고 있으며 뉴욕, 보스턴, 워싱턴 등은 인구 밀집 지역으로 미국 인구의 약 19%가 집중되어있다. 주로 재배되는 식품으로는 블루베리, 포도, 금귤, 딸기, 옥수수, 호박, 칠면조, 감자, 순무, 오크라 등이 있다.

한편 미북부와 캐나다에 걸쳐있는 단풍나무 수액을 봄에 채취하여 조려 만든 단풍당밀(maple syrup)은 순수한 미국산이라 할 수 있고 남부 지역은 습기가 많은 아열대 기후로 농업의 발달로 대농장을 소유하고 있으며 각종 과일이나 견과류, 해조류와 해안가에서는 굴, 조개, 가재 등이 풍부하다.

2) 미국 음식문화의 특징

미국 음식은 뚜렷한 특징이 없고 영국 요리와 같은 것으로 생각하고 있으나 전세계의 식생활 문화를 소화하여 그들만의 음식 문화를 형성하고 있다. 이민 초기에는 원주민의 식문화에 영향을 받았고 그 후에 지배했던 스페인과 프랑스의 영향을 받았으며 그 후 강자로 부상한 앵글로색슨계의 영국 식문화가 기초를 이루면서 여기에 세계 각국에서 온 이민국의 식문화가 한데 섞여 현대 미국의 음식문화를 형성하게 된 것이다. 1890년경 발전하기 시작한 미국 요리는 주스와 샐러드 요리가 발달하게 되었으며 제 1차 시계대전을 계기로 통조림 및 기타 보존 식품의 소비가 급증하게 되었다. 그 후 맛보다는 대규모의 생산과 편의성 등으로 대표되는 요리가 발전하여 독일의 요리인 햄버거 스테이크에 토마토소스를 뿌려 먹는 햄버거와 핫도그의 간편한 형태로 미국화 시켰고

켄터키 치킨과 함께 전 세계적인 음식으로 자리 잡게 되었다. 특히 롤빵에 소시지를 끼운 간편한 스타일은 가장 미국적인 것이며 치즈를 버거 위에 뿌려 녹이는 것과 버터 밀크를 비스킷에 씌우거나 크림 그래비와 함께 옥수수 밀 크러스트 치킨은 미국인들이 즐겨먹는 음식들이다. 최근에는 설탕의 소비가 감소하여 옥수수를 이용한 고 과당의 소비가 급격히 증가하는 추세에 있으며 맥주의 생산도 이러한 옥수수 전분을 이용할 정도이다. 또한 최근에는 콩제품의 소비가 증대되고 있어 건강에 대한 관심이 뚜렷해지고 있는 실정이다.

현대에 들어 미국의 일상식은 더욱 간편화되고 있는 추세로 우유에 탄 씰리얼류, 감자튀김, 계란프라이, 다진고기, 우유, 오트밀, 와플, 커피 등이 미국식 아침식사(american breakfast)의 메뉴이다. 점심은 블로그냐(bologna) 샌드위치, 핫도그, 감자칩과 탄산음료 또는 감자튀김만으로 식사를 하지만 그 외 프라이드 치킨이나 피자, 크레이프, 중국음식, 일본음식 등을 먹기도 한다. 저녁은 비프스테이크와 감자튀김을 주로 먹으며 해물 요리도 자주 먹는 요리 중 하나이다. 미국의 전형적인 요리는 티본 스테이크, 칠면조 구이, 호박파이, 아이스크림, 햄버거, 피자, 스파게티 등이 있으며 무엇보다 패스트 푸드(fast-food)는 대표적인 미국음식의 스타일이라 할 수 있다.

3) 오늘날의 미국 음식

20세기 말 미국의 음식은 한편으로는 고도로 표준화되고 균질화되어 있으나 다른 한편으로는 너무나 다양한'새로운 문명'그 자체를 반영하고 있다. 따라서 오늘날 미국 음식의 다양성은 혼란스런 상태로 보일 수도 있으나 초기 미국 역사에 기원을 두고 설명하자면 전형적인 미국 음식의 기원이라 함은 초창기 이민자들이 미국으로 가지고 온 영국과 북유럽인의 요리를 들 수 있다. 여기에 오늘날 미국인들에게 너무나 친숙한 음식의 핵심을 이루는 다양한 형태의 감자나 폭넓은 종류의 육류와 가금류, 어류, 그리고 다양한 야채와 과일, 수많은 디저트 등이 주류로 정착하게 된 것이다. 주변적인 것으로는 소수의 음식으로 많은 선택이 가능한 민족적 음식, 채식주의자의 음식, 그리고 지역을 대표하는 향토음식 등이 있으나 이것은 어디까지나 미국 음식의 주류라고 할 수는 없다.

식민지 시대 이래로 오늘날까지 미국의 음식문화를 요약하는데 있어 중요한 점은 다름 아닌'풍요'에 대한 강조로써 이는 그 동안 미국으로 온 대부분의 이민들이 공유했던 가장 중요한 동기가 바로 안정된 식량의 확보에 대한 갈망이었기 때문으로 보고 있다.

그림 4-15 미국의 대표적인 패스트푸드

13. 페루

1) 페루의 지역적 배경

페루는 남아메리카의 중부 태평양 연안에 있는 나라로 잉카의 옛 땅이었고 스페인의 식민지 시대에는 남아메리카 대륙의 정치, 경제, 문화의 중심지를 이루어 번영을 누렸으나 독립 후 정치적인 불안이 계속되고 있는 나라이다. 페루는 열대권과 아열대권에 속하지만 안데스 산맥이 이 나라를 3개의 지역으로 갈라놓고 있으며 이들 지역은 각각 현저한 특징을 가진다. 태평양연안의 좁고 긴 저지로 이루어진 해안과 훔볼트 해류의 영향으로 여름에도 더위가 심하지 않은 편이며 대부분의 지역은 습도가 낮은 사막지대이지만 안데스 산맥에서 흘러내리는 다수의 짧은 하천을 따라 오아시스가 산발적으로 흩어져 목화나 사탕수수, 삼 등이 재배된다. 북부에는 유전이 있고 부근 섬에는 구아노 산지가 있어 생산과 경제의 중심지를 이루고 있다. 산악지대는 동부, 서부 양 안데스의 중간이 있는 고지이며 안데스의 빙하지대에서 온난한 기후대까지 이 지역에 포함되며 남쪽의 볼리비아와 경계를 이루고 있는 지점에는 세계에서 가장 높은 곳에 위치한 티티카카호 호수가 자리 잡고 있다. 여러 종류의 광물자원이 풍부하며 인디오계 주민은 라마, 양, 알파카를 사육하면서 근근이 자급농업을 영위하고 있다. 삼림지대는 평지로 국토의 1/2을 차지하고 있으며 잠재적 경제력은 크지만 열대성 정글로 덮여 있어 아직 미개발 지역으로 남아있으며 전국적인 연중 기후는 우기와 건기로 나누어진다.

2) 페루 음식문화의 특징

페루하면 누구나 잉카제국을 연상하게 되는데 13세기에 쿠스크를 거점으로 하는 잉카가 대두하여 안데스 일대에 대제국을 형성하였다. 그러나 1532년 잉카제국은 스페인군의 침입에 의해 멸망하고 그 뒤로 스페인의 식민지 통치를 겪었으며 현재에는 잉카 제국의 전통을 이어받고 또 오랜 식민지 통치를 통하여 스페인의 영향도 많이 받고 있다.

페루의 주민들이 먹는 음식은 주로 채식이지만 좁고 긴 해안선을 따라 해산물이 풍부하여 때로는 공동으로 사냥을 나가기도 하였으며 기니피그를 거의 모든 가정에서 사육하기도 하였다. 잉카족은 개를 먹는 것을 허가하지 않았으나 일부에서는 식용하기도 하였다. 이러한 잉카족은 주로 옥수수, 감자, 호박, 콩, 마니악과 고구마, 땅콩, 토마토, 아보카도 등을 먹었고 옥수수는 페루 저지대의 주식으로, 말린 낟알을 갈은 다음 그 가루를 가지고 죽을 끓여서 먹었다.

고지대에 사는 사람들 중에서 가장 독특한 식생활을 하고 있는 사람들은 안데스 산맥에 살고 있는 인디오 케추아족이다. 그들의 주식은 감자로 낮과 밤의 온도차가 심하여 감자가 밤사이에 결빙하였다가 다음날 낮에 다시 녹게 되면 그 감자를 밟아 감자 속에 있는 물을 빼낸다. 이것을 반복하면 감자에 있는 수분이 분리되어 나가고 감자는 건조되는데 이렇게 건조된 감자를 추누(chunu)라고 하며 이는 고지대 주민들에게 가장 중요한 식량이다. 그들은 감자와 옥수수 등을 함께 추누로 만든 수프를 거의 매일 먹으며 특별한 날에는 거기에 라마, 면양 및 돼지고기를 넣어 삶아 먹기도 한다. 손님이 오면 우리가 닭을 키우듯이 키우고 있는 모르모트를 잡아 기름에 튀겨 내는 꾸이(cuy)라는 요리를 별식으로 제공한다.

또한 이보다 약간 저지대에서는 감자뿐만 아니라 고구마와 칸나의 일종인 맛데라 등도 이용하고 옥수수도 그 품종이 다양하여 색깔 및 크기가 여러 가지이다. 단백질의 급원은 고기뿐만 아니라 콩과 땅콩으로부터 얻으며 더 아래 지방으로 내려가면 호박 등도 이용한다.

체루의 일부 해안지방에서는 한꺼번에 많이 잡힌 물고기를 싱싱하게 보관하기 위해서 파도 끝과 해변 모래사장 사이 경계선에 구덩이를 파고 고기를 그 속에 넣은 후 모래를 덮는 특수한 방식을 이용하여 4-7일 동안 생선을 저장하기도 한다. 이것은 파도가 계속적으로 밀려와 모래에 수분을 공급하고 더운 태양에 비친 모래사장의 수분이 증발 할 때 증발열을 빼앗아 다른 곳보다 그 부분이 훨씬 온도가 낮아지는 원리를 이용하는 것이다.

특색 있는 요리로는 쎄비체(ceviche)란 회요리도 있으며 그밖에 낙지, 새우, 오징어, 조개 등을 올리브 기름과 향신료인 타메릭(turmeic)을 넣고 쪄낸 피탄테 데 마리스코와 생선요리인 아로스 코마리스코 등도 있다.

14. 아랍

1) 아랍의 지리적 배경

아랍의 지형은 남부쪽이 대체로 사막지대이고 레반트(Levant: 시리아, 레바논, 요르단지역)에서 이란쪽으로는 험한 산악 지대가 펼쳐져 있다. 중동에서 가장 높은 곳으로는 이란에 있는 다마반드산 정상을 꼽을 수 있고, 가장 낮은 곳으로는 요르단의 사해로서 대략 해저 400m에 위치하고 있다.

여름에는 매우 더워 기온이 54℃까지 올라가는 사우디아라비아 같은 곳도 있지만 겨울에는 눈이 내리고 추운 시리아 지역과 같은 곳도 있다. 그에 반해 남부 아라비아 지역은 건조하면서 뜨거워 전체적으로 기온차가 심한 편이다. 강우량에도 상당한 차이가 있어 레반트 지역은 12월과 4월 사이에 거의 확실하게 비가 내리는 반면 아라비아의 2/3 이상의 지역은 아주 건조하여 보통 연평균 강우량이 100mm 이하를 기록한다. 카이로 같은 곳은 여름에는 비가 전혀 없다가 겨울에만 한두 차례 내리는데 그 양도 매우 적은 편이다. 쿠웨이트나 아랍에미리트 같은 나라들은 바닷물을 음용수로 개발하여 쓰고 있는 실정이다.

2) 아랍 음식 문화의 특징

이집트와 비옥한 초승달 지역 국가들로 이라크나 레바논, 요르단, 팔레스타인과 같은 국가들은 아랍에서 으뜸가는 농산물 국가들로써 경작되는 주요 곡물은 밀과 콩이며 거의 모든 채소들이 경작되고 과일도 다양하게 재배된다. 그 중에서도 감귤류는 아랍의 특산물로 꼽히며 중요 과일들로는 복숭아, 포도, 멜론, 바나나, 대추야자 등이 있다. 야자수는 사하라와 아라비아 사막 같은 곳에서 물이 닿는 데까지 뿌리를 내리며 잘 자라 어느 작물보다 더 집약적으로 아랍에서 재배되고 있다.

시리아와 이란 지역은 아몬드, 호두, 피스타치오 등의 견과들을 생산하고 아랍 사람들에게 있어서 육류는 양고기가 기본이며 쇠고기를 비롯한 육류의 수요는 공급이 부족하여 매년 수입으로 그 부족분을 채우고 있다. 원래는 유목과 축산이 아랍 유목민들의 문화 속에 깊이 뿌리를 내리고 전통적으로 이어져 온 생업이었으나 유목민의 감소와 축산물 소비량의 증가로 공급에 비해 수요가 현저히 증가하게 된 것이다. 가장 오래된 아랍의 음식으로는 척박한 땅에서도 잘 자는 무화과를 들 수 있는데 이것은 이미 500여 년 전부터 경작되었던 것으로 알려져 있다.

아랍음식은 종합적으로 영양가는 높고 콜레스테롤 수준은 낮은 것으로 평가되고 있는데 일반적으로 조리는 굽는 형태가 많으나, 올리브유, 콩기를 같은 식물성 기름이 주로 사용된다. 어류는 아랍사람들이 가장 많이 먹는 매우 중요한 식품이다. 아랍은 해마다 생강을 상당량 수입하는 주요 생강 수입 지역이기도 하며 정향과 계피 역시 아랍 전통 음식의 맛을 내는데 자주 쓰인다. 미나리과에 속하는 고수풀인 쿠즈바라(al-kuzbarah)를 비롯한 여러 아랍의 고유식물들 역시 음식의 향미 재료로 쓰인다. 파프리카 고추씨도 캐서롤식 찜요리나 샐러드를 만들 때 넣는다. 매운 고추는 특히 예멘이나 걸프 지역 국가들의 요리에 자주 쓰여 불 같이 타는 듯한 맛을 내게 한다.

① 빵

식사 때마다 나오게 마련인 아랍빵은 종류도 여러 가지이고 모양과 크기도 다양하지만 가장 유명하고 대표적인 빵으로는 둥글고 넓적한 쿱즈아라비(khoubz Arabi)가 있는데 이는 일반적으로 아랍 전역에서 '쿱즈'로 통한다. 이집트의 샤미(shamy)는 흰색의 고운 밀가루로 만든 빵으로 안이 비어 있는 두겹의 빵이다. 이집트에는 이 샤미빵 외에 서민들이 즐겨 먹는 발라디(baladi)라는 빵이 있는데, 누런 색의 거친 밀가루로 만든 빵을 말한다. 예멘지역의 빵인 야마니(yamani)는 한겹의 밀가루 빵으로 아라비아 반도의 중부 지역인 사우디아라비아에서 주로 소비된다. 납작한 모양의 쿱즈 타누르(khoubz tanur)는 일명 이라니(Irani: 이란빵)라 부르기도 하는데, 이란 사람들에 의하여 아랍 걸프 지역에 전해졌으며 이 빵은 타프툰(taftoon)이라는 이란빵과 흡사하고 카타르, 쿠웨이트, 아랍에미리트에서 아침과 저녁 식사용으로 먹는 일반적인 빵이다.

그 밖에 요르단에는 하이크 타월(haik tawli)이라는 긴 모양의 빵이 있고 예멘에서 먹는 라후흐(lahuh)빵은 그 맛이 시큼하고 연하다. 또한 마그레브지역의 아랍 가정에서 만들어 먹는 케스라(kesra)는 갈색의 바삭바삭한 빵으로 밀가루로 만들기도 하지만 보리나 옥수수가루, 조로 만들기도 한다.

② 곡류음식

곡류로 만들어지는 음식으로 카크(kakk)와 카크 자으타르(kakk zatar)가 있다. 이것은 고리모양의 과자빵으로 한쪽 면에는 참깨가 뿌려져 있다. 카크 자으타르는 간 자으타르(백리향)를 넣어 스낵처럼 먹는데 짭짤하면서도 고소하여 레바논, 시리아의 일반 카페테리아에서 판매되고 있다.

부르골은 아랍의 거의 모든 나라들에서 먹는 전통 음식이자 다른 음식을 만들 때 사용되는 기본 재료중의 하나이다. 이것은 밀 알갱이를 삶거나 데쳐서 만든 일종의 밀밥이다. 토마토 샐러리, 파슬리 등 녹색채소와 약간의 쇠고기가 곁들여진 밀음식으로 오리, 닭, 칠면조 등의 속에 쌀 대신 채워 넣어져 식탁에 오른다. 무아좌나(muajanh)는 밀가루를 반죽하여 삼각형, 사각형의 만두처럼 만들어 안에 고기, 시금치, 감자, 치즈 등을 넣어 구워낸 것으로 언제나 즐겨 먹는 음식이다.

콩으로 만드는 음식 중 우선적으로 손꼽을 수 있는 것으로는 훌무담미스가 있는데 이는 화바콩으로 만든 이 음식은 아랍의 전형적인 아침 식사용으로 가장 넓은 지역에서 소비되고 있다. 북아프리카에서는 빵과 더불어 커민, 하리사(harissa: 매운 고추 파스타)로 양념된 샐러드와 함께 먹고 있다.

③ 육류 및 생선 음식

낙타는 사막이란 환경을 견딜 수 있는 유일한 동물로 아랍 사람들에게는 필수적인 이동수단이며 우유와 고기까지 제공해주는 가장 유용한 동물이다. 우리에게는 낙타고기가 낯설지만 베두인들은 즐겨먹고 있는 전통 육류 음식이라 할 수 있으며 이러한 낙타고기는 근육 섬유질로 되어 있어 조금 질긴 편이지만 그 독특한 맛을 가지고 있다. 일반시장에서 낙타고기를 구입하기는 쉽지 않으며 베두인들이 많이 사용하고 있다.

아랍 사람들과 양고기를 연상하면 누구나 대개 캐밥(kebab)을 자동적으로 떠

올리게 된다. 그만큼 캐밥은 전 세계적인 음식이 되어 있다. 가장 전통적인 캐밥요리는 잘게 다진 양고기에 양파, 파슬리, 서양호박, 양배추를 넣고 검정후추, 자메이카 후추, 고추 등 양념을 쳐서 잘 주물러 손으로 소시지 모양으로 만든 뒤 쇠꼬챙이에 끼 워 숯불에 굽는 것을 말한다. 이것은 쇠꼬챙이에 끼워 구웠다 하여 쉬시 캐밥(shishi kebab; shishi는 터키어로 꼬챙이)이라고도 부른다.

아랍 사람들은 쇠고기보다 양고기를 더 선호하여 가격도 양고기 값이 쇠고기 값보다 항상 비싸다. 연한 양고기 맛을 쇠고기가 따라가기 어렵다고 생각하며 돼지고기는 물론 먹지 않는다. 술과 돼지고기만큼은 시리아법에 따라 엄하게 금지되어 있다.

아랍 사람들은 더운 날씨 때문에 예부터 오랫동안 고기를 저장할 수 있는 방법에 관심을 기울여 왔다. 그 결과 포육이나 전통적인 저장육들이 여러 형태로 남아 있다. 그 가장 대표적인 것이 파스티르마(pastirma)로서 이집트, 레바논, 요르단, 이라크, 시리아 등지에서 인기를 끌고 있는 절여서 말린 고기를 말한다. 원래 이 저장육은 아르메니아와 터키가 근원이라고 알려져 있는데 아침 식사 때 샌드위치 속에 넣어 먹거나 계란 부침과 함께 즐겨 먹는다.

물고기는 아랍의 어느 곳에서나 인기가 높아 특히 레바논, 이집트, 이라크 사람들이 물고기 요리를 즐기는 아랍인으로 알려져 있다. 보리새우 커리요리는 아랍 걸프 지역의 모든 국가에서 대중화 되어 있다. 이것은 맛좋은 잉어 생선요리로 생선을 막대기에 끼워 세워 놓고 불을 지펴 그 열과 연기로 굽는 특이한 요리법으로 유명하다. 까딴(katan)이란 잉어는 가장 인기 있는 마스쿠프용 어류의 하나이다.

④ 우유, 치즈

우유, 치즈는 아랍 사람들의 식생활에서 빠뜨릴 수 없는 기본 음식이다. 아랍 사람들은 어느 끼니든지 빵과 치즈, 우유만 있다면 만족스럽게 식사를 즐긴다. 도시 생활인들이 양이나 소에서 자낸 우유를 선호하는데 비하여 사막의 베두인들은 낙타 우유를 더 선호한다. 소나 양, 염소의 우유를 전통적으로 발효시킨 요구르트를 아랍사람들은 자바디(zabady)라 하며 식단에 빠지지 않고 들어갈 뿐만 아니라 각종 요리에 필수적으로 쓰인다.

아랍에는 요구르트의 종류만큼이나 치즈의 종류도 다양하다. 그중에서 지브나 바이다(jibnah baydah)는 두부 모양의 치즈로 거의 모든 아랍 국가들에서 인기가 높은데 도미아티(domiati) 치즈라고도 불려진다. 아랍 전역에서 만들어지고 소비되는 이 치즈는 암소, 물소, 염소, 양 등의 젖에서 만들어지는 부드러운 연치즈이며 카리에쉬(kariesh) 치즈는 지방이 제거된 연한 흰색 치즈를 말한다. 이것도 거의 모든 아랍 국가들에서 인기 있는 치즈 중에 하나로 이집트와 수단에서는 아침 식사 때 주로 먹는다. 미쉬(mish)라는 치즈는 소금에 절이고 익힌 치즈로써 보통 카디시 치즈나 도미아티 치즈로 만들어지며 샨클리쉬(sankleesh) 치즈도 양젖으로 만드는데 곰팡내가 나는 것이 특징이다.

3) 종교의 영향

음식의 종류와 상차림, 어느 끼니가 기본 식사가 되느냐 하는 것은 지역과 생활여건에 따라 다를 수 있지만, 식사자세와 예절에 관한 식습관은 아무리 아랍 지역이 넓다 하여도 대체로 비슷한 특징을 가진다. 그것은 코란이나 하디스(hadith: 무하마드의 언행록)의 가르침과 종교적 관습이 같기 때문인데 사회 계급이나 지위의 고하를 막론하고 무슬림들은 샤리아(sharia: 이슬람법)가 규정하고 있는 음식 조리법만큼은 의무적으로 꼭 지켜야 한다.

① 식습관

식사를 하려면 아랍 사람은 우선 손을 씻는데 어떤 사람은 입안까지 닦아 내기도 한다. 그렇지 않으면 적어도 오른손 위에 약간의 물을 쏟아 손을 청결하게 하고 먹을 준비를 한다. 하인이 있는 경우 주둥이가 넓은 물항아리인 이브리크(al-ibriq)와 손 씻은 물을 받는 대야인 띠쉬트(al-tisht)를 서빙한다. 첫번째 사람이 씻은 띠쉬트는 다음 차례의 사람에게로 옮겨 가지만 띠쉬트의 구조상 다른 사람이 씻은 물은 보이지 않도록 하며 수건인 후따(al-futah)는 사람마다 각자 따로 쓰도록 한 장씩 나누어 준다.

아랍의 식습관에서는 남자가 먼저 손으로 음식 중 먹을 것을 선택하며 전통 아랍 사회에서의 전통이 비교적 많이 남아있는 사우디아라비아와 아랍 걸프만 국가에서는 여성이 남성 식구들과 떨어져 식사하는 경우가 많다.

식사를 하기 위하여 자리에 앉은 사람은 음식을 먹기 전에 우선 무릎 위에 냅킨을 놓고 오른쪽 옷소매 끝을 팔꿈치까지 걷어 올린 후'비스말라(bi-smillah!: 알라의 이름으로!)'라고 말한다. 이 말은 중얼거리듯 낮은 소리로 하는데, 옆 사람이 들을 수 있는 정도 있다. 가장이나 집주인이 먼저 이 말을 하면 나머지 사람 모두가 따라하는데 이는 우리 관습에서 웃어른이 수저를 들어야 비로소 식사가 시작되는 것과 같다. 양식을 내려 주시고 식탁에 앉게 해주신 신의 은총에 대한 감사의 표현이며 그리고 다시'타팟달(tafaddal; 드시죠)'이라는 말이 이어지면서 비로소 식사가 시작된다.

식사 시 나이프나 포크는 사용하지 않고 오른손의 엄지와 검지, 두 손가락만이 식사 도구들을 대신하며 숟가락은 수프나 밥을 먹을 때와 같이 손으로 음식을 먹기가 매우 곤란할 때만 사용된다. 음식을 집을 때는 오직 오른손만을 사용하며 양손을 쓰는 경우는 극히 예외적인 일이다. 빵은 한 입에 넣을 만큼 작은 조각으로 찢어 고기나 기타 요리를 싸서 먹기 때문에 아랍 빵은 음식을 싸먹기 좋게 가운데가 빈 두 겹의 둥근 형태를 하고 있다.

아랍 시장에서 볼 수 있는 특별한 모습은 상점 안팎에서 일하는 사람 모두가 남자들이라는 점이며 아랍에서는 장보는 일도 역시 남자의 몫이라 할 수 있다.

② 라마단

라마단이란 원래 단식을 뜻하는 것이 아니라 달력에서 말하는 달(月)의 이름이다. 실생활에서 태양력(太陽曆)을 쓰고 있는 아랍제국에서도 종교적인 행사에서는 1년을 364일로 하는 태음력(太陰曆)을 사용한다. 라마단은 그 아홉 번째 달의 이름이며, 이슬람교도들은 이 달의 1개월 동안에 단식을 감행한다.

라마단 기간에는 '천국의 문이 열리고 지옥의 문은 닫히며, 악귀들은 사슬에 묶여 있게 된다'고 믿어 라마단을 성실하게 지키는 자는 그 자신의 죄를 사면받는다고 믿고 있다. 해가 진 후의 식사는 가벼워야 하기 때문에 그 달에는 특수한 형태의 효모로 부풀린 빵을 먹는다.

이슬람의 종교인들이 행하고 있는 계명 중에 가장 엄하게 지켜지고 있는 것이 이 '단식월'의 행사인 것이다. 따라서 이를 통하여 자기들이 이슬람 가족임을 재확인하고 이를 지키지 않는 자는 사회적으로 받아들이지 않거나 추방하게 된다.

③ 금기식품

이슬람교 이전의 아라비아인들은 여러 가지 미신으로 먹어서는 안 되는 것을 많이 정하고 있었다. 그러나 모하메드는 작물이나 가축도 모두 알라에 의하여 창조된 것이므로 특별한 것 이외에는 먹어도 좋다고 생각하였기에 그가 금지한 것은 식품의 종류가 아니라 그것을 은혜로서 주신 알라에게 감사하지 않고 먹는 것으로 보고 있다. 그럼에도 불구하고 코란은 몇 가지 음식과 그것의 상태나 처리 방식이 잘못된 것은 먹는 것을 금하고 있다. 즉, 죽은 짐승의 고기, 피, 돼지고기, 알라 이외의 것에 바친 것, 목 졸려 죽은 것, 야수에게 물려 죽은 것 등은 금지되고 있다.

15. 브라질

1) 브라질의 지리적 배경

브라질은 남미의, 물론 남반구 전체에서 제1의 면적을 가진 큰 나라로서 우리나라의 약 40배나 되는 면적을 가지고 있다. 북은 넓고, 남은 좁은 삼각형 모양의 이 나라에는 세계 최대의 아마존강이 흐르고 있다. 도시들은 세계 각국의 사람들이 뒤섞여 살고 있어서 인종 백화점이라 해도 과언이 아니다. 도시는 현대적 면모를 갖추고 있으나 아마존 강 상류로 올라가면 문명의 개입을 완강히 거부하는 원주민들의 원시생활이 아직도 계속되고 있어 문명과 미개가 공존하는 곳이기도 하다.

기후는 땅이 넓기 때문에 일괄적으로 말하기 어려우나 대체로 다음 네 지역으로 구분한다. 첫째, 아마조니아 계곡 지역은 브라질 전 국토의 약 40%를 차지하는 지역으로 습지와 늪이 많기 때문에 개발이 뒤쳐져 있어'녹색의 지옥'이라고까지 불리며 장마 때에는 침수되는 열대 밀림지대이다. 둘째, 동북부 지역은 천재지변이 잦고 한발이 극심한 지역으로서 삼림이 적고 관목과 선인장만이 자라는 내륙지방이다. 셋째, 해안지방은 브라질에서 가장 개발이 잘된 지역으로 리오데쟈네이로나 상파울로가 이 지역에 속해 있는데, 계절은 여름과 겨울로 나뉜다. 넷째, 서부 중앙지방은 낮에는 더우나 밤에는 서늘한 대륙성 기후를 가진다.

브라질은 세계 굴지의 농업국으로서 주요 농산물은 수출용 커피, 코코아, 목화, 오렌지, 담배, 사탕수수, 그리고 국내 공급용의 옥수수, 쌀, 밀 등이 있다. 특히, 커피는 세계 생산고의 약 50~60%를 차지하는 세계 제일의 생산국이다. 그러나 경지는 국토의 2.2%에 불과한데 그 중 80%를 불과 2%의 대지주가 차지하고 있고 농촌인구의 81%는 땅을 가지고 있지 못하다. 목축은 소, 돼지 모두 세계 제3위에 해당하는 목축 국가이기도 하다.

2) 브라질 음식 문화의 특징

브라질은 포르투갈의 카브랄이 1500년에 발견했으며, 1822년 포르투갈로부터 독립하였다. 따라서 언어도 포르투갈어를 공용으로 사용할 뿐만 아니라 종교도 가톨릭을 국교로 하는 등 포르투갈의 영향을 많이 받았다.

16세기에는 넓은 사탕수수밭에 노동력이 부족하여 아프리카에서 흑인들을 노예로 데려왔으며 18세기부터는 포르투갈은 물론 독일, 이탈리아 등 유럽국가에서 백인들이 이민을 옴으로써 다양한 인종을 형성하고 있다. 따라서 세계 5위의 광활한 영토를 갖고 있는 브라질은 동, 서양 및 아프리카 등의 다양한 문화를 가지고 있으며 식생활 문화 역시 이에 대한 영향을 많이 받았다.

① 인디오의 식생활 문화

브라질 원주민인 인디오들은 과일이나 사냥으로 잡은 고기만으로도 먹고 사는데 큰 지장이 없을 만큼 천연 자원이 풍부하기 때문에 인디오들은 식생활 문화를 발달시킬 필요성을 느끼지 못하여 자연 그대로를 식품으로 대용했다. 그 중에서 바나나를 가장 많이 먹는데 처음에는 그대로 먹다가 차차 세월이 흐름에 따라 삶아서 먹기도 하고, 구워 먹기도 하였다. 그 후 바나나를 말린 후 얇게 썰어서 달걀과 설탕을 넣어 삶아서 만든 파이 혹은 과자를 만들어 먹기도 한다.

식물의 뿌리를 먹는 것으로는 만디오카가 가장 유명한데 만디오카로 가장 많이 만드는 음식으로는 만디오카 가루를 생선에 묻혀 튀긴 후 고추기름을 발라 먹는 피렁을 꼽을 수 있다. 인디오들이 식사에서 가장 즐겨 먹는 것이 바로 이 피렁으로 인디오들은 사냥하여 잡은 고기나 강에서 잡은 물고기를 꼬챙이에 구워 먹는다. 수프는 양파, 마늘, 상추, 서양 미나리 등으로 만들며 그들이 사용하는 양념은 소금, 올리브, 고추, 후추, 계피 등이 있다.

② 흑인의 식생활 문화

16세기 초부터 브라질은 사탕수수밭에서 일한 노동력이 부족하자 아프리카의 세네갈, 가봉, 모잠비크 등지에서 흑인들을 노예로 데려오기 시작하였다. 흑인 음식의 가장 큰 특징은 소금과 마늘을 많이 사용하는데 흑인들이 아프리카에서 직접 가져온 식물인 '덴데(dende)'는 야자수의 일종으로 그 열매에서 기름을 짜서 음식을 튀길 때 사용한다.

흑인 음식 중 가장 대표적인 것으로 '쿠스쿠스(cuscuz)'와 '페이조아다(feijoada)'가 있는데 이 중 '쿠스쿠스'는 아프리카의 이집트와 모로코에서 즐겨 먹는 음식으로 밀가루나 보릿가루로 만들어 먹었다. 그러나 브라질에서는 옥수수를 찧어 가루를 내어 반죽한 후 소금을 친 다음 삶아서 야자수 기름을 발라 먹는다. 옛날에는 흑인 노예들이 주로 가정에서 만들어 먹었지만 지금은 브라질 빵 공장에서 대량으로 만드는 인기 있는 브라질의 서민적인 음식이다. 아침식사에 커피나 우유와 함께 들기도 하고 가벼운 저녁식사에도 많이 먹는다.

'페이조다'는 페이존이라고 하는 콩에 고기를 넣어 요리한 것으로 지역에 따라 조금씩 다르지만 가장 대표적인 것은 페이존 프레트라고 하는 한국의 팥보다 약간 큰 까만 콩으로 만든 것이다. 이 요리는 보통 토요일의 점심으로 먹는데, 콩을 목요일 밤부터 물에 담가 불린 다음 그것을 다음날 하루 종일 큰 냄비에 넣고 삶는다. 도중에 소와 돼지의 뼈가 붙은 고기, 카르네세카(소금에 절인 고기), 링기사(살코기 순대), 베이컨, 기타 기호에 따라 돼지의 코와 귀까지 넣고 끓이는데 하루 종일 약한 불에 얹어 놓으며, 육류는 흐물흐물 해질 정도로 부드럽게 되고, 소금에 절인 고기에서 적당한 소금 맛이 우러나며, 전체에 기름이 배어 들어가 반질반질한 요리가 된다. 굵은 파와 같은 아료포로도 큼직큼직하게 썰어 넣는다. 마지막 손질은 마늘로 프라이팬에 기름을 끓이다가 마늘을 대량으로 노릇노릇하게 튀기고, 거기에 페이조다를 넣는다. 형체가 남아 있는 콩은 그 때에 될 수 있는 대로 포크 같은 것으로 이기며 그것을 한 사람 분씩 질그릇 냄비에 담고 끓여서 낸다.

③ 백인의 식생활 문화

브라질은 포르투갈인은 물론 독일, 이탈리아 등 유럽의 백인들이 많이 이민을 왔기 때문에 유럽의 영향을 많이 받았다. 특히, 북부지방과 남부지방은 매우 대조적이다. 북부지방은 주로 원주민이나 흑인들의 영향을 받아 비교적 브라질 고유의 문화를 지니고 있는 반면, 남부지방은 유럽문화를 옮겨다 놓은 듯 유럽과 흡사하다.

백인의 음식 중 대표적인 것으로 대구 요리를 들 수 있다. 대구 요리는 포르투갈의 가장 전통적인 요리로, 포르투갈인들이 많이 사는 상파울루나 리우데자네이루의 유명한 대구 요리로는 '해산물 대구 요리'와 '달걀 감자 대구 요리'를 들 수 있다. 이 두 가지가 브라질에서는 가장 유명한 대구 요리이다.

3) 지역별 특징

(1) 상파울루

상파울루는 '사도 바울'이라는 뜻을 가진 도시로 커피 농장을 중심으로 크게 발전하였으며 포르투갈, 이탈리아, 독일 등 유럽에서 이민 온 백인들은 물론이고, 아프리카인과 한국, 일본, 중국인들이 각기 자기나라의 타운을 형성하고 있어 식생활 문화도 다양하다. 상파울루에는 엥파다(empada), 호박파이 및 브라질 식 칠면조 요리 등 브라질 전통 음식이 있다. 엥파다는 브라질 사람들이 가장 즐겨 먹는 파이의 일종으로 밀가루를 반죽하여 익힌 다음 토마토, 야자수 열매, 양파, 파슬리, 올리브 등을 넣어 쪄서 만든 요리이다. 호박파이는 밀가루를 반죽하고 그 위에 얇게 썬 호박과 양파, 마늘, 올리브유를 넣어 만든 파이의 일종이다.

또한 상파울루의 대표적인 브라질식 칠면조 요리는 칠면조를 자르거나 통째로 굽기도 하고 찜통에 쪄서 만들기도 하는데 먼저 칠면조에 양파, 마늘, 당근 , 월계수잎, 말린 후추 열매, 파슬리 등을 넣고 찜통에 찐 후 마늘, 올리브유, 백포도주, 카샤카(cachaca)를 넣어서 요리한다.

(2) 리오데자네이루

리오데자네이루시에는 대구 볼 요리, 야자수 잎을 넣어 만든 새우요리를 대표적인 음식으로 보고 있는데 대구 볼 요리는 대구를 삶아 으깬 후 양파와 마늘 등으로 양념하여 삶아 으깬 감자와 밀가루를 뿌려 같이 섞는다. 그리고 달걀흰자로 간을 맞춰 거품을 낸 후 저어서 반죽한 뒤 호두만한 크기의 덩어리로 만들어 그 덩어리에 빵가루를 살짝 묻혀 랩으로 싸서 냉장고에 1시간 이상 넣어 숙성시켜 두었다가 내어 끓는 기름에 넣어 노릇노릇하게 튀겨낸다.

야자수 잎을 넣어 만든 새우 요리는 새우에 양파, 마늘, 당근, 월계수 잎 등을 넣고 물을 부어 낮은 온도로 40여 분간 끓여 새우 국물을 만든다. 새우 국물에 밀가루를 넣고 계속 저으면서 노릇노릇해질 때까지 익히고 여기에 야자수 열매를 넣고 고추 파슬리, 부추 등을 잘게 썰어 넣고 저어서 만드는데 이렇게 만든 요리는 쌀밥과 함께 먹는다.

(3) 바이아

바이아주에는 포르투칼 항구가 있는데 이곳은 브라질을 발견한 카브랄이 처음 도착한 곳으로 일찍부터 포르투갈 사람들이 진출하여 광활한 지역에 걸쳐 사탕수수를 재배하였다. 넓은 사탕수수밭에서 일할 노동력이 부족하자 아프리카에서 흑인들을 데려와 노예로 부리면서 이곳의 식생활 문화는 다른 지역과는 다르게 아프리카 흑인들의 영향을 많이 받게 되었다. 바이아주는 넓은 초원에서 방목하는 많은 짐승들에게서 나오는 풍부한 육류, 초원에서 나오는 각종 채소와 과일 등으로 맛있고 향기로운 식생활 문화가 잘 발달되었다.

바이아주에는 바이아 사람들이 가장 즐겨 먹는 케이크의 일종인 '아카라제(acaraje)'가 있다. 아카라제는 먼저 콩을 물에 불렸다가 껍질을 벗긴 후 양파를 넣고 분쇄기로 갈아 붉은 반죽을 만든다. 여기에 소금과 후추 등을 넣어 간을 맞추고 프라이팬에 기름을 넣어 살짝 구워 타원형으로 만들어 놓은 후 그 위에 말린 새우를 놓고 콩과 양파를 섞어 만든 묽은 즙으로 새우를 살짝 덮어 내는 요리이다.

(4) 아마조나스

아마존 지역은 세계 산소 공급량의 1/3을 감당할 만큼 밀림이 울창하여 과일이 풍부하고 아마존강을 중심으로 수산물이 풍부하여 과일로 만든 요리와 생선 요리가 발달되어 있다. 아마존 지역의 대표적인 음식으로 '파투 누 투쿠피(pato no tucupi)'가 있는데 투쿠피는 카사바 나무에서 추출한 즙으로 이 즙에는 독이 있으므로 독을 제거하기 위해 끓여야 한다. 투쿠피 즙을 끓여 독을 제거한 후 그물에 오리고기를 넣고, 올리브유, 마늘, 소금, 후추, 월계수잎 등을 넣고 푹 삶으면 훌륭한 파투 누 투쿠피 요리가 되며 특히 이 요리는 옹기그릇에 담아야 제 맛이 난다.

부리티(buriti)는 아마존 유역에 있는 여러 종류의 야자수 중 가장 아름다운 것으로 우아하면서도 옻칠한 듯한 빛깔을 지녔으며, 부채모양의 껍질이 자두 크기만한 열매를 덮고 있다. 아마존 사람들은 이 부리티 나무의 열매에서 나오는 기름으로 요리도 하고 이 열매의 즙을 발효시켜 만든 술과 이 열매로 만든 달콤한 사탕으로 정찬을 즐기기도 한다.

(5) 미나스제라이스

'모든 광물'이라는 뜻을 가진 미나스제라이스는 이름이 말해 주듯이 광물이 풍부한 지역이다. 일찍이 포르투갈 사람들이 브라질을 개척할 때 이곳에서 금과 다이아몬드 등을 채광하였는데 그 영향으로 이곳은 포르투갈인들과 브라질인들의 식생활 문화가 어우러져 발전하였다.

미나스제라이스주는 광산 못지않게 넓은 초원과 목축업이 발달하여 그 영향으로 육류요리와 야채요리가 함께 발달할 수 있었다. 대표적인 요리로 '키아부 닭고기 요리'를 들 수 있다. 키아부 닭고기 요리는 닭고기를 잘 씻어서 조각낸 후 마늘, 소금, 후추에 버무려 1시간 정도 냉장시킨 후 프라이팬에 올리브유를 넣고 닭고기를 튀겨 낸다. 튀긴 닭고기에 양파와 소스를 넣고 익힌 후 프라이팬에 기름을 붓고 키아부를 잘라 넣고 저어준다. 이 때 키아부에서 점액이 나오게 되는데 좀 더 저으면 이 점액은 프라이팬에 달라붙고 키아부는 오독오독하게 되는데 이것을 꺼내 잘게 잘라서 먼저 튀긴 닭고기 요리에 넣고 소금과 후추로 간을 맞추면 훌륭한 키아부 닭고기 요리가 된다.

16. 아르헨티나

1) 아르헨티나의 지리적 배경

아르헨티나는 남아메리카 대륙의 남쪽 끝에 위치해 있고, 브라질 다음으로 큰 나라이다. 지세는 크게 네 가지로 구분되는데, 서쪽은 칠레와 국경을 이룬 안데스 산맥지대와 북쪽의 서안데스 산록에서 남쪽의 팜파스를 따라 펼쳐진 비옥한 삼림지대, 중앙부의 팜파스라고 불리는 대평원지대, 그리고 남부의 기복이 심한 반사막지대 등으로 구분할 수 있다. 서쪽의 산맥지대는 높은 산들이 많고, 남쪽으로는 아름다운 호수들이 많아서 매우 변화가 심한 편이다.

수도 부에노스아이레스와 그 주변의 팜파스는 온난하고 4계절이 뚜렷하며, 여름에 습도가 높은 것을 제외하면 대체로 쾌적한 편이다. 북부와 동부는 아열대성이며 1년 내내 강한 바람이 부는 남부 파타고니아는 아한대성, 남쪽 끝의 푸에고섬은 한대성의 몹시 추운 기후를 갖고 있다. 이렇게 지방별로 기후가 크게 달라 동물의 분포도 판이하게 다르다. 팜파스에는 스컹크, 비스카차, 타조, 퓨마 등이, 북부 삼림지대에는 산고양이, 큰 뱀, 독사 등이 있으며 해안에는 물개, 바다표범, 펭귄 등이 있고 산악지대에는 아파카, 콘도르 등이 서식한다.

2) 아르헨티나 음식 문화의 특징

아르헨티나인들의 가장 대표적인 주식은 쇠고기라 할 수 있다. 아르헨티나는 미국, 러시아, 브라질에 이어 세계 제4위 쇠고기 소비국이기 때문에 목축업은 곡물 농업과 함께 아르헨티나 경제의 바탕을 이루고 있다. 축산업은 아르헨티나에서 가장 오래되고 발달된 산업으로 육류 가공의 계기를 마련해 주었고, 냉동육은 해외 수출을 가능하게 해 주었다.

(1) 육식문화

아르헨티나에는 팜파스라는 광활한 초원지대가 끝없이 펼쳐져 있음과 동시에 적당한 기후와 강우량이 가축의 방목을 위해 최적의 여건을 마련해 주었다. 양질의 목초가 풍부한 팜파스로 인하여 아르헨티나에서 목축업이 크게 발달할 수 있었다. 아르헨티나에서 목축업이 발달할 수 있었던 두 번째 요인은 품종개량을 들 수 있다. 콜롬비아 역시 쇠고기를 주식으로 하고 있지만, 두 나라의 육질을 비교해 보면 서로 큰 차이가 있음을 알 수 있다. 그것은 목초지의 품질과 소의 품종 때문인 것으로 보여 진다. 콜롬비아의 소는 세보(Cebo)가 주종을 이루는데 이 종은 덩치가 커서 체중은 무거우나 고기가 더 질기고 맛도 덜한 편인 반면에 아르헨티나 고기는 연하고 더 맛이 있다. 따라서 아르헨티나는 보다 더 우수한 품종을 개발하기 위해서 많은 노력을 기울이고 있다. 아르헨티나는 주식이 쇠고기인 만큼 육식이 식생활의 주를 이루는 반면 생선요리는 별로 즐기지 않는데 긴 해안선과 많은 호수, 그리고 대서양을 끼고 있어 풍부한 수산자원을 보유하고 있으나 그 소비량은 적은 편이다. 아르헨티나에서는 우리나라와 정반대로 돼지고기가 쇠고기보다 약 2배 정도 비싼 편으로 돼지고기 요리가 고급요리에 속한다. 돼지 역시 소처럼 방목을 해서 사육하는데 주로 야산 지대에서 길러지는데 햄 등의 수요가 많은 편이어서 역시 양돈업이 성행하고 있다.

한편 아르헨티나의 중남부 지역에서는 양이 많이 사육되는데 이것은 기후 조건과 풍토가 적합하기 때문으로 그리고 소와 마찬가지로 완전 방목으로 사육한다. 양고기 역시 값이 저렴하여 일반인들이 즐겨 먹는다. 아르헨티나에서는 요리할 때 불에다 고기를 얹어 놓고 직접 굽기도 하지만 더욱 좋은 맛을 내기 위해서 화력이 강한 나무를 태워 그 열기를 이용하여 간접적으로 요리를 한다.

(2) 육식 이외의 음식

아르헨티나에서는 육식 이외에도 분식을 많이 즐겨 먹는데 주로 스파게티, 마카로니, 라비올리 등 이탈리아 계통의 음식을 먹는다. 이러한 사실은 현재 인구 중 40%가 이탈리아계 이민자들의 후손으로 식생활에서도 이탈리아의 전통을 이어받고 있으며, 또한 그 영향이 크다는 것을 의미한다.

(3) 식사형식

아르헨티나인들의 아침식사는 주로 주스와 빵, 햄, 우유 또는 커피 한 잔 정도로 때우지만, 점심과 저녁 식사 때는 반드시 육류와 적포도주를 곁들인다. 그리고 특이하게도 아르헨티나에서는 식당이나 음식점에 가면 아무 때나 식사를 할 수 있는 것이 아니라 식사시간이 정해져 있어 그 시간에 맞추어 가야만 한다. 즉, 점심은 정오에서 오후 3시 사이, 저녁은 밤 8시 이후가 되서야 식당이 문을 열고 특히 주말에는 밤 11시에서 12시쯤이 되어야 만원이 되며 이들은 보통 한 끼에 2~3시간 정도 식사를 하는데, 단순히 식사만 하는 것이 아니라, 환담도 나누고 웃고 떠들며 천천히 식사를 하기 때문이다.

식사의 첫 단계로는 엔트라다(entrada: 전채요리)를 먹으며, 이 때는 대개 햄과 소 내장 요리 등이 나온다. 그 다음에는 비페 데 로모(bife de lomo) 또는 비페 데 초리소(bife de choriso)란 쇠고기 스테이크가 나오고 그 양이 우리나라의 1인 분량의 2~3배에 해당되며 이 때, 취향에 맞는 엔살라다(ensalada: 야채 샐러드)를 곁들여 먹게 된다.

아르헨티나인들에게 포도주는 술이라기보다는 육식을 할 때 곁들이는 음료 정도로 인식되어 있다. 격식을 갖춘 정식에서는 엔트라다에서 생선요리가 나오는데 그 때 비노 블랑코(vino blanco), 즉 백포도주를 들게 되고, 주요리에 곁들이는 포도주로는 비노 틴토(vino tinto)라는 적포도주를 들게 된다.

주요리가 끝나면 후식이 나오며 대개 플란(flan: 계란 노른자와 우유 및 설탕을 섞어 만든 단맛이 나는 후식)이나, 각종 아이스크림 혹은 신선한 과일을 먹게 된다.

3) 아르헨티나의 대표적인 음식

(1) 아사도 콘 쿠에로(asado con cuero)

아사도 콘 쿠에로는 껍질째 구운 쇠고기를 말하는데 이는 가장 대표적인 아르헨티나 요리로 2년생 송아지 한 마리를 통째로 1시간 동안 준비하여 무려 5시간 동안 구워 내는 요리다. 이것은 보통 숯불에 구워내는 것이 아니라 버드나무나 케브로초 나무 또는 알가로보 나무의 장작불에 간접적으로 굽는 것이 특징으로 털이 붙은 채 굽지만 나이프와 포크를 사용하면 쉽게 제거할 수 있다.

(2) 푸체로(puchero)

푸체로는 라플라타강 지역의 전통음식으로 아사도처럼 특히 시골에서 즐겨 먹는 요리이다. 각종 야채와 고기를 넣어 삶은 국물에 쌀 또는 국수를 넣고 마늘이나 양파, 파슬리, 호박, 당근 등의 야채를 함께 넣어 먹는다. 가장 간단한 푸체로는 흔히 카사바 가루로 만든 토르티야와 함께 나온다.

(3) 엠파나다(empanadas)

엠파나다는 일종의 만두로 아르헨티나의 고유한 음식 중의 하나이다. 엠파나다는 북서 지방의 것이 유명하며, 겉모양은 우리의 송편과 비슷하다. 대개 반달 모양을 띠고 있는데 보통 4개 정도가 1인분이며 지역에 따라 재료와 요리시간에 다소 차이가 있다.

(4) 예르바 마테

예르바 마테는 아르헨티나의 전통차로 대서양 동쪽의 파라과이강 서쪽에 재배지역이 편중되어 있어 아르헨티나의 동북부, 파라과이 및 브라질 남부의 전통차라 할 수 있다. 마테차는 아주 독특한 방식으로 끓이는데 오목한 박에 1/2 내지 1 온스의 차에다 약간의 설탕을 넣고 뜨거운 물을 부어 은 또는 골풀로 만든 빨대를 사용해 마시며 농도에 따라 물을 더 타서 마신다. 그런데 다른 차와는 달리 마테는 손에서 손으로, 입에서 입으로 돌려가며 마시기 때문에 약간은 비위생적이지만 만일 이를 마시기를 거절한다면 결례로 간주될 수도 있다.

17. 몽골

1) 몽골의 지리적 배경

몽골은 러시아와 중국 사이에 끼여 있는 고원국으로서 구토의 남북거리가 1,263 km, 동서거리가 2,405km, 총면적이 156만 5,000km^2(남한의 약 16배)에 이르며, 고원국가로 국토의 대부분이 초원을 이룬다. 기후는 대륙성 기후로서 여름에는 덥고 겨울에는 영하 45℃까지 내려가는 혹한이 계속되어 집 밖에서 활동하기가 몹시 힘들다. 이상과 같은 기후 및 풍토에서 자연스럽게 목축업이 발달하게 되었으며 기후 및 지세의 특징으로 산록 일부에서는 여름 단기간 동안 약간의 채소와 수박이 생산되고 있지만 농사는 거의 이루어지지 않는다.

2) 몽골 음식의 문화의 특징

(1) 육류의 섭취

목축업에 주로 종사하는 몽골인들은 세계에서 육류 섭취가 가장 많은 나라로 그 중 양고기의 섭취가 가장 많은 편이다. 특히 몽고인들은 가부장적 전통을 이어받아 고기 손질과 섭취에 있어서 엄격한 법도를 따르는데 집안의 가장이 이러한 고기를 손질하게 된다. 예를 양고기 한 마리를 도축하게 되면 먼저 '달' 이라하는 견갑골부위를 노인이나 아버지, 어머니와 같은 윗사람에게 대접하고 살이 많은 엉덩이 부위인 '오츠'는 귀한 손님에게 대접하며 갈비뼈 부위는 주로 어린아이들에게 먹인다. 그 중에서도 '보츠'는 양의 볼기살로 가장 중요한 부위로 취급한다.

몽골의 고기 요리 중 최고로 치는 요리는 '보독'이라는 염소 요리로 이는 소금으로 간을 맞추는 것 이외에 어떤 조미료도 가미하지 않으며 특히 염소 한 마리 안에 불에 달군 돌멩이를 넣어 통째로 익힌 몽골인들의 전통적인 특별요리이다. 이는 조리기구와 조미료가 없는 초원 환경에서 합리적인 조리방법을 개발해 낸 좋은 예가 되었다. 또한 보르츠라 하여 쇠고기를 냉동 건조시켜 그것을 망치로 빻아 섬유상으로 만든 다음, 소의 방광에 채워 넣어 보관하는 보관식이 있는데 이것은 몽골의 군대가 장기간 이동 시에 때 이용했다고 한다. 한 개의 방광에 들어 있는 보르츠로 열명의 병사가 2주일 정도를 견딜 수 있었다고 전해진다.

(2) 유즙의 섭취 및 가공

몽골인들은 여름과 가을에 주로 짐승의 젖과 그것을 가공한 유제품을 먹으며,

젖의 생산량이 적거나 거의 없는 겨울과 봄에 고기를 먹는데 몽골에서 소비되는 가축의 젖 중에서 가장 많이 생산과 소비되는 것은 소젖이고, 다음이 염소젖, 말젖, 양젖, 낙타젖의 순서로 섭취한다. 유목생활을 하는 몽골인들이 젖을 주로 짜는 시기는, 겨우내 추위에 시달리다가 봄에 새끼를 낳은 뒤 어미 가축이 새 풀을 먹고 힘을 되찾아 젖을 왕성하게 분비하는 6~8월에 집중되어 각종 젖과 유제품의 소비도 여름철인 6~8월에 집중된다. 이때는 가축이 살이 찌는 시기이기 때문에 도축을 삼가게 되고, 따라서 유제품의 섭취가 많아진다.

몽골인들은 우리나라 사람이 우유를 마시는 것처럼 가축의 젖을 마시는 일은 아주 드문 일이고 차를 끓여 마시거나 유제품을 만들어 먹는 것이 전통이다. 몽골인들이 즐겨 마시는 차인 '스티짜이'는 하루 20여 잔씩 만들어 먹는 차로서 차와 젖을 함께 넣고 끓인 젖차를 말한다. 이는 몽고의 건조한 기후와 야채가 풍부하지 못한 주위환경 때문에 차를 만들어 자주 먹음으로써 수분과 비타민을 공급받기 위해서라 할 수 있다.

몽골인들은 가축의 젖을 가공하여 20여종의 각종 크림과 치즈, 요구르트, 버터, 알코올음료 등을 각 가정에서 만들어 먹는데, 이들을 통칭해서 '차가앙이데아'라고 부른다. 이들은 모두 젖을 원료로 하여 젖에 열을 가하고, 거품을 내어 식히거나 발효를 시키기도 하고 증류를 하거나 건조하는 일련의 가공과정 중 선택적으로 또는 반복하여 가공함으로써 생유보다 오래 보관할 수 있도록 만드는 것이다. 그 중에서 '우름'은 일종의 크림치즈로 소젖에 열을 가해 거품을 내고, 그 거품을 모아 다시 식혔다가 다시 데우면 50% 정도의 지방을 함유하는 것이 만들어진다. 이 우름을 또다시 말리면 '샬토스'가 만들어지는데 이것은 지방 농도가 98%정도인 버터와 같은 것이 된다. 우름을 만들 때 지방을 뺀 젖을 다시 데우고 발효시키면 타락이란 것이 만들어 지는데 이것은 요구르트로서 각 가정에서 매일 만들어 먹는 것이다. 또한 치즈의 일종인 '아롤'과 '바슬락'도 몽골인들의 가정에서 없어서는 안 될 유제품들이라 할 수 있다.

한편 타락을 만들 때 더 발효시키면 알코올 농도 2.5~3% 정도의 '아일락'이 만들어 지는데 이것을 음료처럼 마시기도 하며 이것을 다시 증류시키면 40도 이상의 '쉬민아르히'와 같은 몽골식 청주가 만들어지게 된다. 특히 몽골의 '마유주'란 말젖을 발효시켜 만든 술을 말하며 우리나라의 막걸리와 비슷한 색깔의 술로써 손님이 오면 환영의 뜻으로 내놓는 특별한 술이다. 이처럼 몽골인들은 젖을 가공하는 방법을 개발함으로써 보관이나 저장면에서도 편리함을 추구하였지만 고기 대신의 단백질 영양분이나 무엇보다 부족하기 쉬운 비타민 등의 영양소를 보충 섭취함과 동시에 다양한 맛을 즐기기 위해 발달되었다고 할 수 있다.

(3) 몽골의 식사

몽골의 아침식사는 매일 신선한 우유를 짜서 여기에 차를 넣어 끓여 먹는 스티짜이로 시작한다. 여기에 우유로 만든 과자와 아롤, 바슬락 등을 스티짜이에 말아서 먹는다. 그러나 몽골인들은 끼니가 특별히 따로 있는 것이 아니라 스티짜이를 수시로 섭취하는 것으로 식사를 대신하는 것이 특징이다. 저녁이 되어서는 육포의 일종인 '보르츠'를 물에 넣고 끓인 국에 밀가루를 반죽하여 만든 국수를 넣고 끓인 '고릴테홀'을 주로 먹는다. 이는 우리나라의 칼국수와 비슷한데 우리나라의 만두와 국수류가 이러한 몽골로부터 유래되었다고 보고 있다.

그림 4-16 몽골의 양고기 요리

▣ 참고문헌

Elaine N. McIntosh. American Food Habits in Perspective. Connecticut: Praeger, 1995

Kittler, PG. Susher, KP. Food and Culture in America, 2nd ed, West/Wadsworth New, 1998

Tannahill, Reay, Food in History, Stein and Day. Publisher/New York. 1973

伊奈和夫・坂田完三・當田勳・伊熱村護, 宋の化學成分と機能, 弘學出版, 2002.

강인희. 한국식생활사. 삼영사. 1996

강철성. 기후와 인간생활. 다락방. 2003

구난숙 외 3인. 세계속의 음식문화. 교문사. 2001

구성자・김희선, 새롭게 쓴 세계의 음식문화, 교문사, 2005.

구천서. 세계의 식생활문화. 향문사.1995

권원태 외 17인. 한국의 기후. 기상청 기상연구소. 2004

김기숙・ 한경선. 교양을 위한 음식과 식생활문화. 대한교과서. 2000

김득중, 유송옥, 황혜성, 우리의 전통예절, 한국문화재 보호재단. 1994

김숙희 외 5인. 식생활의 문화적 이해. 신광출판사. 1998

김연옥. 한국의 기후와 문화. 이화여자대학교출판부. 1985

김우정・최희숙, 천연향신료, 효일, 2001.

김지순. 제주도 음식. 대원사.2004

김혜영 외 4인. 문화와 식생활. 효일문화사.1998

나선화. 소반. 대원사. 2002

문수재・손경희. 식생활과 문화. 신광출판사. 2000

박건영, 한국 전통 발효식품(된장, 김치)의 발암 안전성, 항 돌연변이 및 항암 가능성, 식품과학과 산업, 1997.

박춘란. 식생활과 문화. 〈도서출판 효일〉. 2002

신미경, 녹차의 과학, 한국식생활 문화 추계 학술 심포지움, 1994.

안명수. 한국음식의 조리과학성. 신광출판사. 2000

유네스코 한국위원회. 세계문화읽기. 심지. 1998

윤서석. 우리나라 식생활문화의 역사. 1999

윤서석. 한국식품문화사. 신광출판사. 1993

이성우. 식생활과 문화. 수학사. 1995

이철호 등, 한국의 수산 발효식품, 유림문화사. 1987.

이철호 외 33인. 새로 쓰는 우리음식이야기. 유림문화사. 1995

이효지, 한국의 음청류 문화, 한국식생활문화 추계 학술 심포지움, 1994.

이효지. 한국의 음식문화. 신광출판사. 1998

최청, 장류의 생리활성과 산업화 전망, 제6회 인제 식품과학 포럼 논총, 1998.

한국의 맛 연구회. 전통건강음료. 대원사. 1997

한복진. 팔도음식. 대원사. 2002

황혜성, 한복려, 한복진. 한국의 전통음식. 교문사. 1995

■ 색 인

【ㅇ】

【ㅎ】

【숫자 · 영문】

【A】

【G】

【K】

【T】